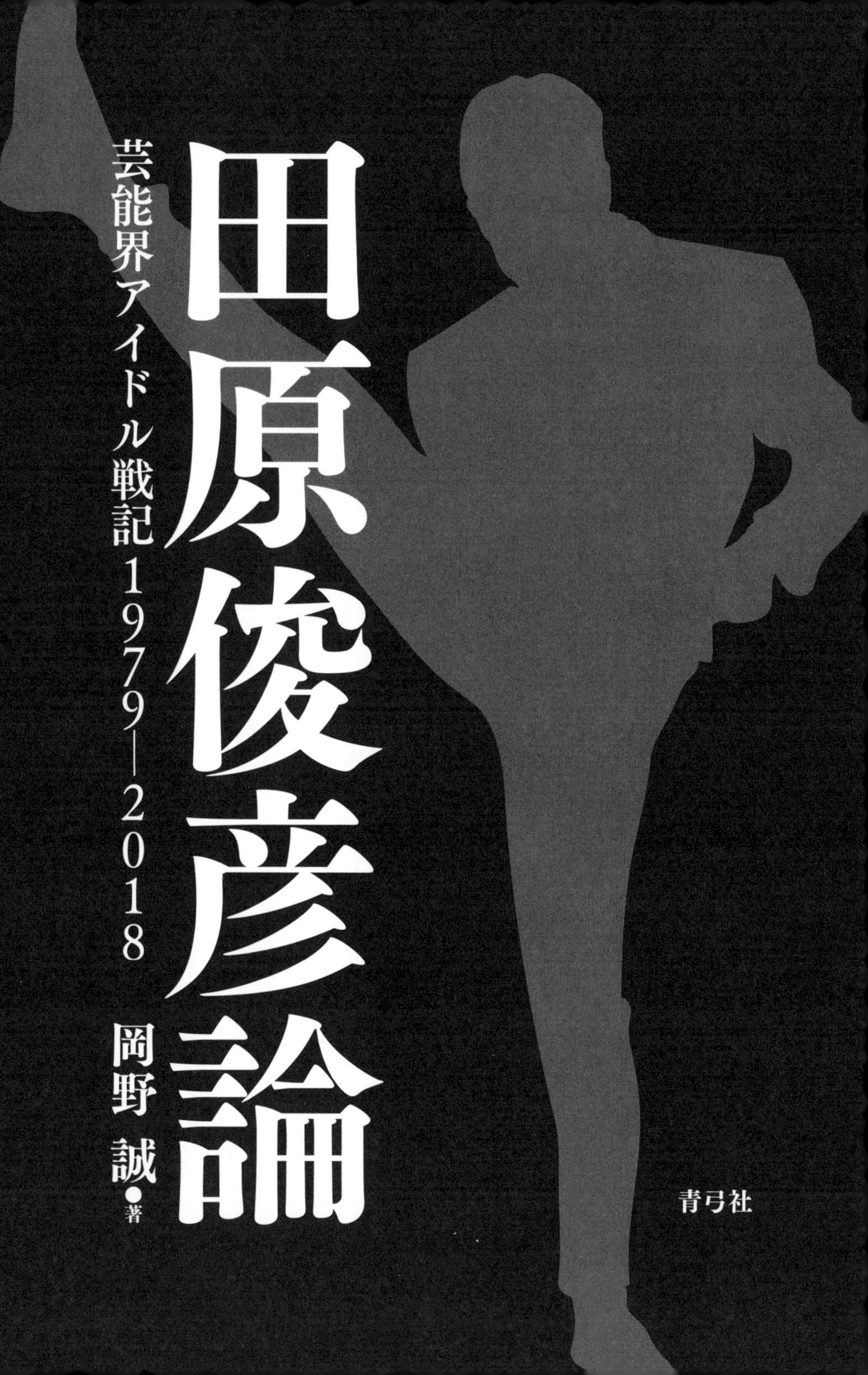

田原俊彦論

芸能界アイドル戦記1979―2018

岡野 誠●著

青弓社

田原俊彦論——芸能界アイドル戦記1979—2018／目次

凡例　13
はじめに　15

第1章　時代を変えた芸能界デビューとアイドルへの偏見との戦い
——一九七九—八五年　19

1　『3年B組金八先生』でつかんだ大チャンス　20
ジャニー喜多川に与えた第一印象／生徒役で田原に渦巻いた疑問とジャニーの育成方針／初めて『太陽にほえろ！』の視聴率を超えたのは田原メイン回

2　ジャニーズ事務所を救った——一九八〇年の大爆発　27
「哀愁でいと」誕生秘話を作詞家・小林和子が初めて明かす／歴史を塗り替えたオリコン初登場トップテン入り／「ハッとして！Good」で目覚めた一九八〇年代／五木ひろしのマフラーとレコード大賞最優秀新人賞と『紅白歌合戦』／ジャニー喜多川が田原を一九七〇年代にデビューさせなかった理由

3 『ザ・ベストテン』の時代 39
番組を立ち上げたTBS局員が開始までの試行錯誤を語る／「伝説のオープンカー中継」を担当ディレクターと追っかけマンの生島ヒロシが回想／松田聖子との演出で話題をさらい、「空中マイク投げキャッチ」を勝負強さで乗り越える

4 なぜ、田原俊彦はトップアイドルの地位を継続できたのか 47
ジャニー喜多川の提案を蹴った「グッドラック LOVE」／「歌が下手」と揶揄されたのに、なぜ売れたのか／名倉加代子が語る「トシのターン」とアイドルへの低評価を変える地道な努力／マイケル・ジャクソンのムーンウォークを日本で初めて取り入れた「シャワーな気分」／ジャニーズ事務所の独壇場ではなかった一九八〇年代前半の男性アイドル界

第2章

低迷期から一転、アイドルの寿命を延ばした大復活劇
——一九八六—九三年 63

1 『びんびん』シリーズ開始と『紅白歌合戦』落選 64
阿久悠の審美眼／マーケティング完全無視で誕生した『びんびん』シリーズ／男性アイドルの

ドラマ道を切り開いた功績／野村宏伸の逆ギレで名コンビ誕生／視聴率低下の波にさらわれた『紅白歌合戦』落選

2

「抱きしめて TONIGHT」で第二次黄金時代突入と『紅白』辞退　76

『教師びんびん物語』企画者・亀山千広の発想が生まれた瞬間／野村宏伸の証言「現場の雰囲気作りナンバーワン俳優は田原俊彦」／「もしもし、ジャニーだけど」／『ザ・ベストテン』五年ぶりの一位返り咲き／アイドル出身唯一の快挙『ザ・ベストテン』年間一位獲得の裏にあった男の気遣い／『紅白歌合戦』辞退——報道は一見田原寄りだが、主眼は権威のNHK叩き／「アイドルのくせに」という偏見と常に戦い、己を貫いてきた／アイドルかアーティストかという区別は無意味である

3

『教師びんびん物語II』で「月9」初の視聴率三一・〇%　96

現代へのアンチテーゼになる「ごめんよ涙」の制作過程を作曲家・都志見隆が初めて語る／「せんぱ〜い！」「榎本！」誕生の瞬間を野村宏伸が告白する／阿藤海、萩原流行、矢島正雄……全員が根幹的な意識を共有していた／「人と比べて生きることぐらい、愚かなことはない」——徳川龍之介の名言集

4

勝ち続けられない——スターの葛藤と人間らしさへの渇望　107

過熱する人気への不安／ジャニーズ事務所の対応を変えた田原の一言／二番煎じの〝熱血漢

ドラマ〟で消費され尽くす／なぜ、映画『課長島耕作』はヒットしなかったのか／一貫性がある思考に変化が起こった

第3章　ジャニーズ事務所独立と「ビッグ発言」による誤解——一九九三―九六年

121

1　当初は問題視されなかった「ビッグ発言」　122
「FOCUS」のスクープで交際発覚／入籍前後のワイドショー報道「田原俊彦さんの車のようです。いま、十二時五十二分です」／田原俊彦が過ごした時代と芸能マスコミの歴史／報道と異なる真実——ジャニーズ事務所に結婚を報告していた／会見直後、タイトルに「ビッグ」を使ったスポーツ紙や週刊誌はほとんどなかった／コメンテーターと視聴者が怒っても、マスコミはまだ柔らかい論調だった

2　なぜ、ジャニーズ事務所を辞めたのか——一九九四年のジャニーズ事務所　139
ジャニーズ事務所の歴史的転換点となる一九九四年／独立の際に「ジャニー喜多川のお墨付きを得ていた」という証言／田原本人の言葉と批判的な「日刊スポーツ」取材の思わぬ一致／光GENJI事実上の解散／SMAP大躍進と『HEY!HEY!HEY!MUSIC CHAMP』の開始／近藤真彦の結婚／木村拓哉の交際報道後のSMAP大ブレイク——一九八〇年代と九〇年代のファン気質の変化

3
突然蒸し返され始めた「ビッグ発言」 156

たった一週間で扱い方が急変した「ビッグ発言」——私が田原俊彦に興味を持つようになった理由／「マスコミに媚びを売ることはしない」という脱アイドル宣言／〝ビッグ〟を切り貼りする過剰なバッシング／テレビで冷静に語っていた「人間・田原俊彦」の真っ当な価値観／礼賛ばかりの境遇で、自分に〝喝〟を入れる唯一の手段がビッグマウスだった

4
不透明な投票方法「an・an」「嫌いな男一位・田原俊彦」への疑問 168

矛盾に満ちた一九九四年の「an・an」ランキング／CD売り上げは上昇し、プロモーション時のテレビ出演はジャニーズ時代よりも増えていた／ファンクラブ解散と女性ファンの結婚適齢期が、ライブ動員減少の最大原因／「ザテレビジョン」人気投票で年間四位という事実／ワイドショーは視聴率を稼いでくれる男への感謝の気持ちはあったのか

5
大いなる謎——俳優業から遠ざかった理由とは 180

脇役を引き受けたドラマ『半熟卵』の出演理由／沈んでいるときにどう立ち向かうか——独立後初のオリジナルアルバムに込めた決意／「おまえ、田原と一緒に没落するのか？」と言い放たれていた人物／『笑っていいとも！』レギュラーもアルタに充満した変な空気／「ドラマは視聴率競争に勝てる人だけが主役をとれる」と漏らした本音／『必殺』シリーズに出演した理由／『笑っていいとも！』レギュラー終了でテレビから消える

6　特別検証：田原俊彦とジャニーズ共演NG説を追う　196
独立直後に少年隊やSMAPと共演した事実／「メリーさんに「トシが出るなら、ウチのコを出さないよ」なんて言われたことない」／疑念は『いいとも！』特大号から始まった／田原がテレビから引いた事実と拡大するジャニーズ枠／『夜ヒット』プロデューサーが「一九八〇年代のテレビ局と芸能事務所の関係」を明かす／「SMAPの中居正広と申します」――田原がいる部屋をノックした後輩／V6井ノ原快彦の「ビッグ発言擁護放送」／田原本人は共演NG説をどう考えているのか

第4章　テレビから消えた逆境をどう生き抜くか　――一九九七―二〇〇九年六月　213

1　「田原俊彦の生きざま」を体現した『Dynamite Survival』　214
「近藤真彦をうらやましいと思わないか？」への本人回答／「ビッグ発言」がもたらした幸福と沢田研二も語っていた「仕事を選べる贅沢」／「泣き言や相談は一切なかった」――十五分の一に激減したステージに向かう精神力と意地／初めて田原俊彦を見たイベントでの憂鬱とコンサートでの歓喜／「年間ベストテン一位のとき以上に泣きました」――親友を救った男気／挫折を味わった男にしか歌えない歌／『Dynamite Survival』誕生秘話を作詞家・真間稜が初公開

2 本人取材で投げかけた厳しい質問 230
ジャニーズ独立後に感じていた物足りなさ／「見たか、俺の感じ悪いテレビ！」がついに実現した取材での一言目／「裏切られることは手を握った瞬間から承知」／「なぜ写真週刊誌の取材を受けてくれたんですか？」という根本的な疑問／「テレビでの横暴な振る舞いをやめてくれ」と問い詰める／「手を抜いているのでは？」という質問にステージで示した回答／「どうせいいことしか言わないんだろ！」――スターと孤独

3 寄り添い続ける人たち 249
「キング・カズ」三浦知良との友情①――世紀の手のひら返しをくらった二人にしかわからない心境／「キング・カズ」三浦知良との友情②――大事なのは良いときも悪いときも変わらず同じ姿勢で臨むこと／田原俊彦と松井五郎と都志見隆の人間交差点

第5章 払拭された誤解と人気復活への序章――二〇〇九年七月―一八年 257

1 継続と出会いが流れを変えた 258
爆笑問題の突っ込みがイメージを一変させた／母親「トシ君はね、口は悪いけど、心は優しいからね」／口パクを拒否し続ける姿勢――『HEY!HEY!HEY!』出演が流れを変えた／『爆報！T

HEフライデー』でのビッグ発言検証で十七年間の誤解が解ける／太田光作詞の「ヒマワリ」はファンと田原の宝物になった

2 ステージに懸ける思いとファンへの感謝 271
努力を見せない美学――華麗に舞う「Bonita」を見たことがあるか／いまの田原俊彦のステージこそ、ジャニー喜多川の理想である／ファンを第一に考える「永遠」の絆

3 もう一度、大ヒット曲を出すために 280
「俳優・田原俊彦」は復活しないのか／他流試合が作家陣の潜在能力を感化させる／田原俊彦にしか歌えない歌がある――阿久悠のエンターテイナーの定義との合致／年一枚のシングルなら踊る曲で勝負してほしい――思い返される徳川龍之介の名言／ちゃんと病院に行ってください

おわりに――こんなものじゃないよ、田原俊彦は 295

本書で言及しているコンテンツの情報一覧 297
本文中に記述がない参考文献一覧 317
巻末資料1 田原俊彦の1982年出演番組表 321

巻末資料2　田原俊彦の1988年出演番組表　361
巻末資料3　田原俊彦の『ザ・ベストテン』ランクイン曲と回数、視聴率　387
巻末資料4　『ザ・ベストテン』歌手別ランクイン総数ベスト50　396

装丁——山田信也［スタジオ・ポット］

凡例

・視聴率は「テレビ視聴率季報」「テレビ視聴率月報」（ビデオリサーチ、関東地区）を参照した。

・テレビ番組の放送局や時間帯、放送日も関東地区を基準にした。たとえば、ＭＢＳ制作でもＴＢＳ系、関西テレビ制作でもフジテレビ系と表記する。

・文中に出てくる番組名に続く（～％）は視聴率である。

・テレビ番組での分数や秒数は手元の計算による。

・読みやすさを重視するため、敬称は略した。

・基本的に引用は〈　〉で括り、原文のまま掲載した。ただし、テレビ番組やビデオでのコメントはわかりやすくするために発言の趣旨をまとめたり、新聞や雑誌記事は間延びを避けるために改行を省略したりする場合もある。全体と統一するため、数字表記などは改めた。

・筆者によるインタビューは「　」で括っている。

・まとまった量の引用やインタビューは、前後を一行空けたうえで二字下げて、本文とは一瞥で区別できるようにした。

・書籍やＣＤのアルバムは『　』で、雑誌や新聞、曲名は「　」で括っている。文献などに関する情報は本文中では必要なものだけにとどめ、詳細は「本書で言及しているコンテンツの情報一覧」としてまとめた。

・レコードやＣＤの売り上げ枚数、ランキングデータ、年間アーティスト・トータル・セールスは各年度の『オリコン年鑑』を参照した。順位は基本的に週間チャートである。

・肩書や名前は特別な説明がないかぎり、当時のものである。たとえば、阿藤快は『教師びんびん物語』に出演した一九八八年文脈では「阿藤海」という芸名で、木村拓哉は九四年文脈では「元ＳＭＡＰの木村拓哉」ではなく、「ＳＭＡＰの木村拓哉」と表記した。

・本文や巻末資料で「新聞のテレビ欄」とある場合、「朝日新聞」を参照している。

はじめに

芸能界には、いつの時代も毀誉褒貶が飛び交っている。そのなかでも、田原俊彦ほど周囲の評価が変化してきた男は珍しい。

普通の人間であれば精神状態がおかしくなっても不思議ではないほどの絶賛とバッシングを浴びてきた。頂上も高かったが、谷底も深かった。落差は、類を見ないほど大きかった。

田原俊彦の気持ちをわかる人は田原俊彦しかいない。

デビュー直後からトップアイドルに君臨し、『教師びんびん物語』で俳優として頂点を極めた一九八〇年代。

ジャニーズ事務所独立と「ビッグ発言」に対するマスコミのバッシングでどん底を味わった一九九〇年代。

テレビ出演は年に数本、CDがTSUTAYA限定発売の年もあり、先が見えなかった二〇〇〇年代。

『爆報！THEフライデー』の「ビッグ発言」検証回で誤解が解け、光明が差し始めた二〇一〇年代。

どんな状況になろうとも、田原俊彦はステージで歌って踊り続け、いつだってファンを満足させてくれた。ブレなかった。

人気とは何か。時代とは何か。彼を見ていると、いつも考えさせられる。

田原俊彦は時代の流れと逆行している。誰が何と言おうと、自分の生きる道を自分で決めて、ひたすら邁進する。頑固な人だ。誤解されても、自らが口を開いて、ああだこうだ説明することはない。口下手な人だ。「相当努力してますね」と聞いても「何もしてない」と答える。ブランディングと無縁の人だ。

上手に世の中を渡れない不器用な男は、たった一つのことを一生懸命やってきた。歌って踊ること――。

ドラマ『教師びんびん物語Ⅱ』で田原演じる熱血教師・徳川龍之介はこんな言葉を残している。

本当のバカは、何でも要領よくやって、何一つ、本物に行き着かない生き方をしている人間ですよ。たった一つのことをやり続けるだけでも、自分を見つけることができます。私はそう思います。言葉よりも、人はそういうものに感動します。人生を感じます。その人の愛を感じるんじゃないでしょうか。(「第九話 泣けてくる…」『教師びんびん物語Ⅱ』一九八九年五月二十九日放送)

現在、あと数年で還暦を迎えようとする年齢にもかかわらず、田原俊彦はライブで二時間歌って踊るスタイルを一向に崩そうとしない。「いつまで踊れるかわからない」とつぶやきながらも、一日でもファンの前に立つ時間を延ばそうと必死に自分と戦っている。

ライブのMCではふざけたことばかり言っても、ひとたびイントロが鳴ると、真剣な表情に変わる。ステージを見れば、どれだけ田原俊彦が本気なのかがわかる。懸命に取り組む姿を見たファンは、この世の幸福をすべて享受しているかのような笑顔で彼を迎え入れる。

ファンは知っている。すべてはステージを見ればわかる——。

田原俊彦はあまりに過小評価されてきた。アイドル出身だからなのか、ジャニーズ事務所を退所したからなのかはわからない。一時、田原がまるで芸能界に存在しなかったような扱いを受けていたことは事実だ。燦然と輝いていたはずの功績は、芸能史やテレビ史から抹消されていた。

周囲の評価が豹変しようとも、田原俊彦は変わらずに歌って踊り続けてきた。どんなに逆風が吹いても、それが微風に変わっても、スタンスは何ら変わらなかった。還暦になって、古稀を超えて、米寿を迎えても、田原俊彦は田原俊彦のままだろう。どんな風が吹こうとも、何も言うことなく、自分を信じて踊り続ける——。

それならば、誰かが史実を書き留めなければならない。

私は二十歳のときからコンサートに通い続け、田原俊彦の生きざまを見届けてきた。ライターという職業に就いたことで、二〇〇九年、一四年とインタビューをおこなう機会にも恵まれた。

テレビを軸に回る芸能界の構造が揺らぎ始め、メディアが変化するいま、男性アイドルの開拓者である彼の功績を振り返りながら、二度の取材当時のコメントも頻繁に織り交ぜ、所縁がある人物へのインタビューも随所に入れながら、偏見や誤解と戦い続ける「芸能界アイドル戦記」をつづっていきたい。

第1章
時代を変えた芸能界デビューとアイドルへの偏見との戦い――一九七九―八五年

田原俊彦の『ザ・ベストテン』年間ランクイン回数と順位

西暦	回数	順位	最も多くランクインした田原俊彦の曲	ランクイン回数年間1位歌手	回数
1978年	―	―	―	沢田研二	49
1979年	―	―	―	ゴダイゴ	52
1980年	26	6位	哀愁でいと	五木ひろし	40
1981年	45	2位	恋 =Do ！	近藤真彦	48
1982年	41	2位	君に薔薇薔薇…という感じ	近藤真彦	53
1983年	34	3位	ピエロ	松田聖子	46
1984年	28	6位	チャールストンにはまだ早い	チェッカーズ	47
1985年	16	12位	堕ちないでマドンナ	中森明菜	40

※1985年は16回に加え、Toshi & Naoko「夏ざかりほの字組」でも9回ランクイン

1 『3年B組金八先生』でつかんだ大チャンス

▼ジャニー喜多川に与えた第一印象

一九七六年八月二十四日、夏休みを利用して、山梨県甲府市から高校一年生の田原俊彦がジャニーズ事務所を目指して上京した。履歴書を送っても反応がなかったため、直談判しにいったのである。東京で寿司職人の見習いをしている友達に案内してもらって、たどり着いた事務所の前をふたりで何往復もしていると、「君たち、何をやっているの？」と事務所秘書の伊豆喜久江が声をかけてくれた。

田原が「ジャニー喜多川さんに会わせてもらえますか？」と懇願すると、伊豆は日本劇場にいるジャニーと連絡を取ってくれたうえに、タクシー代まで出してくれた。

ジャニーは、日劇の事務所で田原と初めて会ったときの印象をこう語っている。

窓口のところにひとりのかわいい少年がやってきて、「ジャニー喜多川さん、いらっしゃいますか？」と、いっているんです。ふりむくと、マーク・レスターのようなヘアスタイルをした少年が、立ってましてね。おどろくほど、あかぬけてまして、思わず、事務所の人たちが、「かわいいね、ジャニーさん。だれなの？」と、色めきたったほどです。（週刊セブンティーン特別編集『スーパーアイドルの365日』）

田原は小学一年生のときに父親を亡くし、横須賀から甲府に移住。母親と三人の姉妹とともに、六畳二間に暮らしていた。中学二年のときから新聞配達のアルバイトをしていた彼にとって、スター歌手の地位は家族を裕福にさせるためにどうしてもつかまなければならない夢だった。

ショーの一部と二部の合間に、二人は日劇裏の洋食屋ジャーマンベーカリーで会話を交わした。田原が「歌手になりたい」と告げると、ジャニーは「来週からレッスンがあるから、毎週日曜日だけでもいいから来なさい」と即座に権利を与えた。こうして芸能界入りへのきっかけをつかんだ田原は翌週から片道二時間半かけてレッスンに通った。

ジャニーは、意気込みをひしひしと感じ取っていた。

遊びたいさかりに、土、日をつぶしてレッスンにきたのですから、熱意は群をぬいていました。
「ただ、ダラダラするのはイヤだ」
そのころの田原の口ぐせです。（同書）

一九七〇年代の男性アイドル界で、ジャニーズ事務所は決して中核を占めていたわけではなかった。

一九七一年に野口五郎、七二年に西城秀樹、郷ひろみがデビューし、七三年頃から「新御三家」と呼ばれて絶大な人気を博していく。当初、野口はNPミュージック・プロモーション、西城は芸映、郷はジャニーズ事務所と三者三様の事務所に所属していた。それ以外にも、あいざき進也や伊丹幸雄は渡辺プロダクション、ずうとるびはエレホン企画、城みちるは長良事務所と、所属は多岐にわたっていた。

一九七五年、郷がバーニングプロに移籍した。ジャニー喜多川は事務所を法人化したこの年以降、豊川誕、JOHNNY'Sジュニア・スペシャル（以下、JJSと略記）、井上純一など新人を次々と生み出すも、十万枚超のヒット曲は豊川の「星めぐり」だけ。六八年デビューのフォーリーブス（北公次、青山孝史、江木俊夫、おりも政夫）の人気にも陰りが見えてきていた。七七年デビューの川崎麻世は、マルベル堂のプロマイドランキングの男性俳優部門で七八年、七九年と二年連続一位に輝くも、レコードはヒットしなかった。

一九七〇年代のジャニーズ事務所を知る貴重な人物で、田原デビューの八〇年から約二年間バックダンサーを務めたジャPAニーズの乃生佳之に取材をすると、意外な話が出てきた。

乃生が所属していたダンスグループ・インフォメーションブラザーズは都内のディスコでショーをおこない、渡米公演の際には「ビルボード」誌に取り上げられるほどの実力派だった。一九七八年、活動の幅を拡げようと、渡辺プロダクションやホリプロダクションなど様々な芸能事務所に電話をかけて「自分たちの踊りを見てほしい」とオーディションのアポイントを取ろうとしたが、どこも相手にしてくれなかった。唯一、ジャニーズ事務所だけが売り込みに応じてくれた。履歴書が一日三百通も送られてきて、ジャニーズジュニア（研究生）になることでさえ困難になった八〇年代以降では考えられない話だ。乃生には鮮明な記憶が残っている。

「指定された日時に麻布十番の事務所までカセットデッキを持っていき、曲をかけて踊りました。ジャニーさんとメリーさん、あと何人か事務所の方が見てくれました。腕を組んで怪訝そうな顔をする方もいるなかで、ジャニーさんだけが『YOUたち面白いね。フォーリーブスの解散コンサートがあるから踊ってよ』と言ってくれたんです。僕たちはアフロヘアで、日焼けして、髭も生えているうえに、ヒッピー風の格好をしていた。とてもアイドル事務所に関われる見た目ではなかったのに、よく声をかけてくれたと思います」

裏を返せば、一九七〇年代後半のジャニーズ事務所は混沌としていて、飛び込み営業さえ受け入れていたのだ。そして七八年八月三十一日にフォーリーブスが解散すると、屋台骨を失う。

田原が毎週末レッスンに通っていた一九七〇年代後半、ジャニーズ事務所は王国どころか、存亡の危機にあったのだ。

▼生徒役で田原に渦巻いた疑問とジャニーの育成方針

高三の就職の時期になると、就職の決まった人の名前が張り出されるの。名前のところに桜の花なんか付いちゃって、ナントカ会社って。ボクのところは「ジャニーズ事務所」だって（笑い）。笑っちゃったよ。もう完全に浮いちゃってんの（笑い）。先生なんかも、ものすごく心配してさ。どうせ歌手なんかになれっこないって思ってるわけ。「こういう世界っていうのは、すごく難しいんだ」とか「絶対成功するわけないんだから」とかいろいろ言われたけど、ボクは男だから、一度やろうと決めたことはやるんだ！　ってね。

（「CanCam」一九八五年四月号）


いまであれば周囲から羨望の眼差しを浴びるジャニーズ事務所所属の肩書も、当時は醒めた目で見られていた。一九七九年三月一日、田原は甲府工業高校の卒業式を終えると、オーバーオールとジーンズ、数枚の下着、靴下、そしてテープレコーダーを詰め込んだバッグを背負って、山梨県・石和駅を十三時三十二分に出発する急行に乗った。友達と思い出に浸る時間も惜しんで、東京のジャニーズ事務所へと向かったのだった。

デビューできる確約など全くない。大ブレイクしている事務所の先輩もいない。

四月から『ミュージック・ボンボン』（日本テレビ系）にレギュラー出演するも、わずか二カ月で終了。元フォーリーブスのおりも政夫がミュージカル『南太平洋』に出演した七月には、約一カ月間付き人を務めた。

十八歳を過ぎても、まだレコードデビューのきっかけさえつかめずにいる。研究生としてすでに三年の月日が流れようとしていた。本当にスターになれるのか。まだ誰にもわからなかった。

同じ一九七九年の夏前、ＴＢＳのドラマプロデューサーである柳井満も悩んでいた。『太陽にほえろ！』（日本テレビ系）が圧倒的な強さを誇っていた金曜夜八時台を任されたのだ。ＴＢＳは対抗するため一九六一年から六九年放送の人気ドラマ『七人の刑事』を七八年四月から同時間帯に復活させたものの、視聴率は一ケタを記録することもあり、お手上げ状態になっていた。

再建を託された柳井は、主観の思いっきり入った決断を下した。

まず、「何を書いてもいい」と脚本を小山内美江子に依頼する。ＮＨＫ連続テレビ小説『マー姉ちゃん』を執筆中だった彼女は、引き受けられる状態になかった。すると、柳井は「番組開始を一カ月遅らせてもいい」と食い下がった。小山内は新たなテーマの取材をする時間がなかったため、「息子が一年半前に卒業したばかりの中学三年生について書きたい」と申し出ると、柳井は素直に頷いた。

小山内の推薦もあり、先生役には海援隊の武田鉄矢を抜擢する。武田は前年に映画『幸福の黄色いハンカチ』の脇役で注目を浴びていたものの、歌手を連続ドラマの主演に初起用すること自体が大きな賭けだった。信頼する脚本家にすべてを託し、本来編成部が決める開始時期までズラして、長髪のフォーク歌手を中学三年生の担任役に決める。独断と偏見に満ちたドラマ構想だった。

だが、不思議なことに、異を唱える上層部はいなかった。柳井はこう語っている。〈企画の内容、キャスティングその他全てにわたって、まるで周囲から忘れられているかのように何も干渉されず、自由に進めることができた〉（「TBS調査情報」一九九二年七月号）

TBSは金曜夜八時台で他局に勝つことをあきらめぎみだったため、誰も口を出さなかったのだ。

次に、児童劇団や芸能プロダクション宛てに子役募集のチラシをTBSの廊下にも貼った。約二百五十人の応募者のなかから、生徒役三十人の選考を終えた頃、ジャニー喜多川から連絡が入った。

「いま、十人の子供をTBSに連れてきているので、ぜひ会ってください」

柳井はその熱に押されて、半ば強制的に対面することになった。そのなかに田原俊彦、近藤真彦、野村義男の三人がいた。〈右から二番目に田原俊彦がいました。色白で、ちょっとませた感じで、口数が少なく、ちょっとうつむきながら恥しそうにしゃべる子供でした〉（「青春と読書」一九八六年三月号）

柳井は他の子役にない粗削りな魅力を三人から感じ取り、生徒役に抜擢。のちに「たのきんトリオ」と呼ばれる三人を選んだのはジャニー喜多川ではなく、TBSのプロデューサーだったのだ。もちろん、ジャニーは三人を見込んでいたからこそ、柳井に懇願したのだろう。

田原は当時の心境を自伝につづっている。


あのころのボクの気持ちを正直にいえば、なんだか方向をはぐらかされた気分でもあった。歌って踊れるアイドルをめざし、マイケル・ジャクソンに憧れてレッスンに汗を流していたボクが、テレビドラマに出るなんて思いもよらないことだったからだ。

「金八先生のオーディションに受かっちゃって、これからどうするんだよ」

ボクは自分を問いつめたこともあった。

テレビに役者として出るために、甲府から出てきたんじゃないという気持ちが強かったからだ。もし、歌って踊れるスターにボクがなれないというのなら、すぐそういってほしい、才能がないと伝えてほしいとさえ思ったのだ。（田原俊彦『とびっきり危険《デンジャー》』）

ジャニー喜多川は、なぜ歌手ではなく役者から田原たちをスタートさせようとしたのか。

ウチはあくまで、総合的なタレントを育てていますから、歌手だ役者だという色分けをしていません。郷ひろみもたのきんも、すべてドラマからスタートさせたのも、役者で成功すればいつまでもその子が持つ光は消えないし、長続きするアーティストとなれます。すべてをこなせない限り、ぼくの言うアーティストではないと思っています。（「Music research」一九八一年三月二日号）

ジャニーの育成方針と柳井の眼力が重なり合い、田原は一つのきっかけをつかんだ。

▼初めて『太陽にほえろ！』の視聴率を超えたのは田原メイン回

改編期からやや遅れた一九七九年十月二十六日に『3年B組金八先生』（以下、『金八先生』と略記）が始まった。桜中学三年B組に通う突っ張った性格の沢村正治役をもらった田原は、第一話で出席を取られた際に気だるく「は〜い」と返事をし、宮沢保（鶴見辰吾）に対する「誰がふざけてんだよ」という台詞《せりふ》で役者デビューを飾る。

第一話での出番はほとんどなかったが、放送が終了するとファンレターが三十通ほど届いた。第二話の後には、撮影後のＴＢＳ玄関前でサインをねだられるようになった。人気に火がつき始めたのだ。

それまでの学園ドラマでは主に青春模様が爽やかに描かれ、現実の生徒が抱える悩みに迫る場面はあまりなかった。しかし、『金八先生』は毎回生徒の心理にスポットを当てていった。背景には、小山内が脚本について高校受験を経験したばかりの息子に相談したときの言葉があった。〈これまでにも学園ものドラマがいくつかあったけれど、僕らからみるとどうもみんなつくりものにみえる。お母さんが書くのなら、本当に中学生たちが〝僕らの番組だ〟と言えるようなものをつくって欲しい〉（「文化評論」一九八〇年四月号）

小山内は第二話で早速、内申書問題について取り上げ、高校進学を控えた中学三年生ならではの切実な内面を掘り下げた。そして、第四話から第六話では社会が目を背けがちな性教育を真っ正面から取り上げた。この、浅井雪乃（杉田かおる）の妊娠を扱う「十五歳の母」は大きな波紋を呼んだ。一九八〇年一月十日号の「セブンティーン」では岩崎宏美、藤谷美和子、石野真子など著名人も意見を述べている。なかには、山口百恵のコメントもあった。

> 相手の男性がどう考えてるかによって、まるっきり解決方法はちがってしまうと思います。
> ただ、ひとつの生命なのだから、たとえ偶然にできたとしても、かんたんにおろせばいいなんてことは、ぜったいイヤですね。勝手に命を消してしまってもいい、なんて権利は人間にはないと思うから。
> やはり女性の場合、生理がはじまった段階で、みんながもっとオープンな形で性の問題を語りあったりする場所があってもいいんじゃないでしょうか。
> そして、子どもをやしなう能力のない未成年が、子どもを作ってはいけないんだということをおとなはもっと教えるべきです。ちょうどあの放送、家で中三の妹と見てたんですけど、わたしが十五歳のときに男性とのセックスなんてまず考えられなかっただけにゾッとしました。（「セブンティーン」一九八〇年一月十日号）

小山内の勇敢なチャレンジが功を奏し、『金八先生』の視聴率は『太陽にほえろ！』に迫っていった。

年が明けた一九八〇年一月四日、田原メインの第十一話「母に捧げるバラード」がオンエアになる。姉に海援隊のコンサートチケットを取ってもらった沢村は、クラスメート七人と金八を誘った。ライブ帰りの夜道、梶浦裕二（野村義男）が「先生、きょうどの歌がいちばん気に入った？」と尋ねると、金八は大声で興奮しながら「きょうね、最高によかったのは「母に捧げるバラード」！」と答え、「おまえたちにとって、お袋とは一体何か？　沢村正治！」と投げかける。すると、さっきまでの元気がウソのように、沢村はうつむきながら「パス」と力なく返事する。金八は沢村に両親がおらず、姉と二人暮らしのことを忘れていたのだ。

この日、『金八先生』（一七・二％）は視聴率で初めて『太陽にほえろ！』（一六・七％）を超える。田原の寂しそうな哀愁を帯びた演技は、確実に女性ファンの心をつかんでいた。

2　ジャニーズ事務所を救った——一九八〇年の大爆発

▼「哀愁でいと」誕生秘話を作詞家・小林和子が初めて明かす

ドラマと並行し、歌手・田原俊彦の誕生も近づいていた。一九八〇年一月、NHKの歌番組『レッツゴーヤング』の「サンデーズ」のオーディションに合格。歌って踊って番組を盛り上げるメンバーの一員となった。田原のほか松田聖子、浜田朱里、藤慎一郎という新人四人は二月から三月はレッスンに明け暮れ、前年からレギュラーの倉田まり子、佐藤恵利、川﨑麻世、渋谷哲平、山﨑誠に加わった。

田原は自己紹介で「『紅白歌合戦』に出場したい」と宣言。まだレコードデビューさえしていない彼の発言を、周囲は冷笑していた。

一九八〇年三月号の「平凡」にも、田原の意気込みが表れている。同誌は、桜中学三年B組の生徒にアンケートを取り、名鑑として一人ずつを紹介した。「いまいちばんやりたいこと」という質問への答えに「遊びたい」「なし」などが大勢を占めるなか、田原は「立派なタレントになる修業」と回答。志が違っていた。

三月七日には『金八先生』で二度目の田原メインとなる「卒業十日前の初恋」が放送され、視聴率三三・一％を記録した。最終回に向かうにつれて、ドラマの人気は社会現象になっていった。

その頃、プロデューサーであるジャニー喜多川は田原のデビューに向けて動き始めていた。窮状に陥っていたジャニーズ事務所は、起死回生の一発を放たなければならない。田原が転べば、「悪ガキトリオ」と呼ばれていた近藤真彦、野村義男の将来にも不安が生じる。先頭を切ってデビューする任務は重大だった。

事務所の行く末を決める制作陣に、ジャニーは二十代前半の二人をパートナーに選んだ。

デビュー曲をアメリカの人気アイドルであるレイフ・ギャレットの「NEW YORK CITY NIGHTS」のカバーに決めると、訳詞に二十二歳の小林和子を抜擢。東京女学館短期大学在学中の一九七八年に大場久美子の「エトセトラ」「ディスコ・ドリーム」でヒットを飛ばし、七九年には川﨑麻世のシングル「21」も書いた作詞家だった。

ジャニーズ事務所所属歌手のレコード会社は、フォーリーブスやJJS、豊川誕、川﨑のように主にCBSソニーだったが、ジャニーは田原をキャニオン・レコードに預け、ディレクターは七九年に入社したばかりの羽島亨に任せた。

「哀愁でいと」はどのように誕生したのか。小林に取材した。

「当時所属していた作家の事務所にお話がきたんですね。私は『金八先生』も見ておらず、田原俊彦さんといわれてもピンとこなかった。正直なことを言うと、私はアイドルにあまり興味がなく、歌謡曲も嫌いで、洋楽ばかり聴いていた。生意気盛りでしたから、「もうアイドルはやりたくない」と最初は断ったんです。結局、当時RCAレコードでジャニーズ事務所とも仲良く、ウチの作家事務所ともつながりのある小杉理宇造さんに説得されて、担当することになりました。

いまだったら、阿久悠さんがピンク・レディーを押し上げていったような、アイドルを企画するすごさがわかります。でも、短大を卒業したばかりの二十二歳でしたから、その素晴らしさや面白さを理解できていませんでした」

当初は乗り気でなかったが、腹を決めた小林は訳詞にとりかかった。

「楽曲を渡されたとき、当時の田原俊彦さんと「NEW YORK CITY NIGHTS」はあまりにも接点がないなと思ったので、「NIGHTS」を「DOLL」(人形)に変えて、最初「NEW YORK CITY DOLL」というコンセプトで、意訳しながら書いてみたんです」

キャニオンの会議室で、ジャニーに書き上げた歌詞を見せると即座に却下された。歌って踊る田原俊彦の特性を生かすため、ジャニーは繊細なこだわりを見せた。

「「DOLL(ドール)では音が伸びてしまうからダメ。音に乗せる言葉はNIGHTS(ナイツ)のように跳ねる音にしないと」と言われたんです。なぜそうしたほうがいいのか理解できなかったけど、「はい」と返事しました。ダンスミュージックが流行した九〇年代になって、ようやく意味がわかりました。その頃のプロデューサーに「音に当てるエッジになる言葉がほしい」と言われた。ドールのように伸びるのではなく、ナイツのように跳ねるほうが踊れる曲になるんですね。結局、一から作り直すことにしました。ディレクターの羽島さんと相談して、英語を訳すのではなく、日本語で新たな詞を書くことにしたんです」

レコーディング開始まで、残された時間は一週間もない。直訳でも意訳でもなく、オリジナルの歌詞を当てるため、サビに何度も出てくる「NEW YORK CITY NIGHTS」にも日本語をハメる必要がある。小林は『金八先生』のビデオを取り寄せ、田原の演技をじっくり鑑賞したときのことを思い出した。

「寂しそうな役柄だったので、「哀愁」という言葉が彼に合うかなと思いました。最初に「哀愁ＤＡＹＳ」とコンセプトを決めて、失恋の歌詞を書いていったんですね。男の子が女の子に花のプレゼントを持っていくところから始まるストーリーを考え、出だしは「赤い薔薇」がいいなと思ったんですよ。ポピュラーな言葉を探した結果、白い薔薇じゃなくて、情熱的な赤い薔薇が浮かびました」

田原俊彦といえば、赤のイメージが強い。「哀愁でいと」を『夜のヒットスタジオ』（以下、『夜ヒット』と略記）や『ザ・ベストテン』で初披露したときも、衣装は上下ともに赤でそろえていた。いまでも、ライブやテレビで頻繁に赤の衣装を身にまとっている。初めから「赤」を入れてくれという指示があったのか。

「そう言われた記憶はないんですよね。サビの部分は「BYE BYE 哀愁デイズ」にしていたのですが、ジャニーさんが「哀愁でいと、にしない？　カタカナじゃなくて平仮名がいいね。軽さが出るから」と言った。たしかに「デイズ」よりも「でいと」のほうが音として跳ねているし、エッジも効いている。すごい感性の持ち主ですよ。タイトルも「哀愁でいと」で確定しました」

唯一、サビの直前の歌詞が最後まで決まらなかった。〈ない方がマシさ〉の前に当てる五文字を探し出せない。レコーディング当日、ジャニー、羽島、小林の三人はタクシーでヤマハのスタジオに向かいながら、まだ悩んでいた。

助手席に座ったジャニーは、二人に「普通に喋っていて」と穏やかに指示した。後部座席で羽島と小林が会話をしていると、ジャニーが急に「それ！」と叫んだ。

「「そういうのって優しさがないよね〜」みたいな話をしていたのかな。そしたら、ジャニーさんが食い付いたんです。〈ない方がマシさ〉の前に〈やさしさも〉を入れると、ピタリとハマった」

一九八〇年三月、二十代前半の二人とジャニーの研ぎ澄まされた感性がシンクロして「哀愁でいと」が完成した。

▼歴史を塗り替えたオリコン初登場トップテン入り

ダンサーとしてテレビ創世記の人気番組『シャボン玉ホリデー』に参加し、振付師としても『ＮＨＫ紅白歌合戦』（以下、『紅白歌合戦』もしくは『紅白』と略記）に関わっていた名倉加代子は、フォーリーブスの解散コンサートなどでジャニーズ事務所と仕事をしていて、一九七〇年代後半には研究生の指導もした。名倉に取材すると、八〇年の春先にTBSで階段を下りていたときに下から元気よく駆け上がってきた田原の姿を鮮明に覚えていた。「すごくうれしそうに「今度、僕、ソロデビューすることになりました！」と言った子がいたの。「そう、おめでとう」と祝福したんだけど、そのときは正直、誰かわかっていなかった。もう『金八先生』で話題になっていたんですか？　私はほとんどテレビを見ないんですよ。ジュニアのなかにも、きっとトシはいたと思います。でも、あまり記憶になくて。あとになって、あれはトシだったな〜って」

研究生時代にはその他大勢の一人だった男は、一九八〇年の直前に時代に欲され、八〇年代の到来とともに人気が爆発する。三九・九％という驚異的な視聴率を叩き出した『金八先生』の最終回から四日が経過した四月一日、事務所地下のレストランで田原、近藤、野村の三人のファンの集いを開こうとすると、百五十人収容の会場に一万人を超えるファンが詰めかける事態となった。混乱を避けるため、イベントは中止に。ジャニーズ事務所の予想をはるかに超える人気ぶりだったのだ。

五月十一日には、神奈川県本厚木の東京工芸大学グラウンドで「放課後青空カーニバル」というイベントをおこない、三人の頭文字を取った「たのきん族」というニックネームを発表。集まった約一万人のファンのなかから何人もの失神者が出るほど、熱気があふれかえった。

たのきんの人気について、ジャニー喜多川は〝時代〟と分析していた。〈時代の要求です。彼らの場合、ひとりひとりの活動が基本。たのきん族とは彼らだけでなく、ファンを含めた時代風俗としてとらえてほしい〉（「週刊平凡」一九八〇年五月二十九日号）

「哀愁でいと」の発売が告知されると、レコード店には問い合わせが殺到した。

「とにかく、前代未聞です。LPの予約ならともかく、シングル盤の予約なんて例のないこと。この分でいったら、初登場でランキング三十位ぐらいまではいくんじゃないですか。こちらも大プッシュして、ゆくゆくはベストテンをねらいます」（キャニオン・レコード宣伝・河原氏）（「ヤングレディ」一九八〇年七月八日号）

こうしてファンに強いられる格好で、キャニオンは急遽、購入者の先着一万人に本人の写真と声入りポケットカードのプレゼントを発表した。現在のようにあらかじめ特典付きで購入を促すのではなく、熱に押されて後から企画を作ったのだ。すると、予想をはるかに超える四万人以上が飛びついてきたため、先着五万人までの大幅増加を決断する事態になった。この経緯からして、シングル盤の予約特典というサービスを生んだのも、田原俊彦だったのかもしれない。

田原のデビューに際し、ジャPAニーズがバックダンサーとして起用されることになる。従来のメンバーである細野謙治、吉野明男、乃生佳之に加えて、元JJSの板野俊雄がメンバー入りし、新体制でスタートを切った。一九七〇年代後半からジャニーズ事務所を知る乃生が振り返る。

「川崎麻世からトシのバックに変わるにあたって、『よっしゃ！』という感覚は特にありませんでした。たのきんが話題になっていたので、人気は出るだろうなとは思っていたけど、まさかあんなフィーバーになるとは……。ステージで隣にいても、話し声が聞こえないくらい歓声がすごかった。こういう状態があるんだと驚きました」

当時、デビュー曲がオリコントップテンを飾ることはなかった。一九八〇年の主な新人の初登場順位を見ると、岩崎良美五十七位、松田聖子百三十位、柏原よしえ百十三位、河合奈保子百八十二位と伸びていない。

しかし、六月二十一日発売の「哀愁でいと」は数日で売り切れ、六月三十日付のオリコンで八位を記録。他の初登場曲には、二十五位のオフコース「Yes・No」、四十三位のイエロー・マジック・オーケストラ「ライディーン」、四十六位のサザンオールスターズ「ジャズマン」など錚々たる面々が並んでいるが、トップテン入りは「哀愁でいと」だけ。売れっ子歌手でさえも初登場の順位は高くなく、徐々に上昇していく時代だった。

六月三十日、『夜ヒット』に初出演を果たす。一九六八年の開始当初から番組に携わり、この頃ディレクターを務めていた渡邉光男にインタビューすると、当時の田原の印象をこう話してくれた。

「デビュー当時から尖っていましたよ。自分のしたいことをするタイプ。それを相手がどう受け取るかですよね。悪く捉えれば「生意気で人の意見を聞かない」という評判になるだろうし、よく捉えれば「信念を曲げない」という表現になる。当然のことながら、こちらが真剣に向き合えば、人の意見をちゃんと聞くヤツです」

田原は仕事にすべてを懸けていた。一カ月後にはあまたいるライバルに蹴落とされているかもしれないし、新星に追い抜かれるかもしれない。日々の仕事が行き先を決めていく。だから、本気で向かってくる人には本気で返すが、何となく仕事をしている人には厳しくなる。幸い、テレビ黄金期の一九八〇年代は、情熱を持って番組制作をするスタッフばかりの時代だった。

『夜ヒット』出演効果もあって、売れ行きはさらに伸びた。七月七日付のオリコンでは二位に上昇。この頃になると、アイドル誌だけでなく、新聞や週刊誌でもフィーバーぶりが伝えられていた。


おったまげたのなんの。フジ「ただいま放課後！」に出演中の悪ガキ（タノキン）トリオの一人、としちゃんこと田原俊彦のレコードが登場二週目でなんと二位に。久々のパワーを持った男性アイドルの出現だ。声がユニークだし、歌唱力もまずまずなので楽しみ。（「報知新聞」一九八〇年七月六日付）

「業界はじまって以来ですよ。発売二週目で第二位というのも史上初の快挙。三週目には早くも四十万枚突破です。新記録続出なので〝としちゃんギネスブック〟を作ろうかといってるほどです」（キャニオン宣伝部・真塩昇次氏）（「週刊現代」一九八〇年七月三十一日号）

『ザ・ベストテン』には七月十日に八位で初登場し、八月七日には二位まで上昇していた。

▼「ハッとして！Good」で目覚めた一九八〇年代

たのきんを見いだした『金八先生』の柳井満プロデューサーも人気沸騰に驚きを隠せなかった。

だれをスターにしようなどと考えず、集団主役の形をとったわけです。平均した主張を持たせ、その結果、生徒側から人気者が生まれたと思うのですが……僕としては、あの三人組がスターになるなんて予想すらしなかったことで。（「読売新聞」一九八〇年八月十日付）

『金八先生』第二シリーズに出演中のひかる一平が特集された際、ジャニーはこんな見解を述べた。〈たのきんは、視聴者が目をつけ、アイドルトリオに作りあげた。ひかるもすべて監督にまかせてますが、ごく自然に見る人が何かを感じてくれれば……〉（「スポーツニッポン」一九八〇年十月二十日付）

彼らは決して作られた人気者ではなく、時代の要請とともに出現したスーパーアイドルだった。

八月二十一日、山口百恵がラストシングル「さよならの向う側」を発売。十月十五日の引退に向けてカウントダウンが始まる。九月一日には、一九七〇年代後半に大ブームを巻き起こしたピンク・レディーが解散を発表した。

時代が移り変わろうとしている八月二十八日、『ザ・ベストテン』で田原俊彦の「哀愁でいと」がもんた&ブラザーズの「ダンシング・オールナイト」を抜いて初の一位を獲得。この日から三週連続で首位をキープした。

そして九月二十一日、セカンドシングル「ハッとして！Good」が発売になる。二十四歳の新人女性作家・宮下智が描いた〈パステル〉〈きらめく〉〈Sweet Situation〉というキラキラ感、新時代の到来を予感させる明るい曲調が、田原の醸し出す王子様感と一致した。宮下はこう話していた。

偶然、トシちゃんのキャラクターに私の感性があったんだと思います。だから、すごく感覚的に書いた詞があたってしまった。売れる、売れないというのは、ワリとそのときの思いつきやノリなんですよ。

田原クンのを書くときは、少女マンガを読んだりしますね。ローティーンの女の子が男の子に抱くあこがれみたいなものがわかるから。(「an・an」一九八五年一月十一日号)

ジャケットは歌詞に出てくる〈Telephone Box〉をイメージし、東京・赤坂のホテルニューオータニ前の電話ボックスで撮影。振り付けにタップダンスを取り入れる予定でレコードにも足で鳴らしているような音源が含まれている。しかし、多忙を極める田原やジャPAニーズに習得する時間はなかった。

「一週間くらい練習したんですけど、その程度で音が出るわけもなくて。せめて見た目だけでも、と踏んでいるフリをしていました。この頃は振り付けを覚えたら、次の日には本番という状態でしたね」(乃生)

「ハッとして!Good」はいきなりオリコン一位を獲得。田原の勢いは誰にも止められなかった。

▼五木ひろしのマフラーとレコード大賞最優秀新人賞と『紅白歌合戦』

十一月二十日、田原は朝から気もそぞろだった。『紅白歌合戦』の出場歌手発表の日だったからである。前夜は日をまたいだ「平凡」の撮影を終え、午前二時半にようやく合宿所に戻った。一時間後に就寝したものの、翌朝は九時過ぎに目が覚めてしまった。〈けさはワンマンショーの夢でした。なんかぼくがステージを走りまわってるんですよね。でもあれ、『紅白』の夢だったのかなァ〉(「週刊平凡」一九八〇年十二月四日号)

十二時五十五分、ジャニーズ事務所の合宿所に吉報が届く。サンデーズへの宣言が実現した瞬間だった。〈去年は合宿所で見てたけど、まだレコードのデビューも決まってなかったし。まさか一年後にこうなるなんて…。いつも、歌手の衣装がすごいな、と思ってたんです。ぼくは何を着ようかな〉(同誌)

一九七〇年代から八〇年代の歌謡界では、『紅白』とともに年末の賞レースも重要な位置を占めていた。

一九八〇年は、新人豊作の年だった。四月一日、松田聖子がCBSソニーから「裸足の季節」でデビュー。七月一日発売のセカンドシングル「青い珊瑚礁」でスターダムに駆け上がる。

田原と聖子の二人は熾烈な争いを繰り広げていた。『ザ・ベストテン』では九月十八日、田原の「哀愁でいと」を抜いて聖子の「青い珊瑚礁」が初の一位を奪い、三週連続でトップの座を守る。十月二十三日から田原が「ハッとして！Good」で四週連続一位に君臨すると、十一月二十日に聖子が「風は秋色」で田原を引きずり下ろして一位を奪取し、四週連続でその地位を譲らなかった。

大晦日におこなわれる日本レコード大賞の発表では、二人に加えて岩崎良美、河合奈保子、松村和子の三人が新人賞にノミネートされたが、実質的には田原と聖子の一騎打ちになった。〈自信はないけど、これまでの結果として欲しい。男だし負けられません〉（『週刊TVガイド』一九八一年一月九日号）と意気込んでいた田原は、一回目の投票で過半数を得て大きくガッツポーズ。郷ひろみも獲れなかった、ジャニーズ事務所初の最優秀新人賞に輝いた。応援に駆け付けた母親は泣き崩れ、「ハッとして！Good」を歌う田原の目からも大粒の涙があふれた。

「新御三家」以来、男性アイドル界に生まれた久しぶりのスター。どこか影があった一九七〇年代とは違う、新時代を予感させる曲。田原俊彦は、八〇年代の幕開けにふさわしい最優秀新人だった。

レコード大賞が終わり、『紅白』出場のため大急ぎでTBSからNHKに移動すると、大部屋の楽屋で一緒になった五木ひろしからサプライズがあった。乃生が笑顔で思い出す。

「トシとジャPAニーズの全員に、お祝いにカシミアのマフラーをくれたんですよ。『え〜〜。踊り子にもくれるんですか？』と驚いて聞いたら、『やるよ。おまえらだって頑張っているんだから』と言ってくれて。五木さんは八代亜紀さんとの〝五八戦争〟の末にレコード大賞を、あと一歩のところで逃していました。自分は悔しいはずなのに、本当にうれしい心遣いでした。忙しい合間を縫って、トシが獲っても獲れなくても、わざわざ用意してくれていたんでしょうね。当時は共同の楽屋を使う番組が多かったから、歌手同士が交流する機会があったんですよね。『ザ・トップテン』は渋谷公会堂だったので、基本的に男性用と女性用の二つでした。『紅白』のときもそうだったけど、僕は髭剃りを忘れて、五木さんに借りたことが何回かありました（笑）」

郷ひろみも西城秀樹も果たせなかったデビュー年での『紅白歌合戦』出場。

司会の山川静夫アナウンサーが「さあ、みなさんお待たせしました。たのきんです！」と振ると、田原は応援に駆け付けた野村と近藤とともに、自己紹介をした。

たのきんの「た」は戦い抜くの「た」。田原です。
たのきんの「の」はノックアウトさせるの「の」。野村義男です。
たのきんの「きん」は金星獲るの「きん」。近藤真彦です。（『ＮＨＫ紅白歌合戦』一九八〇年十二月三十一日放送）

白組二番目の登場にもかかわらず、フロアディレクターからもう巻きの指示が出ていた。すでに時間が押していたなかで田原は超高速テンポの「哀愁でいと」を歌い、怒濤のような一九八〇年が終わった。

▼ジャニー喜多川が田原を一九七〇年代にデビューさせなかった理由

一九七〇年代後半に、Char、世良公則&ツイスト、原田真二というビジュアル面の評価も高い「ロック御三家」が人気を博したように、世の中には新しい男性アイドルの登場を待ち望んでいる雰囲気があった。だが、このときはニューミュージック全盛期。ジャニーズ事務所もタレントを送り込んだが、ブームは起こせなかった。

もし田原が一九七〇年代にデビューしていたら、どんな運命をたどっていたのだろうか。

すでに色がついたアイドルが『金八先生』の生徒役に選ばれたとは思えない。そうなれば、近藤真彦と野村義男との三人で売り出すこともなかった。一九七九年十月期でなければ、柳井満が全権委任されていたかは神のみぞ知ることだし、小山内美江子が中学受験をテーマにしたかはわからない。八〇年でなければ小林和子にお鉢が回ってきたとはかぎらないし、宮下智はまだアメリカにいた。

ジャニーは田原の山梨―東京間の往復電車賃を出し、帰りはわざわざ新宿駅まで見送りにいくなど、秘蔵っ子として期待していた。事務所の窮状を考えれば、田原を一九七〇年代後半に早々とデビューさせてもおかしくなかった。

なぜ、焦らなかったのだろうか。

すでに東京に在住していた川﨑麻世と違い、山梨の高校に通っている田原が芸能活動に専念するには学校を中退しなければならない。それは、ジャニーの信念に反するものだった。

　ブラウン管に出られるというあこがれだけで、もう一方の学生という輝いている部分を放棄すると仕事でもダメになります。学生という生活の中で発見したものを仕事に生かすべきです。アイドルは学校でも仕事でも光ってるはずですから。（「明星」一九八二年二月号）

田原自身は高校三年を迎えた頃、母親に「中退したい」と申し出たが、猛反対されて断念していた。ジャニーは、親に応援してもらう体制がなければ芸能活動はさせないという哲学も持っていた。〈親がそんな話聞いてません、とかいう返事は困るんですよ。どうして秘密にするんですか、悪いことをしているわけではないんだから…〉（同誌）

事務所が不遇の時代でも、目先の結果にこだわらず、自らのポリシーを貫いて、秘蔵っ子を無理にデビューさせないジャニー喜多川。二年半も毎週末、山梨から東京にレッスンに通い続けた田原俊彦。二人の辛抱が幸運をもたらすことになった。

従来のドラマ界や歌謡界と異なる新しい感性を持つクリエイターが田原のもとに集結できたのは、一九七九年から八〇年という時期だったからだ。田原俊彦という素材は新しいことを仕掛けられそうな、七〇年代にはいないタイプの芸能人だった。小林が話す。

「田原俊彦さんのアーティストパワー、アイドルパワーが楽曲のヒットにつながった。曲に関していえば、当時二十二歳の私は歌謡曲なんていやだ、アイドルなんて書きたくないと葛藤していた。それが逆によかったのだと思います。葛藤がエネルギーに変わって、「哀愁でいと」が生まれた。あのときでないと書けない歌です」

宮下は本名の盛岡由美子ではなく、ペンネームを使った理由をこう述べている。〈さいしょは、友だちに知られたら恥かしい、なんて思って……。「歌謡曲なんて大嫌い！」と言っていた手前……〉（「週刊文春」一九八一年十二月十日号）

田原が持つハングリー精神や反骨心が、小林や宮下の「歌謡曲は嫌い」という反発心とシンクロしてできあがったのが「哀愁でいと」であり、「ハッとして！Good」だったのではないか。

本人の何としても売れたいという気持ちと努力、ジャニー喜多川の我慢、作家陣の葛藤、新たなアイドルを求めていた時代の空気感が相まって、田原俊彦の人気は一九八〇年に大爆発した。

3 『ザ・ベストテン』の時代

▼番組を立ち上げたTBS局員が開始までの試行錯誤を語る

田原がデビューする二年前の一九七八年一月十九日に『ザ・ベストテン』が始まった。

それ以前にも各局はランキング番組を放送していたが、基準が実に不明瞭で、視聴者の共感は得られていなかった。一九七〇年代前半、井上陽水や吉田拓郎の曲が四十万枚以上の売り上げでオリコンではベストテンに登場しているのに、テレビでは三十位にさえ入らない。彼らが当時、テレビを拒否していた背景が絡んでいたのか。弟子丸千一郎プロデューサーは『ザ・ベストテン』の開始にあたり、〝順位に自分たちの手を加えない〟というポリシーを決めた。

テレビマンは、まず何よりジャーナリストなんであって、どんな番組を作るにしろ、そこから始めなくちゃいけない。つまり事実を伝えるという当たり前のことなんだけどね。

（略）

ランキングは厳正にしなければ意味がない。そこから始まったんだ。（「バラエティ」一九七九年十月号）

開始から終了までこの番組に関わった山田修爾の著書『ザ・ベストテン』や当時の資料によれば、①レコード売り上げ（「オリジナルコンフィデンス」「ミュージック・リサーチ」「ミュージック・ラボ」という音楽チャート三誌をデータ元に）、②ハガキリクエスト、③ＪＲＮ（ＴＢＳ系ラジオ局）のランキング、④有線放送の人気順位という四要素をランキングの基準とした。

自分が買ったレコードに加えて、ハガキやラジオ、有線放送のリクエストが好きな歌手や曲の行方を決める。従来のプロデューサー主導によるキャスティング方式ではなく、視聴者参加型の番組が誕生した。

順位を明確に付けることへの反発もあった。山田は著書で、第一回に山口百恵が十一位「赤い絆（レッド・センセーション）」、十二位「秋桜」でランク外になったとき、社内の会議で「ほかの歌手と順位を入れ替えたらどうだ」と提案されたことを明かしている。それでも一切操作することはなかった。出演しない歌手がいれば、その理由をハッキリ述べた。

司会の久米宏は当時こう述べていた。

ランキングもそうなんですけど、決してウソをつかないっていう番組なんです。だからウソの話で面白くするよりも、つまらなくても本当のことを言ってくれって、みんなに言うんです。たとえばサザンオールスターズが出てきたとき、ギャグ・バンドみたいな印象があって、コントっぽいのをやらされたりしたんです。でも本当はそんなことしたくないと思ってるのは、ぼくたち分かってたから、桑田にも〝本音を言え、おまえ。そのほうが番組も面白くなるんだから〟って、ぼくなんか言ってたんです。(同誌)

一九七八年の開始当初にチーフADとして関わっていた田代誠に取材すると、こんな話も出てきた。

「登場の仕方でも議論がありました。後ろのソファーに十位の発表まで誰もいないのは絵的に寂しいのではないかという意見も出ました。では、出演者全員を後ろにそろえてから順位を読み上げるのはどうか。いや、誰が出るかわからないから面白い。こんなふうなやりとりがありましたね。それまでの歌番組は最初に出演者を全員紹介してから、順番に歌唱していく方式だったんです」

山口百恵がランクインせず、四位の中島みゆきなどが欠席した初回は、視聴率一六・八%だった。その後一〇%台と二〇%台を行き来するが、十一月十六日に初の三〇%超えを達成し、一九七九年には三〇%台を二十八回も記録する超人気番組となった。スタッフの真摯さが視聴者に伝わったのである。

▼「伝説のオープンカー中継」を担当ディレクターと追っかけマンの生島ヒロシが回想

従来の常識では録画撮りのほうが出演者を集めやすかったが、『ザ・ベストテン』は生放送にこだわった。弟子丸はこう考えていた。

テレビっていう媒体は戦後のものでしょ。話とか劇にくらべたら、まるで幼稚園みたいなもんですよ。だからテレビは、ニュースなら新聞や雑誌、ドラマなら舞台の表現方法を借りてやってきた。テレビ独自の方法が見つかっていないんだ。

浅間山荘事件とか、三菱銀行の事件とかのテレビ中継で、ひとつはっきりしたことがある。演出も何もなく、ただそこで現に行われていることを、そのまま送っただけなんだよね。でもテレビはそこが一番強いんじゃないか。つまり、同時性、即時性こそ、テレビの最大の武器じゃないか。よし、全部、生放送でいこう、そう決めたんだ。（同誌）

その結果、『ザ・ベストテン』の「追いかけます、お出かけならどこまでも」というキャッチフレーズが生まれた。TBSに来られなければ、歌手を追いかけて生中継で姿を捉える。新幹線の移動中でも、他局の番組収録をしていても、視聴者が望むランクイン歌手についていった。田代が振り返る。

「木曜九時に歌手がどこで何をしているかを報道する姿勢で取り組む。「歌謡報道番組」というコンセプトを守り続けました。他局も非常に協力的でした。当初、フジテレビは番組によってはNGもありましたが、お互いの宣伝になるし、面白そうだからやりましょうという雰囲気になって、基本的に温容でしたね」

一九七六年にTBSに入社し、「追っかけマン」として様々な場所を渡り歩いた生島ヒロシにもインタビューした。

「視聴率が高かったから、他局が協力してくれるという面もあったと思います。私はパーソナリティーを務めていた『夜はともだち』というラジオ番組が終わって、七九年か八〇年に初めて出たのかな。「追っかけマン」なのに、周りからの反響がすごかったですよ。ベストテンのおかげで、知名度が上がったと思います。

松田聖子ちゃんが赤坂プリンスホテル三十九階の部屋から、夜景を見ながら「天国のキッス」を歌う中継（一九八三年七月七日）も担当しました。歌い終わった後、僕が上半身裸で腰にバスタオルを巻いて出ていったら、聖子ちゃんは「エエッ〜！」と驚いていましたねえ（笑）。生放送ならではの何が起こるかわからないハプニング性が引き付けたんでしょうね」

一九八二年十二月三十日、田原俊彦と近藤真彦がまれに見る演出で歌っている。司会の久米宏が「今週の第九位、「誘惑スレスレ」田原俊彦、六千二百七十三点～。今週の第八位「ホレたぜ！乾杯」近藤真彦、六千八百六点～」と読み上げると、画面には赤いオープンカーに乗る二人の姿が映し出された。徹子がいつも以上に甲高い声で「マッチ～、トシちゃん～、寒くありませんか～～」と呼びかけ、ゲスト出演のビートたけしが「相撲で優勝したんじゃねえ、この野郎！」と毒づいた。中継の担当ディレクターだった田代がその場面を淡々と回想する。

「『紅白歌合戦』のリハーサルを終えた後、車でNHKからTBSに向かいながら歌ってもらいました。人気絶頂の二人ですから、ガードマンを二十人ほど並走させました。実際、中継を察知したファンがたくさん集まってきましたね。たしか、道路使用許可は提出しなかったと思います。なぜかというと、道路を占拠しての撮影ではなく、信号が赤なら止まるし、青になれば動く。普通の車と同じように走っているわけですからね」

スタジオにお土産を買っていくため、二人は原宿のクレープ屋に立ち寄る。ちょうど田原が「誘惑スレスレ」を歌い終わる頃に、店の前に到着。オープンカーから降りた近藤が「ホレたぜ！乾杯」を歌い始めるという完璧な時間運びだった。

「公道なので、リハーサルは二回程度でした。本人たちは参加せず、スタッフが車を走らせました。途中にある信号の秒数を測り、交通量も予測し、このスピードで走れば、この時間に着くだろうと計算したんですね。いつもうまくいくわけではないのですが、あのときは成功しましたね。ただ、撮影しやすいようにスピードをあまり出さなかったので、渋滞を作ってしまいました。でも、この頃は何をしても、クレームは来なかったと記憶しています。いまではテレビに対して視聴者は厳しい目で見ているので、このような中継は難しいでしょう」

「追っかけマン」として同乗した生島ヒロシもよく覚えている。

「私は、クレープ代の領収書をちゃっかりもらいましたねえ。スタッフや同僚に「たいした金額じゃないんだから自腹で払えばいいのに」なんて突っ込まれましたねえ。結構ウケたんですよ（笑）」

毎回、無謀な演出に挑戦し続けたからこそ、視聴率も跳ね上がった。

一九八三年三月三十一日、田原とスタッフはさらに高いハードルを乗り越える。倉敷でのコンサート終了後、田原は岡山発十九時二十三分の最終新幹線で東京へ向かう。途中下車できないため、名古屋駅に停車する二分を使って、車内で「ピエロ」を歌ったのだ。番組はカメラを名古屋駅前テルミナの屋上に置き、到着を待った。

ＣＢＣの島津靖雄アナウンサーが「予定どおり、新幹線が入ってきました。前から十三両目、四号車に移動しているはずです」とアナウンスすると、田原の姿が映り始めた。

徹子が「手振っている！　見えた！」と興奮しながら叫び、田原が元気な声で「こんばんは～！　見えますか～」と挨拶。すると、徹子は一転して冷静な口調で質問を畳みかけた。

徹子：ずいぶん、いろんな方がいろんなことをこの番組ではなさいましたが、新幹線のなかでお歌いになるというのは、あなたが初めてではないかと思いますが。
田原：あ、そうですか。僕も初体験です。
徹子：恥ずかしいとかそういうことは？
田原：いや、そんなことないです。周りみんなね、僕のコンサートのスタッフと仲間たちだからね。（『ザ・ベストテン』一九八三年三月三十一日放送）

わずか二十秒ほどの会話で「新幹線のなかで歌うことは初めてでは？」と当たり前すぎることを聞いた後に、「恥ずかしくないか？」とぶち込んでくる徹子のテレビ的な質問展開力には恐れ入る。

島津アナが「停車時間が二分でございますのでね、時間がありません」と遮ると、久米と徹子の声を消し去るようにイントロが流れ、田原は「ピエロ」を歌い始めた。

二番のサビにさしかかる頃、列車が動きだすと「あ！」「ダメだぁ～」「さよなら～！」「見えないよ～」と絶叫。久米が「新幹線で歌った気分はどうでした？」と聞くと、「もう、最高ですね（笑）」と噴き出しながら答えている。

時間がないならば、事前に収録してVTRを流す手も考えられる。普通、乗車中に歌ってもらうという発想自体が思いつきそうにもない。それについて、田代が事もないような顔で話す。

「リアルタイムで本人の歌を届けることを追求していくと、おのずとそうなってしまうんですよね。新幹線のダイヤはハッキリしているので、ホームの外から電波を飛ばして、音が続くまで放送する。途中で歌は切れるけど、それはもう仕方ない。あくまで報道ですから、みっともなかろうが、途中で歌が終わろうが、伝えられるところまで伝える。それがリアリティーを生んだのでしょうね。何回か挑戦してうまくいくと、今度はそれが当然になる。そういう意味で、どんどん自分たちを追い込んでいきましたね」

何としても生で歌ってもらおうという意地は、視聴者に痛いほど伝わってきた。

▼松田聖子との演出で話題をさらい、「空中マイク投げキャッチ」を勝負強さで乗り越える

『ザ・ベストテン』は同じ曲が何週間もランクインし続けるため、奇想天外なセットや演出で視聴者を飽きさせないように工夫した。田原は「君に薔薇薔薇…という感じ」で、体がバラバラになるマジックに挑んだこともあれば、「シャワーな気分」で、空中にマイクを高く放り投げ上げて服を脱ぎ捨て、一回転してキャッチするという離れ業を演じたこともあった。これらのシーンをスタジオで目撃した田代はこう話す。

「彼は、一発勝負に本当に強かった。土壇場、修羅場になると力を発揮するタイプ。スタッフのなかで、追い込んだ演出をしてもトシちゃんなら成功させてくれるという確信がありました。マジックは少し間違えれば非常に危険ですし、マイク投げもかなりの重圧です。取り損なえば歌えなくなるし、高価なマイクが壊れるかもしれない。本当に見事でした」

スタッフが課す過酷なハードルを飛び越えることで、田原も成長していった。

一九八二年七月八日の回では、フジテレビの特別番組で苗場にいた田原と松田聖子はリクエストハガキに応え

て二人でテニスを始めた。スタジオとつながると、田原は「一日中、外にいたから日に焼けちゃって足とか真っ黒になっちゃって」と笑顔で話した。「原宿キッス」が流れると、追っかけマンの松宮一彦アナが曲紹介を始めた。

さて、トシちゃんですが、テニスではプロのマッケンロー選手が大好きだとおっしゃっていました。この前、負けちゃって残念だなあ～なんて言っておりました。それから、ご自分ではサーブがなかなか決まらないんで、ホントにサーブうまくなりたいなあ～とおっしゃっていました。それでは今週第七位です。田原俊彦さん、「原宿キッス」。(『ザ・ベストテン』一九八二年七月八日放送)

時間が許すかぎり、一つでも多くの情報を詰め込むことで番組独特の濃密さが生まれた。田原は左手にマイク、右手にラケットを持ち、次々に繰り出されるサーブに反応しながら、呼吸を乱すことなく歌った。途中、ネットの前に行き、ターンを入れる余裕まで見せた。二分八秒のあいだに飛んできた二十二球をすべて打ち返して歌い終わると、ネットを飛び越え、コート端にいる聖子のもとへ。聖子は田原の首にタオルを掛け、「渚のバルコニー」を歌い始めた。
この光景は、司会の黒柳徹子にも相当な衝撃を与えていた。

それまでは真っすぐ立ってお歌いになる方が多いなかで、あなたは軽井沢でテニスしながら。ビックリしました、あのときは。向こうからポンポンポンポン、どんどん、あちこち出てくるテニスの球を全部、一つもミスしないで全部打ち返しながら、全然テンポの違う歌を歌って、最後に走っていって、ネットをポンと越えたときには、世の中変わってきているなと思いました。いくらあなたの悪口言っても、アレやれっていってもできないわよ。(『徹子の部屋』テレビ朝日系、一九九三年十月十一日放送。※「軽井沢」は徹子の記憶違い)

田原が『徹子の部屋』にゲスト出演するたびに、徹子はこの話をする。総勢二百六十三組がランクインした『ザ・ベストテン』のなかで、何年たっても記憶に残るほど、インパクトの強いシーンだった。

「ベストテンの演出方法に関して、よほどのことなら事前に言いますけど、基本的には本番当日にスタジオや中継先に来て、初めて伝えていました。断る人はいなかったと思います」(田代)

「餅は餅屋」と事務所が制作者を尊重した。スタッフが知恵を絞り出したスケールが大きな企画を、歌手が全力で表現した。二つの熱が重なり合ったことで、視聴者は熱狂した。

4 なぜ、田原俊彦はトップアイドルの地位を継続できたのか

▼ジャニー喜多川の提案を蹴った「グッドラック LOVE」

歌が下手、ダンスもうまく踊れない――。一九八〇年代前半、アイドルは稚拙さが魅力と捉えられていた。人気は若さゆえの引力であり、鮮度を失えば、たちまち社会から見捨てられる。二年もランキングのベストテンに入り続けられれば大成功。二十代中盤になれば、大人への脱皮がしきりに求められるが、三十代以降の芸能生活をどう過ごすのかなど、全く先が見えない時代だった。

売れているときは毎日のように番組出演が求められるが、時間がたつと飽きられてしまう。多忙なときは実力をつける暇がない。余裕ができて本格的にレッスンに励み始めた頃には忘れ去られている。何とも因果な商売だった。

そんな時代に、なぜ田原俊彦は長く人気を保てたのか。

間近で見続けていたジャニー喜多川は、命懸けで取り組む姿勢に感嘆していた。

とにかく彼はがんばり屋で、いまだかつて、弱音をはいたことはいちどもありません。一日に何十回となく歌を歌って、声をからしきっていても、「もう歌えない」などということは、ぜったいにいいません。最後には、はた目でも声がでていないのがわかっていても、歌いつづけてしまうんです。足がもう動かないほど疲れているのに、テレビの運動会などでは必死で、全力疾走しているのです。しかし、けっして疲れたともいいませんし、涙を見せたこともありません。（前掲『スーパーアイドルの365日』）

ジャニーは田原を手塩にかけて育てていた。たのきんトリオの三人を語る企画で明かしている。〈まあ、三人の中ではいちばん田原に対して勉強させましたね。彼は勉強させればさせるほど、力を身につけていく子だったからです〉（同書）

田原も、「尊敬する人」という雑誌の質問があれば「ジャニー喜多川さん」と答えるほど気持ちが通じ合っていた。その二人が、新曲の歌詞について意見を戦わせたことがあった。

一九八一年十月発売「グッドラック LOVE」のレコーディング中、作詞の小林和子は意外な場面を目撃している。

「トシちゃん主演の映画『グッドラック LOVE』がすでに決まっていて、主題歌も同じタイトルで作ることになりました。私は映画の台本を読んで、イメージを膨らませて歌詞を書きました。英語ができる人に聞くと、「グッドラック LOVE」という言い方はせず、普通は「グッドラック My LOVE」と表現すると聞き、一番の最後にそう入れました。

歌詞を提出すると、ジャニーさんが「サビには〈愛されるはかない夢を笑え〉ではなく、〈グッドラック LOVE〉か〈グッドラック My LOVE〉を入れてくれ」とおっしゃったんですね。タイトルの言葉をサビに入れて強調させる、いわば歌の定石です。曲は先にできていたので、歌詞を変えるしかない。当時はスタジオを取って、曲を録音している。お金がかかっているから、気が変わっても曲は簡単には却下できない。反対に、歌詞は作家さえ呼べばいくらでも変更できます。

ジャニーさんの意向を汲んで、サビに〈グッドラック My LOVE〉を入れて書き直したのですが、私のなかでどうもしっくりこない。雰囲気から察するに、羽島さんはじめスタッフはみんな、最初の歌詞のほうがいいと思っていたように感じます」

たしかに曲に合わせて歌ってみると、サビは〈愛されるはかない夢を笑え〉のほうがメロディーにハマる。その歌詞で、田原本人も何度も練習していた。それでも、若い制作陣は目上のプロデューサーの修正要求には逆らえず、レコーディングの日を迎えた。ジャニーはその場に来ていなかった。

深夜のスタジオで小林が書き直した歌詞の紙を「ジャニーさんからの要望なので」と渡すと、田原は絶句した。

「……え？」とつぶやいた後、歌詞を目で追いかけた。「これ歌うの？」とようやく絞り出した声に、小林は静かに「そう」と答えるしかなかった。「え？　前のほうがいいよ」と真っすぐな眼差しで問われても、「私もそう思うけど、ジャニーさんの意向だから」としか言えない。

田原は自制してレコーディングブースに向かい、ヘッドホンを耳に当てて、歌おうとした。しかしその瞬間、頭に浮かぶ疑問を抑えきれなくなった。

「違うよ！」

ヘッドホンを床に叩き付けながら叫ぶと、スタジオの扉をこじ開け、廊下にある公衆電話からジャニー喜多川に連絡をした。

「前の歌詞のほうが絶対にいいよ！」

田原は懸命に訴えていた。電話は十分近くにも及んだ。

「それまでは「ボクね、あははは！」と笑っていた印象しかなかったんですけど、すごく骨のある人だなと感じ

ました。自分がいいと思ったことを大事にする、貫く人なんだなって」（小林）
深夜にもかかわらず、ジャニーはレコーディングスタジオまで飛んできた。小林には「あなたが最初からこっちを書いとけばよかったのに！」と激高していたが、サビに〈愛されるはかない夢を笑え〉と書かれた元の歌詞で歌うことを承諾した。
「お膳立てされた曲をあれこれ言わずに歌うのがアイドルだと思っていました。「こっちのほうがいいんだ」と主張している姿は、すごくカッコよかった。おそらく、ボーカリストとして歌詞の世界観やメロディーとの整合性を考えて、直感的に判断したのだと思います。トシちゃんを含め制作スタッフはみんな若かったから、経験よりも感性で動いていました」（小林）
軽快なイメージとは違って、自分の信念は貫き通す。二十歳の夏の出来事だった。

▼「歌が下手」と揶揄されたのに、なぜ売れたのか

田原はさんざん、歌が下手だと叩かれてきた。それでも、デビュー曲からオリコンで三十七作連続トップテン入りという大記録を樹立し、『ザ・ベストテン』の最多ランクイン歌手としても歴史に名を残している。歌は下手だけど、レコードは売れる——。その一見矛盾した現象に、明確な答えは出されていない。本人は周囲の揶揄をどう感じていたのか。コンプレックスをテーマに話している記事がある。

いろいろ考えりゃキリないくらいあるけど、そんなもんいちいち気にしてたってしょうがないからね。どれも自分が持って生まれた資質だから…。それが個性ってもんでしょ。それはそれで自分のカラーとか味とかにして、大切にしなきゃいけないんじゃないの？
たとえば、オレのこの声ね。声質自体が歌手として不利なんだよ。鼻につっかかるっていうか、声が前に出ない。いつもこもっちゃうんだよね。（「CanCam」一九八九年三月号）

「Television の誘惑」「最高の恋人」「君だけを守りたい」など田原にも詞を提供している作詞家の秋元康は、売れる歌手の特徴について、こう分析している。

僕自身は、音程がきっちり合っているよりも、もうちょっとあやふやだったり、ピッチが良くなかったりする歌声の方が、むしろ味があるような気がします。

「歌の上手さ」、あるいは「人の心を打つもの」は決してきっちりしたものではなく、どこか弱さがあったり、ぼやけていたりする部分を含むのではないかと思います。(『Hanada』二〇一七年三月号)

他人と異なる声質の「違和感」が、むしろ聴衆を引き付けたのではないか。小林はこう感じていた。

「伝える才能にものすごくあふれている人だと思いました。歌唱力があってうまいと思うけど、聞き手に何も感じさせない歌手もいるんですね。トシちゃんは、伝えようとするエネルギーに満ちていた。もともと才能として持っていたけど、あらゆる歌を歌い、いろんなドラマをやるなかで、間違いなく蓄積されていったと思います」

「ブギ浮ぎ I LOVE YOU」のような明るい歌は能天気にどこまでも楽しく、「グッドラック LOVE」のような悲しい歌は切ない感情を込める。常に一生懸命な田原の歌い方は見る者を引き付けた。

もう一つ、コンプレックスとの対峙の仕方も、その人気維持の大きな要素だったのではないか。下手だと言われて喜ぶ人間などいない。田原は歌手として致命的と思って落ち込んでしまいがちな欠点を、発想の転換で乗り越えた。

だって自分でもわかってたからね、ヘタだって(笑い)。でも、あのときは自分なりに精いっぱい歌ってる……その結果だから。もちろんそれから、歌をうまく歌おうっていう努力はしてきたよ。テクニックみたいなものは、努力で向上すると思うから。でも、声帯の違いは変えられない。

だけどそれって、考え方を変えれば、この声帯はオレしか持ってないってことでしょ。だったら、それをオレの味にしなきゃいけないと思うわけ。(「CanCam」一九八九年三月号)

どんなに揶揄されようとも、現実を把握したうえで持ち前の負けん気と努力で克服しようとポジティブに奮闘し、嘲笑するようなものまねをいやがることもなかった。社会にはバカなんじゃないかと笑われても、声高に否定することなく、真面目なことを考えているなんてみじんも感じさせず、ただただ明るく天真爛漫に振る舞っていた。

ピエロになりきれるだけのタフな精神と柔軟な思考、状況把握力が田原を売れっ子歌手にしたのである。

▼名倉加代子が語る「トシのターン」とアイドルへの低評価を変える地道な努力

田原は人気に浮かれることなく、新たに出てくるライバルに追い抜かれまいとダンスに磨きをかけていた。バックダンサーであるジャPAニーズの乃生は、田原の技術の向上を傍らで感じ取っていた。

「『哀愁でいと』の頃は、僕らのほうが場数を踏んでいる分、覚えは早かった。振り付けの西条満先生が帰った後、トシが僕らに『こうだっけ?』とよく確認していました。でも、その時期は本当に短く、新曲を出すたびに上達していきましたね。毎回、新しいテクニックに挑戦するのですが、そのハードルを見事に飛び越えていった」

一九八二年、筒美京平作曲の「君に薔薇薔薇…という感じ」は、田原のリズム感を引き出した名曲といわれている。西条はジャズダンスをベースに、ジャPAニーズが得意とするソウルダンスを取り入れた。間奏で、指をさした後に首を前に出す振り付けがある。まさにここに、成長の跡が見られたという。

「トシは、無駄な動きが少ないから〝さま〟になる。リズムが取れず、魅せ方を理解していないと、ただ首を突き出した不格好になってしまうんですよ。天性のセンスもあるんでしょうけど、日々練習を重ねたんだと思います。でも、努力をひけらかすことは一切なかった」（乃生）

一九八三年一月二十九日、三十日と東京・宝塚劇場でコンサート『ヤング・コミュニケーション '83 Toshi in 宝塚』をおこなう前、田原は自分を客観的に分析している。

　ぼくも今年でデビュー四年目。ショーでファンが盛り上がり、こっちも大声やゼスチャーでこたえる時期はもう終わりました。シブがき隊はいま新鮮さで受けているが、ぼくはもうやりつくしたんです。あとはどこまで成長したか、ファンも要求してるし、ぼくだって四年間やったすべてを出し切らなくては、不満が残る。（「週刊明星」一九八三年二月三日号）

全五公演で毎回三十八曲、わずか二日で百九十曲を歌い踊るという過酷な日程に体は悲鳴を上げ、一日目には足をつっている。普通ならプログラムに文句を言いたくなるところだが、反省が口をついた。

　フルに歌って踊るから酸素が不足して筋肉が締まったらしい。初めて本格的にプロダンサーの方に振り付けてもらったんだけど、これまで手足のダンスばかりで、本当に体を使って踊るとああなるんだと痛感しました。（「週刊明星」一九八三年四月七日号）

実力をつけて不安を解消するにはレッスンに励むしかない。宝塚公演後の二月十七日から十一日間、田原は振付師の名倉加代子らとともにアメリカへ飛ぶと、現地のダンスレッスンに出向いてタップやジャズを学んだ。名倉に取材すると、快く当時を振り返ってくれた。

「日本ではお稽古のスケジュールが取れないくらい忙しかったですからね。渡米する前、ジャニーさんに「トシをレッスンに連れていって」と言われていました」

名倉は田原のダンスにオリジナリティーを感じ取っていた。

「以前、取材で「いちばん踊りのうまい人は誰ですか?」と聞かれたとき、「いろんな種類のうまさがあるけど、歌って踊る人のなかでトシはすごくいいセンスを持っている」と答えました。

トシのターンは風に吹かれて、布がヒューッと巻かれるようなきれいな流れを持っている。天性のものだと思います。普通の人にはできない回り方なんですよ。ダンサーは「ターンはこう回らなければならない」みたいな固定観念があって、そのとおりにしたくなる。トシのターンはトシにしかできない。それがセンスであり、味なんでしょうね。素質であると同時に、歌やドラマ、ミュージカルなどいろいろな仕事をしていくなかで身についたモノだと思います。カッコいいものをキャッチする能力も高かった。アンテナを敏感に張り巡らせて、いいものを自分のなかに取り入れる才能を持っていますね」

生き馬の目を抜く芸能界のなかで常に闘争心を持っていた田原だが、二十一歳年上の名倉はこう感じていた。

「トシから「人を押し退けて、自分が前に出るぞ」という印象を受けたことはないですね。私は年が離れているし、お母さんみたいなもので「ちゃんとご飯食べてる?」「はーい」と会話したりね(笑)。

ニューヨークに行ったときも、トシがちょうど「ピエロ」という曲を歌う頃だったので、(芸術家が集う街である)ソーホーにピエロのお人形を探しにいったり、一緒に熱いラーメンを食べたりもした。私の目には、全然かっこつけないトシが映っていました。ひたすら、かわいかったですよ」

▼マイケル・ジャクソンのムーンウォークを日本で初めて取り入れた「シャワーな気分」

この頃とくに思うんだ。アメリカに行って良かったなあ!って。ダンスの幅みたいなものがわかってきたような気がするんだよ。いろいろな人の踊りを見て、それを自分のものに消化する。新曲「シャワーな気分」の振りも、半分ぐらいは、自分でいろいろな人の踊りをアレンジして、やってみたんだ。(「平凡」一九

八三年七月号）

〝カッコいいものを取り入れる〟代表的な例は、デビュー四年目を迎える頃に現れた。

モータウン・レコード創立二十五周年記念番組『Motown25』（全米ネットワークNBC、一九八三年五月十六日放送。三月二十五日収録）で、マイケル・ジャクソンが初めてムーンウォークを披露した。音楽番組『ソウル・トレイン』に出演していたダンサーから手ほどきを受けたマイケルは、以前から存在した前後に動く「バック・スライド」という技に独自のアレンジを加えた。

この摩訶不思議な技術は、のちに「ムーンウォーク」と名付けられた。

全米ではマイケルのパフォーマンスに称賛の渦が巻き起こっていたが、当時はすぐに外国から映像が届いて放送されるような時代ではない。日本ではまだ話題になっていなかった。

おそらくジャニー喜多川がロサンゼルスに住む兄弟から『Motown25』のビデオを送ってもらい、田原が合宿所のオープンリールでテープが擦り切れるほど見たのだろう。「シャワーな気分」（五月十八日発売）という曲で、敬愛するマイケルの技を早速取り入れている。

当時の全歌手の出演番組を視聴することは不可能に近いために絶対とは言いきれないが、テレビで初めてムーンウォークをおこない、日本に浸透させた人物は田原俊彦だと思われる。

「シャワーな気分」歌唱シーンを細かく検証していこう。

五月九日の『夜ヒット』で同曲を初めて歌っているが、『Motown25』放映前であり、まだおこなわれていない。六月二日の『ザ・ベストテン』に七位で初登場しているが、このときも取り入れていない。六月六日の『ザ・トップテン』のVTRコメントでは、新曲の振り付けについて説明しているが、右足を前に出して捻る動きを取り上げているだけだ。

田原の出演映像を丹念に見ると、ムーンウォークの初披露は六月三十日放送の『ザ・ベストテン』と思われる。

現在はあまねく流布している動きだが、当初は番組スタッフにも全く注目されていなかった。

セットとして帽子と服のコレクションが後ろに並べられ、曲中にそれらを身に着けることに主眼を置いている。間奏になると、田原は服を飾っているコーナーに駆け寄り、エキストラの手を借りながらジャケットを着ている。この直後に三秒間ムーンウォークのような動きをしているが、カメラは足下まで撮っていない。

日本で誰も試みていない新技よりも、奇抜なセットが重視されていたのである。歌唱前、田原は真剣な表情でこう語っていた。

久米：（自分が歌った）VTRよく見るんですって？

田原：『ベストテン』もね、きょうも帰ってから十回は見ると思いますね。

久米：何見ます？

田原：やっぱり、一日の反省としてね、「きょうはあそこがおかしいな」とかね、何回も繰り返して見るんですね。

久米：あまり満足することはない？

田原：満足……ないですね、一回も。（『ザ・ベストテン』一九八三年六月三十日放送）

「シャワーな気分」がチャートを賑わせていた真っ最中、映画『嵐を呼ぶ男』のロケも並行し、六月十一日から二十日まではハワイで撮影。多忙を極めるなかで、田原は新技を身につけていた。

そして、翌七月一日、テレビ東京の音楽祭である『第2回メガロポリス歌謡祭』でも魅せた。この日、マイケルを意識した銀のスパンコールが付いた黒いジャケットを身にまとった田原はポップス部門に入賞した。〈ウ・ア・ウ・ア〉と発する前の間奏で四秒間おこなっている。ただし、動きにはぎこちなさが残っていた。この日「ポップスグランプリ」に選ばれて、もう一度歌ったときはサビの〈だけ　だけ　君だけが好き〉のところで三秒間動いている。

カメラは一度目こそ全身を捉えていたが、二度目は予想外だったのか上半身を映してしまっている。

七月二日の『レッツGOアイドル』（テレビ東京系）では足下だけを映して三秒間、七月三日の『ヤンヤン歌うスタジオ』（テレビ東京系）では引きの映像で二秒間披露。これらは録画撮りと考えられ、収録日は六月三十日の『ザ・ベストテン』よりも前だった可能性が高い。

生放送だった七月三日の『発表‼日本有線大賞』（TBS系）では歌自体が一分四十二秒と短縮され、間奏も大幅にカットされたためか、ムーンウォークをおこなっていない。

七月四日の『ザ・トップテン』は東京・六本木から中継。ムーンウォークを三秒間しているが、カメラは足下までは撮っていない。この頃まだ完成しておらず、スタッフも必ず撮るべきと意識していたわけではない様子だ。

七月七日の『ザ・ベストテン』は前述したように、水しぶきを浴びながら、マイクを高く放り投げ、一回転してキャッチする離れ業を演じた日。いまも語り継がれる名シーンの約三十秒前に、ムーンウォークを二秒間おこない、カメラも引きの絵できっちり捉えている。

ただし、パフォーマンスのメインはあくまでマイクキャッチだった。

初めて言及されたのは、七月十一日の『夜ヒット』だ。

歌前のトークで司会の井上順が「新しいステップを考えたんだって?」と振ると、田原が少しだけ後ろに下がる動きを見せる。しかし、井上順は「あ〜なるほど。ブレイクダンス！とか言うのね」とあまり理解している様子はなく、同じく司会の芳村真理も「あ〜そうなの。かっこいいわよ」と受け流している。直後、なぜか大川栄策が割り込んできて「トシちゃんの…」とつぶやき、田原のポーズらしきモノマネをしてトークは終了した。

歌では、ムーンウォークを三秒間披露した直後に銀の紙テープが落ち、田原の新技が脚光を浴びている。

三日後の『ザ・ベストテン』では十位にランクインし、八位の松田聖子と登場。トークでは話題にのぼらなかったが、間奏で三秒間のムーンウォークをする際、スタジオが暗転して田原にスポットライトが当たっている。以上の流れをまとめると、六月三十日の初披露時は特段目をつけられていなかったが、徐々に注目を集め、七月中旬になると浸透し始めたようだ。

まだ「ムーンウォーク」という名前が誕生していない当時、この動きは日本では意外な呼ばれ方をしていた。『ザ・ベストテン』で「シャワーな気分」が圏外になり、八月十二日発売の新曲「さらば・夏」が二位に輝いた九月八日、視聴者からこんな質問が届いている。

司会の久米宏が「〝必殺ベルトコンベア〟というすごい技、どういうふうにしてできるのか、一度ゆっくりやってみてください」とハガキを読み上げ、田原が〝ベルトコンベア〟(=ムーンウォーク)を披露することになる。

田原：これ、ゆっくりやると、うまく見えないと思うんですけどね。僕の尊敬するマイケル・ジャクソンがやっていて。後ろに行ってるんだけど、前に歩いてるみたいに。
久米：これ、早くやったほうがいいんですね？
徹子：あ〜れ〜。
久米：は〜。これ、滑らせるのがコツみたいですね。
徹子：ずいぶん練習したの？
田原：ええ、つっちゃいましたね、足がね、初めのうち。
徹子：お見事。（『ザ・ベストテン』一九八三年九月八日放送）

田原が披露してから二カ月以上たってもまだ「ベルトコンベア」と呼ばれていた事実から考えても、「ムーンウォーク」を初めておこなった日本の芸能人は田原俊彦といえるのではないか。

▼ジャニーズ事務所の独壇場ではなかった一九八〇年代前半の男性アイドル界

一九八〇年にたのきんトリオが大ブレイクしたことで、他事務所も男性アイドルを次々と芸能界に送り込んできた。

千葉真一のアクション俳優養成学校ジャパンアクションクラブ出身でサニー千葉エンタープライズ所属の真田広之が一九八〇年十一月一日、「風の伝説」でレコードデビュー。八一年八月一日発売の「青春の嵐（ハリケーン）」売り上げ十万枚突破という好調な出足を見せる。

たのきんが第一シリーズに出演したドラマ『ただいま放課後』には、一九八一年一月からの第三シリーズで堤大二郎（山の手エージェンシー）、斎藤康彦（劇団若草）、大村波彦（田村企画）の三人が生徒役として開始前からメディアに取り上げられた。斎藤は主題歌「もどかしさもSOMETIME」、大村は挿入歌「飛びかかれ時間に」を任された。なかでも、堤は強力にプッシュされていた。〈フジテレビが全社あげて「八一年、最も期待できる新人」、プロマイドのマルベル堂が、「今年は堤大二郎」と、謳いあげるだけの素材ではあるようだ〉（「週刊TVガイド」一九八一年一月二十三日号）

『金八先生』第二シリーズの生徒役で人気を得た沖田浩之（スターダストプロモーション）は一九八一年三月二十一日「E気持」でデビュー。『金八先生』第二シリーズの全話平均視聴率が第一シリーズを上回った実績からしても、沖田の歌謡界進出は田原や近藤にとって大きな脅威だった。

一九六八年の設立から森田健作や野村真樹、太川陽介、渋谷哲平などを輩出していたサンミュージックからは、八一年七月二十一日に竹本孝之が「てれてZin Zin」でデビューし、八二年三月からはドラマ『陽あたり良好！』（日本テレビ系）に主演し、主題歌も担当した。このドラマは、かつて森田や中村雅俊などのスターを生んだ日曜二十時台で半年間放送された。十月から出演のドラマ『だんなさまは18歳』（TBS系）もゴールデン帯で主演と主題歌を兼ねていた。

現在のようなジャニーズ事務所の独占状態は、まだ形成されていなかったのだ。

しかし、彼らはたのきんを追い抜くことはできなかった。

一九八〇年から八二年の三年間の『ザ・ベストテン』ランクイン回数は、一位・田原（百十二回）、二位・近藤（百二回）、三位・松田聖子（百一回）、四位・沢田研二（六十九回）、五位・郷ひろみ（六十五回）。この時期デビューの他事務所の男性アイドルでは、沖田が八一年に六回ランクインしただけである。トシ＆マッチは他を寄せ付けず、先輩の郷ひろみ、西城秀樹を凌駕した。

人気の指標だったアイドル誌「明星」「平凡」の表紙回数を見ると、たのきん以前／以降で時代が区分される。

一九八〇年の上半期、二誌の表紙は郷や西城など七〇年代の人気者が飾っていた。しかし、七月号の「平凡」、九月号の「明星」でたのきんが初めてその座を奪うと、「新御三家」が舞い戻ることは二度となかった。

ジャニーズ事務所所属タレントが両誌の表紙を務めた割合を年代別に分けると、一九七〇年代「明星」一七・二％、「平凡」一六・四％から、八〇年代「明星」八〇・三％、「平凡」八五・五％と約五倍も跳ね上がっている。八〇年代の表紙登場回数ランキングでは田原と近藤の二人が群を抜き、ジャニーズ事務所が上位を独占した（※「平凡」は一九八七年十二月号限りで休刊）。

「明星」①田原俊彦：二十八、②近藤真彦：二十六、③シブがき隊：十九、④少年隊：十二、⑤男闘呼組：七
「平凡」①近藤真彦：三十一、②田原俊彦：二十九、③シブがき隊：十五、④少年隊：九、⑤野村義男：八

つまり、一九八〇年代に「男性アイドル＝ジャニーズ事務所」という観念が生まれたのである。

オリコンの所属事務所別の年間売り上げ枚数ランキングを参照すると、たのきんがジャニーズ事務所を救ったと明確になる。

一九七九年、ジャニーズ事務所は年間売り上げ五十二位だったが、田原デビューの八〇年に十七位まで上昇す

ると、八一年から八三年まで三年連続で一位を獲得。八〇年の田原俊彦から近藤真彦、シブがき隊、The—Good—Bye と四年連続で日本レコード大賞の最優秀新人賞を輩出し、田原と近藤がヒット曲を出し続けて一大勢力となった。

たのきんトリオなくして現在のジャニーズ事務所は存在しえない。

第2章
低迷期から一転、アイドルの寿命を延ばした大復活劇
——一九八六—九三年

田原俊彦の『ザ・ベストテン』年間ランクイン回数と順位

西暦	回数	順位	最も多くランクインした田原俊彦の曲	ランクイン回数年間1位歌手	回数
1986年	9	24位	あッ	KUWATA BAND 中山美穂	28
1987年	8	23位	KID ／どうする？	少年隊	30
1988年	24	7位	抱きしめてTONIGHT	光 GENJI	45
1989年	16	8位	ごめんよ涙	Wink	39
通算	247	1位	哀愁でいと 抱きしめてTONIGHT	田原俊彦	247

1 『びんびん』シリーズ開始と『紅白歌合戦』落選

▼阿久悠の審美眼

一九八四年、とうとう田原俊彦や近藤真彦に強力なライバルたちが現れた。『ザ・ベストテン』ではチェッカーズが五月十七日から四週連続で「ギザギザハートの子守唄」「涙のリクエスト」「哀しくてジェラシー」の三曲同時ベストテン入りを果たし、時代の寵児となる。渡辺プロダクションからの久々の新星となった吉川晃司は「モニカ」など三曲で二十一回ランクイン。同年にはアルフィー三十一回、翌年には安全地帯三十六回とバンド勢も急伸する。

一九八〇年代初頭にニューミュージックからアイドルの時代に移り変わったが、八〇年代中盤になると新たなアイドルに加えて、バンドやシンガーソングライターの勢いも増してきた。

この世界って冷たいからね。やっぱり売れてるうちはみんなシッポ振って来るけど、売れなくなったら知らんぷりだから。そりゃそうなんだけどさ、仕事にならないんだから。そのへんは勝負だもん。田原俊彦を使うか使わないか、田原俊彦にノルかノラナイかってことだから。田原の仕事をやりたい、あいつの画を撮りたい、そう思わせなきゃダメだよね。そのためには、いつもカッコよくないと(笑い)。(「CanCam」一九八五年五月号)

この頃、田原のビジュアルは、デビュー当時のかわいらしさから男らしさを醸し出すようになっていた。のちにCHA—CHAのメンバーとしても活躍する木野正人は高校二年生の一九八五年、静岡市民文化会館でおこなわれた田原のコンサートを初めて見にいき、翌年ジャニーズ事務所に入所している。木野にインタビューすると、田原の細部へのこだわりを話してくれた。

「「堕ちないでマドンナ」(一九八五年五月発売) くらいからコンサートだけでなく、テレビで歌うときもラムサ製の専用マイクを使っていました。筒が長く、下からアンテナが出ているタイプで「TOSHI」と名前が入っていて、すごく重たかったんです。激しく踊る「抱きしめてTONIGHT」の前まで使っていました」

一九八五年師走、ジャニーズ事務所から少年隊(錦織一清、植草克秀、東山紀之)が「仮面舞踏会」でデビュー。『ザ・ベストテン』で八六年一月九日から六週連続で一位に輝いた。

田原はデビュー七年目を迎えるこの年、阿久悠にすべての作詞を任せ、イメージチェンジを図る。

阿久悠の偉業にふれる際には、沢田研二やピンク・レディーなど一九七〇年代の楽曲ばかりが語られる。そして、作詞家としてのピークは七〇年代で、八〇年代以降はパワーダウンしたという言説が目立つ。

世の中は、ヒットしたか否かを基準に物事を判断する。阿久関連の番組や書籍を作る場合、多くの人の耳に残る曲を取り上げるのは自然なことだ。しかし、物事は売れたから成功、売れなかったから失敗と単純に割り切れるものではない。

この年、田原は阿久の自伝的小説を原作にした映画『瀬戸内少年野球団・青春篇 最後の楽園』(以下、『瀬戸内少年野球団・青春篇』と略記)の撮影に臨んだ。阿久から主演に指名されると、役作りのために中学二年生以来となる短髪に刈り上げ、九月から十月にかけての約四十日間のスケジュールをほぼ映画だけに当てる意気込みを見せた。

オレさ、このごろ刺激を受けることがいっぱいあったんだ。人との出会いなんだけどね。まず、映画やることになって、阿久悠という人が登場した。監督の三村晴彦という人が現われた。十二月の新LPをもう作ってんだけど、そこで宇崎竜童という人が出てきた。この人たちが、それぞれものすごい強力なの。(「明

星」一九八六年十月号）

一年間を通して、阿久は一九五六年（昭和三十一年）を描く映画を見据え、〝男の美学〟を仕込んでいった。〈僕〉というイメージが強かった田原に三月発売の「Hardにやさしく」で〈俺〉という一人称を使い、六月発売の「ベルエポックによろしく」では歌詞に〈パッカード〉〈ドライジン〉など五五年頃の流行を散りばめた。

阿久は、一九七〇年代に沢田研二を通して表現した〝男のダンディズム〟を、八〇年代は田原俊彦に託したのかもしれない。イメージチェンジの仕上げとなる『瀬戸内少年野球団』の構想を、阿久は田原にこう語った。

　あの頃、男のタバコの吸い方が粋だった。パッケージをわしづかみにして、上下にふる。タバコがとび出したのを、口でくわえてとり出し、火をつける。で、顔を半分、手でかくして喫う。そんな、現代にはない粋さがつまった映画が作りたい。（同誌）

田原は、同じレベルで話すことができない自分が悔しかった。

　阿久さんも三村さんも〝こんな映画にしたい〟って夢をはっきり言うんだ。オレは…その夢を語れないんだよね。合宿にも、主役ってことで参加したけど、何も言えない。置き去りにされてるみたいで、つらいよ。無言のプレッシャーがある。（同誌）

撮影前、三村晴彦監督はクランクインしても二、三日はカメラを回さない覚悟をするほど、主人公の田原に不安を抱いていた。しかし、現場に入ると考えが一変した。

彼はこの日のためにちゃんと準備していたんですね。僕は背筋がゾクゾクとしましてね、これはいける、と。それからはもう一日一日、どんどん良くなっていきました。なかなかの役者ですよ、（略）自分で役づくりが分かっている。あの忙しい中でちゃんと勉強して計算しているのに感心しました。（「キネマ旬報」一九八七年一月十五日号）

三村の熱はすさまじかった。浅草の食堂で中村久美とラーメン一杯を食べるだけの撮影に丸一日を費やした。シーンに見合った天候にならないと、待機したまま一日が終わることもあった。田原は巨星の細やかな要求や鬼気迫る姿を目の当たりにして、自分の仕事への価値観がより強固になっていた。

今度の映画づくりのような経験をできたことはこれからの生き方、仕事に向かうにあたって、大きなものを得られたね。こだわり方みたいなものを学ぶことができたっていうのかな。（ファンクラブ会報「COMMUNICATION SUPER THREE Volume7.1986. Number38」）

一人で戦う歌手として周囲を寄せ付けない雰囲気があった田原だったが、映画という団体戦を通じて心理的な変化も見せている。

映画って、チームワークで作るもんだってつくづく思う。照明さんや音声さん、みんないいものを作ろうって、体からあふれるように働いている。本当に、映画好きな人たちばかり。歌やテレビで会う人たちとは、また違う人なんで、僕もストレートに自分をぶつけられる。そうした方が僕のこともよくわかってくれるはずだ。それにとくに大切なのは、共演する人たちとのコミュニケーション。実際、腹から友達同士であれば、本当にいい芝居ができるはず。（「平凡」一九八六年十二月号）

レコード売り上げだけで見れば、阿久と組んだ一九八六年はデビュー以来初めてオリコン一位を逃し、シングル三枚はいずれも十万枚に届かなかった。『ザ・ベストテン』の年間ランクイン数はデビュー二年目の八一年と比べて、五分の一となるわずか九週に減少した。

最後の阿久作品「ＫＩＤ」が『ザ・ベストテン』で八位になった一九八七年二月十九日、田原俊彦は松田聖子を抜いて番組最多ランクイン歌手に躍り出る。阿久からお祝いのメッセージが届いた。〈八年目を迎え、待ちに待った本格的二枚目の誕生を感じさせます。色っぽい男を演じてください〉（『ザ・ベストテン』一九八七年二月十九日放送）

曲の売り上げは六万五千枚と伸びなかった。女に浮かれて外面ばかりに気を使っている「ＫＩＤ」に釘を刺す歌詞が、バブル景気に沸く世相に受け入れられなかったのかもしれない。

しかし、巨匠たちとがっぷり四つに組んだ一年間は、間違いなく田原を成長させていた。

阿久の審美眼は〝『びんびん』シリーズ〟で証明されていく。

▼マーケティング完全無視で誕生した『びんびん』シリーズ

レコードが売れなくなった田原は、一九八七年の正月コンサートで決意をにじませている。

今年は僕にとって、とても厳しい一年になりそうな予感がするけれど、僕が二十八才になる時、つまり、十周年を迎える日をめざして、着実に仕事を積み重ねたい。大人になるほど、何事もそう簡単にはできないものだということがよくわかる。試練の年になるかもしれないけれど、耐えて、頑張って挑戦していきたい。

（ファンクラブ会報「COMMUNICATION SUPER THREE Volume8.1987. Number39」）

一月二十四日、映画『瀬戸内少年野球団・青春篇』が公開される。フジテレビの亀山千広（一九八〇年入社）は同作品に触発され、田原俊彦主演の連続ドラマ企画を編成局次長の重村一（一九六八年入社）に提出した。

（略）

亀山千広にも、こんな経験がある。新しく担当するドラマを「トシでやらせてください」と上司にもちかけたところ、「田原俊彦はダメだ。歌はいいが今までドラマは一本も当ててないじゃないか」と大反対されたのだ。しかし「とにかく一回だけ」と強引に押し切ってつくったのが「ラジオびんびん物語」だった。

このときの上司というのが何を隠そう、重村だった。

「あのときなんでトシなんだって聞いたら、映画でみたトシがすごくよくて、これはいけると思ったっていう。でも、その映画（『瀬戸内少年野球団・青春篇』）ってコケてるんだよね」

重村は、このエピソードを思い返しながら「ソフトづくりはやはりマーケティングじゃない。つくり手側の思いや情熱なんですよ」と語る。（「ザテレビジョン」一九九二年十月二日号）

同映画は、夏目雅子の遺作となった『瀬戸内少年野球団』の配収八億四千万円と比べて、三分の一以下の二億三千万円にとどまる。田原のラブシーンがファンに受け入れられなかったのか。

しかし、フジテレビ史上最年少で編成部長になった経験を持つ重村に対し、亀山は熱意を持って押し切った。反対されてもめげなかった。自分の感性、思い込みを信じた。

いい作品とはたった一人の情熱から生まれるもの。昨今、プロフェッショナルではない周囲の人間が思いつきや自分の保身から口を挟むことで企画がどんどん丸くなり、どこかで見たようなつまらない作品が多発している。

一九八〇年代のフジテレビは違った。マーケティングなどすることなく、一人の作り手の情熱に懸けた。

▼男性アイドルのドラマ道を切り開いた功績

田原は『瀬戸内少年野球団・青春篇』で手応えをつかんでいた。

デビュー当時から突っ走ってきて、燃料が切れかかってきたときに、貯金が底つきかけたときにこの作品に出会えて、得るものは大きかったと思います。また次のステップがきっと見つかるって自信ついたし、よし、切るとこは切って、新しいところへ行こうっていうのもありますよね。（前掲「キネマ旬報」一九八七年一月十五日号）

フジテレビは一九八七年三月限りで、八〇年十月から月曜二十一時台を守ってきた萩本欽一のバラエティ枠が終了。四月から六年半ぶりにドラマに戻し、のちに「月9」と呼ばれる枠を誕生させた。

第一弾は岸本加世子主演で、フジテレビのアナウンス部を描いた『アナウンサーぷっつん物語』。第二弾は三田村邦彦主演で、ビデオ出版界を舞台にした『男が泣かない夜はない』。始まったばかりのフジテレビの月曜二十一時台は、マスコミ業界を取り上げた「ギョーカイドラマ」を放送していたわけだ。

そして、八月三日から第三弾『ラジオびんびん物語』がスタートする。ニッポン放送を舞台に、徳川龍之介（田原）がラジオ局の営業マンとして奮闘。田原はそれまでの悲劇のヒーロー役から一転、笑いも取る三枚目を演じた。連続ドラマ出演自体が『看護婦日記 パートⅠ』以来四年ぶりで、初主演。後輩の榎本英樹役を務める野村宏伸も映画経験だけでテレビドラマには初挑戦。マーケティングとは無縁の作品だった。

二十一時台のドラマに二十六歳の男性アイドルを主演で抜擢することがいかに無謀だったかをデータで示してみよう。新聞のテレビ欄を参考にすると、一九八七年開始のプライム帯（十九—二十三時）での民放連続ドラマは八十七本（外国ドラマを除く。二話以上）ある。

当時、十九時台のターゲットは主に男女四歳から十二歳だった。アニメが週十九本放送（一九八七年四月時点）され、ドラマも光ＧＥＮＪＩの『あぶない少年』（テレビ東京系）、妹尾洸の戦隊ドラマ『超人機メタルダー』（テレビ朝日系）、布川敏和の『オレの妹急上昇！』（フジテレビ系）など、子供向けに作られていた。

そこで二十時から二十二時台に絞って、男性主演の三十四本を世代別に分けよう（※主演は第一話の新聞テレビ欄で最初に名前がある俳優と定義。年齢はドラマ終了時点。年末の二夜連続大型時代劇三本含む。延べ回数）。

二十代前半　二回　東山紀之、錦織一清
二十代後半　五回　田原俊彦、渡辺徹、石橋貴明、中井貴一、橋爪淳
三十代前半　四回　長渕剛、時任三郎、明石家さんま、三田村邦彦
三十代後半　六回　奥田瑛二、名高達郎、中村雅俊、勝野洋、鹿賀丈史、風間杜夫
四十代前半　八回　田村正和（四回）、林隆三（二回）、小野寺昭、高橋英樹
四十代後半　三回　近藤正臣、藤竜也、津川雅彦
五十代以上　六回　里見浩太朗（二回）、緒形拳、西村晃、森繁久彌、勝新太郎

平均年齢は三十九・六歳で、世代別では四十代前半が最多の延べ八回を記録している。

さらに、成人男女の時間帯と考えられていた二十一時から二十二時台に絞ると、主演の二十代男性は田原俊彦『ラジオびんびん物語』、石橋貴明『ギョーカイ君が行く！』、東山紀之『荒野のテレビマン』（以上、月曜二十一時台）、中井貴一『女も男もなぜ懲りない』（木曜二十二時台、以上、フジテレビ系）、渡辺徹『ハングマンＧＯＧＯ』（金曜二十一時台、テレビ朝日系）のわずか五人だった。

フジテレビは、大人が見る二十一時台のドラマに若手男性俳優を起用することで女性視聴者を引き付けようとしていた。この発想は、翌年以降のトレンディードラマに受け継がれていく。

『ラジオびんびん物語』は第一話一九・六％で発進すると、第二話で「月9」初の二〇％超え（二〇・五％）を達成。全話平均視聴率も二十代の五人でトップの一七・八％を記録し、翌年の新たな『びんびん物語』へと道をつなげた。

男性俳優は三十代や四十代が主演する時代に、二十代の先陣を切って最も高い視聴率を残したのが二十六歳のアイドル・田原俊彦だったのである。一九八七年、ドラマ界に変動が起きつつあった——。

▼野村宏伸の逆ギレで名コンビ誕生

『びんびん』シリーズは、田原演じる先輩〝徳川龍之介〟と野村宏伸演じる後輩〝榎本英樹〟の名コンビなくして語れない。野村は一九八四年、映画『メイン・テーマ』で薬師丸ひろ子の相手役オーディションに合格し、同作で日本アカデミー賞新人賞を獲得。八六年には映画『キャバレー』で主演を務めるなど、人気俳優としての地位を築いていた。角川春樹事務所の芸能部門が閉鎖し、新しい事務所に移籍した直後、『ラジオびんびん物語』のオファーが舞い込む。野村がインタビューに答えてくれた。

「うれしかったというよりも、テレビドラマ自体が初めてでしたし、僕のなかで田原俊彦という芸能人は俳優よりアイドル歌手のイメージがあったので、このドラマはどうなるのか不安でした。まして、榎本英樹のキャラクターがいままでの役と真逆だったので、俺にできるのかなという気持ちもあったし、間抜けでひ弱な人間を演じることへの抵抗もありましたね。制作側からすれば、角川映画と違う役を任せるのが面白いと思ったのかもしれない。一か八かの可能性に賭けたんでしょうね」

初顔合わせは、東京・目黒スタジオでおこなわれた。横に高速道路が通っているため騒音がガンガン聞こえるうえに、少しでも大きな音を出せば外に漏れてしまうような古い建物だった。

「スタッフと出演者が椅子で円形を作って、まず一人ひとり自己紹介をして、意気込みやいまの気持ちを一言ずつ話していきました。終わったら、台本読み。映画にはない習慣なので、テレビはこういうところから始まるんだ……と思いましたね。何を喋ったのか全く記憶にない。それくらい、すごく緊張していました」

初対面だった田原の印象はどうだったのか。

「彼が僕に対して、緊張感を与えるような雰囲気を出していたと思うんですよ。ジャニーズの先輩・後輩関係って、すごく厳しかったというじゃないですか。でも、俺もちょっと生意気でしたからね」

ドラマ初出演の野村を考慮したのか、当初テレビドラマでは珍しく稽古がおこなわれていた。

映画は一つのカメラで撮るが、ドラマは複数のカメラに囲まれながら芝居を通していく。また、一カット一カットで割る映画に比べて、一つの芝居を移動しながら演じていかなければならない。不慣れなため、うまく立ち回れない。苛立っているところに、演出家があぁでもない、こうでもないと注文をつけてくる。パニックに陥った野村は突然、怒鳴った。

「できるわけないじゃない！　テレビなんてやったことないんだから！　いままでワンカメでやってたんだから！」

現場は沈黙した。

「普通、そんなこと言わないですよね（笑）。でも、トシちゃんは、俺が怒ったことを面白がってくれたみたいですね。いまでも、そのエピソードを言われるくらいだから」

田原はよく自分のことを「乱暴者」と表現するが、野村の行動もまさしく乱暴そのものだった。

「気に入ってくれたみたいで、そこから何か接し方が変わりましたね」

性格が似ている二人は、翌年の『教師びんびん物語』でさらに息が合うようになっていく。

▼視聴率低下の波にさらわれた『紅白歌合戦』落選

一九八七年、俳優として新境地を開いた田原だが、歌手としてはデビュー以来七年連続出場を果たしていた『紅白歌合戦』に落選してしまう。出場歌手発表翌日、こう伝えられている。〈ジャニーズ事務所のショックも大きい。田原、近藤真彦ら〝たのきんトリオ〟が旋風を巻き起こしてから八年。まさに〝男性アイドル王国〟を築いてきた。田原はその頂点に立ち〝長男〟ともいえる存在だ〉（「スポーツニッポン」一九八七年十二月一日付）

大ヒット曲こそなかったが、発売した三曲の売り上げは前年とほとんど差がない。それなのに、どうして切られたのか。

一九八七年に田原が俳優業に活路を見いだしたことは、時代の流れを考えると大きな意味があった。八五年から『ザ・ベストテン』など歌番組の視聴率が下落。怪物番組『紅白歌合戦』も同様で、八四年の七八・一％から、八五年六六・〇％に落ち込み、八六年は五九・四％と初めて六〇％台を割る。そのため、八七年は大幅に選考内容を見直すことになった。

当時の報道では歌番組の人気凋落は、「ロックバンドの台頭などで視聴者の好みが細分化した」「ベストテン形式の番組への出演拒否が目立つようになった」などに原因を求める記事が散乱している。それらも要因と考えられるが、どれも決定打とはいいづらい。時代の変化は得てして、ハード面が引き起こすもの。私は、その観点から分析したい。

まず、テレビのリモコン普及率が大きく関係していたと思われる。

リモコンは一九八五年の三一・二％から、八六年四二・〇％、八七年五三・八％、八八年六七・五％、八九年七五・二％、九〇年八二・九％と毎年一〇％前後の割合で急増。それまではチャンネルをわざわざ回しにいく煩わしさもあって興味がない歌手の曲も続けて視聴していたと思われるが、手軽にチャンネルを切り替えられる便利な機器の登場で、自分が好きな歌手だけを見る体制が整った。

また、各家庭のテレビ保有台数は、高度経済成長の末期である一九七二年にはすでに「一家に一台」は四一％だけで、二台以上の保有が五八％に達していたが、八七年には「一家に一台」がわずか二七％になり、二台以上が七二％に。そのうち「一家に三台以上」が三二％までにのぼっていた（ＪＮＮデータバンクの「テレビ保有台数」調査）。つまり、一つの番組であらゆる世代の欲求を満たす必要性は八〇年代後半になって急速に減少していき、ターゲットに特化した制作が求められるようになっていたのだ。

この二つの要因によって演歌、アイドル、ロックなど幅広い好みに一番組で対応しようとする歌番組の視聴率は下落し、ターゲットを十代に絞ったお笑い番組、F1層（女性二十―三十五歳）向けのトレンディードラマが隆盛を誇るようになった。

『紅白』の視聴率下落は、クオリティーの低下というよりも、技術進歩がもたらした逆らえない時代の流れだったのだ。

それでも数字が落ちれば当然、スタッフは視聴率回復に躍起になる。

一九八七年を「改革『紅白』三年計画」の初年度と位置づけ、「歌唱力」「今年の活躍」「大衆の支持」の三大ポイントを選考基準にした。とはいえ、具体的な数字で明確な線が引かれたわけではなく、「幅広いジャンルからの選出で視聴者のニーズに応えたい」という抽象的なものだった。その意向からシャンソン歌手の金子由香利、オペラ歌手の佐藤しのぶが選ばれるなど初出場十組、史上最多となる十四組の入れ替えがおこなわれ、大物が次々と落選した。

紅組司会を四度務め、一九六五年から二十二回連続出場中だった水前寺清子は「流行歌手なのにヒット曲がなかった」、六八年の初出場から計十四回も名を連ねた千昌夫も「歌手活動が目立たなかった」という理由で落選（※当時は不動産業の話題、ジョーン・シェパード夫人との離婚騒動でワイドショーを賑わせていた）。五八年から二十九回連続出場中だった三波春夫は、流れを察して発表前に辞退を公表していた。この視聴率不振を取り返すための〝変革する『紅白』〟の象徴の一つに、田原の落選もあったのだ。

だが、一九八七年の視聴率は結局五五・二％と前年からさらに四・二％下落し、『紅白』の改革は実らなかった。リモコンが普及し、一家のテレビ台数も増える世の中では、「幅広いジャンルからの選出」は視聴者のニーズを満たすどころか、逆効果だったのだ。

十二月三日、田原は初主演ミュージカル『ＡＣＢ』の舞台稽古初日の会見で、初めて心境を語った。

表面的には明るさを取り戻していたが「新曲は三曲ともベストテンにぶち込んだし、それなりに（音楽の）活動をして来たつもり。今年の活動について後悔はしていない」といまだに納得いかない表情。「ただ、応援してくれたファンの皆様に申し訳ない」と深々と頭を下げた。

来年〝出演要請があれば出るか？〟との問いには「とりあえず、濁しておきます。僕は男ですから、自分の信じた道を地道に行きます。意味深な言い方ですけど……」と〝紅白辞退宣言〟とも受け取られかねないドッキリ発言。これについて所属のジャニーズ事務所では「辞退なんておこがましい。発表から四日しかたっていない本人の悔しさを素直に表現したもの」と説明している。（「スポーツニッポン」一九八七年十二月四日付）

田原の発言が本音なのか。それとも、ジャニーズ事務所の解釈が正しいのか。

翌年、悔しさをぶつけるかのように田原の逆襲が始まる――。

2 「抱きしめてTONIGHT」で第二次黄金時代突入と『紅白』辞退

▼『教師びんびん物語』企画者・亀山千広の発想が生まれた瞬間

田原が『紅白』に落選した一九八七年十二月、亀山は次作の『びんびん』シリーズの設定に思い悩んでいた。

決め手を欠きながら、何度となく打ち合わせが持たれ、東宝本社のある銀座へと足を運んだ。

師走の銀座は賑わっていた。そんな情景がこちらの焦りに拍車をかける。ふと、行き交うサラリーマンや買い出しに忙しい主婦などの間をすりぬけるようにして進んでいくランドセル姿の小学生を目にした。信号待ちの大人の列を、まるで火事場の野次馬のようにかいくぐりながら、最前列まで進み出て、信号が変わると同時に走り出して行った。友だちと待ち合わせをしているのか、それとも塾に遅れるのか、向こう側から迫ってくる大人の群れを必死でかきわけていく小さな背中が、何ともたくましく、思わず「がんばれよ」と声をかけたくなった。

その時〝これだ！〟と思った。

龍之介と榎本を学校の先生にしたい！（前掲「ＴＢＳ調査情報」※東宝は『びんびん』の制作会社）

この亀山の企画に脚本家の矢島正雄が「都心の過疎学校を舞台にしたい」と提案。当時はバブル景気のまっただなかで「地上げ屋」なる流行語が生まれ、中央区銀座の土地価格は億単位にまで上昇。住まいを郊外に移す子持ちの家庭が増えたことで、都会の小学校の併合や閉校の話が持ち上がっていた。

一九八七年度の東京二十三区の平均学級数（六学年すべて）は十五・九だったが、中央区は最小の九・九。二十三区の一学年あたり平均二・六五クラスに対し、中央区の十九校中九校が一学年一クラスで構成されていた。二十三区の最小在籍者数は中央区十思小の四十六人だった。

そんな時代背景を読み取ったうえで、過疎化する銀座第一小学校に熱血教師・徳川龍之介が赴任するドラマ『教師びんびん物語』が生まれた。のちに、亀山はこう話している。

リアリティーというのは紙一重で、見たくない現実を見せられるのはいやだけど、リアリティーがなければ視聴者はそっぽを向きます。虚構とリアリティーの間をどう橋渡しして見せていくかは、作り手側の力量にかかってくるし、個性の出るところでもある。（「ザテレビジョン」一九九六年十月十八日号）

派手でカッコいい非現実的な熱血教師・徳川龍之介が、時代が直面している現実的な問題に、誰もが言いたいけれど言えない本音で立ち向かっていく。矢島は、こんな構想を描いていた。

当たり前のことを、当たり前の人間たちが、当たり前に怒りを表現する。みんな、理想があって人間は生きているわけだから、もう一度理想を思い出してみる。理想を持って生きることの素晴らしさをもう一度、訴えたい。それはもう、トシと野村君がいちばんいい素材だったのでね。とにかく、あまり小手先を考えずに、思いっきり彼らの情熱を借りて、現代のなかでメッセージを送りたい。もう少し、自分のための人生を生きてもいいんじゃないか、ということをもう一度、言いたかった。(『教師びんびん物語スペシャル』フジテレビ系、一九八九年十月四日放送)

自分の人生に情熱を持って生きる徳川龍之介の姿が、広く共感を生むことになる。

▼野村宏伸の証言「現場の雰囲気作りナンバーワン俳優は田原俊彦」

一九八八年三月、『教師びんびん物語』の撮影が始まった。学園ドラマは、先生役と生徒役の意思疎通がカギになる。田原は生徒役の名前を全員暗記して収録に臨んだ。後輩教師・榎本英樹役の野村宏伸が振り返る。

「田原さんの子供への接し方は、役の徳川龍之介と近かったですね。とても優しく接していたから、子供はすごく懐いていましたよ。子供好きなんだなと思いました。スター然とした態度は全く取らなかった。カメラの回っていないところでの気遣いが、ドラマにもちゃんと反映されていますよね」

田原は専用車ではなく、子供とバスで一緒に移動するなど、生徒役の子供たちとのコミュニケーションを密に取った。毎回本番前に「行くぞ!」と大声で自分に〝喝〟を入れると、いつの間にか生徒たちも「おーっ!」と呼応するようになっていた。

生徒役の渡辺いずみ（本名・渡辺美恵）が徳川先生に告白するシーン（第六話）の撮影中、緊張で「私、先生のこと愛してます。先生のことを考えると、胸が痛くなるんです」の台詞が出てこない。すると、田原が「五分間くださ い！」とスタジオから彼女を連れ出した。外で過ごしてリラックスさせて戻ってくると、一発でＯＫが出た。

対子供の時は子供の気持ちになってあげなきゃいけないなっての、あるよね。自分が小学生の時は高校生みるとすごく大人に見えるし、隣の町に行くことが外国に行くくらい大きなことじゃない。そういうことを大人になると忘れちゃうんだよね。そういう子供の世界をわかってあげなきゃと思うね。難しいけど。大人は自分の視野の中でいろいろなことを整理しちゃうものだからね。（「週刊明星」一九八八年六月二日号）

大人の論理に引き込むことなく、子供の立場になって考える。徳川龍之介の優しさを、田原俊彦も持っていた。海千山千が跋扈する芸能界を生き抜くためのバリアのつもりなのか、大人にはつっけんどんな態度を取ることも多いが、純粋な子供の前では偽悪者を演じる必要もない。ときに大人よりも本質を見抜く鋭い感覚を持つ子供は、田原に心を許していた。

田原は歌番組に出演すれば「徳川組のみんな、見てるか～！」と呼びかけ、皇居周辺でのロケ中に「はとバス」の窓から手を振る観光客にも「月曜夜九時、『びんびん』見てよ！」と叫ぶなど自ら盛んに宣伝した。同じ銀座第一小学校の教師である満田亀造役の萩原流行は、田原の性格をよく理解していた。

あいつ、主役だから必死なんだよ。バカだからさ、取材の連中にもサービスして、何もそこまでやんなくていいじゃないと思うぐらいがんばるわけよ。テレビに出りゃ出たで、関係ないとこで〝びんびんよろしく!!〟なんて言ったりして宣伝やってくるしさ。もう、役者連中から見るとアホなわけ。だけど、それがいいんだよな。助けてやりたい、と思っちゃうわけよ。みんな思ってるよ、あいつ男にしてやんなきゃって。だから、このドラマ、うまくいってんの。めずらしいよ、アイドルでそう思われるヤツ。（「明星」一九八八年七月号）

田原は、『瀬戸内少年野球団・青春篇』で学んだ現場でのコミュニケーションを実践していた。子供への接し方だけでなく、現場の雰囲気作りでも田原の右に出るものはいないと、現在芸歴三十四年の野村が語る。

「ちょっとしたジョークを言ったり、緊張している人をリラックスさせるために笑わせたり、すごく現場を柔らかくさせる。ああいう主演俳優って、なかなかいない。僕も三十年以上いろんな俳優さんと仕事していますけど、現場を和ます力がナンバーワンですね。天性の明るさとユニークさで、周りをパッと明るくさせるんですよ。あれはマネできない」

カメラに映らない場所での心配りが群を抜いている。これが、田原俊彦の本当の姿なのだ。

「撮影の帰り際、僕に誕生日プレゼントをくれたこともありました。ぶっきら棒に「やるよ」という感じで、カーディガンを渡してくれた。「誕生日おめでとう」とは決して言わない（笑）。田原さんらしいですよ」

『教師びんびん物語』は初回二四・九％、全話平均視聴率二二・一％とこの時点での「月9」最高を記録した。田原俊彦は、二十代の若手男性俳優が主演でも数字を獲れると証明した。

▼「もしもし、ジャニーだけど」

「長いだけじゃダメですからね。最近、ベストテンにランク入りしている放物線がとても鋭角的になってきたので、それをなんとか、引き伸ばしたいなと。頑張ります」

『ラジオびんびん物語』の制作発表会見があった一九八七年七月九日、『ザ・ベストテン』で新曲「〝さようなら〟からはじめよう」が登場二週目で五位から九位にダウンしたときの言葉だ。顔は笑っていたが、逆襲の決意がにじんでいた。

一九八八年が明けると、ジャニー喜多川は田原をもう一度、派手に踊らせようと決心する。八五年十一月発売の「It's BAD」以来、シングルでは二年以上も本格的なダンスを魅せる機会がなかった。

四月発売の新曲は、ダンサブルに決める。そう考えたジャニーは、のちにＣＨＡ─ＣＨＡのメンバーとしても活躍する木野正人に声をかける。一九八七年、少年隊の五枚目のシングル「stripe blue」でバックダンサーを務め、ミュージカル『PLAYZONE'87 TIME-19』にも出演。ジュニアとして着実に階段を昇っていた木野は、憧れの田原俊彦とともに踊る権利を初めて得た。

もう一人を誰にするか。ジャニー喜多川は、ジャＰＡニーズの解散後に劇団四季の舞台に立ち、バレエなど踊りの基礎を身につけていた乃生佳之に白羽の矢を立て、電話をかけた。

喜多川「もしもし、ジャニーだけど」
乃生「……はい？」
喜多川「ＹＯＵ、今度のトシの新曲で踊ってくれない？」
乃生「……え？」
喜多川「トシはやっぱり動いたほうがいいんだよ。トシが動けることを最近の人は知らなくなってきているから」
乃生「……は、はい」
喜多川「十九歳の踊りうまい子が一人いるから、ＹＯＵも踊れるだろうし、どう？」
乃生「……ええ」
喜多川「ＹＯＵはいまでも若く見られるの？　それとも年相応に見られるの？」
乃生「年相応です」

喜多川「そっか」
乃生「僕、結構オジさんになっちゃいましたし、若い人のほうがいいんじゃないですか？」
喜多川「そうなっちゃったか。わかった」（※乃生の記憶をもとに再現）

「トシの新曲に相当賭けていたんでしょうね。ジャニーさんから電話をもらったのは初めてでしたから。ビックリして直立不動になってしまいました。でも、パートナーの木野正人君は十九歳で、僕は二十九歳。十歳も離れているし、二十七歳のトシよりも年上がいると、足を引っ張っちゃうと思い、お断りしたんです」（乃生）

しかし、その数日後、ジャPAの元メンバーで、振り付け担当のボビー吉野から電話がかかってきた。

「トシが、のおちんを指名しているんだけど」

この一言で、乃生の気持ちは変わった。

「ジャPA解散のときに「トシのためならいつでも戻ってくる」と約束しましたからね。本人が望むなら役に立ちたいと思いました。ジャニーさんからは冗談で「YOUは僕からの頼みは断るんだね」と言われました（笑）」

一九八三年三月、「だいじょうぶマイ・フレンド」でレコードデビューするときにジャニーズ事務所と五年契約を結んだ乃生だったが、八八年四月になれば契約が切れる。通常であれば、ジャニーズジュニアが起用されそうな場面で、ジャニーはあえて古株を据えた。こうして「BD104」が結成された。

乃生は初めて木野と対面したとき、こう話した。

「「トシを見て、トシの空気を感じて踊ろうね」と約束したんですよ。足の高さが三人バラバラでもいい。呼吸やタイミング、感情を合わせようと。トシには、「俺らが合わせるから」と言いました」

そして何より、二人には田原よりも自分が目立ちたいとか、これをきっかけにのし上がってやるという野心ではなく、「田原俊彦の役に立ちたい」という精神が第一にあった。高い技術とともに、バックダンサーとして最も大切なメンタルを持っていた。

人は、誰と仕事をするかで大きく変わる。相性は誰とでも合うわけではない。乃生と木野が配置されたことで、田原のパフォーマンスは新曲でスパークする。

▼『ザ・ベストテン』五年ぶりの一位返り咲き

新曲の候補は当初、「がんばれよナ先生」だったという説がある。木野に聞くと、こう話してくれた。
「直前に急遽、A面とB面が替わった記憶があります。「抱きしめて TONIGHT」の仮歌を聴いたとき、まだミックスダウンされていないこともあってか、踊るような曲には聞こえなかったのも確かです」

時間を重ねてダンスナンバーに変貌を遂げた曲は、苦しい時期も変わらずに鍛錬を続けてきた男にとって、成果を見せる大チャンスとなった。この頃の田原は、周囲が考えた企画にただ乗るだけのアイドルではなくなっていた。ダンスはキレを増し、歌唱力もデビュー当時と比べてずいぶんと安定していた。乃生は六年ぶりに一緒に踊って、田原の目覚ましい成長を実感していた。
「あれだけ踊りながら歌うって、相当しんどいはずですよ。僕はテレビ初収録の『歌謡びんびんハウス』で一曲終わった後、気持ち悪くなって吐きました。緊張からではなく、肉体的につらかったんです。あの曲は体をものすごく使うので、アスリートに近い。歌っているときは少しセーブされるとはいえ、トシちゃんは全力疾走しながら歌っているようなもの。デビュー当初はいわゆるアイドルの振り付けもありましたけど、「抱きしめて TONIGHT」「かっこつかないね」の二曲は、クラシックバレエなどダンスの基礎がないと踊れない。本人は何も言わないし、そぶりも見せないですけど、相当努力したんだと思いますよ」

本人は舞台裏をひけらかすことを嫌うが、同年のドラマ『金太十番勝負!』(フジテレビ系)で妹・かすみ役として共演した浅香唯は、田原がひそかに練習に励む姿を偶然目撃したと明かしている。

浅香　最初にスゴイなーって思ったのは、日本テレビの廊下でだよ。ラジカセに合わせて、『抱きしめて

TONIGHT』の振り付けを練習してたでしょ。お兄ちゃんみたいなトップの人でも、陰で努力してるって知って、感動したよ、ホントに。

田原　あんなことは、誰でもやってんだよ。それよりかすみ、お前さっきから、お兄ちゃんのことホメてるけど、全部性格のことばっかしじゃねーか。(「明星」一九八八年十二月号)

褒められると言葉が荒くなる、あまのじゃくな田原らしい言動だ。

ドラマの高視聴率に比例するように、曲もヒットした。『ザ・ベストテン』では五月五日に五位で初登場し、その二週間後に「さらば・夏」以来となる四年八カ月ぶりの一位に輝く。

「このとき、本当にうれしかったですね。楽屋に入って、トシちゃんに「一位だって」と聞いたんですよ。憧れの人の後ろで踊って、自分が少しは協力できたかなと思うと……」(木野)

ジャニーの反対を押し切ってヒゲを蓄えていた乃生は発売前に、「一位を獲ったら剃る」と約束していた。

「たしか、放送三日前の月曜日に「一位になった。内緒だよ」とトシのマネージャーが教えてくれたんですよ(※順位は放送九日前である前週火曜に決定する)。翌週放送の歌番組の収録があったから、帳尻を合わせるため、その時点でヒゲを剃った。でも、生放送の『歌のトップテン』では四位だったから、付けヒゲで出ました(笑)。発売前は正直、一位は難しいと思っていました。一位になってほしいという願いはもちろんあったけど……」

『ザ・ベストテン』では、司会の黒柳徹子が田原にインタビューしていた。

徹子：五年前は、トシちゃんは一位になるのは当然という感じで、いつも一位でいらしたんですが、五年ぶりの一位というのは、その前の一位とはずいぶん違うと思いますけど。

田原：ずっと縁のないものと思ってましたからね。こうして改めて、一位いただくとね、また感動が違いますね。重いですね、価値観として。(『ザ・ベストテン』一九八八年五月十九日放送)

イントロが流れると、三代目男性司会者である松下賢次アナウンサーがファンのメッセージを読み上げた。

久しぶりにリクエストハガキを書きました。というのも、この曲をどうしても一位にしたいからなんです。私はデビュー当時からのファン。踊りまくるトシちゃんを見ていると、いままでトシちゃんが積み上げてきた何かが目覚めようとしている兆候のような気がするんです。岡山県の佐藤洋子さんからリクエスト。そのほか、みなさんからリクエストちょうだいしました。今週はついに第一位。「抱きしめて TONIGHT」。（同番組。※「佐藤洋子」の漢字は本人に確認済み）

本人の努力、新たな出会い、ファンやスタッフの思いが一つになり、田原俊彦は華麗なる復活を遂げた。

▼アイドル出身唯一の快挙『ザ・ベストテン』年間一位獲得の裏にあった男の気遣い

前年までの低迷によって初回出荷枚数が少なかったのか、「抱きしめて TONIGHT」はオリコン初登場七位（五月二日付。六位・高橋良明「恋の3・2・1」、八位・藤井尚之「Manhattan」）だった。しかし、ドラマの終盤である六月二十日付と二十七日付で最高位の三位に。トップテンにはドラマ終了後の七月十一日付まで十一週にわたってランクインし、年間十八位になった。「有線音楽放送リクエスト」では二位・長渕剛の「乾杯」や三位・竹内まりやの「駅」を抑えて、堂々の年間一位を獲得。「ラジオリクエスト」では年間六位に入った。

こうして、ファンだけではなく、あらゆる層の耳に残る楽曲となった。

翌年「ごめんよ涙」を提供する作曲家の都志見隆が「抱きしめて TONIGHT」を語る。

「一般的な構成としては例えばAメロがあって、Bメロで少し盛り上がって、Cメロでサビという流れが主流だとしたら、この曲はそれを心地よく裏切ってくれてますよね。「♪ああ、もっともっと〜」からがサビという捉え方なんだろうけれども、イントロのテーマも最後の「♪TELL ME」のフレーズと連動していてとても特徴的ですし、トータルバランスがすごく好き。この曲に限らず、筒美京平さんの作品を聴くと、曲の構成のあり方にいつもヒントをもらいます」

インパクトが強い曲に、ボビー吉野が田原の魅力を引き出す振り付けを施す。歌手の表現を、バックダンサーの二人がより際立たせる。主題歌になったドラマでは、場面によって切ないアレンジが加えられるなど、より効果的に挿入された。いい波が幾重にも連なり、大ヒット曲となった。その裏で、本人が語らない一面もある。乃生は前年に父親が倒れ、東京・笹塚の実家のうどん屋を手伝いながらの活動だった。

「音合わせやカメリハがあるので本当は昼過ぎに局入りしないといけない。でも、僕はランチタイムが終わらないと動けず、いつも十五時や十六時くらいになってしまう。本人がいるのに、バックダンサーが一人いない状況が生まれた。普通はありえない。それなのに、いつも「きょうは売り上げどうだった?」などと店のことを気にしてくれて、いやなことは一切言われませんでした」

「BD104」での初オンエアとなった四月六日の『夜ヒット』ではバックダンサーは歌唱場所でスタンバイしていたが、二日後の『ミュージックステーション』(テレビ朝日系)ではトークから登場した。木野が感慨深げに話す。

「通常、バックダンサーが本人と一緒に登場するケースなんてない。それなのに、トシちゃんは僕ら二人を出してくれてフィーチャーしてくれた。感謝しかないです」

乃生が記憶をたどる。

「トシから「一緒に出よう」と言われたんですよ。驚きました。『ベストテン』では、うどんを作らせてくれたことまであった。芸能人は誰だって自分がいちばん目立ちたいのに、トシは積極的に正人や僕を取り上げてくれた。仮に番組側が提案したところで、本人がオーケーしないと成立しないですからね。かといって、恩着せがましく何かを言うこともない。『ベストテン』で二回目の一位になったとき、くす玉が一つではなく、三つ用意されていた。普通では考えられない。バックダンサーをこんなに厚遇してくれるなんてありえません」

人は、無意識の行動に潜在意識が出る。くす玉は田原、乃生、木野という順番で割られた。バックダンサーは表舞台に出ても、メインをいかに際立たせるかだけを考えている。そして、メインはそんな二人を常に思いやった。

「すごく気を使ってくれるから、何とかお返ししようという気持ちがありました。仕事という感覚よりも、好きで踊っていた。トシのこともちろん好きだし、一緒に踊ることも楽しかった」（乃生）

田原のダンスも日を追うごとに進化していった。

曲の終盤に高くジャンプし、膝で着地する場面がある。二度目のオンエアとなった四月六日の『夜ヒット』では少し跳んでいたが、以降はターン後につま先がついた状態から膝を折り畳んでいた。

しかし、五月二十三日の『歌のトップテン』で、またわずかにジャンプ。その後、低めの跳躍を繰り返してコツをつかんだのか、六月十日の『ミュージックステーション』で初めて大きく舞い上がる。それからは、先に膝をつく乃生と木野の頭以上に高く跳びはねるようになった。

バックダンサーの二人も毎回のように工夫を凝らしていた。乃生が振り返る。

「（振付師の）ボビーに内緒で、少しアレンジしていました。「きょう、サビの前で俺はメガネ外すから」とか「左右入れ替わるときにハンカチ交換しよう」とか「今週はハイタッチに変えよう」とか遊びを入れていましたね。自分たちも毎回ワクワクして楽しかった」

心が通い合い、常に新たな見せ場を作ろうと試みていたからこそ、三人が織りなすトライアングルは視聴者を魅了した。

「抱きしめて TONIGHT」は『ザ・ベストテン』に十四回ランクイン。「夢であいましょう」「かっこつかないね」と合わせ、一九八八年は年間二十四回もベストテンに名を連ねた。約十二年に及ぶ番組で、ランクインが年二十回以上から一ケタに転落後、再び二十回以上を記録したのはサザンオールスターズ、五木ひろし、田原俊彦の三人だけ。

アイドルとして、過去に例がない見事な返り咲きだったのである。

十二月二十九日、「抱きしめて TONIGHT」が『ザ・ベストテン』の年間ランキングで一位に輝く。近藤真彦や松田聖子、中森明菜も成し遂げられなかったアイドル出身唯一の偉業を達成した。

ミラーゲートから颯爽と登場した田原は、司会の黒柳徹子にマイクを向けられると、こう話した。

「どうもありがとうございました。ホント今年は、みなさんにバックアップしていただきまして、素晴らしい一年になりました。ホント、この歌ではね、（二人の肩を抱き寄せて）木野君とか、うどん屋のおちんとかもね、応援してくれまして」

乃生と木野の目からは涙があふれ落ちていた。

▼『紅白歌合戦』辞退――報道は一見田原寄りだが、主眼は権威のＮＨＫ叩き

「抱きしめて TONIGHT」の大ヒットによって、田原は二年ぶりに『紅白歌合戦』に選ばれる。ＮＨＫは十二月五日の正午から各レコード会社に出演交渉を始め、十五時に発表。交渉がわずか三時間ですむのは、断られるケースを想定しておらず、各社も本人の意志を確認せずに承諾するためだった。もちろん例外もあり、長渕剛などの辞退が懸念される歌手には水面下で交渉を続け、拒否されていたようだが、一般的には電光石火の形式を取っていた。田原所属のポニーキャニオンは二つ返事で承諾し、本人に伝えた。すると、田原は「去年の段階で『紅白』は卒業したと思っている」と辞退を申し出た。前年の落選時の反応を考えれば意外ではなかったが、ＮＨＫからすれば「そうはいっても『紅白』に選ばれたら出るだろう」と読んでいたはずだ。

こうなると、曲目が出そろうまでに、事務所やレコード会社は田原を説得しなければならない。

「ディナーショーのリハーサルをしているときに、ジャニーさんやポニーキャニオンの幹部が来て、控え室でトシちゃんと話していたのを覚えています。その間、本人抜きでリハをしていました。一時間以上は話し込んでいたんじゃないですか。話し合いが終わった後、僕が控え室に行くと、ジャニーさんがトシちゃんのマネージャー

に「（稲垣）吾郎が芝居うまいんだよ」と興奮ぎみに話していたことも覚えています（※稲垣はSMAPのなかで初めてフジテレビ「月9」に主演した俳優）」（木野）

誰がどんな言葉で説得しようとも、田原の意志は固かった。

十二月十三日夕刻、NHKから「出場歌手一部変更」が発表され、田原の辞退が明らかになった。発表後の出場辞退は、交通事故（一九五二年、松村詩子）や急病（一九五六年、雪村いづみ）、不祥事（一九八六年、北島三郎、山本譲二、次点から繰り上がった鳥羽一郎）というやむをえないケースを除けば、一九七〇年の江利チエミ以来二人目。このとき、前年に「ヒット曲がない」という理由で落選した江利は、「今年もヒットがないのに出場できない」と意地の拒否をしていた。八八年の田原は以下のようにコメントを発表した。

僕の気持ちの中では、昨年の段階でNHK紅白歌合戦については卒業させて頂いたと思っています。このような気持ちで出演することは、ファンの皆様およびNHKに対してかえって失礼にあたると思います。ひとりのアーチストとしてだけでなく、男としてかたくなに自分の生き方を考える年になりました。今年頑張った成果を持って、来年に臨みたいと思います。（一部抜粋。「日刊スポーツ」一九八八年十二月十四日付）

「田原『紅白』辞退」のニュースは、「報知新聞」と「デイリースポーツ」が一面に持ってくるほどの大騒動になった。十二月十四日付の各スポーツ紙の見出しを振り返ってみよう。

「日刊スポーツ」〈田原俊彦辞退　衝撃紅白　発表後は史上初　昨年落選に怒り、男の面子!?〉
「スポーツニッポン」〈田原俊彦　突然の紅白辞退!!　十二日に申し入れ、男闘呼組が繰り上げ出場〉
「報知新聞」〈トシちゃん　紅白蹴る　アイドルにも意地　NHKに衝撃　昨年落選に反発　代役に男闘呼組〉
「サンケイスポーツ」〈トシちゃん辞退　曲目決まった日に　紅白「もう卒業」…美学貫く〉

「デイリースポーツ」〈トシちゃん勇断　紅白辞退 昨年で卒業している「仕方ない」ＮＨＫ　見返した新人類〉
「東京中日スポーツ」〈田原紅白突如辞退!!　やはりわだかまり　代わって男闘呼組が出場〉

スポーツ紙は意外にも田原に批判的な文言をあまり書いていない。

「サンケイスポーツ」（以下、「サンスポ」と略記）は、同じフジサンケイグループのポニーキャニオンの歌手だから、絶賛に近い書き方をしている。

いってみれば意地と、〝男の美学〟を貫いたわけで、同じ事務所の後輩・男闘呼組にも栄光の道を譲ったことになる。トシちゃんは「徳川龍之助《（ママ）》の魂を見せてやる！」という言葉が好きだ。龍之助とは好視聴率をあげたフジテレビ「教師びんびん物語」の主人公。曲がったことが大嫌いな誠実、豪快な教師。その教師に扮して好演、視聴者から拍手を浴びた。そして、紅白辞退。「トシちゃんらしく、カッコイイ」と受けとめるファンも多く、〝田原龍之助〟の株はかえってアップしそうだ。（「サンケイスポーツ」一九八八年十二月十四日付。※正確には龍之助ではなく龍之介）

正直なところよく書き過ぎだと思う。ちなみに、一九八六年に北島三郎らの出場を事実上取り消したＮＨＫに抗議し、特別審査員を辞退した演出家・蜷川幸雄は「去年ダメで今年は出て、と言っても男のプライドがね。そういうプライドは大事ですよ。彼の気持ちはとってもよくわかるし、ああいう〝ツッパリ〟は好きですよ」と田原を擁護した。

では、ジャニーズ事務所と敵対していた週刊誌はどうだったのか。翌週発売の写真誌「FRIDAY」は福岡のディナーショーに潜入して写真を押さえ、東京へ戻ってくる姿も狙った。同行していた木野が話す。

「飛行機のタラップを下りた瞬間、ものすごい勢いでカメラマンが横から出てきて、パシャパシャ撮っていましたね。何が起こったのかと驚きました。トシちゃんにすれば、日常茶飯事だったのかもしれないですけどね」

空港内での撮影が厳しくなっている現在では考えられないが、一九八〇年代当時にはよく見られた光景だった。ゲリラ的に写真を収めた「FRIDAY」は〈昨年落選の「悔し涙」は決して忘れない！「紅白」卒業を宣言した二十七歳の「怨念と意地」〉というタイトルの記事の最後でこうまとめた。

明けて十四日、トシちゃんはTV出演のため東京に帰ってきた。すでに辞退を発表してすっきりしたのか、その表情には、自分の「意志」を貫き通した男の顔がうかがえた。

それにしてもミジメなのは「紅白」である。今年も長渕剛、渡辺美里らに出演を拒否され、あげくアイドルにまでフラれるとは！　これで今年の視聴率が史上最低になるのは確実!?（「FRIDAY」一九八八年十二月三十日号）

同じく、ジャニーズ事務所にとって目の敵だった「FOCUS」も〈「紅白」に復讐したトシちゃん――繰り上がり出場「男闘呼組」の損得勘定〉というタイトルでこうつづっている。

人間には意地、メンツ、プライドがあるから、こんなことをされるとフザケンナと思うわけである。あなただって、一度振られた女にまたヨリを戻してと頼まれても、オイソレとはヨシと言えないでしょ。今回の田原俊彦クンの心境も、きっとそうなのである。（「FOCUS」一九八八年十二月二十三・三十日合併号）

写真週刊誌でさえ、田原寄りの記事を作っていた。

表面上は好意的なように思えるが、常に「王様の凋落」を描きたがるメディアは田原の辞退をクローズアップすることで、『紅白歌合戦』という権威を引きずり下ろすことへの快感を覚えていたのではないか。

▼「アイドルのくせに」という偏見と常に戦い、己を貫いてきた

「事務所もレコード会社も、トシちゃんが辞退するならわかったという雰囲気でした」（木野）

ポニーキャニオン宣伝開発部・小川敏和第二AD室長は「発表後に（田原の）気持ちを知ったが、説得できると思った。しかし本人の意志は固く、こちらからNHKに事情説明し、了承していただいた。去年まさかの『紅白』落選があって、それを励みに歌のほうもがんばってきた。本人の『紅白』への思いについて、こちらは深く意識していなかったのは事実です」と話した。

世の中全体に「アイドルは俺たちの言うことを聞く人種」という思い込みがどこかに充満していた。

例えば「報知新聞」は、『紅白』の凋落を描くために〝アイドルの辞退〟を際立たせた。

まず、一面で「アイドルにも意地」という表現を使っている。演歌だろうとアイドルだろうと、人の気持ちにカテゴリーなどない。わざわざ〝アイドルにも〟と書くのは、前提として「アイドルに意地なんてない」という勝手な考え方をしていた証拠である。芸能面では〈パワー落ちた紅白　アイドルにふられた!!　国民番組役割終わった　視聴率五〇％も危ない!?〉と見出しを打ち、リード文にはこう書いている。

今回の田原俊彦紅白辞退騒ぎで聞こえてくる関係者の声は「紅白もパワーが落ちたものだなあ」というものばかり。〝紅白〟といえば、どんな歌手でもとびついた黄金時代はさておき、ニューミュージックの〝きかん坊歌手〟でなく、人気のアイドル歌手にまでソデにされてしまうとは…。一部では今年の紅白は四〇％台しか視聴率はとれない、の声も出ている。（「報知新聞」一九八八年十二月十四日付）

先に自分たちが思い描いた結論（パワー落ちた『紅白』）を決め、それに合いそうなパーツ（アイドルにふられた!!）を当てはめると、歪んだ記事ができあがる。べつに、田原は『紅白』の視聴率が下がっているから断ったわ

けではなく、たとえ八〇%あろうと四〇%だろうと、辞退の気持ちに変わりはないのだ。

同じ記事中では〈かつて美空ひばりが「紅白を卒業します」といったのは、実力、実績から国民は納得いったが、トシちゃんにも「卒業します」と言われるとは…〉とまでつづっている。

あまりに勝手な見方、価値観の押し付けだ。NHKの対応に田原がどう感じたかが本来の問題であり、「アイドルなのに、ベテランのような振る舞いをするとは何事だ!」というような書き方はいかがなものか。

アイドル・田原俊彦はそんな偏見を抱かれ、外圧をくらいながらも自分の意志を貫き通した。十二月十四日、『夜ヒット』で司会の古舘伊知郎に『紅白』辞退について振られると、真剣な表情でこう話した。

「今年一年も僕らしく頑張ってこれたと思うし、ホントにこうしてリクエストいただいたのはね、ファンのみなさまの応援のおかげだと思っています。それから、僕を支えてくれる、愛してくれるスタッフのみなさんにも本当申し訳ないとは思うんですけど、去年の一年で、僕は男としてケジメをつけなきゃいけなかったと思うし、そのつもりで、今年もね、去年と変わりなく、僕らしく一年間やってきたつもりですし、男としてもね、僕も二十七という年齢ですからケジメをつけなきゃいけないと思いまして、決断というか、意志になったわけなんですけどね」

このコメントに、田原俊彦の神髄が現れている。「今年もね、去年と変わりなく」という言葉に注目したい。自分自身は何ら変わらないスタンスを貫いているのに、周りの評価が上昇した。だから、NHKが前年は選ばなかったのに「また出てくれ」というのは筋が通らない。おいしいときだけ甘い汁を吸おうとする姿勢に疑問を呈したのだ。

憧れの長嶋茂雄と対談したこの年の一月、田原はこんな話をしている。

田原「昨日、改めて、長島さんの『友情』という本を読んだんですけど、すごく楽しかった。ジャンルは違っても、精神ていうのかな、すごくピーンとくるものがあって」(略)

長島「世の中いろんなジャンルで活躍し、栄光を手にしてね、成功を収めた人たちがたくさんいますけど、所詮、生きるっていうのは己のコトですからね。自分自身のスタンスがどうあるべきかってことでしょ、問題は」

田原「そうなんですよね、結局」(「週刊明星」一九八八年二月四日号。※当時は「長島」表記)

一般的な価値観としては『紅白』出場は名誉」であり、「意固地になる必要はないのに」と考えるだろう。だが〝自分自身のスタンス〟に反したから断った。『紅白』辞退がステータスを上げるなんて考えも毛頭ない。価値はあくまで自分で判断する。

周りからもてはやされた第二次黄金時代のまっただなかでも、この考え方はブレなかった。社会の評価や意見に惑わされることなく、己の生き方を貫いていた。

▼アイドルかアーティストかという区別は無意味である

「アイドルからアーティストへ転身した」「アイドルから大人の俳優に脱皮した」という常套句がある。これらの言葉はアイドルを幼いもの、卒業すべきものと捉えていて、リスペクトのかけらも感じられない。メディアは芸をきちんと見るわけでもなく、芸能人一人ひとりを「アイドル」や「アーティスト」などとわかりやすいカテゴリーのなかに分類し、情報を発信する。視聴者や読者もそれを特に疑問に感じることなく、そのまま受け取る。

その区分けのなかで、アイドルという分類は低く見られがちだ。俳優としてアイドル的な存在だった野村宏伸に「そう感じたことがあるか」と聞いた。

「ありますよ。日本って枠にハメたがりますよね。俳優も大まかに「二枚目俳優」と「個性派俳優」に分けられる。最初、「二枚目」と呼ばれると損するんです。「個性派」のほうが演技うまいイメージを持たれがちになる。雑な捉え方です。要は、お芝居をそんなにちゃんと見てないんですよ」

たしかに物事は分類したほうがわかりやすいが、本質は個々の姿勢や努力が醸し出す芸にある。メディアや視聴者は自分の目で確かめてはじめて判断を下すべきなのだ。アイドルのファンは低俗で、アーティストのファンは高尚という見方も間違っている。趣味は人それぞれでよく、上も下もない。アイドル歌謡が好きだからダサい、洋楽を聴いているからカッコイイなんて分類も実にナンセンスである。

私も一九九〇年代から二〇〇〇年代にかけて頻繁に「なんでいま、田原俊彦なわけ？」と不思議そうに聞かれてきた。だが、私からすれば、本質を見ようとせず、社会の流れに乗っかって、他人の善し悪しを決める人が信じられない。そういう人は常に周りからどう見られるかが大事であり、社会が何となく作り上げた、実体がない指標に従って生きているだけで、自分自身の価値観など全く持っていない。

そして、「おまえも従って当然」と言わんばかりに、自分が持っていると錯覚している一般的な価値観を人に押し付ける。単に流されて生きているだけなのだ。そんな人間は情勢次第で付いたり離れたりするから、信用できない。そのときどきの人気者や流行だけを追いかけ、時の権力者に擦り寄るのだろう。

木野正人はＣＨＡ―ＣＨＡのメンバーとして人気があった一九九〇年に、アメリカにダンス留学することを決意したとき、周囲にこう諭されたという。

「あらゆる人に反対されました。芸能界で売れている地位を捨てて、アメリカに行くのが「もったいない」という意味でした。そう感じる人もいるかもしれないけど、自分はもったいないと思わない。どんなにおいしい食べ物といわれたって、自分が嫌いならうれしくないですよね。それと同じです。大事なのは、どんな職業であっても、自分のすべきことを淡々と追求していく姿勢。僕なら、歌や踊りを一生懸命探究していくことです。いい車に乗ったり豪邸に暮らしたりするのが芸能人ではない。鎧を着飾ることに必死になりたくありません」

職業や人の生き方、趣味嗜好に優劣なんてない。アイドルだからと低く見るのではなく、その人自身がどうなのかを直視してから、価値を判断すべきなのである。田原俊彦を好きでも嫌いでもかまわない。好みは人それぞれだ。しかし、ステージも見ずに、ただ紋切り型の批判を繰り返すのはお門違いだと言いたい。

3 『教師びんびん物語Ⅱ』で「月9」初の視聴率三一・○%

▼現代へのアンチテーゼになる「ごめんよ涙」の制作過程を作曲家・都志見隆が初めて語る

『紅白』を辞退しても、田原俊彦の快進撃は一九八九年も止まらなかった。『教師びんびん物語Ⅱ』の主題歌「ごめんよ涙」は『ザ・ベストテン』で五月四日の初登場から四週連続で一位の座についた。そして約三カ月間、十二週にわたって登場。田原は番組最多ランクインの記録を二百四十七回に伸ばした。

作曲を担当した都志見隆は、それまで中森明菜の「SAND BEIGE」「TANGO NOIR」などでヒットを飛ばしていた。一九八八年、アルバム『Dancin'』で初めて田原に楽曲を提供。翌年一月のシングル「愛しすぎて」のレコーディング前、二人は初めて顔を合わせた。都志見にインタビューすると、笑顔で当時を思い返してくれた。

「初めて彼に会ったとき、いきなり「いい曲をありがとうございます!」って声をかけてくれたんですよ。作曲家にとって曲を褒められることほどうれしいことはありませんね。まずは歌い手本人に喜ばれること。本当にカッコよくてね、キラキラしていたなあ」

ドラマも主題歌も大ヒットした作品のパートⅡとなれば、相当なプレッシャーがかかったのではないだろうか。

「「愛しすぎて」からの流れで、ディレクターの羽島亨さんから「次、タイアップになるから」と発注を受けたと思います。「抱きしめて TONIGHT」という国民的ヒットに埋もれないように、同じダンスチューンでも違った形はないかと模索しながら臨みました」

一九九〇年代に入ると、「ラブ・ストーリーは突然に」「SAY YES」がミリオンセラーを記録したことで「ドラマ主題歌=大ヒット」という認識ができあがる。それ以前の八九年の時点ではどうだったのか。

「ドラマに寄り添っていくというよりは、独立した作品として彼のもう一つの代表曲を作れないかなという意識のほうが強かったですね。主題歌だからこうしようというのはあまりなかった。前提として、踊りをいかに魅せる曲にするかを中心に考えていました。

トシちゃんの場合は基本的に曲先で作ります。「ごめんよ涙」は、まず、サウンドイメージを構築する。そこから、どういう歌詞にしようかという流れになります。言葉が持っている力も大きいですよね。サビの最後の〈胸の夕陽が赤いから〉に関しては、レコーディングスタジオで松井さんが「このフレーズいいでしょ?」と言っていたのをよく覚えています。作家って、アーティストの力によって書かされる。いい素材に出合ってしまうと、いままで書いたことがないようなフレーズが引き出されてしまうことがある」

フジテレビやジャニーズ事務所は楽曲に関して、基本的に制作側に一任していたという。

「当時は現場ディレクターが最終的な権限と責任を持って制作していたと思います。結果によっては自分の出処進退までも問われるギリギリのところで信念を貫いている、緊張感を持った現場もありました。理想的な形ですよね。船頭が多い環境下でいろんな意見を加味していくと方向性や独創性が薄まってしまう場合だってありますからね。当時の時代性や音楽業界の勢いも含め、こうやってメロディーと言葉を組み合わせていけばヒットしていくのではないかという方程式みたいなものは自分なりにありました」

あらゆる人が自分のすべき仕事だけに注力し、他の領域に余計な口を挟まない。作家は一曲に情熱を捧げ、ディレクターがうまくまとめる。『教師びんびん物語II』の制作陣は、「ごめんよ涙」の〈胸の夕陽が赤いから〉という歌詞に触発されて、夕陽に徳川龍之介(田原)が重なるオープニング映像を作った。そして、本人は曲や脚本をよりよく表現することに全力を尽くした。

「それぞれが自分の持ち分で役割を果たしていいものを作った、という時代でしたね。ヒットするときって、詞や曲を含めてあらゆるものがアーティストの力に巻かれていく。オーラが自然と作品を一本にまとめていくんですよね」

『教師びんびん物語Ⅱ』にピッタリの「ごめんよ涙」は四年ぶりにオリコン一位を獲得する。五年ぶりに売り上げ三十万枚を突破し、田原俊彦にとって新たな代表曲の一つになった。

それ以前の「月9」主題歌は、オリコントップテン入りが十曲中四曲（うち二曲は田原の「どうする？」「抱きしめて TONIGHT」）だった。しかし、初めて一位を奪取した「ごめんよ涙」以降の十年間には、四十曲中三十六曲がシングルトップテン入りを果たし、そのうち十六曲が一位に輝いている。

「ごめんよ涙」は〝「月9」主題歌イコール大ヒット〟という法則の先駆けとなる一曲でもあった。

▼「せんぱ〜い！」「榎本！」誕生の瞬間を野村宏伸が告白する

『ラジオびんびん物語』『教師びんびん物語』と撮影を重ねるにつれ、田原と野村の仲は日に日に深まっていった。撮影が終わると、田原は「榎本！　ウチ泊まりにこい！」と頻繁に誘ってきた。

「当時、田原さんは俺のことを普段から「榎本！」と呼んでいましたからね（笑）。部屋で酒を飲むわけでもないし、芝居の話をするわけでもない。家にあるパターゴルフをやって、時間がたったら寝る。そして、次の日になると一緒に撮影所に行く。彼は、意外と寂しがり屋のところもあるんですよね。ウチに泊まりにきたときは、彼がベッドを使って、俺が部屋の隅っこに転がっていました（笑）。そのかわり、自分の家では俺に布団を敷いてくれたこともありました」

二人の仲のよさは芝居につながっていった。

「どんどん親しくなっていったので、気兼ねなくいろんなことを試せたんですよ。俺が何かすると、あっちも返してくる。普段から一緒に遊んでいたからこそ、徳川と榎本のコンビができあがったと思います。あのやりとりは、芝居以上のものを出せていた。お互いの芝居がおかしくて、笑ってNGになることがありましたからね。夜中に、一回笑いだすと止まらないんですよね。監督に「いいかげんにしろ」と怒られていました（笑）」

野村は何回も台本を読み込んで、「榎本英樹」はどういう話し方をする人か、どういう食べ方をする人かなど細部のしぐさまで入念に考えて、演じきっていた。その延長線上に、甘えた声で発する「せんぱ〜い！」という榎本の代表的なフレーズが生まれた。

「初めの頃は普通に「先輩」と呼んでいたんですよ。いろいろ自分で試しているうちに、榎本のキャラクターからして、「せんぱ〜い」というほうがいいなと思った。水谷豊さんが萩原健一さんを「アニキ〜」と呼んでいた『傷だらけの天使』（日本テレビ系、一九七四年十月—七五年三月）を少し意識しました。

最初は「せんぱ〜い！」なんて恥ずかしくて言えなかったですよ。声のトーンにしても、あそこまで思いきれなかった。一度、試したときに田原さんや演出家が笑ってくれたんですよね。それで吹っ切れたのもあります」

映像上では、『教師びんびん物語Ⅱ』の第八話で初めて「せんぱ〜い！」と呼んでいる。パートⅠから甘えた口調で演じてはいたが、「せんぱ〜い！」と〝ぱ〟と〝い〟の間を思いっきり伸ばしたのは、このときからだった。

榎本は当初、結婚のために構えた新居に居候する徳川を煙たがっていたが、第六話のラストで幼なじみの三井祐子（麻生祐未）に婚約解消を告げられると、それまで以上に徳川に懐くようになる。

第八話のオープニングでは、教育庁課長の島津響子（梶芽衣子）が榎本の家を訪れ、徳川と二人にしてくれと命令。翌朝、いくら聞いても前夜の出来事を教えてくれない徳川に榎本がすねる。無視した徳川が一人で家を出て学校に向かったとき、榎本が叫んだ。〈せんぱい、待ってくださいよ〜。せんぱ〜い！　せんぱ〜い！　せんぱ〜い！　せんぱ〜い！〉（「第八話 勇気よ生徒を守れ」『教師びんびん物語Ⅱ』一九八九年五月二十二日放送）

大ヒットドラマには、必ず名フレーズがある。それは演出家の指示でどうなる部分でもない。俳優自らが考えなければ、個性あるキャラクターは生まれない。

榎本は登校中にもかかわらず、徳川の体にしがみついて「せんぱい、教えてくださいよ〜」と懇願する。聖橋大学付属小学校が中学進学に際してクラスの二〇％、さらに学年全体で一〇％を足切りにするシリアスな話を描くドラマのなかで、抜群のコンビネーションは視聴者に癒しを与えた。

▼阿藤海、萩原流行、矢島正雄……全員が根幹的な意識を共有していた

『教師びんびん物語』には田原俊彦や野村宏伸をはじめ、一匹狼的な気質を持つキャストが集っていた。劇団出身の萩原流行、阿藤海はパートIとパートIIで真逆の役を演じているが、違和感のない名優ぶりを発揮した。パートIIには、俳優として未知数だった蛭子能収が喫茶店のマスター役として出演。第九話には一九七〇年前後に「帽子芸」で一世を風靡し、フリーで活動していた早野凡平が売れなくなった芸人役で登場。リアリティーあふれる演技でドラマを際立たせた。

スタッフも同様だった。三年半に及ぶ銀行員生活から脚本家に転身した矢島正雄は、駆け出しの頃にこう語っていた。

僕は銀行勤めだからしょっちゅうお札を数えてる。人の言う事は何でも受け入れる。それが銀行員。これは銀行に限った事じゃなく、社会に出て働く人間はそうならされる。僕は好きなシナリオの世界で同じ事はしたくないという気持でやっている。（「シナリオ」一九七八年三月号）

「人に飼い馴らされてたまるか！」という矢島の感情が『教師びんびん物語』で爆発する。

人生には勝者も敗者も、落ちこぼれもないと思います。日本の社会は既成の価値や枠からはみ出すと、途端に邪魔者扱いされることがよくあります。これは、非常に不思議だと思いますね。そんな雑音に惑わされずに、自分なりの生き方をしてほしいというメッセージを、いつもドラマや劇画にこめているつもりです。
（「月刊ろうきん」一九九一年六月号）

キャストやスタッフが胸の内に秘めていた思いと、矢島が書く台詞が一致した。
パートⅠでやる気のない教師・満田亀造、パートⅡで教育庁課長の島津響子の〝理想教育〟を実現しようとする生真面目な副校長・安田幸男を演じた萩原流行は、高視聴率の原因をこう分析していた。

役者同士、共通の言葉を持っていたような気がするんだよね。単純に言っちゃうと、思考が一緒というか、同じものを見て、「ああいいな」とか「きれいだな」と思えるような言葉を持っているような気がする。（前掲『教師びんびん物語スペシャル』）

初めから感性が合っていたキャストの息は、時間がたつにつれて以心伝心の域にまで達していった。パートⅠでは付和雷同な教頭・御前崎マキオ、パートⅡでは校内で浮いている体育教師で徳川龍之介の味方になる長曾我部権三を演じた阿藤海はこう感じていた。

『びんびん』は夢のような現場だったですね。阿吽の呼吸というか、こういうふうに龍ちゃんが来て、こういうふうに野村っちが来ると、俺はだいたいこのへんの位置に入ればいいか、と三本やっていくうちに、だんだんわかってきた。（同番組）

根幹的な思考が共通していた俳優陣、スタッフ、脚本の矢島正雄の波長がより合致していくことで、パートⅡの視聴率は第三話でシリーズ初の二五・〇％を記録し、第九話で二八・九％と大台の三〇％に迫っていく。

▼「人と比べて生きることぐらい、愚かなことはない」――徳川龍之介の名言集

アイドル出身のためにうがった見方をされがちだが、俳優・田原俊彦の能力は高かった。野村宏伸が話す。

「最初は、アイドルがお芝居をするという感じなのかなと思っていました。でも、そんなことはなかった。まず、本番の強さに驚きました。長台詞にしても、一発で決める。あの集中力は、生放送の歌番組やライブをしてきたから得られたのかもしれない。NGがほとんどないんですよ。

朝からドラマの撮影をして、夜は歌番組に出演して、夜中にレコーディングして、翌朝また現場に戻ってくる。いつ台詞を覚えているのかなと不思議でしたよ。分量も結構ありましたからね。「全然覚えてきてない」と言いながら、本番になるとワンテイクでOKを出していました。やっぱり、何もしてないように見えて、家でちゃんと頭に入れているんじゃないですか。でも、そういうそぶりは一切見せませんでした」

視聴者の新聞投稿を読んでみよう。

「教師びんびん物語」(毎週月曜、フジテレビ系)の田原俊彦が演じる教師は、格好がよくて、意気込んでいて、ちょっと現実的ではないけれど、妙に説得力がある。「泣けるぜ! 今夜は」(十八日)は、本当にありそうな地方からの出稼ぎ親子の物語にジーンとくるものがあった。田原の精いっぱいの動きにうそがなく、きざな動作も不自然でないのが魅力。ファン心理ではないが不良少女を英雄化したドラマより健康的な明るさがあり、ファンでなくても田原の活躍に期待したくなる。(「はがき通信」「朝日新聞」一九八八年四月三十日付)

『教師びんびん物語』の第十二話では、生徒数の減少で統廃合の危機にあった銀座第一小学校の五年一組でケンカが起こる。小桑佐和子の親が土地を売り、銀座から出ていくという噂が流れたためだった。仲裁に入ったのち、徳川先生は教室で三分七秒にわたって〝仲間の素晴らしさ〟と〝いまを生きる大切さ〟を説いた。

みんな目つむってごらん。さあつむって。みんな、(転校した)青木まさしを覚えているか?(生徒:はい)。じゃあ、関根信行はどうだ?(生徒:覚えてます)。青木、関根、二人ともおまえたちの友達だ。どんなに離れていても、こうして目をつむれば、二人ともこんなにハッキリ近くに現れてくる。どうだ? 二人とも悲しい顔してるか? 笑ってるだろ。一緒にみんなと楽しく遊んでるだろ。みんな、いつだって一緒に勉強してきたじゃないか。いつだって一緒に遊んできたじゃないか。みんな、友達じゃないか。

そりゃ、一人ひとり、親も違えば家の事情だって違う。でもさ、この五年一組の教室のなかではみんな同じだ。みんな、先生の生徒だ。みんな、先生の子供だ。そしてきょう、いまこうしてる瞬間も人生で一度きりだ。先生とおまえたちがこうしてるいま、もう二度と帰ってこない。

でもさ、いまこの教室のなかでこうしていることは、大切に心のなかにしまっておける。必ず素晴らしい思い出になってくる。青木や関根がおまえたちの心のなかにいつまでも生き続けてるようにな。

もったいないじゃないか。人を憎んだり、人をいじめたり、人を嫌ったり、なじったり、笑ったりしたら。そんなつまらないことに、こんなに素晴らしい時間を使ったらもったいない。

人を愛そうよ。人を好きになろう。人間の心のなかでいちばん素晴らしいものは愛だぞ。長い短いじゃない。人生はどれだけ人を愛したかで、価値が決まると先生は信じる。(「第十二話 小学校が消える日」『教師びんびん物語』一九八八年六月二十日放送)

現実では恥ずかしくて誰も口にしない〝愛〟を叫ぶ役なのに、田原の演技には不思議と違和感がなかった。矢島は、徳川と榎本の演技に刺激されながら台本を書いていた。

人間はとことん突き詰めると、何を頼りに生きているかとなると、自分の夢だったり、愛する人間だったり、理想だったり、情熱だったり、そういう自分の本音みたいなのを引き出された。逆に言うと、最初からあったものじゃなくて、彼らにすごい球を返してよこされたから、こっちも本気になって返した。そのなかに、愛とか理想とか情熱とかそういう言葉がてらいなく、恥ずかしくなく、台詞のうえで書けるというのは確かにある。書かされたという部分も相当ありますね。（前掲『教師びんびん物語スペシャル』フジテレビ系、一九八九年十月六日放送）

芝居から田原が本来持つ人生への愛や理想、情熱を感じ取り、矢島は徳川龍之介の台詞として昇華させた。『教師びんびん物語Ⅱ』になると、その傾向がさらに強くなる。

第九話「泣けてくる…」では妻を亡くして以降、精彩を欠くようになった芸人（早野凡平）と子供（生徒役・石井孝明）、妻の妹で、おでん屋を営む葉子（石井めぐみ）がクローズアップされた。芸がウケない父、付属中学への進学で足切りの対象になりそうな子供、おでんを作ることしか取りえがない妻の妹。三者ともコンプレックスを抱えていた。

ドラマ終盤、徳川と榎本が店を訪れ、おでんを頬張りながら「うまいですね」と口にすると、葉子は「あの…」と何かを言おうとするも思い留まる。

徳川が「ホントにうまいですよ」とやや本気の口調で言うと、「これしかできませんから」とまたネガティブに捉える。すると、徳川は真剣な眼差しを向けて語り始める。

徳川：素敵じゃないですか。こんなにおいしいおでんが作れるなんて。私、ホントにそう思います。何か一つ、誰よりもうまくできることがある。大変なことだと思います。
葉子：バカですから。
徳川：本当のバカは、何でも要領よくやって、何一つ、本物に行き着かない生き方をしている人間ですよ。たった一つのことをやり続けるだけでも、自分を見つけることができます。私はそう思います。言葉よりも、人はそういうものに感動します。人生を感じます。その人の愛を感じるんじゃないでしょうか。（「第九話 泣けてくる…」『教師びんびん物語Ⅱ』一九八九年五月二十九日放送）

徳川龍之介が熱く語る言葉は、視聴者の心を揺さぶった。

ドラマ「教師びんびん物語Ⅱ」（六月二十六日終了、フジ）は、泣けて仕方がなかった。生徒が徳川先生（田原俊彦）に一言ずつ話すシーンでは、さすがに徳川先生も泣いていた。その時は、徳川竜《（ママ）》之介としてでなく、田原俊彦として泣いていたような気がします。私も生徒たちと同じように徳川先生が好きでした。私の学校にも徳川先生に似た先生がいて、比べてしまいます。私も、この生徒たちのように別れる時は自分の気持ちを先生に全部いいたいと思っています。この番組から愛の素晴らしさを教えてもらいました。（埼玉県春日部市・学生・十七歳。「朝日新聞」一九八九年七月七日付）

最終回のラストシーンでは、徳川が倒れた榎本をおんぶしながら、こう語り始める。


徳川：俺たちは教師だ。優しくなければならないが、もたれあっちゃダメだ。

苦しくとも寂しくとも一人で立ってなきゃいけない。

それぐらいの強さがなけりゃ、とても子供を優しく愛してやることなんかできない。

それに、孤独も素晴らしい人生の一部だと思う。

大切なのは、自分の人生を生きることだ。人と比べて生きることぐらい、愚かなことはない。

時間は常に成長するために与えられている。わかるな、榎本。

榎本：なんとなく。

徳川：お互いをもっと大きく、もっと素晴らしい成長を遂げるために、やっぱりこのままじゃいけないと思う。
榎本：わかりました！
徳川：そっか。わかってくれたか。じゃあ、降りて、自分の足で歩け。
榎本：（徳川にしがみつく）
徳川：あら。どうして降りないの？
榎本：僕、決めました。
徳川：何を？
榎本：先輩と別れるくらいなら、このまま一生降りません！
徳川：おまえ、いいかげんにしろよ、早く降りなさい。
榎本：イヤです！
徳川：榎本！
榎本：僕、こうやって先輩のこと見守り続けます！（「最終回 先生は、どこへも行かない…」『教師びんびん物語Ⅱ』一九八九年六月二十六日放送）

テーマ曲「ごめんよ涙」が流れると、二人は肩を組みながら、並木が茂る通りで叫び続けた。

「えのもと！」「せんぱ〜〜い！」

「えのもと！」「せんぱ〜〜い！」

「えのもと！」「せんぱ〜〜い！」

熱く語って引き付けたかと思えば、トボケて和ませる。二人は、緩急自在の芝居で感動と笑いを提供した。

〝自分の人生を生きること〟の大切さを訴えた『教師びんびん物語Ⅱ』は、最終回で「月9」ドラマ初の視聴率三〇％超えを達成。「パートⅠがヒットするとパートⅡは苦戦する」というジンクスを見事に破った。背景には、回を重ねるごとに絶妙さを増していった二人の掛け合いがあった。野村は、田原との関係性をこう話す。

「兄弟みたいな雰囲気でしたね。いまでもそうですよ。お互いそんなに連絡もしないけど、どこかで通じている。何年も会っていなくても、いつでも会える不思議な存在でもある。一つ確実に言えるのは、あの人がいないと、いまの僕はいない」

4 勝ち続けられない——スターの葛藤と人間らしさへの渇望

▼過熱する人気への不安

バブル景気に沸く一九八八年から九一年の「月9」のラインナップを振り返ると、恋愛模様を描くトレンディードラマが十六本中十二本を占めている。それ以外の四本中三本は田原主演のドラマだった。

「カンチ、セックスしよ」「僕は死にません！　あなたが好きだから！」という台詞がはやる時代に、田原は「教育とは愛だ！」と声高に叫んで圧倒的な人気を得た。あまりに異質な存在だった。

徳川龍之介はパートⅠで紺野美沙子扮する奥沢まゆみ、パートⅡで麻生祐未扮する三井祐子に愛されるものの、振り向くことはなかった。恋に目がくらまない「ファンが望むトシちゃん像」を、制作側が見事に作り上げたことも高視聴率の原因だった。

爽やかでありながらも熱血漢という役柄は、田原俊彦本人のイメージと重なった。〈彼と僕、やっぱり重なる部分ってあると思う。生きていくうえでのポリシーっていうかね、精神的な面ですごく似てる。また似てないと、演じてもはまらないと思う。似てるからこんなにはまるんだし、盛り上がるんじゃないのかな〉（「JUNON」一九八八年七月号）

一方で、自分と徳川との違いも正直に語っていた。〈でもね、僕はアイツみたいにやさしくないからね。いろんな人を愛せないもん。龍之介は本当に、みんなを愛してるでしょ。子供でも大人でも。僕はアイツみたいに、みんなを愛せるほど器が大きくないからね〉(同誌)

視聴者は虚構のドラマと知りながらも、『教師びんびん物語』の徳川龍之介を田原俊彦そのものと錯覚しながら見ていた。主題歌がヒットしたのも、その証拠の一つだ。

スタッフやキャストの人選などあらゆる細かい糸がつながり、田原自身でいえばコント番組『カックラキン大放送!!』(日本テレビ系)や舞台『夢泥棒』『ACB』、映画『瀬戸内野球少年団・青春篇』という一九八〇年代中盤の挑戦が血となり肉となって生まれた成功だった。だが、メディアや社会はその過程よりも、『金八先生』の生徒役でデビューしたアイドルが時を経て教師役を務めるという、田原俊彦の成長ヒストリーばかりをクローズアップした。

言い換えれば、始点と終点だけに注目した。そのほうが、派手でわかりやすかった。

一見、社会のいい反応を独り占めしたように映る。

しかし、過剰な好感度の高さはマイナスに動く危険な兆候でもあった。デビューから浮き沈みを経験していた田原は、過熱する状況の怖さを理解していた。

良い時ってそんなに続かないと思うんですよ。僕も十年やってるけど、苦しいときの方が多かったと思うし。だからまた、良い時は何倍にも膨らんで、その良さってのがわかるし。(ライブビデオ『10TH ANNIVERSARY GLORIOUS』一九八九年十月十四日発売)

高視聴率を弾き出したことで、「田原俊彦のドラマは数字を獲れる」という神話が生まれていた。

▼ジャニーズ事務所の対応を変えた田原の一言

一九九〇年になっても、田原俊彦の高いブランド力は続いていた。四月、主演ドラマ『日本一のカッ飛び男』(フジテレビ系、月曜二十一時—)が始まる。三十一年の歴史を誇る「月9」のなかで四年連続主演も、四年連続主題歌も田原俊彦ただ一人。織田裕二や木村拓哉も成し遂げていない大記録だ。

主題歌は当初、大江千里が書いた「フラミンゴGOGO」になる予定だったが、直前で五月発売のアルバム『DOUBLE"T"』に収録される「ジャングル Jungle」に変更された。それに伴い、バックダンサーも入れ替わった。すでにCHA—CHAの一員としても活躍していた木野が話す。

「最初は「抱きしめて TONIGHT」「かっこつかないね」と同じく、乃生さんと僕が務めるはずでした。でも、「ジャングル Jungle」に変わったので、外国人になったんです」

実はこのとき、木野はアメリカにダンス留学する決意を固め、CHA—CHA脱退とジャニーズ事務所退所の意向を示していた。

「ジャニーズには、九〇年の一月に意志を伝えました。それからは、毎日のように引き留め作戦に遭いました。あの当時、CHA—CHAは商品として成立していたから、当然ですよね。事務所の一室に呼ばれて、部長から「お母さんが泣くぞ。考え直したほうがいいんじゃないか」と取り調べのように諭されました。事務所からはマイナスに捉えられていたし、全然歓迎されなかった」

三月、「ジャングル Jungle」のプロモーションが始まった。急遽招集された外国人ダンサーの調整が間に合わず、初収録となった『加トちゃんケンちゃんごきげんテレビ』(TBS系)では、乃生と木野がバックダンサーを務めた。このとき、木野は田原にアメリカ留学の意志を初めて伝えた。

「収録後、マネージャーに「トシちゃんに話をしたい」と伝えて、楽屋に行きました。「実は、アメリカに行こうと思っています」と言うと、「そうか。俺ももう少し若かったら、行きたいと言ったかもしれない。いいんじゃないか」と賛成してくれたんです。僕は、五月からのトシちゃんの主演舞台『マランドロ』の出演も決まっていました。稽古はまだ始まっていない段階でしたけど、「どうするんだ？」と聞かれて、「すみません。遠慮させていただきます」と断った。すべてを断ち切らないとモノにならないと思ったんです。

そしたら次の日から、風向きがガラッと変わったんですよ。ずっと引き留めていた部長が「頑張ってこいよ」と承諾してくれるようになったし、周りも応援してくれる雰囲気になった。たぶん、トシちゃんが「木野に行かせてやってくれよ」と言ってくれたんじゃないかなと思います。急に周りの空気が変わったから、強く印象に残っています」

ジャニーズ事務所内で、田原の一言は多大な影響力を持っていた。

▼二番煎じの〝熱血漢ドラマ〟で消費され尽くす

ジャニーズ事務所からデビューするタレントは、ジャニー喜多川のプロデュースで世に羽ばたいていく。当初はジャニーがあらゆる面倒を見ていくが、数年たつとベッタリと付くことはなくなる。そして、また新たな原石の戦略に頭を巡らせていく。そんな体制のなかで、田原はデビューから十年たってもバリバリの一線で活躍するジャニーズ事務所初のタレントだった。裏を返せば、事務所は三十歳にさしかかるアイドルの生き方のノウハウを持っていなかった。

田原は、開拓者ゆえに未知の領域に入っていた。

三十歳を迎える一カ月前の一九九一年一月、田原はジャニーズ事務所内に個人事務所ダブル・ティ・プロジェクトを設立。すでにジャニーが全面的なプロデュースをするわけではなくなっていた田原は、自ら新たな道を探し出さなければならなかった。九〇年の仕事を振り返り、ファンクラブ会報に〈そんなに欲ばってアレコレ手を出す年でもないから、仕事を厳選して、自信と余裕と集中力でぶつかったって感じ。これからはコレですよ〉（「Toshihiko Tahara」第五号、一九九一年一月）とコメントを残している。

田原は俳優として『教師びんびん物語』が大ヒットしたがゆえの悩みを抱えていた。熱血漢の役ばかり回ってくるようになったのだ。一九八八年『金太十番勝負!』では麻布十番の煎餅屋若大将・東金太役、八九年『俺たちの時代』では広告代理店勤務の柴田竜夫役、九〇年『日本一のカッ飛び男』(以下、『カッ飛び男』と略記)では新聞記者の倉田健人役と、八七年『ラジオびんびん物語』から六作連続で熱血漢を演じた。『びんびん』以外の三作の視聴率を振り返ってみよう。

開始年月/局・タイトル/時間帯/最高/最低/初回/最終回
一九八八年十月/フジテレビ『金太十番勝負!』/木曜二十時台/一九・〇/一四・二/一六・九/一八・一
一九八九年十月/TBS『俺たちの時代』/金曜二十一時台/一二・五/八・三/一一・三/一〇・〇
一九九〇年四月/フジテレビ『日本一のカッ飛び男』/月曜二十一時台/一九・四/一三・〇/一九・四/一六・九

『教師びんびん物語』の終了から約三カ月後に始まった『金太十番勝負!』は合格点の数字を残しているが、最終回で視聴率三一・〇%を記録した『教師びんびん物語II』からこれまた約三カ月後の開始となった『俺たちの時代』は意外なほどの低調に終わった。「田原俊彦・待望のドラマ今夜スタート」と新聞のテレビ欄に銘打たれ、初回二時間放送と異例のスタートを切ったにもかかわらずだ。『カッ飛び男』は、「月9」の開始からこの時点までの十五本で、十位の平均視聴率に終わっている。

一九八八年四月からわずか二年三カ月で五本も熱血漢役が続いては、視聴者が飽きて当然だろう。『カッ飛び男』の第七話では、一億円をドブ川に捨てた不動産会社経営者に真相を聞くため、真夜中に忍び込んだ社長室で「世の中はすべて金中心で動いている。違うかな? きれい事を言うな」と一喝されて、「小樽日報」の倉田健人記者(田原)はこう反論した。

きれい事の何が悪いんです。あなたは言い訳を言ってるだけじゃないですか。自分自身があきらめてしまった悲しみを、ただ社会の責任にしているだけじゃないですか。社会のせいじゃないんです。他人のせいじゃないんです。その人その人の心の持ちようで、世界の景色は、明るくもなり、暗くもなるんです。悪いのは、社会そのものというより、それであきらめてしまう人の心なんではないでしょうか。人はあきらめるために生きているんじゃない。たとえ一歩一歩でも、前へ前へ行こうとする。人間ってそんなふうに、自分自身の可能性を納得させたくて、現実と戦っているんではないでしょうか。何もかも社会の責任にして、自分自身もそこに染めてしまうなんて、悲しいじゃないですか……悲しすぎます。（「第七話 一億円には手を出すな！」『日本一のカッ飛び男』一九九〇年五月二十一日放送）

約一分二十秒の熱演は、いま見ても引き付けられる。

しかし、徳川龍之介の残像がどうしても消えない。『カッ飛び男』は『教師びんびん物語Ⅱ』と同じＢＧＭを使うこともあったからなおさらである。似たものはいくらクオリティーが高くても、先陣の作品を超えるのは至難の業。自然に比べられてしまう時点で、相当なハンディだ。

だが、視聴率が芳しくないと、ますます制作側は新たな挑戦をするよりも、過去に受けたものを焼き直す傾向にある。第八話では田原演じる倉田健人が大きなブルーのリュックを背負い込んで出かけ、地上げで閉園間近の幼稚園で子供と戯れている。まさに『教師びんびん物語』を想起させるスタイルだったが、テコ入れは実を結ばず、視聴率は第七話一五・五％から第八話一四・九％と下落する。物語としては第七話の謎の一億円と話がつながっていて第八話の展開は興味深いのだが、守りに入った設定が功を奏したとはいえない。

どの業界もそうだが、何かがヒットすると必ず〝二番煎じ〟が現れ、発案した自らも〝二匹目のドジョウ〟を狙いにいく。それがうまくいかなくても、組織の場合はまた企画を変えればいいし、一人ひとりの会社員に直接的な痛みが生じるわけではない。数回の失敗でテレビ局全体は痛まない。
しかし、芸能人の場合は違う。同じようなキャラクターで立て続けに使われると、飽きられてしまう。これが〝連続ドラマ主演〟の難しさだ。
『カッ飛び男』から一年が経過した頃、田原はこう語っている。〈やっぱり役者としては〝熱血漢〟のイメージが強くなりすぎたんでね、皆さんの目もお休みしてもらってと、ドラマは意識的に休みました。秋からは必ずやるからね〉(「ザテレビジョン」一九九一年六月十四日号)
この時期、田原俊彦は孤独だったと思う。周囲から祭り上げられたところで、その座が永遠に続くわけではない。超一流スポーツ選手は引退すれば伝説になれるが、一度スーパースターになった芸能人は何歳になっても一線で活躍し続けなければ、忘れ去られてしまう。インタビューからはそんな苦悩も垣間見える。〈三十代って一番むずかしい年代だと思うんだよね。俺なんかデビューして十二年になるし、もう鮮度ないわけだから、ホント手をかえ品をかえしてやらないとさ〉(「TVガイド」一九九一年十月十一日号)
『カッ飛び男』主演から一年三カ月のブランクを置いて、一九九一年九月二十七日放送の単発ドラマ『張込み』(フジテレビ系)では、刑事役に初挑戦。このドラマでは、それまでの雄弁な熱血漢とは違い、台詞を発する場面が少なかった。総制作費は一億五千万円。二〇一八年現在、NHK大河ドラマでさえ一話で約五千八百三十万円といわれるから、バブルの匂いを感じさせる。共演した大竹しのぶは、田原の演技力を的確な言葉で捉えている。〈モニター見ると、あー、トシちゃん〝いい顔〟してるナァって思うの。だって、どんなシーンかわかんないけど、顔だけで悲しいとか切ないとか、伝わってくるんだもん〉(「週刊明星」一九九一年七月十一日号)
田原は百八十度違う役柄で視聴率一八・八%を獲得した。この流れを続けられればよかったが、そううまくは事が運ばない。十月開始の『次男次女ひとりっ子物語』(TBS系)は第一話一五・〇%で好スタートを切ったが、第三話で一ケタに突入。全話平均視聴率一〇・六%と結果を残せなかった。

▼なぜ、映画『課長島耕作』はヒットしなかったのか

一九九二年は、俳優・田原俊彦にとってターニングポイントの年となる。大手映画会社が実写化の権利を争った『課長島耕作』（東宝）で、五年ぶりとなる主演映画に臨んだ。

『課長島耕作』は一九八三年から九二年まで「モーニング」に連載され、単行本十六巻が累計千三百万部も発行された大ベストセラー漫画。島耕作は大手家電メーカーに勤め、社内の派閥抗争と距離を置きながらも出世するかたわらで、数多くの女性と性的関係を持つモテモテのサラリーマンだ。

一九八八年『教師びんびん物語』の頃から本格的に知った私のような世代からすれば、仕事をバリバリしていてモテまくるという島耕作のイメージは田原にピッタリだ。

増田久雄プロデューサーは起用の狙いについて、「普通なら石田純一とか三田村邦彦、中村雅俊、風間杜夫だろうが、彼らの島ではおさまりすぎ。シリーズ化を考えていて、田原の成長と島の成長をシンクロさせたい。それに団塊の世代から見れば、田原はアイドルかもしれないが、（中心観客層になる）ヤングOL、サラリーマンにとっては田原は大人の役者。田原の島に違和感はない」（「日刊スポーツ」一九九二年二月二十日付）と説明した。

一方で、公開前から不安要素も指摘されていた。漫画では島が三十四歳で課長にスピード昇進した時点から、四十五歳で部長になるまでを描いている。三十一歳の田原では原作とかけ離れてしまう懸念があった。

「団塊世代」である原作者の弘兼憲史は田原の主演決定を聞いて、「エッという感じ。ちょっと若いのでは」と話し、制作発表の席では「島耕作のイメージと田原さんのイメージが違うので正直言ってビックリしたんだけど……。連れ合い（漫画家・柴門ふみ）がトシちゃんの大ファンだったもので大賛成しました」と、笑いを交えながらも戸惑いを隠せない様子だった。

しかも、原作漫画の読者層の中心は戦後生まれの「団塊世代」だ。一九七九年の『金八先生』のときから知っていて、「NINJIN娘」などを歌っている頃の印象の強い彼らにすれば、「なんで田原俊彦が課長なんだ」と

いう見方になってしまう危険性が高かった。前年、田原はこう語っていた。

デビュー当時の田原のイメージって、思っているよりずっと大きいものなんだ。若くて、軽薄で、歌が下手で――それを変えるのは、難しい。もう自分は十八歳の田原じゃないのに、作品をひとつひとつ見せていかないと、納得してもらえないいんだ。(「With」一九九一年九月号)

逆にいえば、そのイメージを払拭するにもってこいの映画だった。「話がきて、二日で全巻を読破した」というほど気合いを入れて臨んだ『課長島耕作』は十月三日、封が切られた。

東京・有楽町の日劇では女性ファン百人の徹夜組が出た。同劇場で舞台あいさつに立った田原は、女性ファンで埋まった客席を見渡して「サラリーマンの彼氏と一緒に、ウイークデーにもう一度足を運んでください」。(「日刊スポーツ」一九九二年十月四日付)

当時平日に見にいったファンに聞いても客の大半は女性で、サラリーマンには響かなかったようだ。『課長島耕作』は十月三日から十一月六日まで上映され、配収三億五千万円。この年の東宝は、『ゴジラVSキングギドラ』『ドラえもんのび太と雲の王国』『橋のない川』『おろしや国酔夢譚』『ミンボーの女』『紅の豚』と六つもの作品で配収十億円超えを達成していて、『課長島耕作』がヒットしたとはいえなかった。映画の玄人である制作者の狙いは外れ、原作者の不安が的中してしまった。シリーズ化は見送られ、翌年からのテレビ版では宅麻伸が島耕作を演じるようになった。

なぜ、田原の主演映画『課長島耕作』はヒットしなかったのか。

「団塊の世代」である原作ファンが持つ田原のイメージが島耕作に合わなかったことに加え、実は女性ファンからも評判があまりよくなかったことが挙げられる。麻生祐未とのベッドシーンになると、顔を覆って自分の目を隠したり、席を立ったりするファンもいたという。

田原俊彦は王子様だった。一九六〇年代から七〇年代前半生まれの田原の主なファン層は、アイドルに特別な感情を抱く世代。当時のアイドル誌の読者投稿欄を見ると、〈トシ子というトシちゃんの妻〉〈トシさまのwife〉〈トシのピエロ〉など結婚願望が込められたペンネームが毎月のように並んでいる。

ファンが本気で結婚したいという熱い思いを胸に秘めていたから、空前のアイドルブームが起こった。その中心にいた田原には、『ザ・ベストテン』のソファーで松田聖子が横に座るだけでファンから抗議が殺到した。テレビ欄で名前が隣同士になるだけでも、苦情の電話が鳴るほどだった。

統計を比較すると、現在のファンとの思いの違いがよくわかる。「性意識」に関する調査をおこなっている「JNNデータバンク」は全国の十三歳から五十九歳までの一般男女、約三千百サンプルを対象に「女性は結婚までは純潔でいたほうがよい」か「愛情があれば結ばれるのは自然だ」という二つの選択肢を与えて、回答を得ている。田原が歌手デビューした一九八〇年の段階では、なんと前者（三四％）が後者（三二％）を上回っている。この数値が逆転するのは八四年であり、その後だんだんと差は広がり、九二年には後者（四六％）が前者（二二％）に圧倒的な差をつけた。つまり、八〇年代前半と九〇年代以降の女性の気質は、まるで異なる。

一九九〇年代になっても、十代の頃と変わらない気持ちを持ち続けたファンも多かった。子供のとき、憧れたアイドルやスポーツ選手には特別な感情を抱いたままでいるものだ。それを誰が否定できようか。王子様にはいつまでも王子様のままでいてほしい。女性を口説くシーンはおろか、ベッドシーンなど一切、目にしたくもない。

これが、ファンたちの素直な感情だった。振り返れば、『教師びんびん物語』と違って、恋するシーンも演じた『俺たちの時代』『次男次女ひとりっ子物語』は視聴率が低かった。だからといって、田原がいつまでも恋愛を演じられない俳優でいたら、制作側も起用しづらくなってしまう。三十歳を過ぎたカッコいい男が恋愛に不器用という設定では、いくら芝居とはいえ現実離れしすぎている。それでも、ファンはそんな現実を見たくなかったのだ。

俳優・田原俊彦は、一九八〇年代にデビューしたアイドル出身ゆえの悩みに直面していた。

▼一貫性がある思考に変化が起こった

言動に一貫性がある田原だが、約四十年に及ぶ芸能人生で主に二つ思考の変化が読み取れる。

その一つは、一九九二年から九四年にかけて現れる。

『課長島耕作』主演記念インタビューと副題に銘打った「週刊プレイボーイ」の記事では、自分が芸能人として難しい年齢にさしかかっていると認識したうえで、それでも〝勝ち続けたい〟と話している。


だれだって時代によって多少の浮き沈みがあるじゃないですか。瞬発力で突っ走ってすぐ消えていってしまう人も多いよね。でも、僕はなんとかここまで生き延びてきたし、これからも勝ち続けていきたいんですよ。

やっぱり肩で風切って、ずっとキラキラの一線でいたいから。だから、これからもいろんなことに挑戦していこうと思います。(「週刊プレイボーイ」一九九二年十月二十七日号)

同年、企画・亀山千広、脚本・矢島正雄をはじめ、『教師びんびん物語』と同じようなスタッフで、七―九月期の連続ドラマ『逃亡者』(フジテレビ系)に主演する。勤め先の銀行から五億円横領事件の犯人に仕立て上げられて全国を逃げ回る役で、口数は少なく、それまでの熱血漢とは一線を画していた。亀山は、このドラマの狙いを、〈犯罪者ゆえに誰からも信用されず、彼が語ることができない。だから、彼の行動や、まわりにかたらせるというところでメッセージを伝えるという話をやりたかったんです〉(「JUNON」一九九二年八月号)と話していた。

のちに亀山が担当ドラマを振り返るインタビューのなかで、〈本人は満足してるんですけど、数字がついてこない。俺もPとしてもう終わりかなと思っていた〉（古池田しちみ『月9ドラマ青春グラフィティ』一九九九年）と話していたように、ドラマの出来も田原の演技も良質に思えたが、全話平均視聴率一一・六％とヒットには至らなかった。

「逃亡しているわりに、身なりがきれいすぎる」という声も聞こえた。それがフジテレビの要望だったのか、CM契約上の問題だったのか、はたまたジャニーズ事務所や田原の意向だったのかはわからないが、ここにもアイドル出身ゆえの難しさを感じさせる。

二本の俳優業に加え、歌手活動もシングル「思い出に負けない」、「雨が叫んでる」（オリコン最高位八位。売り上げ二十四万三千枚）、アルバム『GENTLY』、ビデオ『GENTLY』の発売、コンサート二十六本、ディナーショー十五本と多忙を極めた一九九二年を振り返り、田原は自分を納得させるように話している。

この一年間、とりあえず、やるだけのことはやった。無駄なことはやる気もないし、やってるつもりもない。ベストは尽したよ。でも、いい結果として、実を結ぶか、結ばないかは、今じゃなくて、後でわかることでしょ？　無駄に時間を浪費したわけじゃないからね。いい経験になって蓄積されてると思う。

（「Toshihiko Tahara」第十三号、一九九二年十一月）

翌年の月曜二十時台の主演ドラマ『愛してるよ！』（テレビ朝日系）では「二〇％を目指す」と意気込むも、裏番組の『水戸黄門』（TBS系）などの厚い壁に阻まれ、全話平均視聴率九・九％に終わる。このドラマでは、タイアップ全盛時代の苦悩も読み取れた。主題歌「KISSで女は薔薇になる」田原俊彦、オープニングテーマ「わがままに抱き合えたなら」T—BOLAN、挿入歌「元気だして BOYS & GIRLS」安達祐実の三曲が一つのドラマで使われていた。三曲に一貫性があるわけではない。安達祐実が出てきた場面では安達祐実の新曲が流れる。

そんな音楽の使い方ではドラマの視聴率につながるとは思えない。あらゆるところの顔色をうかがった結果、三曲も使わざるをえない状況に追い込まれてしまった印象を受けた。

高視聴率は脚本や音楽、出演者、スタッフ、時間帯とあらゆる要素が嚙み合ってはじめて達成されるもの。それでも、主演はどうしても批判の矢面に立ってしまう。まして「田原俊彦のドラマ」というスタイルを完全に確立して一つの時代を作ったため、主演ドラマの視聴率低下はより際立つ。

一九九四年二月発行のジャニーズ所属として最後のファンクラブ会報のインタビューでは、素直な気持ちを吐露している。

――以前〝勝ち続けたい〟と雑誌のインタビューで答えていましたけれど……。

「うん、確かに言った。でも現実はそう甘くない（笑）。努力以外にも〝チャンスや運の流れを待つ〟のも大切だから。こんなこと言うと、弱気の発言!?なんて受け止められては困るからつけ加えておくけど、ま、がむしゃらに頑張るというのは二十代の頃でさ、三十代はじっくり吟味しながらやっていくという体制でいたいなと。もうナイスミドルを目指していくしかないでしょう（笑）。でも相変わらず〝負けず嫌いは人一倍〟の精神は、しっかりキープし続けているよ」（「Toshihiko Tahara」第十八号、一九九四年二月）

一生、ヒットを飛ばし続けられる芸能人なんていない。それは不可能というものだ。トップを極めた田原にとって、次に向かう先は幸せな家庭を持つことだった。『愛してるよ！』撮影前に、こう話している。

今までは生活の九〇％以上を仕事にさいてきたけれど、ひとりの人間としての自分に返ったとき、やっぱり仕事だけじゃ生きられない。街を歩いたり、映画を見に行ったり、女の子といっしょに過ごしたり、そういう楽しみもあるのが自然だよね。（「ｅｆ」一九九三年九月号）

人間らしさへの渇望を感じさせられる発言だ。田原は、兼ねてから終始一貫「三十三歳で結婚」と公言していた。一九六一年二月二十八日生まれの男にとって、そのときが刻一刻と近づいてきていた。

あのね、わかってないのはマスコミだけで、僕は三十三歳で結婚すると言ったらする男だから結婚はすると思う。長年のファンのみんなはその位わかってる。僕がいつどこでどんな発言をするかなんて、田原俊彦をよく知ってるファンにはわかるんだよ、ね。きちんと報告すべきなのはファンの方たちだけだから、その方たちには失礼があってはいけないなとは思う。それがせめてもの礼儀だから。(「TVガイド」一九九三年十月二十九日号)

田原がトップスターであり続けることの難しさを実感し、人気の限界について達観した頃、私生活では結婚のタイミングが訪れていた——。

第3章 ジャニーズ事務所独立と「ビッグ発言」による誤解——一九九三—九六年

テレビ出演本数

西暦	本数	出演番組の最高視聴率番組	日付	曜日	視聴率（%）
1990年	50	’90かくし芸大会舞台裏！すべて見せまスペシャル	2月13日	火曜	25.5
		’90FNS 番組対抗 NG 名珍場面大賞	4月8日	日曜	25.5
1991年	34	’91新春かくし芸大会	1月1日	火曜	23.2
1992年	46	FNS の日スーパースペシャル1億2000万人の平成教育テレビ	7月18日	土曜	28.3
1993年	33	夜のヒットスタジオリターンズスペシャル	3月31日	水曜	20.3
1994年	25	’94夜のヒットスタジオ超豪華！秋スペシャル	10月12日	水曜	21.0
1995年	43	笑っていいとも！増刊号	10月8日	日曜	21.7
1996年	101	笑っていいとも！増刊号	9月22日	日曜	22.6

※1 出演本数は「TV ガイド」（東京ニュース通信社）、「ザテレビジョン」（角川書店）、新聞のテレビ欄、当時の VTR を参考に作成。再放送や過去 VTR だけの出演はカウントしない（『笑っていいとも！増刊号』を除く）。以下、年間テレビ出演本数の基準は同じ

※2 1992年の『FNS の日』の視聴率は19時—21時

1 当初は問題視されなかった「ビッグ発言」

▼「FOCUS」のスクープで交際発覚

一九九四年二月十七日（木曜）午後〇時三十分、芸能史に残る記者会見が始まった。前年七月の交際発覚から入籍、長女誕生に至るまで無言を貫いていた田原俊彦が報道陣に口を開いたのだ。

無視され続けたという感覚を持つマスコミは、「何事も隠密にやりたかったんだけど、僕くらいビッグになっちゃうと、そうはいきませんというのがよくわかりました、ハイ」と田原がポロッと発した「ビッグ」という言葉を拾い、容赦ないバッシングを開始した——。

いつの間にか、これが定説となり、語り継がれてきた。しかし、丁寧な検証もせずにうのみにしていいものなのか。時がたつと人の記憶は歪み、記録は省かれ、大雑把に数行でまとめられる。田原俊彦の「ビッグ発言」は当初から問題視されていたのか。真実をつかむには、当時の報道をしつこいほど詳細に振り返る必要がある。

まずは、長女誕生に至るまでの七カ月をおさらいしよう。

一九九三年七月十六日発売の「FOCUS」が、モデル・向井田彩子が田原の住むマンションに通っていることをスクープ。結婚前提の付き合いと報じた。雑誌の早刷りを手に入れた各スポーツ紙が発売前日の十五日、「FOCUS」をもとにした記事を掲載すると、二時間ドラマ『死刑台のエレベーター』（フジテレビ系）の撮影をおこなっていた田原のところに報道陣が駆け付けたが、本人が口を開くことはなかった。

ワイドショーが田原の母親に取材すると、「二カ月ほど前に紹介されました」と告白。「結婚については聞いていません」と言いながらも、「フィアンセかもしれないと思いました」と語った。

田原は沈黙を保っていたが、七月二十一日の歌番組『MJ——MUSIC JOURNAL』（フジテレビ系）でいとうせいこう作詞の新曲「ダンシング・ビースト」を披露した後、司会の古館伊知郎に「ボーンと出たね、この前」と聞かれると、「ははは。小さく出ましたね」と答え、「結構合ってるわけだ、例の話は」と突っ込まれると、「そうですね、ほとんど」と語った。こうして、結婚を見据えた交際が明らかになった。

▼入籍前後のワイドショー報道「田原俊彦さんの車のようです。いま、十二時五十二分です」

十月九日（土曜）、事態が動く。「日刊スポーツ」が〈田原俊彦　来年二月にもモデル向井田彩子と結婚　テレ朝「徹子の部屋」で語る〉、「報知新聞」が〈田原　来春結婚　初めて沈黙破った！「三十三歳の誕生日頃に決めています」〉と大きな見出しを打った。

二紙によれば、番組内で「来年結婚します」と発言し、徹子に「いつ頃？」と聞かれると、「来年の二月二十八日で三十三歳になります。その頃ですかね」と具体的に答えた。相手の名前こそ挙げなかったものの、「母親とも仲良くしています」と言及した。

紙面では番組出演時の写真が使われていた。オンエアの十一日がドラマ『愛してるよ！』の開始と重なるため、局が絶好の宣伝材料になると考え、写真を提供したのだろうか。収録自体は徹子の舞台出演の都合で、八月二十三日におこなわれていた。

これを受けて、九日には自宅やドラマ収録現場に約五十人の報道陣が押し寄せた。番組内で「仰々しくやりたくないし、改めて発表はしません。ただ、ファンのみなさんには報告したいですね」と話していたように、田原はコメントを発することなく収録先を後にした。

十七日（日曜）、「スポーツニッポン」が〈田原俊彦　向井田彩子ときょう大安にも入籍　混乱回避　関係者が届出へ〉とスクープを放つ。実際、この日に代理人が目黒区役所に婚姻届を提出。ドラマ収録には、八日前の倍となる約百人もの報道陣が群がった。

〈田原俊彦「入籍の夜」の大騒動――メデタイようなメデタクないような変な雰囲気〉というタイトルで

「FOCUS」が、現場の様子を克明に伝えている。

番組宣伝にもなるから、局担当者は、「絵は撮らせる」と約束、ただし「コメントは本人が出さないと言っている」とのこと。了解したマスコミ人及びヤジ馬は、道路の向う側に移り、田原を待った。彼は、ワンボックスカーでそこに乗りつけ、ロケ用のベンツに乗り移る、そこをバシャバシャと撮影、のはずだった。向井田サンはどうも同行していないらしい。それでもメデタイ日の田原のうれしそうな顔は撮りたい。十八時三十分、ワンボックスカーは確かにやって来た。けど、素通りしてしまったのである、目の前を。「約束が違うじゃないか」。テレ朝担当者にカミつく記者、レポーター。三百―四百メートル走って追っかけたが、やっぱり逃げられ、息も絶え絶えのヒトもいる。「九時に戻るから、今度はなんとかする」と必死で宥める担当者。二十一時三十分、田原は戻ってきた。しかし、大部分のカメラマンは、車の陰になり、やはり撮れないまま。担当者はまた大慌てでだ。車の位置を変え、着替えを終えた田原がまたワンボックスカーに乗り込むところを撮影できたのは、結局二十二時三十分。「おめでとうございま〜す」。例によって女性レポーターはカマトトっぽく声をかけた。しかし、田原は完全に無視。何かイラッいているような雰囲気だ。
（「FOCUS」一九九三年十月二十九日号）

撮影現場を後にすると、各媒体は自宅まで追いかけてきた。何としても、コメントがほしいのだ。それでも、田原が答えることはなかった。マスコミへの嫌悪感が鮮明になってきていた。

結婚という祝事に、翌日のスポーツ紙には所縁のある人物からのコメントが掲載された。

近藤真彦〈まだ、何も聞いていないのではっきりしたことは分からないけど、これだけ世間のことを騒がせたのだから、仕事のほうも世間をもっと騒がせてほしい〉（「報知新聞」一九九三年十月十九日付）

野村義男〈突然のトシちゃんの入籍、びっくりしてます。昔、マッチと三人で話した時、結婚はトシが一番遅いのではないかと言ってたのに、先を越されてしまいましたね。〝たのきんトリオ〟一番乗り。いいダンナになるでしょう。早いとこ、かわいいベビーをつくって見せておくれ！末永くお幸せに！〉（「スポーツニッポン」一九九三年十月十八日付）

ジャニーズ事務所は「プライベートな話だし、大人だから本人に任せている」と説明していたが、周囲が会見を勧めていたとうかがえる記事も一つある。十月十九日の「デイリースポーツ」が、〈関係者は「ケジメをつける必要があるのでは」と協議。本人を説得して十九日か二十日にも結婚発表会見を開く予定だ〉と書いている。結局、会見は開かれなかった。もしおこなっていれば騒ぎは一段落したように思う。「FOCUS」が、マスコミの心理を的確に表現している。〈この日の彼のシウチは、その部分を追求しようとする記者たちの取材意欲をまた燃え上がらせたのである〉（前掲「FOCUS」一九九三年十月二十九日号）

入籍当日の十七日、ワイドショーも一斉に田原を追いかけた。

十八日放送『タイムアングル』（フジテレビ系）では〈入籍総力取材！トシちゃんの長〜い一日〉と題し、前日に自宅、甲府の実家、妻の実家に取材した様子を伝えた。「ごめんなさい」と断る田原の母に対し、「どなたかにお話をされると困ると言われてるんですか？」とまで聞き、その後も家の様子をずっとうかがっていたようで「夕方には何度か電話がかかってきたのですが、もしかして入籍の報告だったのでしょうか」というレポートで締めている。

十九日放送『モーニングEye』（TBS系）では、前日の外出と帰宅の時間まで詳細に伝えている。〈田原俊彦さんの車のようです。いま、十二時五十二分です。ブルーのパープルのベンツです〉と実況。画面には〈きのう午後十二時五十分　東京・目黒の自宅前〉と表示されている。九時間半後には、〈午後十時十五分 帰宅〉というテロップとともに、リポーターが直撃を試みる様子が流されているが、車のシャッターが開くことはなかった。

いくら無視されても、ワイドショーはしつこかった。

二十一日放送『モーニングEye』では〈入籍から四日目　田原俊彦さんはなぜ沈黙を続ける⁉〉というテロップを画面右下に置き、車に乗る田原を窓越しに直撃するリポーターの映像にこうナレーションを付けた。〈本来はおめでたい話のはずなのに、田原さんはなぜか頑なに公の場で結婚を発表することを拒み続けています。一体その背景には田原さんのどんな事情があるのでしょうか〉（『モーニングEye』一九九三年十月二十一日放送）

芸能人はプライベートなことを必ず公表しなければならないと、マスコミは勝手に決め付けていたのだ。結婚や妊娠をブログで発表すれば事足りる現在と比べると、あまりに隔世の感がある。

急に思える入籍に妻の妊娠を勘繰ったマスコミは、この後も毎日のように張り込みを続けた。「週刊女性」はお腹がふっくらした彩子夫人を写真に収めた。〈十二月十三日。トシは熊本でディナーショー。トシの留守中に外出するという読みが当たった。彩子夫人は、大きなお腹でわれわれの前に現れた。張り込み二十五日目だった〉（「週刊女性」一九九四年一月十一日号）

妻が取り囲まれれば、お腹のなかの子供が危険にさらされる可能性もある。それでも、報道陣はおかまいなしだった。

▼田原俊彦が過ごした時代と芸能マスコミの歴史

一九九三年十二月号の月刊誌「噂の真相」で、芸能評論家の桑原稲敏が〈マスコミの〝驕り〟を浮き彫りにさせた田原俊彦の結婚騒動〉というタイトルのコラムを書いている。

ワイドショーなどには無言を貫いた一方で、田原は二人のキューピットとなった雑誌「CanCam」では〝誌上結婚宣言〟をおこない、出会いから入籍までの経緯を詳細に語っている。同誌とは連載を担当するなど長い付き合いがあり、恩を受けた相手には律儀に返す田原らしい行動と思える。

だが、一社独占というやり方は、横並びの芸能マスコミの感情に火をつける結果となる。「なぜ、俺たちには喋らないんだ」という身勝手な発想につながったのだ。桑原はこう記している。

芸能人の結婚をめぐる取材で近年、芸能リポーターたちがこれほど虚仮にされた例はない。怒り心頭の各ワイドショー番組は、この結婚を一応祝福しながらも、スピード入籍の謎について「妊娠説」やら「所属事務所との確執説」などあれこれ詮索し、田原のつれない応対を語る報道が目立った。が、もし田原が泣く子も黙るジャニーズ事務所の所属タレントでなければ、この程度の糾弾ではとうてい済まなかったに違いない。

(「噂の真相」一九九三年十二月号)

のちの田原の境遇を言い当てているかのような文章だ。〈報道陣に対する田原の頑なな対応は、たしかにおとなげない。が、人気タレントが結婚や離婚の際には、まずワイドショー番組の会見に応じるのが当然という発想も、テレビ局の傲慢な〝驕り〟であろう〉(同誌)

スターにプライバシーはなかったのだ。

一九八〇年代も七〇年代までのように〝芸能人は雲の上の人〟であり、〝スターがスターである時代〟は続いていた。だからこそ、視聴者や読者はスターのプライベートに興味を持ち、そこを暴くことでテレビは視聴率を、雑誌は部数を稼げたのである。

加えて一九八〇年代、写真週刊誌の登場で芸能ニュースはよりスキャンダラスになっていった。それまでの週刊誌は活字だけで「熱愛」などと銘打っていて、視覚に訴える決定的な証拠はなかった。しかし、写真という動かしがたい事実は言い逃れしづらい状況を生み、読者の欲求を満たす証拠として十分なものだった。

一九八一年十月に四十四万部で創刊した初の写真週刊誌「FOCUS」は、一年で五十万部を突破。八三年三月に百万部を超え、一九八四年一月六日号では二百万六百五十部と日本の週刊誌史上最多の発行部数を記録した。

近年、スクープを連発して「文春砲」と各界に恐れられている「週刊文春」でさえ、二〇一八年一―三月期の一号あたりの平均印刷部数は六十万九千八十三部。現在はインターネットやテレビで情報がそのまま拡散するため単純な比較はできないが、「FOCUS」がいかに読者をつかんでいたかわかる。

「写真誌が売れる」となれば、追随する出版社が登場してくる。一九八四年十一月に「FRIDAY」、八五年六月に「Emma」、八六年十月には「TOUCH」「FLASH」と続々と写真誌が立ち上がり、五誌の総部数が公称ながら五百万部を超えたこともある。テレビのワイドショーも、芸能ニュースが売りになっていった。自宅前での張り込み、直撃は当たり前。事務所の大小はあまり関係なかった。いまでは考えられないが、田原俊彦や近藤真彦というジャニーズ事務所の看板タレントも標的にされていた。

何かあれば、さらに民放各局の午前帯と午後帯のワイドショー八つ、スポーツ紙六紙、女性週刊誌三誌など十五を超える媒体が独自映像、独自写真を撮るために田原を徹底マークした。週刊誌の記事を使い回すばかりの現在のワイドショーとは全く異なっていた。

田原へのマスコミの徹底マークは一九九三年から九四年にかけてだけの一過性の出来事ではなかった。

一九八七年の『紅白歌合戦』落選から約二カ月後、『さんまのまんま』(フジテレビ系)で写真誌に追いかけ回されたエピソードを話している。

田原：(『紅白』放送前後の一九八七年十二月) 三十日から一日くらいまでね、写真屋さんがね、結構ついてきましたね。もう、ウチの周りべったりでしょ。

さんま：そうか、その日田原は何をしていたか、トシちゃんは。

田原：そうそうそう。もう、しつこかったですよ。どこにもいけないの、だから。遊びにいっても、都内走るだけなの。(略) 一カ月に三回くらいはつけられますもんね。

さんま：かわいそうになぁ……。

田原：でもそれは、さんまさんも同じ思いしてるし。しょうがないですよ。(『さんまのまんま』一九八八年二

月十七日深夜放送）

この放送では、追いかけ回されたときのことをネタにして笑いを取っている。その後も、写真誌にカメラを向けられれば、あえてピースサインをすることで写真の意外性を打ち消すなど田原なりの対策を講じていた。

しかし、この状態が何年も続くうちに堪忍袋の緒が切れ、入籍時の沈黙につながったのだ。人間はたった一回の出来事で切れることはほぼないと思う。怒りは積み重ねであり、それが沸点に達したときに爆発するのだろう。

芸能リポーターが自分たちの都合に合わせろといわんばかりに、「おめでたいことなんだから会見したっていいじゃないか」というのは傲慢だ。十年以上も四六時中追いかけ回され、いやな目にもたくさん遭わされている相手に、結婚したときだけ笑顔で対応できるだろうか。好きなものは好き、いやなことは誰が何と言おうといや。それが田原俊彦の一面だ。だが一方、結婚となれば、社会は「おめでたいことなのに、なぜノーコメントなの？」という気持ちを抱くにちがいない。

あまりに、自分に正直すぎたのだと思う。上手にマスコミを使って、自分の価値を上げ、ドラマの宣伝もして、丸く収める芸能人もいるだろう。田原俊彦は良くも悪くも、嘘をつけない男なのだ。その性格がバッシングにつながっていく。

▼報道と異なる真実――ジャニーズ事務所に結婚を報告していた

〈結婚も今年の出産の発表も事務所を通さずに、自己流を貫き通してきた〉（「報知新聞」一九九四年二月二十七日付）。このように入籍から長女誕生までの間、田原が事務所へ報告をしなかったという記事も見受けられた。

会見から三年後の『徹子の部屋』で、田原と黒柳徹子は当時を振り返っている。九三年の同番組での発言をきっかけに田原の結婚は秒読み段階とされ、マスコミが連日追うようになったことにふれながら、九三年十月十七日に入籍した理由に話が及び、こんな言葉が出た。

徹子：あのとき、十七日っていうのは、日がいい日だったんですって？
田原：そうですね。大安で日取りがいいっていうんで、ウチの社長さんがこの日に籍入れたほうがいいんじゃないか、あと、あなたが記者会見やるのもやらないのも、あなたの自由だから。
徹子：メリーさん、そう言ったの？
田原：はい。（『徹子の部屋』一九九七年二月二十八日放送）

正確にいえばジャニーズ事務所の社長はジャニー喜多川で、メリー喜多川は副社長だが、田原は問いに同意している。一方で、人は質問に対して何となく「はい」と言ってしまうこともある。一体、どちらを指していたのか。事務所に所属していた乃生佳之に聞いてみた。

「タレントのなかでジャニーさんはジャニーさん。肩書は社長ですけど、ジャニーさんを社長と呼ぶことはないですね。ジャニーズのなかで社長といえばメリーさんという認識だと思いますよ」

たしかに、田原がジャニーの名前を出すときも常に「ジャニーさん」という呼び方だ。元光ＧＥＮＪＩの大沢樹生は自伝で〈社長室にメリーさんを訪ねると〉（大沢樹生『昨夜未明、大沢樹生が死にました…』）とつづっている。いずれにしても、田原は事務所に報告していた。それにもかかわらず、筋も通さずに勝手に婚姻届を出したという報道が先走り、既成事実化してしまった。いまも田原をおとしめる記事が出るときに、このことを書かれる場合がある。

事実は異なると、ハッキリさせておきたい。

▼会見直後、タイトルに「ビッグ」を使ったスポーツ紙や週刊誌はほとんどなかった

年が明けて二月に入り、田原は第一子誕生に備えて引っ越しをする。マスコミはすぐに新居を探し出し、妻の

妊娠が近いと聞きつけると、連日張り込みを続けてコメントを取ろうと必死に追い続けた。

一九九四年二月十四日、田原俊彦は待望の長女を授かる。マスコミは翌十五日に出産の事実を知る。

妻が退院すれば、長女とともに追いかけられることは明白だった。それだけはどうしても避けたかったし、病院にも迷惑をかけられなかった。田原はスタッフと話し合った結果、自分の意に反して十七日に記者会見を開くことを決断する。十五日夜にようやく決まったというから、準備期間はわずか一日半。あまりにも急な決定だったことがうかがえる。ただし、一週間後に設定したところで、それまで報道陣が詰めかけ続けるだろうし、一刻も早くけりをつける必要があった。十五日の様子を「スポニチ」はこうつづっている。


この日午後九時前、病院から出てきた田原は本紙の取材に対して「（出産については）あさって（十七日）会見をするので、そこでキッチリ話しましょう」とだけコメント。これまでマスコミに対して無言を通してきたが、〝パパ〟となった喜びからか幾分〝上機嫌〟だったようだ。（「スポーツニッポン」一九九四年二月十六日付）

翌日会見をするというのに、前日の十六日もマスコミは田原にまとわりついた。レポーターが自宅前に張り込み、出かける際に「おめでとうございます、と申し上げてよろしいんでしょうか？」と声をかけ、帰宅すると「赤ちゃんは？」「奥様の体調は？」と懲りずに聞いた。もう一度外出する際にも、「田原さん、もうパパになられました？」「これから病院ですか？」と群がった。午後七時前、お祝いにきていた三浦知良がマンションを出て報道陣を引き付ける間に、田原は病院へ向かう。マスコミはまた追いかけ、約二時間後に病院から出てきたときも「田原さん、一言お願いいたします！」と声を張り上げた。

この日もノーコメントだったが、様子には変化が見えた。〈帰る際には取材陣にピースサインを送るなど上機嫌だった〉（「サンケイスポーツ」一九九四年二月十七日付）。ただし、この記述は所属レコード会社であるポニーキャニオンと同じフジサンケイグループの「サンスポ」にしか見当たらない。

二月十七日、東京・九段の一口坂スタジオで、のちに語り継がれることになる田原俊彦の長女誕生記者会見がおこなわれた。当日のワイドショー『タイムアングル』は〈長女・可南子と命名 パパ・トシちゃん喜び会見〉というテロップを大きく打ってから、会見をほぼノーカットで伝えた。

「マスコミ嫌いの田原のために、こうして集まっていただいて本当にありがとうございます」という挨拶から始まったが、出産時の様子や子供への思い、妻とのなれそめまで丁寧に質問に答えた。

挙式に関して聞かれたとき、「また来ないでよ〜。嫌いなんだから、僕はみんな（報道陣）のこと」と牽制する場面ではマスコミも無言だったが、田原の話に会場から笑いが漏れる場面もあった。

「何事も隠密にやりたかったんだけど、僕くらいビックになっちゃうと、そうはいきませんというのがよくわかりました、ハイ」の後も若干の笑い声があった（※田原は「ビック」と発言しているが、報道の表記は「ビッグ」。混乱を避けるため、この後の表記は「ビッグ」で統一）。そのVTRを見るかぎり、対立している様子は感じられない。

また、翌日のスポーツ紙も厳しい論調の部分はあるものの、田原の喜びの言葉も随所につづっている。そして、何よりも驚くことがある。各紙の見出しを並べてみよう。

「日刊スポーツ」〈田原俊彦　長女誕生のオメデタ会見　「可南子」命名紙披露も高飛車な態度〉
「スポーツニッポン」〈田原〝父のジカク〟長女の名「可南子」二カ月考えましたプライバシーを初告白　挙式は五、六月〉
「報知新聞」〈長女は「可南子」で〜す　田原「パパ」デレデレ命名会見　五月に〝子連れ挙式〟〉
「サンケイスポーツ」〈トシちゃん〝パパの顔〟可南子は僕のエンジェルです〉
「デイリースポーツ」〈俊ちゃんも人の子　僕のエンゼル「可南子」です　うれしさ隠し切れず〉

「東京中日スポーツ」〈田原俊彦さん　パパの顔　「苦手の会見、僕のエンジェルのため…」二カ月考え「可南子」と命名〉

「ビッグ」の文字が一切ないのである。記事中でこの言葉にふれたのも「日刊スポーツ」と「報知新聞」だけ。それ以外の四紙は全く取り上げていない。後世に語り継がれ、田原の芸能人生を大きく変えた「ビッグ発言」は、翌日の新聞紙上で決して大きく扱われたわけではなかった。会見について好意的な書き方をしている媒体もあった。

「東京中日スポーツ」は〈今年デビュー十五周年のトシちゃんは節目を結婚、まな娘の誕生と二重、三重のおめでたで飾ることになった〉とつづり、「サンスポ」も〈今年はデビュー十五周年。最愛の我が子、大仕事を無事に終えた彩子さんのためにも一層の活躍を誓っていた〉と書いている。

二月二十二日、二十四日発売の女性週刊誌も見出しに〝ビッグ〟を使っていない。

「女性自身」（三月八日号）〈田原俊彦（32）ついにパパに！「大安産！　ツルッと出ました!!」〉
「週刊女性」（三月八日号）〈田原俊彦　可南子ちゃんを抱きしめて　早くも親バカ！〉
「女性セブン」（三月十日号）〈パパ・田原俊彦（32）が〝嫌いな会見〟で娘自慢を〉（巻頭グラビア）、〈田原俊彦（32）「世の中は僕みたいな男が多いから心配」〉（活版記事）

内容も基本的に穏やかだ。記事の最後に〈確かに、仕事とプライベートは別だけど、おめでたいときは素直に喜ぶ、さわやかさが似合うと思うけど〉（「女性自身」）、〈〝幸せ〟はもっとオープンでいいのに〉（「女性セブン」）と少し釘を刺す程度。唯一本文に「ビッグ」を記述し、〈「〝パパ〟になる前に、もっと〝大人〟になってよ」なんて声も聞こえてくるようで――〉と締めている「週刊女性」も、全体的に見ればトーンは柔らかい。

女性週刊誌も、まだ「ビッグ発言」のニュースバリューに気づいていなかったのだ。

小さな扱いの夕刊紙の「東京スポーツ」と「週刊朝日」（一九九四年三月四日号）は、タイトルに「ビッグ」を入れている。

「東京スポーツ」〈田原俊彦がやっとこさ会見　長女誕生でエラくなった!?「オレはビッグ」だってさ〉

「週刊朝日」〈自分でビッグと言う田原よ　謙虚なれ！「マスコミ嫌い」の会見〉

「東京スポーツ」は芸能面の囲み記事。他のスポーツ紙が三分の二ページ程度を割いていたのと比べて、取り上げるスペースは最小だった。「週刊朝日」では芸能レポーターが自分の連載コラムで鬱憤を晴らすかのように批判しているが、分量は二分の一ページ程度だった。

スポーツ紙のなかにも批判している媒体はある。「日刊スポーツ」は、最も大きく紙面を割いて会見の様子を伝えた。

質問には正面から答えようという姿勢はあった。しかし「僕はみんな（取材陣）のこと嫌いなんだ」「人の話を聞いてないやつだ」「何事も隠密にやりたかったけど、僕みたいにビッグになるとだめだなと思った」など、ジョークといえども高飛車で横柄な発言が相次いだ。（「日刊スポーツ」一九九四年二月十八日付）

「報知新聞」は主な質疑応答も載せているが、リード文や本文では記者の感情が露わになっている。〈この会見も「ボクの意思に反する」とし、マスコミの「しつこさ」を何度も皮肉った〉〈「ボクはみんな（マスコミ）が嫌いなんだよ」と笑って言い、「でもこれだけビッグになっちゃうと（取材拒否は）無理かな」と、爆弾ジョークをかましていた〉（「報知新聞」一九九四年二月十八日付）

ちなみに、実際には「でもこれだけビッグになっちゃうと（取材拒否は）無理かな」という言い回しはしていない。

記事はスポーツ紙の方針、記者の書き方で大きく変わる。物事は書きようであり、〝客観性〟は必ず意識しなければならないが、「いつ」「どこで」「何が」だけを連ねるだけでは、一般紙と差別化できなくなる。

田原の会見に基づいた記事の方向性は、以下の二パターンが想定された。


〈理解がある場合〉ジョーク交じりの発言もあったが、質問には正面から答えていた。

〈理解がない場合〉質問に答えようという姿勢はあったが、高飛車で横柄な発言が相次いだ。


これまで何度も現場に足を運びながら何時間も待ったうえにノーコメントで通された記者陣に少しでも隙を見せれば、「日刊スポーツ」や「報知新聞」のように悪く書かれることは想定されていた。カチンときていた田原は冷静さを欠いていたのだろう。わずか一日半という準備期間の少なさも影響したかもしれない。

もっともそれ以上に、お行儀いいだけの態度を取ることは田原のポリシーに反していた。一言いっておきたい、マスコミに一矢報いたい——。そんな思いが彼の心にはあった。

▼コメンテーターと視聴者が怒っても、マスコミはまだ柔らかい論調だった

次に、会見翌日の十八日午前帯ワイドショーのテレビ欄を見てみよう（カッコ内は視聴率）。

日本テレビ系『ルックルックこんにちは』〈沈黙田原俊彦が女児誕生で重い口大全開〉（七・〇％）
TBS系『モーニングEye』〈愛娘誕生で田原俊彦父の心情初告白〉（一〇・七％）
フジテレビ系『おはよう！ナイスデイ』〈田原俊彦初告白、まな娘と子連れ挙式へ〉（六・二％）
テレビ朝日系『スーパーモーニング』〈田原女児誕生でやっと会見〉（五・二％）

〈やっと会見〉という言葉に、当時の芸能界の状況がよく現れている。スターが結婚したらメディアを集めて報告することは当たり前だった。選択の余地はなかったのである。

会見のＶＴＲを見た評論家や視聴者の反応は全体的に厳しかった。小沢遼子は「聞いていて本当に腹が立ったわ。私、もうメシ食わないわよ」と憤った（「日刊スポーツ」一九九四年二月十八日付。※田原が「メシ食ったか！」と叫ぶＣＭ「ごはん食推進委員会」〔一九九二―九三年〕にかけた発言と思われるが、その後本当にメシを食わなかったのかは不明。一生、パン食生活を決意したのだろうか）。

ワイドショーを見ていたコラムニストのナンシー関はこう記している。

田原俊彦の記者会見、みんな怒ってたなあ。東海林のり子以外は全員怒ってたようである。この記者会見で芸能レポーターは、史上初めて視聴者の同情というものを得たかもしれない。それぞれ自分の番組（ワイドショー）に戻って来てから「七〜八年前の人気絶頂の頃のトシちゃんならまだしも、三十二歳になった今ではシャレにならない」（by・井上公造レポーター）とか言ってうさ晴らしをしていたが、最後まで卑屈な態度に徹した方が良かったと思う。レポーター魂の見せどころだったのに。

どこかのワイドショーにコメンテーターで出ていた塩田丸男が「私はこの人のことを知らないけど」と前置きしてから、記者会見の田原俊彦を批判していたが、その批判内容は田原俊彦をちゃんと知っている人にとってもたぶん全面的に賛同し得る正論であった。（「週刊文春」一九九四年三月三日号）

テレビは真実を映すといわれる。顔が映れば、その人がどんな表情や態度をしているかなど一瞬にして判断できるメディアだと考えられている。たしかに、その瞬間の言動や立ち居振る舞いは映し出されたとおりだろう。しかし、そこに至るまでの過程を克明に記すことはない。

二月二十日、出産を無事終えた夫人が長女と一緒に退院すると、マスコミはまたも追いかけてきた。会見をしたら、今度は娘の顔を見せろと迫ってきたのだ。田原は正面口から出て報道陣を引き付け、妻子を裏口から退院させた。翌二月二十一日のスポーツ紙の見出しはこうなった。

「日刊スポーツ」〈田原俊彦　夫人と長女が退院　報道陣には相変わらず無視決め込む〉

「スポーツニッポン」〈トシちゃん〝おとり作戦〟彩子夫人、可南子ちゃん退院〉

「報知新聞」〈田原俊彦　マスコミ陽動作戦　自分は病院通用口から帰宅　妻子は裏口から極秘に逃走〉

「サンケイスポーツ」〈パパ・トシちゃんが陽動作戦　彩子さん〝裏口〟退院〉

「デイリースポーツ」〈俊ちゃん苦心の〝オトリ作戦〟〉

「東京中日スポーツ」〈トシちゃんパパの自覚　愛妻と可南子ちゃんを極秘退院〉

「日刊スポーツ」と「報知新聞」がまるで悪いことをしたかのようなタイトルで伝えているように、当時は「芸能人は赤ちゃんの顔を見せなければならない」という風潮があった。

〈有名芸能人が退院する際には恒例の医師や看護婦さんからの花束贈呈のシーンも見られず、周辺はピリピリムード。取材陣から「可南子ちゃんはどうしたんですか？」「奥さんはお元気ですか？」といった矢継ぎ早の質問に田原はノーコメント〉（「東京中日スポーツ」）、〈田原が「僕のエンジェル」と言ってはばからない可南子ちゃんのお披露目は結局先延ばしとなった〉（「日刊スポーツ」）というように、マスコミは自分たちの思いどおりに事を運ばせない田原をペンという凶器で牽制していた。

それでも、これから先の報道内容と比べれば、まだスポーツ紙のトーンは柔らかく、六紙のタイトルにも記事にも〈ビッグ〉という文字は登場していない。

これで交際発覚から続いたマスコミの追跡は一段落した。しかし、会見の余波は続いていた。

新聞投稿欄には、読者からの批判が掲載された。二月二十八日の「読売新聞」には、六十二歳・男性の意見が〈田原俊彦の言動に疑問〉というタイトルで紹介されている。

歌手の田原俊彦が、子供誕生について会見、十七日の番組で紹介されたが、本人の言動に疑問を感じた。うるさく付きまとうリポーターにうんざりしているかもしれませんが、祝福する人に対する感謝の言葉がない。今ひとつ良識的な言動が出来なかったことを残念に思う。（「放送塔」「読売新聞」一九九四年二月二十八日付）

この投稿に付随して、「こんな人だったのかなと疑問を感じた」など同様三通、「私はファン。彼のことを理解しないリポーターらに激怒」も一通あったと書かれている。

同日の「東京新聞」にも、こんな記述があった。〈各局ワイドショーで放送したある男性歌手の記者会見について「イヤイヤ会見に応じる思い上がった態度にあきれた」（ほか六通）など〝怒りの声〟も〉（「反響欄」「東京新聞」一九九四年二月二十八日付）

平日の午前と午後、民放四局が時間を割いて同じような内容を報道する効果は計り知れなかった。田原俊彦は大衆性が高いテレビで、大衆受けを求める〝アイドル〟として生まれ育った。社会はテレビを通して田原を身近に感じ、彼の成長を見届けていた。

テレビを中心に活動している芸能人の場合、新曲が出れば買い、ライブに必ず行くコアなファンは一握り。人気や好感度は「何となく好き」という薄いファンたちによって支えられている。漠然と「トシちゃんって爽やかで感じいいな」と思っていた大衆から、「こんな人じゃなかったのに！」と反発をくらってしまったのだろう。それまでのイメージとあまりに真逆だったのだ。

物事には反動があり、あまりにいいイメージをもたれると、ちょっとしたことで一気に悪いイメージに変わってしまう。だから、過剰な好感度の高さは、必ずしもいいこととはいえない。

自宅前で張り込むマスコミの間をかいくぐり、出産祝いに訪れていた野村宏伸が話す。

「当時、あんな大事になるとは思いませんでしたね。田原さんは（自分に）素直な人なんですよ。繕うタイプではないから、勘違いされたんでしょうね。でも、いまもその性格を通しているからすごいですよ。ああいう人って、いまいないじゃないですか」

芸能マスコミによるプライベート監視が最も厳しい時代に、田原俊彦はいちばん狙われたアイドルだった。いまのタレントと比べても意味がないし、田原俊彦の気持ちは田原俊彦にしかわからない。誰も同じ時代に同じポジションでの経験をしていないわけだから、理解できるはずもない。

いつの時代も、社会は結果だけで判断し、過程を見ようとはしない。いやみを言いたくなるような状況を作ったのはマスコミだが、そこに目を向ける意見はごく少数に限られた。現在のように一般人が発信するソーシャル・ネットワーキング・サービス（SNS）はまだ生まれていなかった。

この後、本格的なバッシングが始まる——。

2 なぜ、ジャニーズ事務所を辞めたのか——一九九四年のジャニーズ事務所

▼ジャニーズ事務所の歴史的転換点となる一九九四年

なぜ、田原俊彦はジャニーズ事務所を辞めたのか——。

芸能史に残る巨大な謎といったら大げさだろうか。少なくとも、残っていれば田原自身の芸能人生は全く異なるものになっていたはずだ。

独立後、田原はジャニーズ事務所所属タレントとほとんど共演していない（別項で検証するが、全くないわけで

はない)。真偽のほどは定かではないが、共演NGと巷間に伝えられている。

となれば、歌番組だけでなく、バラエティー番組、情報番組とあらゆるジャンルにジャニーズタレントが進出している現状で、テレビでの活動範囲はどうしても狭くなってしまう。

独立直前の一九九四年二月当時、年齢や実績からして、ジャニーズ事務所のトップは田原俊彦だった。近藤真彦はドラマを当てているわけでもなかったし、九三年十一月発売の「北街角」では五年ぶりとなる売り上げ十万枚を突破したが、九四年はデビュー以来初めてシングルを発売しない年になる。

光GENJIもシングル最高売り上げである一九八八年三月発売「パラダイス銀河」の約八十八万九千枚と比べて、九三年十月発売の「この秋…ひとりじゃない」は約九万四千枚と約十分の一にまで下落。少年隊は九〇年十二月から九三年四月まで二年四カ月もシングル発売のブランクがあり、グループとしての活動は縮小していた。

SMAPは土曜深夜の『夢がMORI MORI』(フジテレビ系)に出演していたが、中居正広と香取慎吾が『森田一義アワー 笑っていいとも!』(以下、『いいとも!』と略記)のレギュラーに抜擢されるのは一九九四年四月からである。無論、『SMAP×SMAP』の開始はまだ二年も先のことになる。TOKIOのデビューは、この年の九月まで待たなければならない。

ちょうど世代交代の谷間であるエアポケットの一九九四年三月一日、田原は独立した。べつに狙ったわけではなく、もともと三十三歳を人生の区切りと考えていて、偶然にも時期が重なっただけである。

田原独立の三月、SMAPは中居が田仲俊彦役を務めたメンバー出演の映画『シュート!』の挿入歌で十二枚目のシングル「Hey Hey おおきに毎度あり」が初のオリコン一位を獲得。六月発売の「オリジナルスマイル」は四十万枚を超え、九月発売の「がんばりましょう」は七十二万枚を売り上げた。

三曲連続の大ヒットで、SMAPは年間アーティスト・トータル・セールスで三十三億六千六百十万円を売り上げ、ジャニーズ事務所内で一位に。業界全体でも十九位(一位はtrfの百二十億円四六百万円、二位はMr. Children の百十五億円四千九百四十万円)に入り、翌一九九五年は六十五億四百五十万円で初のベストテン入り

（十位）を果たし、人気を不動のものにしていった。

つまり、田原俊彦とＳＭＡＰの人気曲線は一九九四年三月を境に一方は下降し、もう一方は上昇し続けるというコントラストを描いていった。芸能史やテレビ史を考えるうえでも、九四年のジャニーズ事務所の動向を振り返る。

▼独立の際に「ジャニー喜多川のお墨付きを得ていた」という証言

いわゆる「ビッグ発言」が飛び出した九日後の一九九四年二月二十六日、田原は〈㈲ダブル・ティ・プロジェクト　代表取締役　田原俊彦〉の署名でファクスをマスコミ各社に送った。

平成六年三月一日より田原俊彦は、ジャニーズ事務所から独立し、有限会社ダブルティ　プロジェクトにて活動を開始致します。有限会社ダブルティ　プロジェクトは、平成三年一月に設立されジャニーズ事務所内にて稼働し、今日に至りました。尚、ジャニーズ・ファミリー・クラブ内、田原俊彦ファンクラブは本人の言葉『ゼロからの出発』を機に解散させて戴きます。

ジャニーズ事務所では高校時代から自分の人生の半分以上、十八年間過ごし、いろいろなことを学び貴重な財産を得ることが出来ました。ジャニー喜多川さんを始めスタッフの方々には大変お世話になりました。これから新たなスタートを切り、さらなる飛躍を目指します。

今後は、ドラマ、映画、舞台、ＣＭ、音楽など様々なジャンルで活動して行く予定です。（「スポーツニッポン」一九九四年二月二十七日付）

二〇〇九年に私がインタビューしたとき、田原は独立についてこう答えている。

「はなからそうしたかったからね。三十歳くらいのときから考えていた。（ジャニーズにいながらも）「ダブル・

ティ」という個人事務所で稼働していたからね。そういう意味では、ジャニーズ所属だけど、俺という素材はジャニーさんの手から離れていた。俺のところ（個人事務所）に直に依頼がくる。そこに、ジャニーさんのスパイスはないわけだよ。だから同じこと。下準備を三年くらいしていた」

芸能人が事務所に所属しながらも個人事務所を作ることは珍しい話ではない。あくまで他事務所の例から考えた場合にはなるが、田原がジャニーズ事務所内のダブル・ティ・プロジェクトというセクションでそのまま活動し続けても、何ら不思議ではなく、あえて独立を選択する必要もなかったように思える。続けて、田原は時折ギャグを交えながらも真面目な口調で話してくれた。

――「ジャニーズにいるから仕事がくる」という認識は在籍当時からあった？

それはそうだよね。

――そうすると、なおさら独立するときは勇気がいったんじゃないですか？

だって、自分の人生じゃん。子供じゃないんだから、出れば苦しくなるとわかるじゃん。

――それは承知のうえで。

そんなのそう。そんなことはあたり前田のクラッカー。知らないだろ？

――知ってます。

バカにしてんのか！（笑）。僕のなかでは、やっぱりジャニーズ事務所は、ティーンエイジャーがジャニー喜多川のプロデュースで世に出される。そして、八〇年代、九〇年代、二十一世紀といつの時代も普遍的に続く。アイドルは、その時代のいちばん華やかでイキのいい子たちが天下を盗る。時代時代で輝く人が選ばれちゃうわけだから。ジャニーズのなかでの自分の役割として、「ジャニーさんの手から離れたな。自分で歩いていかなきゃいけないんだな」と何となく感じていた。

二〇一〇年代に入ると、ファン気質の変化やアイドルの地位向上によって、SMAPやTOKIOのように四十代になっても活躍するタレントが現れたものの、一九九〇年代当時はそのような基盤はできていなかった。実際、初代グループのジャニーズやフォーリーブス、シブがき隊（布川敏和、本木雅弘、薬丸裕英）のメンバーたちはグループの終結後、他事務所に移籍している（フォーリーブスのおりも政夫は四十歳を超えた九四年までジャニーズ事務所に所属していたが、希有な例）。

つまり、当時の規範でいえば十代や二十代前半の男性アイドル限定プロダクションだった。田原はジャニーズ事務所で初めて、三十代になってもCD売り上げが二十万枚を超え、映画やドラマに主演する存在だった。前例がないため、事務所側としても扱い方がわからなかっただろうし、それまでの慣習からすれば三十代になっても所属するタレントはほぼおらず、退所はむしろ当然の判断とさえいえた。

田原の独立を伝える記事にはこんな一文もあった。〈なお、年内の結婚宣言をした近藤真彦（二十九）も独立は近いとウワサされている〉（「デイリースポーツ」一九九四年二月二十七日付）。いま思えば意外すぎる文章からも、三十歳前後が一つの区切りだった当時の風潮が読み取れる。

田原の独立に際し、ジャニー喜多川社長は珍しく公にコメントを発表した。

三年間、事務所の管轄下で事務の勉強もしたことだし、タレントは人に評価されて初めて存在が成立するものだということをしっかり胸に刻み込んで、そしてまた一家の主人として公私ともに責任を持って、今後も充実した毎日を送ってほしいと思います。

当時、〈タレントは人に評価されて初めて存在が成立するもの〉を「ビッグ発言」と結び付けて報道する媒体もあったが、〈三年間、事務所の管轄下で事務の勉強もした〉という点が見逃せない。素直に受け取れば、ジャニーは独立を容認していたように思える。

一九八七年七月から『夜ヒット』プロデューサーを務め、デビュー時から親交がある渡邉光男は田原から独立の報告を受けたとき、こんな言葉を交わしている。
「トシはこうと決めたら絶対にブレないヤツだから、僕は特に何も言いませんでした。ただ一つだけ、「ジャニーさんにはちゃんと言いなよ」と伝えました。それは、僕とトシにとっての共通認識だった。ジャニーさんはトシの心をわかってくれて、「いいんじゃない?」とお墨付きをくれた。トシは「ジャニーさんはわかってくれた」と思っている。ちゃんとケジメはつけているんだよね」

▼田原本人の言葉と批判的な「日刊スポーツ」取材の思わぬ一致

十代と二十代が中心の事務所にとどまるべきではないと思って独立したという話は、きれいごとという意見もあるだろう。事務所との確執を勘繰る人も当然いるはずだ。各スポーツ紙(一九九四年二月二十七日付)はどう報じていたのか。見出しをあげよう。

「日刊スポーツ」〈田原俊彦　ジャニーズから独立、個人事務所を設立　いきなりファックスで宣言〉
「スポーツニッポン」〈トシちゃん独立　ジャニーズ事務所〝卒業〟あす三十三歳誕生日を機に決断〝パパ〟からの出発〉
「報知新聞」〈田原俊彦独立　オレ流通して事務所と摩擦　来月から新事務所設立　ファンクラブも解散〉
「サンケイスポーツ」〈田原俊彦独立　デビュー十五年…ついに決断 ジャニーズ事務所を円満退社 すでにドラマ、CM依頼〉
「デイリースポーツ」〈田原俊彦3・1独立　タレント社長として活動〉
「東京中日スポーツ」〈田原俊彦独立　デビュー15週年「ゼロからの出発」スタートは前途多難?〉

まずは、「スポニチ」の記事から読んでみよう。

今回の独立のタイミングは、先の田原の長女出産会見、退院などの際に「ジャニーズ事務所」のスタッフが一人も応援に来ていなかったことから、双方の関係がギクシャクしているのではないかとの憶測を呼んでいただけに、新たな憶測を呼ぶ可能性もある。（「スポーツニッポン」一九九四年二月二十七日付）

「憶測」を連発しているように、情報が全く取れなかった苦しさが伝わってしまう文面になっている。六紙のなかで最もネガティブなタイトルの「報知新聞」は、本文で〈結婚、出産の発表と、田原と同事務所のギスギスが目立っていたが、ついに独立という形で、落ち着いたようだ〉とつづるも、理由や具体的な記述は一切ない。

「サンスポ」は唯一、好意的に取り上げている。

田原自身も「振り返って十周年までは多くの人の世話になったけれど、今年からは自分の力で精一杯、頑張りたい」と周囲に話しており、新生・田原は芸能界に旋風を巻き起こしそうだ。

（略）

すでにドラマやCM出演の話が多数舞い込んでおり、社長・田原は幸先のいいスタートを切る。（「サンケイスポーツ」一九九四年二月二十七日付）

ドラマは、九月にフジテレビの単発『怪談 KWAIDAN III 牡丹燈篭』に主演。十月から同局の連続ドラマ『半熟卵』に友情出演という名の脇役を演じたが、一九八七年から続いた連ドラの主演は七年で途切れてしまった。CMは、加山雄三と共演した「サッポロ黒ラベル」が「ビッグ発言」の頃にすでに流れていたが、独立後のこの年、田原に新たなCM出演はなかった。話があったものの実現しなかっただけかもしれないが、この記事は、いま読むと現実とかけ離れた記述になっている。

各紙が独立の理由をつかみきれていないなか、「日刊スポーツ」だけは具体的に踏み込んで書いている。

田原の独立、個人事務所設立は前々からささやかれていた。「ジャニーズ事務所」は光GENJI、SMAP、TOKIOなど十代を中心とした男性アイドル専門の事務所で、ファン層のターゲットは十代から二十代前半の女性。当然、所属タレントの仕事もその年代のファン層を中心にしたものが企画され、三十歳を超えたタレントには合わなくなる。そうした営業方針をめぐり、田原と事務所の軋轢は数年前から顕著になっていた。(前掲「日刊スポーツ」一九九四年二月二十七日付)

両者の考え方の相違を「軋轢」と表現するかどうかは取材の結果感じたことかもしれないし、会社のスタンスによっても異なると思うが、大筋で「日刊スポーツ」の文章と田原の「ジャニーズ事務所はティーンエイジャーがジャニー喜多川のプロデュースで世に出される」という発言は一致している。

「日刊スポーツ」が長女誕生会見から独立に至るまで終始批判的だったことを考えれば、ウラが取れれば「金銭的な折り合いがつかなかった」「事務所がわがままな態度を制御しきれなくなった」などと記せたはずだ。しかし、あくまで〈十代を中心とした男性アイドル専門の事務所で〉〈三十歳を超えたタレントには合わなくなる〉と書いている。

そこからも、田原が「ジャニーさんの手から離れたな。自分で歩いていかなきゃいけないんだな」と思って、巣立つことを決意したという言葉に偽りは感じられない。

▼光GENJI事実上の解散

一九八〇年代最後のスーパーアイドルである光GENJIから大沢樹生、佐藤寛之が脱退したのも同じ九四年だった。六九年四月二十日生まれの大沢は、前出の自伝で〈九四年の一月のこと〉をこうつづっている。

家に帰った俺は、戸棚から契約書を取り出した。書面をよく読むと〝契約を解除するには、誕生日の三ヶ月前に、その旨を事務所に通告すること〟と書いてあった。そこで俺は〝本年度の誕生日をもってジャニーズ事務所との契約を解除します。ただしグループの七周年記念イベントまでは、責任を持ってやらせていただきます。そのあいだはノーギャラでも構いません〟という文面の内容証明を作成して、事務所に送った。
(前掲『昨夜未明、大沢樹生が死にました…』)

その後、大沢は社長室にいるメリー喜多川を訪ね、脱退とともに「事務所も辞めたい」と告げたという――。

一九八七年八月に「STAR LIGHT」でデビューした光GENJIは、ローラースケートで滑走しながら歌う斬新な姿で全国の小・中学生をとりこにした。数千人ものファンが深夜まで駆け付けるため、原宿にあったジャニーズの合宿所は近所からの苦情も考慮して閉鎖されることになった。売り上げを落としていたアイドル誌「明星」は光GENJI効果で、一九八八年二月号で歴代最多発行部数の百八十六万二千部を記録。桁違いの人気を誇っていた。

一九九〇年以降徐々にシングル売り上げが下降し、一時の熱狂的な人気は落ち着くが、九四年正月の時点でジャニーズ事務所のトップグループといえば、光GENJIだった。

一九九三年には佐藤敦啓、赤坂晃、山本淳一、佐藤寛之のユニット「SAY・S」が結成され、九四年三月には諸星和己がソロデビュー。グループ以外での活動が目立つようになり、解散が噂されることになる。諸星は〈絶対にない。メンバーの仲が悪いことも全然ない〉(「デイリースポーツ」一九九四年三月十六日付)と否定していたが、二〇〇四年出版の自伝を読むと、すでに解散を決意していたようだ。正月の大阪でのコンサートを終えた後、大沢から「俺、もう辞めたい…」と脱退の意志を告げられ、こう感じたという。

俺は俺で自分が壊れかけていることを自覚していたし、大沢の話には俺もうなずけることが多かった。「今年で七年か……。七年っていい数字だな、ちょうど七人だしよ。七年で次の人生に向かって進んでいくのもいいんじゃないか」

そして、俺と大沢の意見は「グループの解散」ということで一致した。

（略）

いまになって考えれば、その時点ですでに大沢はグループ脱退を事務所側に匂わせていたのかもしれない。大沢が脱けることがグループ解散につながると読んだ事務所は、それに歯止めをかけるために、俺にソロデビューさせたのだとすれば、話の辻褄が合う。（諸星和己『くそ長～いプロフィール』）

契約が残る諸星はすぐには辞められなかったが、八月のコンサートを最後に大沢と佐藤寛が脱退。光ＧＥＮＪＩは「光ＧＥＮＪＩ ＳＵＰＥＲ５」と改名して再スタートを切ったものの、翌年十月限りで解散した。

▼SMAP大躍進と『HEY!HEY!HEY!MUSIC CHAMP』の開始

一九九四年は、ＳＭＡＰが大躍進を遂げた年でもあった。

デビュー当初は少年隊や光ＧＥＮＪＩ、男闘呼組という先輩グループと比べれば、ＳＭＡＰは苦戦していた。一九九一年九月のデビュー曲「Can't Stop!!――LOVING」はオリコン最高位二位止まり。歴代七位の売り上げを誇るＣＨＡＧＥ＆ＡＳＫＡの「SAY YES」が一位だったためだが、二曲目の「正義の味方はあてにならない」は十位までランクダウン。その後も、人口に膾炙するようなヒット曲は生まれない。

思うような人気が出なかった背景には、一九八九年に『ザ・ベストテン』、九〇年に『歌のトップテン』『夜ヒット』が終了し、〝歌番組冬の時代〟に突入していたからだろう。

ジャニーズ事務所の歌って踊るスタイルは、歌番組と運命共同体だった。テレビで曲を披露する場がなければ、知名度も人気も上がっていかない。一九九〇年デビューの忍者が期待されたほどブレイクしなかったのは、時代的な要素がかなり大きかったはずだ。テレビ界の変化によって、SMAPは従来と異なる方針を取り、バラエティー番組に積極的に進出。また、プロデューサーのジャニー喜多川のもう一つの戦略も功を奏した。〈普通はグループを結成してだんだんうまくいかなくなると個々の活動をはじめるのですが、SMAPは逆。はじめから個々で活動させているわけです〉(「週刊女性」一九九四年十二月六日号)

一九九四年四月から中居と香取が『いいとも!』に加わる。中居は十月から『ダウトをさがせII』(TBS系)のパネラー、『OH!エルくらぶ』(テレビ朝日系)の司会を務め、前年から出演していた『アイドル・オン・ステージ』(NHK・BS2)を含めてソロのレギュラーが四本になった。香取は十月開始の萩本欽一司会の『よ!大将みっけ』(フジテレビ系)のレギュラーに抜擢されている。

一九七〇年代からジャニーズタレントはコント番組に出演していたが、アドリブが要求されるトークバラエティーを主戦場の一つにしたのは、SMAPが初めてだった。

SMAPが方向転換を余儀なくされた〝歌番組冬の時代〟がストップしたのも一九九四年だ。十月十七日から月曜の二十時台で、ダウンタウンが司会する『HEY!HEY!HEY!MUSIC CHAMP』(フジテレビ系。以下、『HEY!HEY!HEY!』と略記)が始まった。

当時、数字が取れない歌番組と比べ、バラエティー番組は「お笑い第三世代」と呼ばれるとんねるず、ダウンタウン、ウッチャンナンチャンらの活躍によって高視聴率を獲得していた。

一九八〇年代までは『オレたちひょうきん族』(フジテレビ系)の「ひょうきんベストテン」などバラエティー番組が歌番組の知名度を借りる形だったが、『HEY!HEY!HEY!』は芸人を司会者に抜擢し、お笑いに助けを求めた。視聴率は初回一一・五%、二回目九・七%と当初は苦戦するが、ダウンタウンが歌手にきわどい質問をするトークが評判を呼び、六回目で大台を超える二〇・八％（ゲスト・玉置浩二、Mr.Children ほか）を記録。その後も安定した数字を残すようになる。

いつの時代も、ヒットが出ると同業他社は追随する。一九九五年四月の改編では、民放キー局で『ＦＡＮ』（日本テレビ系）、『歌いこみ音楽隊！』（ＴＢＳ系）など十個もの歌番組がスタート。九六年には、とんねるず石橋貴明とＳＭＡＰ中居正広司会による『うたばん』（ＴＢＳ系）が始まり、歌手にトーク能力や笑いが取れるキャラクターを求められる傾向も強まっていった。

『HEY!HEY!HEY!』という番組単体で見れば、ＳＭＡＰは一九九五年七月十日に初出演し、九六年二月五日、七月二十九日に登場しただけでその後は二〇一一年十二月十九日に至るまで出演していない。

しかし、一九九四年九月にＴＯＫＩＯ、九五年十一月にV6、九七年七月に KinKi Kids と、続々とＣＤデビューさせるジャニーズ事務所にとって、歌番組の復活は大きな出来事だった。

この年、デビューを果たしたＴＯＫＩＯとともに、ＳＭＡＰは四年連続の『紅白歌合戦』出場を果たす。前年まで八年連続出場の少年隊、六年連続出場の光ＧＥＮＪＩが出なくなったことからも、一九九四年にＳＭＡＰがジャニーズ事務所で実質的なトップを取ったことがわかる。

▼近藤真彦の結婚

――結婚式や披露宴の予定は？

とにかく、サラっと済ませたい。人生のイベントと仕事のイベントを一緒にしたくないんですよ。

――よく披露宴に何億円使った、何人呼んだということで大騒ぎしていますが。

まったくアホですよ。自分の結婚式まで仕事として売り込みたくない。結婚したという報告のけじめはするけど、それ以上のことはまったく考えてませんし、とにかくサラっとしたい。（「東京中日スポーツ」一九九四年三月十六日付）

いかにも田原らしい……と思いきや、これは近藤真彦の発言だ。時代を築いた二人は、結婚公表に関して同じような考え方をしていた。近藤は一九九一年にＯＬとの交際が発覚。九四年正月の記者懇談会とコンサートで結婚宣言をして、十一月に発表した。八〇年代、近藤は田原と同じように芸能マスコミの餌食になった。その結果が、右記の発言につながったのだろう。「田原俊彦の気持ちは田原俊彦にしかわからない」と書いたが、同じ時代を生きて、同じようにマスコミに追いかけられ、いやな思いをした近藤真彦は九三年当時、マスコミに追われる田原の気持ちがわかる希少な人間だったと思う。

近藤は一九九一年、たのきんトリオ時代について述懐している。

今、ふたりのことを思う時、やっぱりほかの芸能人の仲間とはまったく違う感情があるんだ。他人じゃないなっていうか……不思議な気持ち。今はそれぞれ違う場所で、違う人たちと仕事をしているけど、ふたりとも頑張ってやってて欲しいっていう思いが、常に根底にある。

もっとも、そうは思っても、連絡することもないし、会おうという約束もしない。三人で会って、ご飯でも食べて「お互い頑張ろうな」なんていう会話ができるのは、きっと、ずっと先のことだと思うよ。（「週刊明星」一九九一年十月十七日号）

ユニットとして三年間活動し、合宿所で一九八七年頃まで共同生活をした。仕事で一緒、帰っても顔を合わせるとなれば、仲良い悪いというたぐいの話ではなくなってくる。

たのきん解散から三年半がたった頃、二人は「明星」で互いの関係性を語っている。

トシ：〈昔のことを思い出してみる。話をするといったら、悩み。それだけだったような気がする。それも

仕事の。話をすれば安心した。時間が解決してくれた。証拠に、そのときの中身がなんだったか、今は全く覚えていない〉

マッチ：〈いつ頃だったかな。仕事のことで困って、相談したことがあるんだ。ボクが十九か二十の頃だったと思う。そしたら、ちゃんと話を聞いてくれてね。それだけでうれしかった。「僕も同じように悩んだことがある」って、言ってくれた。やっぱり年上だし、頼りがいある。ボクが落ち込んでるときは、気にしてくれるし〉（「明星」一九八七年五月号）

近藤が十九、二十歳といえば一九八四年前後だ。デビューから二年間はレコード売り上げが五十万枚以上を記録していたが、この頃になると三十万枚程度に下落。次へのステップを模索する時期だった。

同じ年に世に出て、同じようにして人気が爆発した。自分と似た境遇にいたのは近藤からすれば田原、田原からすれば近藤しかいなかった。だからこそ、二人にしかわからない気持ちがあったはずだ。互いの言葉は互いにとって説得力があった。

一九九一年一月一日の『新春かくし芸大会』（フジテレビ系）を最後に二人の共演はない。田原の独立から三年八カ月がたとうとする九七年十月二十七日、新千葉カントリー倶楽部での『平尾昌晃プロ・アマチャリティーゴルフトーナメント』で再会したが、プレーの組は別々。田原は「顔は合わせたけど、話はしていない」とコメントし、近藤も「（トシは）元気そうだったね」といっただけ。まだまだ二人の間には距離があった。

二〇一五年十二月五日放送の『サワコの朝』（ＴＢＳ系）にゲスト出演した近藤は、「田原俊彦さんに対してライバル意識はあったんですか？」という阿川佐和子のストレートな質問に「寮に一緒にいたんで。トシちゃんと僕は寮にいたんで、逆に言うと、実の兄弟よりも長く生活しているんですよ。世間はおそらく、ライバルに仕向けたかった感じ。本人同士は何のアレもないですね」と答えている。

しかし、社会がライバル扱いをしていたことは事実だし、お互いの存在があったからこそ二人が芸能人として成長していったことも間違いないだろう。同時に、近藤がいうように「実の兄弟よりも長く生活したから、他人じゃない」という感情もお互いにあるはずだ。

一九九〇年代のマッチは主に「田原」という呼び方をしていたが、近年は「トシちゃん」と変わっている。田原は、テレビ番組で何かとマッチの名前を口にする。八〇年代をともに駆け抜け、ジャニーズ事務所再建の立役者である二人がもう一度、共演する日はやってくるのだろうか。

▼木村拓哉の交際報道後のSMAP大ブレイク——一九八〇年代と九〇年代のファン気質の変化

アイドルの定義は大雑把に「虚像」の一九八〇年代以前、「実像」の九〇年代以降と分類できる。まずは、田原が一九八〇年代のアイドルについて語った記事をごらんいただきたい。

僕がアイドルだった時代は、今よりも拘束がきつくて、私生活に関してもいろいろ厳しかったです。今なら芸能人でも、恋人がいるって堂々と言えるし、写真に撮られても、さほどデメリットにならないでしょう。でも僕らの時代は、虚像と実像の落差がすごくあったし、作られている部分も多かった。女の子とつきあってはいけない、みたいな暗黙の了解があったし。ちょうど、写真週刊誌が創刊された頃で、けっこう生きにくくなりましたね（笑）。（「婦人公論」二〇〇一年九月七日号）

一九八〇年代、異性に関する報道が出れば、レコード売り上げは大幅に下がった。九〇年代には、その傾向は減少した。

一九九四年五月十四日号の「微笑」では、SMAP木村拓哉の交際が報道されている。〈スクープ告白！本誌「キミには路上キスする恋人がいる！」SMAP木村拓哉（21）「それなら話そう」〉というタイトルで木村が誌面に登場し、インタビューに応じている。

そのなかで木村は〈友だちとして普通のつきあいをしているつもりです〉と交際を否定。路上キスの目撃情報についても〈しないと思いますよ、昼間には。オレ、そこまで洋風じゃないですよ〉と話し、最後に〈ファンのみんなには何も心配することはないと、いいたい。合カギも渡してないよ〉と伝えた。

発言内容は、それまでのアイドルと同じような答えだ。一九八〇年代であれば、いくら本人が認めなくても、大きなダメージを与える記事内容である。しかし、六月六日発売のシングル「オリジナル スマイル」は売り上げ四十万七千枚で、この時点でのSMAP最高を記録。また、十一─十二月期の木村出演の連続ドラマ『若者のすべて』(フジテレビ系)の全話平均視聴率も一六・二%と合格点を残した。つまり、異性に関する報道を受け止めるファンの気質が明らかに変わったのだ。

「JUNON」の草彅剛との対談で、木村は〈俺、今年で二十二だよ。二十歳を過ぎた男が、女の子と肩を並べて街を歩くことって、そんなにいけないこと?〉と語り、〝アイドル〟の定義についての持論も述べている。

木村　だってさ、アイドルっていう言葉で何を連想する?
草彅　清潔感、明るさ、やさしさ、美しさ…とか?
木村　それは、昔のアイドルで、今の時代、清潔感とか、明るさ、やさしさ、美しさをすべてかね備えている男が魅力的に見える?　それよりも、普通で、飾らずにいることのほうがカッコイイよ。(「JUNON」一九九四年十二月号)

SMAPは、〝清潔感〟とは真逆の位置にある〝下ネタ〟を大っぴらに言うことも受け入れられた。一九九四年、インタビュアーがあまりにストレートな下ネタの質問を繰り返している。

──まず、アダルトビデオなんか借りてオナニーしたりしますか?

香取　はい、やります、ハハハ。
木村　えーっ、いやだな、そういう質問……。
――まあまあ、今日は思ってることぶちまけちゃおうということで。じゃあ、中居君はどう?
中居　えっ!?　オレは借りれないよ。やっぱ恥ずかしいしなぁ……。
森　そう?　ボクは平気だけどな。(「SPA!」一九九四年七月六日号)

メンバーは肯定派と否定派に分かれたが、これが活字として発売されること自体が時代の移り変わりを表している。十年前の田原俊彦の対応を見れば、違いがよくわかる。

一九八四年一月十九日、『ザ・ベストテン』で「エル・オー・ヴイ・愛・N・G」が九位にランクインしたとき、番組に寄せられた十五歳の女性からのハガキにこう答えていた。

久米:「トシちゃんに質問があるんです。歌のなかで「君のマシュマロ溶かしたいね」とありますが、マシュマロとは何ですか?　ちなみに友達と話し合った結果、胸、ほっぺ、唇と出たんだけど、本当はマシュマロとは何なのか教えてちょ」というお便りでございます。
田原:マシュマロは柔らかいものですからね。意見多いのはね、唇ですね。ファンの方の意見見てみると。
久米:いや、あなたの意見を聞きたいようですよ。
徹子:あなたはどんな?
田原:僕は、やっぱりそうだな~、ハートじゃないかと思うんですよね。
久米:うまいね~、答えが。
徹子:実際にマシュマロを召し上がったことは?
田原:あります。甘すぎますね。

徹子：焼いて食べるとおいしいんですよ、あれは。（『ザ・ベストテン』一九八四年一月十九日放送）

二十三歳を迎える一九八四年の田原俊彦が「マシュマロ＝胸」と答えることさえ躊躇せざるをえなかったことを考えると、十年後の九四年のＳＭＡＰの発言は隔世の感がある。

一九八〇年代に写真週刊誌やワイドショーが必要以上にアイドルのプライベートを追いかけたことで、「虚像」というイメージにピリオドが打たれ、九〇年代にファンは「実像」を受け入れるようになったのだ。

各時代の寵児を比較すると、「どちらがすごいか」という議論が時折起こる。しかし、背景が全く異なる時代を生きた人間を比べることに意味はない。前の時代があるからこそ、いまの時代が存在する。先輩が開拓したからこそ、後輩は道を歩けるのだ。

そういう意味で、田原俊彦もＳＭＡＰも、その名は永遠に語り継がれるべきなのである。

3　突然蒸し返され始めた「ビッグ発言」

▼たった一週間で扱い方が急変した「ビッグ発言」――私が田原俊彦に興味を持つようになった理由

一九九四年二月十七日の会見直後は、ほぼノーカットで伝えるワイドショーもあり、スポーツ紙や週刊誌の大半は悪意がない見出しを打っていた。しかし日数がたつと、バッシングが顕著になる。最も豹変した媒体は「週刊女性」だろう。会見の一報を伝える二月二十二日と三月一日の同誌の新聞広告を比べてみよう。

二月二十二日付〈田原俊彦（32）長女誕生　新米パパの気になる評判〉

三月一日付〈田原俊彦（32）「オレはビッグだ」発言「思いあがるな！」――「いつからあんな人に！」本誌

〈も非難殺到〉（※32の表記だが、二月二十八日で田原は33歳）

たった一週間で報道の仕方が激変している。後者の記事は読者の直筆ハガキを大きく載せながら、芸能評論家やリポーターのコメントを中心に構成された。その後の週刊誌を見ても、同様の変化が起こっていた。〈田原俊彦（33）〝ビッグ発言〟後は静かに……〉（「女性自身」一九九四年四月十九日号）、〈田原俊彦（33）〝オレはビッグ〟発言　仕事はCM一本だけ ご近所の評判もいまひとつ〉（「週刊女性」一九九四年五月十・十七日合併号）

当初ほとんど使用しなかった〝ビッグ発言〟を突然蒸し返してきたのだ。新聞を広げれば雑誌の広告で批判的な文言が大きく並び、電車に乗れば興味がなくても自然と中吊り広告の見出しが目に入る。深層心理に「田原俊彦＝傲慢」というイメージが刷り込まれたといったら大げさだろうか。

この頃、私は大きな疑問を持ち始めていた。一九七八年二月生まれの私が小学校五年生の八八年にドラマ『教師びんびん物語』と主題歌「抱きしめてTONIGHT」が大ヒット。まだ特に田原に興味を持っていたわけではなかったが、『ザ・ベストテン』で踊る姿などを見て、子供ながらに「大スター」という認識はあった。実際、幅広い年齢層からアンケートを取るNHK「好きなタレント調査」でも、田原は八八年に男性部門八位、八九年に九位と間違いなく好感度が高かった。女性からだけでなく、八九年には男性の十代から三十代の三世代でトップ5に入る人気を誇った。それなのに、たった一つの記者会見で評価が急変した。

「一夜にして性格が変わるわけないのに、なぜこんなにも世の中の評価が激変するの？　トシちゃんはマスコミから家族を守ったわけで、悪いヤツじゃないと思うんだけど」

「ビッグ発言」が物議を醸し始めていた時期、フジテレビで十六時三十分から『教師びんびん物語』が再放送されていた。初めてきちんと見た私は、画面からあふれ出る熱血教師・徳川龍之介の熱量に圧倒された。田原俊彦の芝居が芝居に思えなかった。それほど演技がうまかったのかもしれないが、きっと本当にこういう人なのではないかとも感じていた。ドラマのストーリーもとても面白く、ビデオに録画してテープが歪むほど繰り返し見た。たった一言による評価の急変という不可思議な現象と『教師びんびん物語』というドラマ——。この二つの要素によって、私は田原俊彦に注目するようになった。徳川龍之介は曲がったことが大嫌いで、誰に何といわれようと理想を貫く頑固な熱血教師だ。「いまのトシちゃんが取っている行動と全く同じじゃん!」。一九九四年『教師びんびん物語』を見ながら、そう思っていた。

▼「マスコミに媚びを売ることはしない」という脱アイドル宣言

田原は五月三日『おはよう!ナイスデイ』で、三月七日『関口宏のびっくりトーク ハトがでますよ!』(日本テレビ系)以来のテレビ出演を果たす。一九九一年以降は年明けから数カ月ほぼメディアに顔を出しておらず、例年と変わらないスケジュールだった。芸能リポーターのなかで唯一心を許す東海林のり子がレギュラーを務めていたワイドショーに登場し、一方的な報道への誤解を解こうというマネージャーの意図があったのだろう。

前日、「読売新聞」に〈田原俊彦 明日、五月三日火曜(フジテレビ系)おはよう!ナイスディ生出演!〉という広告が掲載される。テレビ番組の広告自体は珍しくないが、出稿元は田原の個人事務所だった。このことを〝前代未聞〟と表現した週刊誌もあったほど。一貫して田原寄りの「サンスポ」も、前日に芸能記事として〈田原 マスコミ嫌い発言に反省しきり トシ甲斐もなく言い過ぎちゃった〉と大きく扱い、翌日の出演を告知している。

たび重なるバッシングに対して、一回限りの生出演で説明しても、どれほどの効果があるか不明だ。それでも、一人でも多くの人にわかってもらうのは大事なこと。

ゴールデンウィークで家にいた高校二年生の私は、新聞のテレビ欄で〈生出演!!田原俊彦が沈黙を破りホンネを全告白!愛妻愛娘と私生活〉という文言を確認し、チャンネルを合わせた。ポルシェで颯爽と中継場所に現れた田原は、司会の生島ヒロシに「また行きますよ! ミュージックステーション!」(生島は一九九三年十月まで司会だった）と笑顔で話し、〝九三年までの田原俊彦のイメージ〟で登場した。

自分がそのような印象を抱いたことに、つくづくメディアとは怖いものだなと感じた。知らない間に、私も田原に横柄なイメージを持っていたからこそ、「きょうは普通だな」と思ってしまったのだ。

東海林のり子が聞き手になって、田原は都内のレストランで語り始めた。「歌や芝居は得意な分野ですけど、不得意な分野のワイドショーにも立場上、出ていかなければいけないと思った」と出演意図を話し、長女の成長ぶりについて「最初に笑ったのは三月二日でしたね。はははは！」「生後七十七日で七十回ぐらいは、僕がお風呂に入れたかなあ」など笑顔で話していた。

だが、マスコミとの対立を聞かれると、真剣な表情で本音を語った。「敵意もあって、感情的にもなった。本当はプライベートなことは避けて通りたい道だった。ただ、こんなことを言う田原になったのは歴史がある」「二十四時間態勢で（家のチャイムを）ピンポンされたり、隣のマンションからのぞかれたり、そういう積み重ねがあった」「最低限のルールを守ってくれれば対処できたし、素直になれた」

私は放送を見ながら、田原の意見に同調する一方で、画面からピリピリする空気を感じたことも事実だった。そして、田原は総括するようにこう言った。「僕のいいところも悪いところも理解してくれる人だけに応援してほしい。何もマスコミに媚びを売ることはしない。僕はいつも自由にいきたい」

この発言を聞いたとき、私は「あ〜あ、社会の印象は変わらないな。相変わらず突っ張っているな」と不安に感じた。もちろん、べつに謝る理由もないし、弁解する必要もない。田原俊彦は思ったことをそのまま口にしただけだ。

だが、芸能人はイメージが命である。特にアイドル出身者にとって、好感度は何よりも大事なはずだ。トップを走り続けた田原が、そんな当たり前のことをわかっていないわけがない。それなのに、突っ張り続ける。わかってくれる人だけわかってくれればいいという態度は、大衆を魅了してきたトップアイドルから最もかけ離れているのだ。

この時期、田原俊彦ほど〝ロックな男〟はいなかった。しかし、そんな視点で語られることはまずなかった。社会は、物事を時系列で追おうとはせず、画面から流れる瞬間の姿だけで勝手な判断を下す。なぜ田原が怒ることに至ったのか、という背景を知ろうとはしない。テレビから受け取った、自分が持ち合わせる知識を断片的に結び付け、「いつも笑っていたアイドルが急に怒り始めている」という印象を持つ。

いまのように誰もがネットで意見を言える時代ではなく、一九九〇年代前半はマスコミに好意的に取り上げられないと大衆に好かれることはなかった。「大衆受け」と「マスコミ受け」はイコールの関係でつながっていた。時代のトップを走り続けた田原俊彦は誰よりもそれがわかっていたはずだ。その男がマスコミを拒絶する。

誰もが人気にしがみつきたいし、そのために周囲に迎合したくなる。そして、田原ほどのいいイメージとポジションがあれば、婚約時にもある程度はマスコミをコントロールできたはずなのである。それなのに、「いやなものはいやだ」という精神で拒否し続ける。長女誕生記者会見の報道は自分が意図しない方向に進んでしまった。そのイメージを払拭するための『おはよう!ナイスデイ』出演だったはずだ。素直に謝罪する手もあったし、それ以降はマスコミに愛想を振りまこうと方向転換するのが普通の芸能人だろう。

ところが田原は一切、そうしなかった。僕のいいところも悪いところも理解してくれる人だけに応援してほしい――。これは、田原の脱アイドル宣言だったのではないか。人気とは大衆受けである。その大衆受けを放棄した。周囲の声なんてどうでもいい。俺は俺の道を歩むという宣言だった。

この頃から本格的に興味を持った私には、それがカッコよく映った。しかし、一九八〇年のデビュー時から彼を知る視聴者には、ギャップが大きかったのだろう。アイドルは笑顔を振りまき、社会を明るくする。それは、田原俊彦のイメージそのものだった。番組では、田原の象徴である笑顔や笑い声が消え、無愛想なシーンが目についた。田原のなかに、ワイドショーに対するわだかまりは残ったままだった。

▼〝ビッグ〟を切り貼りする過剰なバッシング

四十分以上にわたって田原が出演した五月三日の『おはよう！ナイスデイ』は視聴率八・七％で民放同時間帯三位。午前帯のワイドショーで二位を争っていたが、九・七％のＴＢＳ『モーニングＥｙｅ』に僅差で敗れている。記者会見から二カ月半がたち、話題の鮮度が薄れていたことも否めないが、視聴者に改めて本人の言葉を聞こうという意思がなかったのかもしれない。

この放送は翌日のスポーツ紙でも取り上げられ、〈田原俊彦　三カ月ぶりＴＶ生出演　長女の写真見せずサービスいま一つ〉〈田原俊彦がマスコミ嫌いな理由〉〈トシ私生活告白　大嫌いなワイドショーに生出演〉〈田原俊彦けじめテレビ出演「オレはビッグ」発言から七十五日ぶり　今後も田原流「こび売らない」〉と仰々しいタイトルが並んだ。

六月二日、田原はＮＨＫ衛星第二で放送予定の公開収録ライブを東京・渋谷の日清パワーステーションでおこなった。翌日のスポーツ紙では、その模様が本番前の会見と合わせて記事になっている。

妻子の退院を報じた二月二十一日、記事の冒頭で〈タレント・田原俊彦〉〈人気タレント、田原俊彦〉〈歌手・田原俊彦〉と表記していた各紙の書き出しはこう変わっていた。

「日刊スポーツ」〈高飛車な発言が目立っていた田原俊彦（33）が一転、「初心に戻りたい」と殊勝な姿勢を見せた〉

「スポーツニッポン」〈「ボクはビッグ」「マスコミは嫌い」と発言し話題をまいた二月十七日の記者会見での姿勢とは一転。この日集まった二十人近い取材陣を前に、田原は「よろしくお願いします」と一礼してから会見を始めた〉

「報知新聞」〈「ぼくはビッグ」「マスコミ嫌い」などの発言で話題となっている歌手の田原俊彦（33）が〉

人を紹介する際にマイナスイメージの単語を畳みかけ、普通に喋っただけで〈殊勝〉と書く。マスコミは、偏ったフィルターを通して報道していた。
六月二十日、田原は奥山和由監督の映画『RAMPO』の試写会に妻と現れた。翌二十一日の『スーパーモーニング』(テレビ朝日系)は二人の映像に、〈和やかに談笑するトシちゃんの表情からは以前、長女・可南子ちゃん誕生の記者会見でこんな発言があったとは思えません〉というナレーションを付けた後、四カ月も前の「マスコミ嫌いの田原のために」「僕くらいビッグになると」と横柄に見える発言だけを抜き出して放送。悪いイメージを植え付けてから、この日の囲み会見を流した。他局も同じような編集をしたようだ。

この日の〝出来事〟はさっそくワイドショーにとりあげられた。その構成はといえば、もう敵意むき出し。入籍の夜、「おめでとうございま〜す!」と声をかけるレポーターを無視するシーン、前出の長女出産会見のシーンをあわせて流し、担当レポーターが不満げに、「あいかわらずのマスコミ嫌いぶり」なんていう始末。それなら、会見で一緒に笑ってないでよ、という気もするけど、みんな最近の田原の態度に腹をすえかねてるのがよくわかった。(「女性セブン」一九九四年七月十四日号)

かくいう女性週刊誌もバッシングに躍起になっていた。

「女性自身」(七月十二日号)〈田原俊彦(33)彩子(22)夫妻が映画『RAMPO』の試写会で初ツーショット!大公開!? もったいないけど、カミさんを見せてやるぜ!〉
「週刊女性」(七月十二日号)〈田原俊彦(33) ランポーの試写会でトシ坊がぶっきら棒に!〉
「女性セブン」(七月十四日号)〈叩かれ男 田原俊彦(33) 会見で、あんな突っけんどんな態度をとるなら「嫁さん連れてチャラチャラするな」〉

囲み会見の映像を見ると、たしかに妻や子供のことを聞かれたくないという印象は受ける。田原はその心理を隠すためか、「はははは！」と高笑い。「これからまた、新たなチャレンジをしていきますので、楽しみにしてください」と言って、会見場を去っていった。報道陣を牽制する発言もしていないし、受け答えは普通だった。

だがレポーターは、プライベートを明かさない田原に不満だった様子で、背中越しに「よく二人で映画見にいかれるんですか？」「可南子ちゃんの写真は？」「結婚式の予定は？」と矢継ぎ早に質問を浴びせた。結局、子供の公開と結婚式の日時発表を要求したいだけだったのである。

現在でも、イベントに出演した芸能人が私生活について質問されると、関係者が途中で遮り、囲み取材が終了するパターンを頻繁に見かける。

しかし、家族のことを答えなかっただけで〈会見で、あんな突っけんどんな態度をとるなら「嫁さん連れてチャラチャラするな」〉とまで叩かれる芸能人は存在しない。入籍時は「視聴者や読者が知りたいはず」というマスコミの建前が通用したが、この時期は単にバッシングありきで取材していたのではないかとさえ感じてしまう。ジャニーズ事務所に所属したままであれば、ここまで罵詈雑言を浴びせられることもなかっただろう。本来反権力であるべきメディアは、後ろ盾がない人間を徹底的に誹謗中傷した。

マスコミに餌をまいてしまった田原側にも落ち度はあったが、あまりに過剰だった。

▼テレビで冷静に語っていた「人間・田原俊彦」の真っ当な価値観

テレビに出演すれば当然のことながら、直近のトピックである結婚前後のマスコミとの対立、長女誕生会見、子供がいる新婚生活について聞かれる。田原がテレビ番組でそれらをいやがった形跡はない。

五月十五日には、『新伍&紳助のあぶない話』（フジテレビ系）でプライベートについて普通に喋っている。司会の山城新伍は同月発売の著書で田原を擁護していた。

先日、アイドルから大人になってきたタレントが、うるさいマスコミに対して「僕のようなビッグは云々――」といった発言があり、無視された芸能マスコミが大人気なく怒り出し、「自分のことをビッグと呼ぶのは何十年も早い！」だの「そんな傲慢な奴を見たことがない」だの、ワイドショーに出演している文化人がムキになっているのが非常に面白かった。

彼にとってはビッグも洒落のつもりだろうし、必ずしもワイドショーの都合に合わせてインタビューに答える必要はさらさらないわけだから、彼の態度は何も間違っていないと僕は理解しています。（山城新伍『かなり好きです』）

わかってくれる人には心を開いて話したいと思うのが人情だ。反対に、常識の範囲を逸脱して、「俺たちの取材を受けて当たり前だ」と迫るマスコミに対し、田原が拒否反応を示したのは当然だろう。

七月十六日『夜もヒッパレ一生けんめい』（日本テレビ系）では「家族を守りたかった」という心情を吐露している。

僕も秘密主義というかね、あんまり人に干渉されるのがいやなタイプでね。仕事の部分やエンターテインメントではすべてをお見せしますけど、やっぱり、僕も一人の人格を持った人間だけど、子供だって今後そうやって人生を歩んでいくんだし、奥さんだっていわゆる普通の社会に生きている人だから、やっぱり、僕としては守りたいなというか、干渉してほしくないなというのがあったからね。まあ、言うこと聞かなかった田原俊彦がみんなにバッシング食らってしまったわけなんですけどね、それはそれで、そういう生き方というのかな、していきたいなと思いますね。（『夜もヒッパレ一生けんめい』一九九四年七月十六日放送）

非常に素直な思いを語っている。十月九日放送の『たかじん・ナオコのシャベタリーノ！』（ＴＢＳ系）では、結婚前後にあったマスコミの行動について話している。

二十四時間つけ回されて、僕が留守の間も（妻も）もう仕事も辞めて普通の人で生活するから買い物とか行くわけでしょ。そこをどこかの社の人に取り囲まれて、「やめてください」って言ったら、「だったら外へなんか出てくるな」って言われたって。それを聞いてもうキレちゃって……（『たかじん・ナオコのシャベタリーノ！』一九九四年十月九日放送）

現在であれば、このような発言はネット上で拡散され、社会は田原擁護に回り、マスコミの取材攻勢を非難する声が多数上がっただろう。だが、一九九四年当時はテレビの放送が終われば、ワイドショーのように繰り返し流さないかぎり、発言は一過性のものになってしまっていた。

スターは豪勢な結婚式を挙げて、ワイドショーで取り上げてもらう。場合によっては丸ごとテレビ中継して視聴率をかっさらっていく。これが当時の芸能界の常識であり、社会の認識だった。

ぼくの中では好きな人が現れたら結婚するなんて、ごく普通のことだった。結婚なんて個人的なことだから、それを公表する場を設けるつもりもなかったしね。それをまっとうできずに、結局そういう席に出てしまったけど……（「マフィン」一九九五年十一月号）

スター気取りをせず、普通の幸せを求めただけの男に周囲が茶々を入れる権利などあったのだろうか。

▼礼賛ばかりの境遇で、自分に〝喝〟を入れる唯一の手段がビッグマウスだった

一九八七年頃から田原は椅子に座るときに足を高く上げたり、時計を見るときに思いきり手を伸ばしたり、大

きな態度を取るキャラクターを演じていた。これらの言動は、九〇年代前半までの「トシちゃんっていい感じの人だな」という認識が広がっているときは、基本的にギャグとして受け止められていた。しかし、長女誕生記者会見を見た人々は突然、「自分でビッグって言うな！」と本気で怒りだした。

そもそも、なぜ田原俊彦がビックマウスを放ったり、アクションが大きなポーズを取るようになったりしたのかを考察してみよう。一九八八年一月一日、ドラマ『季節はずれの海岸物語』（フジテレビ系）の本編終了後のトークで進行の田代まさしと可愛かずみが抜けて今井美樹と二人になると、こんな発言をしている。

田原：ゆっくり話す時に周りに人（スタッフ）がいっぱいいてさ、カメラ構えられちゃっているからさ、（髪を整える仕草をして）思わずポーズ取っちゃうんだよな（笑）。
今井：そういうところが舞台（一九八七年十二月『ＡＣＢ』）にもたくさん出てて、面白かった。トシちゃんっぽいなあって。
田原：なんだろう、クセなんですよね。クセっていうか、照れ隠しっていうのかな。
今井：ホントはテレやさんなんですか？
田原：（小声で）うん。（『季節はずれの海岸物語』一九八八年一月一日放送）

「抱きしめてTONIGHT」でバックダンサーを務めた乃生佳之はこう話す。
「楽屋で俺と正人とトシでいるときは、手や足を上げたりしないし、ビッグマウスもなかったですね。番組終わって、三人で食事に行っても普通ですよ。でも、お客さんに見つかると、手を広げて「どうも！」とすぐ始めちゃうんですよ（笑）。サービス精神が旺盛すぎる。第三者がいたり、大人数で集まったりすると、「田原俊彦」を演じていた。疲れるだろうな、普通にすればいいのに……と思っていました」

あくまでキャラクター作りの一環であり、言動を求められれば演じてしまうサービス精神もたっぷり持ち合わせていたため、それがイメージとしてできあがっていった。

もう一つ、大口を叩いているように見せた理由には、「必要以上にもてはやされる怖さ」というスターにしかわからない心情があったように思う。

『教師びんびん物語』の大ヒットでアイドルからスターになったと評された一九八〇年代後半以降、ある意味生きづらかったのだろう。崇められることはあっても、本気で指摘してくれる人はそうそういない。

田原に限らず、芸能界は天下を盗れば、面識もない人が大挙して集まってきて、気がつけば有象無象が行列をなしている。そのなかに、耳障りな言葉を投げかける人物はいない。

礼賛オンリーの状況が危険なことは本人が最もよくわかっていた。十周年記念の写真集では、母親にこう問いかけている。〈ドラマ見てくれた？　どうだった？　思ったこと、ちゃんと言えよな。いいことばかり言うなよ。悪いことも、ちゃんと言えよ〉（『祝日』一九八九年）

本人が本音を求めても、他人の対応まではコントロールできない。スターになりすぎた男は、自分で自分を追い込むしかなかった。

自信の裏付け？　それは自分がこれまでやってきたこと、キャリアかな。悔しかったらこれだけやってみろよ、って気持ちはある。こういうこと言うから嫌われちゃうんだけどね、ハハハ。ただ、わざと自分にプレッシャーかけちゃうようなところはあるね。逃げ場をふさいじゃうっていうか。（「山梨日日新聞」一九九一年八月十四日付）

あえて大きなことを言って、自らを鼓舞する以外なかったのだ。

一方で、〈人前に出ると強く振る舞ったりとか、自信あるように振る舞うんだけど、ホントは自信も何もなくてね（笑）。結構、怖がってるんですよ〉（『M2』一九九三年七月八日深夜放送）と本音も語っている。

素晴らしい芸を魅せる人たちは、得てして繊細さを持ち合わせている。ビッグマウスや大きな態度は、あくまでサービス精神の表れやポーズにすぎなかった。しかし、長女誕生記者会見を見た人々は額面どおりに言葉を受け止め、メディアは揚げ足を取った。『ビッグ発言』は完全に独り歩きしていった。

4 不透明な投票方法「an・an」「嫌いな男一位・田原俊彦」への疑問

▼矛盾に満ちた一九九四年の「an・an」ランキング

現在では、「ビッグ発言によって一九九四年に田原俊彦の人気は下落した」という説が一般的になっている。しかし、細かく検証していくと、いままで全く指摘されなかった事実も浮かび上がってくる。

「an・an」の一九九四年五月六・十三日合併号では、「嫌いな男総合ワースト20」で一位・田原俊彦（九十七票）、二位・ジミー大西（九十三票）、三位・吉田栄作（七十五票）と発表され、逆風が顕著になった。しかし、「an・an」の投票はどのようにおこなわれていたのか実に不透明だ。

一九九二年時点で、すでに作家の田中康夫がそれを指摘している。

不思議なことにこの企画は、如何なる方法でアンケートを実施、回収、集計したのか、その点に関する説明が、誌面の何処を捲っても記されていないのだ。

過日、「an・an」の編集長を務める女史とマガジンハウスのエレベーター内で邂逅した僕は、前述の疑問を質した。すると、彼女はこう宣った。「どうして、そんな細かい所まで見る訳？」と。（「SPA！」一九九二年八月五日号）

一九九四年の「嫌いな男」特集でも、冒頭で〈全国の読者の中から八百名を対象に〝嫌いな男〟についてアンケート調査をした結果、十六歳～二十九歳の女性の嫌いな男総合順位ワースト20が決定〉と記述されているだけ。具体的にどんな手法を取ったかは書かれていない。

この年は「嫌いな男総合ワースト20」のほか、「嫌いな顔の男」「嫌いな体の男」「キスしたくない男」「恋人にしたくない男」など九項目のワーストテンが並んでいる。これらの順位を見ると、実に不思議なことが起こっている。

「嫌いな男総合」では、その九項目のどこにも登場していない森脇健児（四位）、武田鉄矢（七位）、高嶋政宏（八位）、明石家さんま（九位）が突如ランクインしているのだ。

「TVで見るかぎりの性格や言動、表情が嫌いな男」というやけに限定的な項目は、一九八五年から二〇〇八年まで続いた「an・an」の「好きな男」関連の特集（※名称は年によって異なる。一九九〇年はおこなわれず）で、この年しか設けられていない。その一位は田原俊彦だった。

ちなみに、九項目の得票数を足すと、一位・ジミー大西百四十八票、二位・田原俊彦百二十二票、三位・吉田栄作九十九票。そもそも、「嫌いな男総合ワースト20」の〝総合〟が何をもってして〝総合〟かの説明さえない。あまりに不透明な点だらけの調査発表なのだ。

では、田原が「好きな男」などで一位に輝いていた一九八七年から八九年はどうだったのか。票の集計方法が明確でない点は同じだが、九四年とはだいぶ違う構成になっている。

一位の特写&インタビュー方式は一九八八年も九四年も同じだが、八八年には写真の周りにデザイナーやミュージシャンなど六人が顔写真入りで田原についてコメントしている。なかには〈大人なんだから、そろそろ会話もパシッとしてほしいのよね。サービス精神が旺盛というか、ちょっとペラペラしゃべりすぎって感じることも。冗談がはずれちゃったりしてね〉と辛辣なことも書かれている。田原は同年の「嫌いな男」では九位。八九年「ヤナ男」でも九位となり、〈俺はモテるんだというカッコつけがイヤ味っぽい〉という二十二歳・銀行員の意見が実名で掲載されている。

また、一九八七年は「寝たい男」ベストテンのうち三人が「寝たくない男」のワーストテンに、八八年は「好きな男」ベストテンのうち六人が「嫌いな男」のワーストテンに、八九年は「イイ男」ベストテンのうち四人が「ヤナ男」のワーストテンに入っている。好きと嫌いは表裏一体で、人気者ほどアンチもいるという通説を証明する形になっている。

翻って、一九九四年の「好きな男」ベストテンと「嫌いな男総合ワースト20」両方にランクインしたのは一人もいない。それどころか、他の九のワースト項目にも「好きな男」ベストテンからは誰一人としてノミネートされていない。

ちなみに、一九八〇年代はジャニーズ事務所のタレントがベストよりもワーストに多く名を連ねていた（ワーストは一九八六年に始まり、この年は五位までの発表だった）。

一九八六年ベストテン　七位・田原俊彦
　　ワーストファイブ　五位タイ・近藤真彦
一九八七年ベストテン　一位・田原俊彦、三位・東山紀之
　　ワーストテン　七位・近藤真彦
一九八八年ベストテン　一位・田原俊彦、二位・東山紀之、七位・近藤真彦
　　ワーストテン　三位・近藤真彦、四位・光ＧＥＮＪＩ、六位・東山紀之、九位・田原俊彦
一九八九年ベストテン　一位・田原俊彦
　　ワーストテン　八位・近藤真彦、九位・田原俊彦、十位・東山紀之

以上のような事実があったことを指摘しておく。

▼CD売り上げは上昇し、プロモーション時のテレビ出演はジャニーズ時代よりも増えていた

独立後初のCDは、十五周年を記念したニューアレンジ、ニュー・ヴォーカルの十五曲入りのベストアルバム『PRESENTS』(一九九四年七月六日発売、三千九百八十四円)だった。前年八月のオリジナルアルバム『MORE ELECTRIC』(三千円)の売り上げ一万千四百五十枚を超え、同作は一万三千三百四十枚を記録している。

ジャニーズ事務所所属の前年と比べて、テレビ番組でのプロモーション活動はどうだったのか。

一九九三年はシングル「ダンシング・ビースト」発売に合わせて七月に五本の番組に出演し、『ミュージックステーション』(一四・八%)、『MJ』(一三・六%)というゴールデン、プライム帯では新曲を披露。ただ、深夜や昼間帯では一%に満たない数字で、出演番組の視聴率を単純に足すと三七・九%にとどまっている。

一九九四年はアルバムの告知をした『おはよう!ナイスデイ』から数え、五月から七月にかけて十一本に出演。『テレビの王様』(TBS系、八・七%)、『夜もヒッパレ一生けんめい』(一六・五%)ではヒットメドレーを歌唱。他には『進め!電波少年』(日本テレビ系、一八・〇%)、『志村けんのだいじょうぶだぁ』(フジテレビ系、一五・五%)など二ケタ番組が五本にのぼり、総視聴率一三一・七%と前年の三倍以上になっている。

「ジャニーズ事務所を退所したからテレビ番組に出づらくなった」と頻繁に喧伝されているが、プロモーション時期に限れば、独立一年目のほうがジャニーズ所属の前年よりもテレビに顔を出している。

アニバーサリーイヤーという側面もあったと思われるが、当時はテレビ局がジャニーズ事務所に気を使っていなかったとも読み取れる。この点については、次項で詳細に追っていこう。

『PRESENTS』の売れ行きはプロモーション効果もあって、固定ファンではない層が「ベスト盤」に引かれて手を伸ばしたという点もあるだろう。ただし、一九九一年十一月発売の『BEST 1987~1991』はプロモーションがほぼなかったとはいえ、わずか四千七百枚ほどしか売れていない。アルバムは三千円が主流の当時、四千円近い『PRESENTS』は高額の部類に入っていた。

いずれにしても、アルバム売り上げは前年を上回っていた。

▼ファンクラブ解散と女性ファンの結婚適齢期が、ライブ動員減少の最大原因

人気下落の象徴としてコンサートの不入りも伝えられてきたが、角度を変えると違った一面も見えてくる。独立後初となる全国ツアー初日の七月十二日(火曜)、約二千人収容の東京・渋谷公会堂で二階の六百席に空席が目立つ事態となった。「日刊スポーツ」は〈田原俊彦　デビュー十五周年を迎え全国ツアーをスタートさせたが空席多数〉というタイトルで、こう伝えている。

最初のおしゃべりで客席を見回し「それにしても客席が満員じゃなくて、納得いかないな。冗談じゃないよ」と舌打ち交じりの本音も漏れた。そのほかにも衣装の自前のジーンズやシンプルなステージをネタに「独立して苦しいというわけじゃないよ」と自ちょう気味のジョークも飛び出した。

もっとも初日のステージを取材に来たテレビのカメラに「何ですか。このカメラ。ワイドショーですか。仕事とプライベートの枠を越えて来るのがワイドショーの使命とは分かっていますう」とトシちゃんらしい発言も飛び出した。(「日刊スポーツ」一九九四年七月十三日付)

コンサート動員減少の原因を「ビッグ発言」の影響だけに集約するのはあまりに安易である。実のところ、最も注目すべきはファンクラブの存在だ。ジャニーズ時代最後の会報「Toshihiko Tahara」のラストページで、ファンクラブ解散が宣言されている。

皆様の温かいまなざしに見守られ、田原俊彦は十五周年を無事迎えることができました。本人の言葉〝ゼロからの出発〟を機に、誠に勝手ながら後援会を解散することにいたしました。平成六年度分の会費は返金

させて頂きます。十四年間のご声援を心より御礼申し上げるとともに、これからもいままで同様、応援していただけたら幸いに存じます。

ジャニーズ・ファミリークラブ

(「Toshihiko Tahara」第十八号、一九九四年二月)

個人事務所による新たなファンクラブは六月上旬に結成されたが、それからツアー開始まで一カ月ほどしかない。一九九三年の平均初婚年齢は二十六・一歳。主なファン層の一群である六〇年代後半生まれの女性はちょうど結婚を控えていたり、すでに子育てをしていたりする時期と重なっていた。その頃にファンクラブを解散しなければならないことが、ファン離れの大きな原因になった。

新聞の購読やインターネット課金などと同じで、ファンクラブは一度入ってしまえば、なかなかやめるタイミングがない。惰性的に継続することだってある。しかし、強制的に終了となれば、「これを機にトシちゃんを卒業するか」と考えても何ら不思議ではない。当時は、アイドルを追いかけるのは十代までという風潮もあった。「もういい年齢だし、アイドルファンでいる場合ではない」と思うのは、自然な帰結だった。結婚や子育てでバタバタしているときに、自分から情報を取りにいって、新事務所のファンクラブに入会し、コンサートに行くハードルはかなり高かった。

インターネット普及以前は本人のテレビ出演時にチラッと映る住所や電話番号をメモしなければならず、紙を探している間に告知が終わることはザラにあった。一九九四年六月二十八日の『ドリフ大爆笑'94』(フジテレビ系)では、個人事務所によるファンクラブの発足が字幕スーパーで流されたが、電話番号はわずか三秒間しか映っていない。

そういう意味でも雑誌の情報は貴重だったが、このころ田原自身がインタビューに登場することはほぼなかった。アイドル誌に出る年齢は過ぎ、オファーがあってもおかしくない女性誌もバッシングに敏感になっていた。

ファンクラブ入会後、初めて届く手紙には〈会報発行及びファンクラブとしての具体的な活動は九月からの予定です〉と書かれている。初の会報「DOUBLE T CLUB」には夏のコンサートの模様が伝えられているものの、田原の長文コメントは直筆で印刷されていて、写真も白黒ばかり。

ファンにとっても田原にとっても、準備不足のまま、独立後初のツアーを発進してしまった感は否めない。

▼「ザテレビジョン」人気投票で年間四位という事実

かつて「好きな男一位」だった田原が「嫌いな男一位」に陥落したというセンセーショナルな「an・an」の記事は、〈田原俊彦（33）日本一の〝嫌われ者〟♬それがアナタのヤなと・こ・ろ♬〉（「週刊女性」一九九四年五月二十四日号）など他媒体にも人気凋落の象徴として取り上げられた。

しかし、この順位を覆すようなデータも残っている。「ザテレビジョン」では月一回、読者による「人気投票」をおこなっていて、毎月順位を発表していた。投票はテレビ番組、CM、俳優・タレント、歌手、司会者・キャスターの五部門に分かれ、毎号付いている応募券を貼ったうえでそれぞれの部門で最も好きな人（作品）を一人書くという方式を取っていた。

ビッグ発言前の一九九四年二月の人気投票（一月十二日水曜から二月七日月曜到着分。結果は九四年三月四日号掲載）で、田原は俳優部門九位（八百二十九票）、歌手部門七位（千六百六十六票）につけていた。

三月の人気投票は、二月八日火曜から三月七日月曜到着分の票が有効となる。ビッグ発言は二月十七日だから、人気が落ちていれば順位も一気に下がるはずだ。一九九四年四月一日号に掲載された結果はこうなった。

【俳優・タレント部門】①ウッチャンナンチャン：二千九百八十八票、②ダウンタウン：二千七百二十二票、③中山美穂：二千二十五票、④福山雅治：千五百九十三票、⑤織田裕二：千五百七十七票、⑥ビートたけし：千百二十八票、⑦和久井映見：千二十九票、⑧田原俊彦：千四票、⑨鈴木保奈美：八百九十六票、⑩内田有紀：七百九十六票

【歌手部門】①CHAGE&ASKA：三千七十九票、②中山美穂：二千九百六十三票、③森高千里：千九百四十二票、④田原俊彦：千六百二十六票、⑤ドリームズ・カム・トゥルー：千五百九十三票、⑥B'z：千五百六十八票、⑦ZARD：千四百七十七票、⑧福山雅治：千百八十六票、⑨中森明菜：千百六十二票、⑩織田裕二：千百三票

田原は八位、四位と、人気が落ちるどころか、それぞれ一ランク、三ランクアップ。俳優・タレント部門の順位にふれる本文では〈今クールの連ドラ主演級が優勢の中、現在はCMが露出のメーンとなっている福山雅治・織田裕二・田原俊彦が、強さを見せつける結果となった〉と言及している。

ランキングを見ると、バラエティー番組を何本も持ちながら、映画やドラマにも出演していたウッチャンナンチャンやダウンタウン、ドラマ主演の中山美穂や和久井映見、鈴木保奈美、シングルを出せばオリコン一位のCHAGE&ASKAやドリームズ・カム・トゥルー、B'z、ZARDなどが並んでいる。この投票は無作為に選んだうえでの調査ではなく、読者が積極的にハガキを書く方式を取っていたとはいえ、決して偏ったものではない。

その後本格的なバッシングが始まっても、田原の順位は月によって上下動こそすれ、二部門で年間を通してベストテン内にとどまっていた。組織票を疑う人もいるかもしれないが、他の芸能人、特にアイドル系にも熱心なファンがいるわけで、田原だけが組織票で順位が上がったとは思えない。各月の投票を集計した一九九四年の年間順位を見てみよう（一九九四年十二月二十三日号）。

【俳優・タレント部門】①ウッチャンナンチャン：二万八千三百二十八票、②織田裕二：二万二千七百二十九票、③ダウンタウン：二万千四百九十九票、④田原俊彦：一万二千五百七十票、⑤中山美穂：一万一千四百九票、⑤

内田有紀：八千六票、⑦福山雅治：七千八百八十二票、⑧ビートたけし：五千七百六十票、⑨豊川悦司：五千六百四十一票、⑩木村拓哉：三千三百四十一票

【歌手部門】①ＣＨＡＧＥ＆ＡＳＫＡ：二万五千九百五十五票、②中山美穂：一万九千二百三十八票、③織田裕二：一万三千八百九十五票、④森高千里：一万三千五百十二票、⑤田原俊彦：一万三千六十六票、⑥ＺＡＲＤ：一万二千四百四十五票、⑦ドリームズ・カム・トゥルー：一万二千百六十四票、⑧福山雅治：一万三百五十八票、⑨B'z：一万三十六票、⑩ＳＭＡＰ：七千二百六十一票

バッシングが起こっていたのに、田原は年間順位で俳優・タレント部門四位、歌手部門五位に入った。一九九四年の月間順位を調べると、ＳＭＡＰが七十万枚のセールスを記録する「がんばりましょう」を発売した十月、歌手部門で初の一位に。中居正広が司会者部門で初のベストテン入りをしたのも同月であり、社会の人気と投票が合致している。

こう考えると、「一九九四年、本当は田原俊彦の人気は下落していなかった」という説さえ浮かび上がってくる。

▼ワイドショーは視聴率を稼いでくれる男への感謝の気持ちはあったのか

マスコミが当初ほぼ使用しなかった〝ビッグ〟を事あるごとに枕詞にし始めたことで〝田原俊彦＝傲慢〟という印象が人々の脳裏に刷り込まれ、「an・an」の「嫌いな男一位」がイメージ急変の証拠とされた。一連の報道によって、田原俊彦の人生は激変してしまった。詳細は後述するが、本人は二〇〇九年の取材時に「結婚のときのドタバタも含めて、気分的に引くところも、たぶん僕のなかであったんだろうと思う」と話している。

過剰なバッシングは、無意識のうちに積極的な芸能活動から一歩引く原因になっていた。その潜在意識が『お

はよう!ナイスデイ』での「僕のいいところも悪いところも理解してくれる人だけに応援してほしい」というコメントに現れたのではないか。マスコミが必要以上に叩かなければ、起用するテレビ局や広告会社の捉え方は全く異なり、まるで違う三十代以降の姿が見られたはずだ。しかし、時はもう戻らない。

スーパースターの結婚は大きなニュースであり、「ビッグ発言」は非常に引きがあるメディア向きの言葉だった。マスコミは一九八〇年代から何度となく田原のおかげで尺を埋め、視聴率や部数を稼いできた。

はたして、担当者たちはそんなおいしいネタを提供してくれ続ける男に感謝する気持ちを持っていたのか。少しでも感謝の念があれば、深夜に家のチャイムを鳴らしたりしないし、身ごもる妻を追いかけ回したりもしないのが最低限の礼儀である。感じの悪い部分だけを切り取って何度も使えば、その後どうなるか、彼らがいちばん理解していたはずだ。

報道を振り返ると、矛盾が感じられる。人のことを傲慢だとバッシングしながら、テレビや紙媒体を持つ自分たちに冷たくするのは何事だという傲慢さが透けて見えるのである。マスコミは取り上げ方ひとつで、他人の人生をいとも簡単に変えてしまう爆弾装置である。そのことを認識しながら番組を作らなければならない。凶器や爆弾を持っている人間こそ、優しさを持ち合わせないと単なるイジメになってしまう。

スターを潰すことはメディアにとって大きな損失である。もちろん芸能界は誰かが消えれば、誰かが浮上してくる。どんな分野であれ、その事実は動かしがたい。だが、田原俊彦はデビューから十五年、第一線に居続けた類を見ない人物であり、いまはめったにお目にかかれないソロのトップアイドルである。そんな大スターを転落させた罪悪感を、彼らは持っているのだろうか。

田原はこの頃、十五周年記念ビデオでバッシングについて冷静な口調で語っている。

俺は全然変わっているつもりはないし、世の中の受け取り方っていうのは、その演出によってね、見分けられ方っていうのは違うと思うんだけど、少なくとも、僕のことを知っている人、僕と時間を共有した人は、僕の心髄はわかってくれてると思うんでね。みんなに「こうだ」と言い訳めいたことはいいたくないし、自分自身でも、やっぱり田原俊彦っていうのはわがままだし、傲慢だし。まあ、良く言えば、そういう自分がいたから、生き抜いてこられたんだと思うしね。やっぱり、弱気になったり、迎合したりする田原俊彦っていうのは、僕の中にないし。やっぱり強気、強気で行くのが自分だと思っているんで。

それを世の中に対して、「俺はこうだ」「本当はこうなんだ」と言い訳めいたことはしたくないと思うんで。わかる人はわかるしね、わかんない奴はわかんなくていいと思うし、敵が一〇〇人いたら、味方もまたいるし。そういうのが面白いんじゃないかなあと思いますね。だから、僕はこれからも前向きに、仕事というところでね、魅せていくしか手段はないと思っています。(『PRESENTS』一九九四年七月六日発売)

そもそも「傲慢」とは何か。仕事に真剣に取り組まず、努力もしてないのに、周囲のせいにしてばかりいる人間は傲慢だ。

はたして、田原俊彦は傲慢なのか。本当に傲慢な男であれば、あれだけの踊りを踊れるはずがない。口先ではどうにでも自分を繕えるが、技術は真面目に努力した者にしか与えられない。

一九九四年のツアーでは、ニューアレンジのベストアルバム『PRESENTS』に合わせて、THE CONVOY の今村ねずみと石坂勇をダンサーに従えて、「抱きしめて TONIGHT」や「It's BAD」などの振り付けを発売当時とは全く違うものに変えて踊っている。長年、体に染み付いた振り付けを一からやり直すことは、高い能力と努力がなければ決してできないものである。ところが、田原はそれを完全に自分のものにして、ファンを魅了した。

ステージを見れば、「傲慢」と正反対の「真摯」な男だとわかる。田原の真摯さは「十五年を振り返ってうれしかったこと」を聞かれたときの発言にも表れている。


うれしかったことはいっぱいあるなあ…。でも、覚えてるのって、皆そうだと思うんだけど、苦しかったことのほうが覚えているんじゃないかな。一日一日生きていて、自分なりに反省する時間ってあるじゃないですか。一日の中に。そうすると、「今日もあそこがな、しくじったな。思うようにいかなかったな」というのが、歌でも踊りでも芝居でもある。

苦しい時が多いかもしれないけど、自分の中で感じられる辛さが多いような気がするけど、それを逆に、エネルギーというか、バネにしてやってきた自分がいたから、今があるんだと思うしね。これからもやっぱり、随分お腹いっぱいになっちゃったけど、ハングリーな田原でいたいなと思っています。(前掲『PRESENTS』)

田原に限らず、売れている芸能人は真面目であり、自分に妥協しない。

それなのになぜ、マスコミは「傲慢」とバッシングを繰り返したのか。思うようなコメントを残さず、自分たちの意に反する行動を取るからだった。

一九九六年、田原が都内に豪邸を建てると、報道陣はまたしても自宅前に群がった。出入りする内装業者に「リビング何畳くらいありました?」と直撃し、カメラで家の外観を映しては部屋の間取りまで説明した。田原は対面で応じることこそなかったが、ガレージから車で出かける際にカメラに軽く手を振り、チャイムを鳴らされればインターホン越しにコメントを残した。

ワイドショーでのVTR明け、芸能リポーターが入籍時の対応と比較して、こんなことを言いだした。

「私(が家に)行ったときは「あんたたちに話すこと何もありません」と断われたりとか、警察呼ばれちゃったりとか、いろいろしましたけど、お家が大きくなると心も豊かになるのかな」

発言はそもそも「あんた」ではなく「あなた」という言い方だったし、警察を呼ばれるような行為をした自分の行動は全く省みず、あげくの果てには「家が大きくなると心も豊かになる」という非論理的な結論を勝手に導き出して、電波に乗せるとはあきれてしまう。

この独り善がりなコメントこそ、傲慢そのものである。

5 大いなる謎――俳優業から遠ざかった理由とは

▼脇役を引き受けたドラマ『半熟卵』の出演理由

役者として新しい道を模索していた田原にとって、ネガティブな報道も転がし方によってはプラスにはたらく可能性もあった。私は「いまの状況を生かして、傲慢な役をしたらウケるのではないか」と思っていた。

一九九四年も仕事内容は例年どおりだった。九二年、九三年と同じく夏にアルバムを発売。そして秋、連続ドラマ『半熟卵』に出演する。しかし、前年までと違って主演ではなく脇役だった。フジテレビは十年ぶりに金曜二十時台をドラマ枠に戻し、裏番組となる日本テレビの中山秀征主演『静かなるドン』との視聴率対決が注目された。

一九九四年八月二十四日のスポーツ紙には『半熟卵』についての報道が出ている。〈田原俊彦　フジテレビのドラマ「半熟卵」で十五年ぶり脇役〉（「日刊スポーツ」）、〈〝三枚目〟トシちゃん 一年ぶり連ドラ「半熟卵」〉（「スポーツニッポン」）、〈田原 三枚目で出直し!?〉（「報知新聞」）というように、ニュースバリューはドラマ自体よりも田原が脇役を演じることにあった。

フジテレビ編成局の担当者は〈成功しているドラマは、端々のキャストまで行き届いているもの〉（「日刊スポーツ」）、〈田原企画ではないが、トシの持っているエンターティナーを生かしての配役〉（「東京中日スポーツ」）などと語っていた。

ちなみに、「日刊スポーツ」の〈十五年ぶり脇役〉という記述は誤りで、一九八七年一月二日放送『森繁久彌の七人の孫』（ＴＢＳ系）以来七年九カ月ぶりである。単なる調査ミスだろうが、〈十五年ぶり〉のほうがネガティブインパクトは強い。「週刊現代」(一九九四年九月二十四日号)にいたっては『金八先生』の生徒役まで忘れたのか、〈芸能界デビュー以来、初の脇役出演〉という間違いを載せている。こうした誤表記の積み重ねはボディーブローのように効いていく。

「週刊文春」(一九九四年九月八日号)が〈〃ビッグ〃なトシちゃんが脇に回ってしみる秋風〉という記事で〈今じゃ三番手の役どころがやっと〉と書いたように、母役・篠ひろ子と三姉妹役・内田有紀、ともさかりえ、田中律子を中心に話が展開。篠に片思いする「ラーメン小柳亭」店主でトボケた役の田原の出番は各話三シーン前後だった。

十周年を過ぎた一九九〇年以降、より一層仕事を厳選していたのに、なぜこのような役を演じたのか。六月二日、ライブ時の会見では〈役者としてもコメディーではなくシリアスなものを中心に挑戦していきたい〉と語っていて、実際に九月十六日放送の二時間ドラマ『怪談 KWAIDAN III 牡丹燈篭』(一三・九%)では静かな役を演じているだけに、疑問が浮かぶ。

理由を探ると、ドラマの制作会社が『びんびん』シリーズと同じだったため、恩義に感じていた田原は引き受けたようだ。たしかに出演者のテロップが流れるときに友情出演と明記されている。

Ｅｇｇ１(第一話)には『びんびん』シリーズに欠かせない俳優の萩原流行が篠ひろ子のお見合い相手役として登場。Ｅｇｇ７(第七話)には『教師びんびん物語II』の第八話で抜き打ちテストがあると生徒に教える下関先生役だった綾田俊樹が警官役で田原と絡んでいる。

受けた恩はきちんと返す田原らしい行動だが、視聴者は背景にある事情に鑑みてドラマを見たりはしない。私は開始を楽しみにしていたが、始まると「この役はちょっと厳しいな」と感じた。

ドラマの役柄は、あくまで〃田原俊彦自身〃として見られる。傲慢なイメージのときに、情けない感じの役を演じたため、「ビッグと正反対じゃないか」と勝手に受け止められたのではないか。

その後のドラマ出演を吟味するようになった原因はこの役にあると考え、二〇〇九年の取材時に「(ドラマは）『半熟卵』の役柄でいやになったんですか？」と聞くと、田原は「（客観的に）いま振り返ると、（役への）違和感はあったかもしれないね」と答えた。

以降、田原が脇役を演じることはなくなった。一つのドラマ出演が話題になるように、一九九四年の田原は何をしても記事になり、必ずといっていいほど〝ビッグ発言〟と結び付けられていた。脇役出演の『半熟卵』は、バッシングありきのマスコミに格好の叩く材料を与えてしまった。

▼沈んでいるときにどう立ち向かうか——独立後初のオリジナルアルバムに込めた決意

田原は一九九四年十一月二日にシングル「雪のないクリスマス」を発売する。売り上げは前年七月の「ダンシング・ビースト」（二万千九百三十枚）、前年十一月のドラマ主題歌「KISSで女は薔薇になる」（三万三百十枚）から下降し、一万七百八十枚に終わった。

新曲をテレビで歌ったのは、十月十二日『'94夜のヒットスタジオ超豪華！秋スペシャル』（二一・〇％）と十二月十二日『HEY!HEY!HEY!』（一七・五％）の二回で、発売の一カ月前と一カ月後だった。「ダンシング・ビースト」を発売から十六日間で計五回披露した前年と比べれば、時期に恵まれたとはいえなかった。

十一月十八日発売のアルバム『MY FAVORITE SONGS』は満足なプロモーションをおこなえない状況もあり、オリコントップ百にも入らなかった。主な楽曲は洋楽のカバーで、いままでとあまりに毛色が違いすぎたためにファンがついていけなかった可能性も考えられるが、テレビを中心に活躍してきた男がブラウン管に登場しなければ、社会からは忘れられてしまう。

ドラマ『半熟卵』が終了して一九九五年に入ると、田原をテレビで見る機会が激減する。一月四日に『世にも奇妙な物語 冬の特別編』（フジテレビ系、一六・二％）で「ブルギさん」を演じて以降、四月一日の春の時代劇スペシャル『素浪人 花山大吉』（テレビ朝日系、一〇・六％。以下、『花山大吉』と略記）まで約三カ月間テレビ出演がなかった。

年始からの三カ月間、テレビ出演をほぼしないのは例年どおりだった。一月から三月までの出演本数は一九九一年四本、九二年と九三年が各三本、九四年が一本、九五年が二本である。しかし、盛んにバッシングされ、連続ドラマでも脇役になってスター感が薄れた状況では、社会の捉え方が変わってくる。

「ザテレビジョン」の人気投票では一月の結果発表（俳優・タレント部門五位、歌手部門四位）以降はベストテン圏外に。『花山大吉』オンエアの翌五月に俳優部門十位で登場するが、これが最後のランクインとなった。

「TVガイド」には、人気タレントの今週の出演番組や予定が記されている。田原は一九八〇年九月五日号の「VIVA!アイドル」で初めて記載されて以降、コーナー名が変わっても登場し続けていたが、九五年四月二十一日号の【〈メモ〉スケジュール調整中】という記述を最後に名前が消えてしまう。

テレビで生まれたスターがテレビから消えたと思われた九五年、ファン離れが進んだと考えられる。

この頃、田原は実質的に独立後初となるオリジナルアルバムに懸けていた。一九九五年二月七日から三カ月間に及ぶレコーディングは、東京の一口坂スタジオや山梨の河口湖スタジオでおこなわれた。

会見について、田原は決して言い訳しなかった。その分、都志見隆、武沢豊（安全地帯）、芹沢類、田久保真見、及川眠子、秋元康という作家陣が気持ちを汲み取り、『TENDERNESS』（一九九五年九月六日発売）ができあがった。

今までのものは自己愛が強い、攻撃的な歌が多かったけど、今度のアルバムには、いろいろなことを経験した男の、人を思いやる気持ちを詞にしたものが多いですね。（「マフィン」一九九五年十一月号）

独立後の第二幕を鮮やかに飾ってやるという決意も込められ、シングルカットの「魂が愛を支配する」（作詞：及川眠子）には〈幸せをうばいとる 権利なんてどこにあるの〉という心情がつづられた。

なんと言ってもアルバム「TENDERNESS」のあがりの良さ〝魂〟もヒットはしなかったけど音楽面では自分の財産になるような成果がありました。でもこの世界売れてなんぼですから、このまま甘んじててはいけない。必ずブレイクするぞ、じゃないとみんなに申し訳ないからね。（ファンクラブ会報「DOUBLE T CLUB」vol.5、一九九五年）

セールスは芳しくなかったが、心意気はファンに十分伝わった。逆にいえば、この気持ちがなぜ社会に伝わらないのか。私には、もどかしさが残った。

すべての作曲を担当した都志見隆はどう捉えていたのか。

「取り巻く状況を考えれば、ある程度の様子はわかるじゃないですか。だけどね、それによって作り方を変えることはないんですよ。模索しながらやり続けることで突破口も見えてくる。沈んでいるときこそ、ちゃんと作らなければね。いろんな意味で手を抜くと誰も引き上げてはくれない。再び光が当たったとき、そんな作品たちが漢方薬のように効いてきて、結果的にアーティストを支えてくれることになる。それに、身内感覚で本人側の意向に寄り添うばかりになってしまうと作家が歌手の新たな一面を引っ張り出そうとする仕組みがなくなっていくんですね。そうすると、新しい作品は生まれにくくなる。そういった意味でも、苦しい時期の取り組み方はとても大事だと思います」

▼「おまえ、田原と一緒に没落するのか？」と言い放たれていた人物

一九九五年六月十日放送の『歌いこみ音楽隊！』（ＴＢＳ系）で、久しぶりにあの二人が帰ってきた。「抱きしめてTONIGHT」で華麗に復活を遂げた八八年にバックダンサーを務めた乃生佳之と木野正人だ。番組の企画で、田原は二人とトライアングルを組み、同曲を熱唱。五年三カ月ぶりとは思えないほど息が合った踊りを見せた。木野が話す。

「トシちゃんのマネージャーから連絡があったんですよね。その流れで、本人に「夏のツアーと振り付けも頼む」と言われ、久しぶりに一緒にステージに出ることになりました」

前回、木野が同行した一九八九年には四十四本ものコンサートをおこなっていた。独立初年度の九四年夏も仙台から福岡まで十二公演あった。それが二年目の九五年は東京二本、大阪一本、名古屋一本とたった四本に激減。ファンクラブ会報には悲痛な叫びが届いていた。

今日は、六／二出先から帰ってポストを開け「やった」と思ったのもつかの間、ショック。「えっ、うそどうしちゃったの、何故」頭をガーンと殴られた感じでした。何故コンサートが三ヶ所だけなのですか？（「DOUBLE T CLUB」vol.4、一九九五年）

ファンから心配のハガキが殺到したことについて、田原はこう答えていた。

今年のコンサートは、東・名・阪の三大都市に絞りました。こういう状態だし、無理をするとよくないし、もっと力をつけてから全国ツアーですね。でも限られたステージで一〇〇％頑張ります。（同誌）

状況が悪化する田原からのオファーに即答した木野に対し、周囲は残酷な言葉を発した。

「「おまえ、田原と一緒に没落するのか？」という言い方をする人もいました。ほとんどの人から「やめといたほうがいいんじゃない？」と止められました。でも、なんでそんなことを言えるのか意味がわからなかった。僕はトシちゃんのおかげで世に出られた。今度は僕が振り付けをしたり、バックで踊ったりすることで、還元する番だと思ったんです」

世の中には時々の情勢を見て、付いたり離れたりする人間が無数にいる。彼らは周囲の流れに敏感なだけで自分の頭で考えることはない。己の目で確かめたり、本質を知ろうとしたりせず、他人の評価をそのまま受け取り、何の疑問も持たず自分の評価に置き換える。本当にくだらない考え方だ。しかし、そんな人間が大半なのかもしれない。木野は、田原周辺の変化を感じ取っていた。

「コンサートの終了後、楽屋に来る人数がだいぶ減ったなと感じましたね。昔一緒に仕事した仲間が遊びにきてもおかしくないいんだけど、それは全然ありませんでした」

たった二年前まで有象無象が集まっていた田原のもとから、多くの人が去っていた。

▼『笑っていいとも!』レギュラーもアルタに充満した変な空気

一九九五年になっても、バッシングは鳴りやまなかった。メディアは追い討ちをかけるような報道を続けた。〈田原俊彦（34）「プー太郎」報道で意地!? 一戸建て新築と「テレビはたまに出るもの」〉（「女性セブン」一九九五年五月十一日・十八日合併号）、〈ビッグ発言 田原俊彦（34）〝育児ボケ〟亭主に愛想づかし!?〉（「女性自身」一九九五年八月二十二日・二十九日合併号）、〈田原俊彦（34）が事務所で「電話番」って本当？〉（「微笑」一九九五年八月二十六日号）

そんななか、十月から『いいとも！』のレギュラーに抜擢される。九月限りで降板する明石家さんまに代わり、ナインティナインや勝俣州和とともに金曜日に出演することになった。

一九八〇年代前半にアイドル歌手としてスターダムに昇り、八〇年代後半に俳優業をきっかけに第二次黄金期を築いた田原にとって、バラエティータレントとして時代の波に乗る三度目のブレイクのチャンスでもあった。

同じ頃、ビッグ発言や人気凋落を逆手に取った「ＤＤＩ」のＣＭも始まった。田原が自分で電話を取って、スケジュール帳を確認しながら「もしもし？　僕が空いてるのは、月曜か火曜か……水曜か木曜しかないからね」というバージョンもあった。『いいとも！』出演の経緯はこう伝えられた。

当初、田原は「自分がお笑いに向いているのか不安」とためらったが、スタッフ側が「スター歌手・田原俊彦としてスタジオに来てほしい」と熱心にくどき落とした。新境地開拓に乗り出す田原は、「すべてスタッフにおまかせします」としている。（「サンケイスポーツ」一九九五年九月二十八日付）

番組は、体力自慢の高齢者が登場する「ジジイびんびん物語」、ナインティナインと勝俣が田原のステージに出演する権利を懸ける「目指せディナーショー——マジカラ歌合戦」のコーナーを作った。タイトルや内容からもわかるように「スター歌手・田原俊彦としてスタジオに来てほしい」という言葉に偽りはなかった。

結成五年目、東京進出二年目で飛ぶ鳥を落とす勢いだったナインティナインの岡村隆史は『ザ・ベストテン』でムーンウォークした田原を見て、翌日すぐにマネしたというほどの大ファン。ラジオ番組で、田原が嫌いな男一位に選ばれた「an・an」の読者アンケートに憤っていた。

岡村：みんな、好き勝手なこと言うてるわ。
矢部：読んでたら腹立つもん。
岡村：腹立つな〜。何様のつもりやねんと思うけどなあ。「トシちゃん、態度がデカいから嫌い」とか書いてあるねん。そやけど、よう考えてみ。あの人のおかげで、（「哀愁でいと」で履いていた）ＮＩＫＥの靴どれだけ売れたと思ってんねん。俺かて、マネして買ったもん、赤のＮＩＫＥの靴。
矢部：影響力あったもん。（『ナインティナインのオールナイトニッポン』一九九四年五月二日放送）

一九七〇年生まれの岡村、七一年生まれの矢部にとって、田原は小・中・高という多感な時期に毎日のようにテレビで目にしていた大スターだった。九五年八月八日放送の『ジャングルＴＶ』（ＴＢＳ系、一八・六％）で初共演をした際、岡村は「今度家に行っていいですか？」と無邪気に話しかけ、最後のコーナーでダンスを披露したときには「恋＝Ｄｏ！」の振り付けを取り入れるなど、田原に会えたうれしさが画面から終始にじみ出ていた。『いいとも！』は〝田原俊彦がバラエティーに進出する〟という意外性を全面に押し出していた。レギュラー抜擢直後、二カ月間の新聞のテレビ欄では毎週名前が掲載されたうえに、八週中六週は欄の最初に登場した。

月曜から金曜までの放送をまとめた日曜『笑っていいとも！増刊号』のテレビ欄でも同様だった。毎週、掲載は五、六人で、レギュラー四人前後、ゲスト一人から二人が占める傾向にある。一九九五年十月時のレギュラーは司会のタモリ、増刊号担当アナの中井美穂を含めて二十三人。掲載確率は二割程度だが、田原は数カ月前から入っていたファンとの海外ツアーのため国際電話で出演しただけの回を除いて、八回中七回も載った。十月から十一月のレギュラー陣の順位を挙げてみよう。

一位・七回　田原俊彦、二位・六回　香取慎吾（ＳＭＡＰ）、三位・四回　岡村隆史（ナインティナイン）、四位タイ・三回　中居正広／草彅剛（ともにＳＭＡＰ）、六位・二回　タモリ、七位タイ・一回　東野幸治／関根勤／中井美穂／ナインティナイン（99と表記）

前年、ＳＭＡＰから中居と香取がレギュラーに抜擢され、田原と同じ一九九五年十月からは草彅も加わった。ＳＭＡＰは九五年発売の「ＫＡＮＳＨＡして」「しようよ」「どんないいこと」「俺たちに明日はある」のシングル四枚がすべてオリコン一位を獲得。田原は、人気絶頂に向かっていた彼らよりも、フィーチャーされていた。

客観的に見れば、必要以上に持ち上げられている感が強かった。

「マジカラ歌合戦」はナイナイや勝俣がカラオケを歌い、審査員の田原の判断もしくは、もう聞きたくないと思った観客がボタンを押し、五十人に達すると終了する形式だった。第一回の十月六日、勝俣は吉川晃司の「モニカ」を選択。自身のキャッチフレーズ「シャッ！」を十三回連発し、わずか二十二秒でジ・エンド。岡村はジャッキー・チェンの「プロジェクトＡ」を歌い、たった十八秒でブザーが鳴った。彼らはボケを求められるため、変な歌い方をしてすぐに終わるケースが目立っていた。

コーナー最終回となった十一月二十四日、田原が岡村と一緒に「あずさ2号」を歌った。バッシングされていた当時のイメージからいえば、観客がすぐにボタンを押してもおかしくなかったが、岡村がソロで歌っているときを中心に十七個ランプが点滅しただけで、二人は最後まで歌いきった。たしかに歌手の生歌を聴けることに対する喜びはあったと思うが、会場全体が気を使っているのかなと私は感じてしまった。本来、バラエティーはそういう空気をぶち壊すものなのに、金曜の『いいとも！』は不思議な空間になっていた。

あらゆる場面を経験してきた田原が違和感を覚えなかったはずがない。私は二〇〇九年の取材で、話の流れから『いいとも！』レギュラー時のことを聞いている。


――ひな壇形式のバラエティー番組出演はあまり気乗りしないんですか？

俺の畑じゃないからね。俺は歌って踊ってナンボだから。そこが勝負じゃない？

――そう思ったのは、『いいとも！』に出て何か違うなと思ったんですか？

あれもね、よかれと思ってやったんだけど。合わなかったね。べつに長居しようとは思ってなかった。だって、そういうキャラじゃないからね。（誘った）ディレクターの片岡飛鳥が熱心だったんだよ。（田原のことを）大好きだったみたいでね。

――実際に出てみたら、何か違いました？

違ったってことはないけど、生理的に、いままで見せてきた場面と違うと肌で感じたんだろうね。だって、あそこで歌って踊りはできないじゃん。だからっていうわけじゃないんだけど。

――その頃、バラエティー転身の意識は？

全然なかったね。

『いいとも！』は生放送の瞬間アドリブ芸だ。『たのきん全力投球！』『カックラキン大放送!!』などで演じてきた台本があるコントとは全くの別物。周りの引き出し方によっては生きる可能性もあったが、当時の田原の扱い方は相当難しかった。

番組構成に加え、タモリや勝俣もあくまでスターとして立て、イジって笑いを生み出す手法は取らなかった。だが、過剰なスター扱いは人気下落を感じ取っていた人々の感覚とズレが生じてしまう。岡村は空気感を変えようとしたのか、対抗心を燃やすスタイルを取ったり、ぶっきら棒に話す田原に「なんや！ その言い方は！」と突っ込みを入れたりしていた。だが、田原のリアクションが冴えるわけでもなく、笑いに転換した場面はあまりなかった。何より、本人がどんな立ち位置で振る舞えばいいのか答えを見いだせないでいるように思えた。スタッフも共演者も田原自身も〝田原俊彦を取り囲む見えない空気〟と戦っていた。誰の問題でもない。バッシングによって作られた不穏な雰囲気をどうすれば払拭できるのか、誰にもわからなかった。

▼「ドラマは視聴率競争に勝てる人だけが主役をとれる」と漏らした本音

前章で示した変化に加え、一貫性がある田原の思考に変化が現れた二つ目の出来事は、俳優業に関してである。ノリにノっていた一九九〇年初頭、今後は『びんびん』シリーズの徳川龍之介のような軽くて明るいキャラクターとは違うタイプの役を演じたいと話しながら、こんな発言をしている。

「サラリーマンやったり、医者やったり、弁護士やったり。「アレッ？ 今までのタイプと違う」っていうのもね、すごく面白いと思うんだ。もちろん、そういうのって、当たる時と当たんない時がある。でも、あんまりウケなかったなって思ったら、ようし、次、頑張ろうって思えばいいわけでね」

――あんまり視聴率の数字とかを気にしないってこと？

「そんなことはないよ。芸能界って数字の世界だからね。レコード売り上げ枚数、視聴率、人気の支持率と

か、そりゃ気にするよ。気にしなきゃいけない世界だしね」(「週刊明星」一九九〇年二月一日号)

『ザ・ベストテン』などで毎週ランク付けされ、同じ基準で大勢が競争をしていた一九八〇年代はいま以上に数字にシビアだった。昔も今も視聴率至上主義を否定する向きもあるが、何らかの線引きがなければ癒着が激しくなるだけだ。

田原は『びんびん』以降、ヒットと呼べる作品を生み出せなかった。シングル「真夜中のワンコール」発売前日で、『いいとも!』金曜レギュラーの真っ最中に同じ囲みで左に田原俊彦、右に近藤真彦が配置され、興味深いインタビュー記事が掲載されている。

「いま谷底にいるといっていいんじゃないですか。三十歳以降はすごく厳しい。パワーは衰えるし、新しいものは次々に出てくるし」。人気は低迷していると自ら話す。「ことし、ブレーク(人気再燃)するしかない」そのための選択肢はいくつかあった。たとえば役者。しかし――。「二十六歳から五年間、ドラマで主役をやり続けた。調子づいていたよね。でも、ドラマは視聴率競争に勝てる人だけが主役をとれる」。勝者であり続けなかったと理解していいのか。

「自分を改めて振り返ったとき、歌しかないんじゃないかと強く思った。自分の力だけでできることは歌うこと」(「産経新聞」一九九六年二月二十日付夕刊。※実際には、二十六歳から七年間主役)

視聴率の不振は決して主演だけのせいではないが、真面目な性格ゆえに潔く責任を背負い込みすぎたのか。

独立後、自分の望む役がこなかったことも事実だ。一九九五年八月、田原が『料理バンザイ!』(テレビ朝日系)の収録後、報道陣に第二子の誕生を明らかにした翌日の記事を見てみよう。〈「ビッグ発言」以来、仕事も減り、女性誌には「洗車の日々」とも書かれたが「テレビドラマの話はくるが、ちょっとし好があわないので断っている」と強気〉（「日刊スポーツ」一九九五年八月六日付）。長女誕生記者会見から約一年半がたつ頃もまだ悪意のある書き方をされている点にも注目してしまうが、依頼はあるものの、選んでいたとわかる。田原俊彦という芸能人が大きくなりすぎてしまったから、主演以外での出演がいろんな意味で難しかった面もあるだろう。

自分の気持ちが乗らないかぎり、オファーを受けることはマイナスになってしまう。〈やっぱり俳優より、歌手としての気持ちのほうが自分の中では強いから。納得できる歌をきちんとやって、スパークしたい〉（「an・an」一九九六年六月二十八日号）。自分ができること、つまり、ステージで魅せることに全力を注ぐべきなのではないか――。ハッキリと口にこそしないが、田原のその後歩んだ道を見れば、そう思える。

▼『必殺』シリーズに出演した理由

だからといって、俳優業から完全に降りたわけではない。

一九九七年三月には、藤田まことで人気を博した『必殺』シリーズの新作となる映画『必殺始末人』に主演。仕事の取捨選択に厳しい田原はなぜ、このオファーを引き受けたのか。

「（依頼がきたとき）いやいや、なんで私なんか……と思いましてね。僕らが小学校のときからずっと見ていた歴史と伝統がある番組でしょ？　ずっと藤田さんがやられていて「え!?　あの役が」とビビって、勘弁してくださいって逃げたんですけどね。生半可な気持ちじゃできないし、プレッシャーと不安のほうが大きくて。でも、プロデューサーの方が「必殺と田原俊彦が全然結び付かない。その斬新さを狙いたい」と言われて。監督の石原さんとか京都の方が東京までお越しになって口説いてくれた。すごくうれしかったですね。これに応えるように頑張ろうと、腹括って」（『すてきな出逢い　いい朝8時』TBS系、一九九七年三月一日放送）

本当に自分に務まるのか。なぜ自分を起用したいと考えたのか。二つの疑問を明確にしたかった。映画やドラマ、バラエティー、雑誌の取材一つとっても制作陣次第でタレントの映り方は全く異なってくる。だが、視聴者や読者は出たものを、そのまま受け取る。発表された作品が結局、本人の評価につながる。裏を返せば、自分のことを理解していない人と仕事をすると、後悔する結果になる。

二〇一二年に個人事務所を立ち上げた野村宏伸はこう話す。

「「俺を買ってくれるならやります」という生き方のほうが、やりがいもあるんですよね。素直な仕事の請け合いができる。僕は自ら営業はしないけど、来たものは基本的に受ける態勢を取っています。「あなたにやってほしいから、オファーしました」という形のほうがやりやすい」

シリーズ第一作の『必殺仕掛人』から参加してきた石原興監督は、撮影をこう振り返っている。〈僕は、トシちゃん、あそこまで出来るとは思わなかった。（略）あぁここまで出来るとは、なかなか、な、よう勉強してはるな、と〉（「「コーセーアンニュアージュトーク」田原俊彦vs石原興（映画監督）」一九九七年四月十日）

セリフ回しに加え、運動神経抜群の田原の殺陣の捌き方は美しく、目を見張るものがある。だが、三作とも劇場公開予定の『必殺始末人』は、二作目からビデオ販売だけとなってしまった。作品の質が高いからヒットするとはかぎらない。それが芸能界の難しいところであり、興味深いところでもある。お金を払って見にいく映画はなおさらだ。バッシングでイメージが悪化した三十代後半のアイドル出身俳優が、確立されている『必殺』シリーズを演じる。観客側が偏見を持ったのだろう。

一九九〇年代後半は、田原俊彦という名前が足かせになっていたことも否めない。

以降、俳優としての仕事は『巡査びんびん物語』（一九九九年）、『教師びんびん物語スペシャル』（二〇〇〇年）、『教師びんびん物語スペシャル2』（二〇〇一年）という二時間ドラマを三本受けただけである。制作陣の世代が変わり、田原の資質を理解し、新たな一面を引き出そうとするスタッフが減ったことも、自然と俳優業から遠ざかった一因だろう。

僕はね、強い人が好きなんですよ。監督さんによってね、俳優さんの意見聞いてくれる人とかいるでしょ。どう思うかとか、こうした方がいいよね、とか言われると弱いんですよ。逆にね、ここはこうしろ、とか言われた方がね。僕は、完全服従型。できねぇかな、と思う時もあるんだけどさ、それをね、トライするのが好きでね（前掲「「コーセーアンニュアージュトーク」田原俊彦vs石原興（映画監督）」一九九七年四月十日）

キャリアを積んだ田原は制作陣よりも年上になっていた。それによって、周りが何か言いづらい雰囲気になったのを好まなかった面もあるかもしれない。

あらゆることを経験し、酸いも甘いも知り抜いているからこそ、「やると決めたらベストを尽くす」という精神が最も大事だと悟っている。田原は俳優を辞めたわけではない。制作側が熱意を持って自分を生かしてくれるとわかったなら、いますぐドラマや映画に出演するはずだ。

▼『笑っていいとも！』レギュラー終了でテレビから消える

歌番組への出演は限られ、俳優としても難しい年代に突入していた田原にとって、『いいとも！』レギュラーは大きな意味があった。一九九五年は九月まで十四本しかテレビに出ていなかったが、抜擢後の十月以降は倍の二十九本にも登場した（そのうち『いいとも！』以外は二本）。

年が明けて一九九六年になると、一月から三月までの計十三週のうち、田原のテレビ欄掲載は金曜一、日曜三と減ったが、日曜はまだ取り上げられている部類に入っていたし、二月十八日の増刊号（視聴率二〇・〇％）ではシングル「真夜中のワンコール」を歌わせてくれた。

番組は、反省のポーズで一躍有名になった猿の次郎とナイナイ岡村の対決や江頭2：50の乱入が話題になり、相変わらず高視聴率を稼いでいた。

田原は四月にSMAP中居と入れ替わりで金曜から木曜に移動。スタッフは田原の扱い方に迷うなかで、『歌謡びんびんハウス』で長年共演し、年上で安心感が持てる笑福亭鶴瓶、六歳年下ながらも傍若無人なキャラクターの東野幸治とレギュラーを組ませる。慣れないバラエティーでは年下ばかりの環境よりも、先輩と一緒のほうが余裕も生まれる。遠慮せずに突っ込める東野の存在も大きかった。木曜に移ってからはコーナー司会も務め〝スター歌手〟扱いもなくなったが、番組に少しずつなじんでいっているように見えた。

一九九六年になると、田原へのバッシング記事もほとんどなくなる。週刊誌は人気凋落を描きたいわけで、『いいとも！』に毎週に出ていれば叩く要素が弱まる。この年、ワールド「adabat」とポッカ「じっくりコトコト煮込んだスープ」のCMにも出演。『いいとも!』で露出していたから舞い込んだ仕事だったといえる。シングル売り上げも、九五年八月発売の「魂を愛が支配する」と比べて、九六年六月発売の「DA・DI・DA」は四倍増の一万千三百六十枚に。「adabat」のCMソングになっていたこともあり、二〇一七年現在、ジャニーズ事務所独立後に最も売れたシングルとなっている。この頃はタイアップが影響力を持つ時代でもあった。

一九九四年からの悪い状況のなかで、頼みの綱にも思えた『いいとも!』レギュラーは九月限りで終わってしまう。私が二〇〇九年の取材時に「自ら辞めたのか?」と聞いた際、田原は「自らというか、番組的においしくなかったら切られるんだろうし」と答えている。

一九九七年一月発売のシングル「A NIGHT TO REMEMBER」は、この時点では自身の最低売り上げ枚数に落ち込んでしまう。アメリカの人気グループ・シャラマーの八二年のヒット曲をカバーしたもので、プロデューサーはエイベックスの松浦勝人が務めた。当時流行したサウンドを取り入れ、二十年以上たったいま聞いても色褪せない楽曲に仕上がっている。九六年十月から田原が司会を務めた『見た目が勝負!?』(テレビ東京系、土曜二十二時―)のテーマ曲だったが、視聴率が振るわない番組のタイアップでは効果はあまりなかった。日本では曲の善し悪しよりも、テレビへの露出量でヒット曲が決まってしまう風潮が多かれ少なかれあった。

一九九七年二月発行と思われるファンクラブ会報では、個人事務所の閉鎖を報告している。〈三年間田原俊彦、そしてオーナーとして運営してきたダブルティプロジェクトから、ヒロ・プロダクション関連会社、ヒロ・パブリッシャーズ(音楽出版会社)に籍を置くことになりました〉(「DOUBLE T CLUB」vol.10、一九九七年)『見た目が勝負!?』は半年で終了する。一九九七年三月を境に、田原俊彦はテレビから消える。

本当の戦いはここから始まった――。

6 特別検証：田原俊彦とジャニーズ共演NG説を追う

▼独立直後に少年隊やSMAPと共演した事実

田原俊彦の人気下落には、「ジャニーズ事務所を独立したから」という理由も頻繁に挙げられている。噂として、ジャニーズ事務所がテレビ局に圧力をかけ、独立した田原を所属タレントと共演させないという説も流れている。

すべての物事には起源がある。

現在、知れ渡っている「田原俊彦とジャニーズ共演NG説」は一体いつ頃からささやかれ始めたのだろうか。

厳然たる事実として、独立直後に田原とジャニーズ勢の共演はあった。独立から七カ月が過ぎた一九九四年十月十二日放送の『'94夜のヒットスタジオ超豪華！秋スペシャル』では、ひな壇の一段目に田原俊彦、二段目に少年隊、三・四段目に光GENJI SUPER5が座り、独立前の歌番組と何ら変わらない光景があった。

歴代のジャニーズタレントのVTRを流す前には、少年隊と光GENJI SUPER5が前に呼ばれ、司会の井上順に「少年隊が先輩でしょ。その前にはトシがいたわけですよね。いい先輩に恵まれた？」と振られている。諸星和己は「みなさん、すごいそれなりにアドバイスしてくれて。よく怒られましたけどね。トシちゃんなんかには、専用のイチゴ牛乳飲んで怒られましたけど」と〝持ちネタ〟を話し、錦織一清は「よく踊りとか教わりましたからね。あと教わることと言ったら、独立の仕方ですか」とギャグを飛ばしていた。このとき、田原はひな壇に座っておらず、どんな反応をしていたかわからない。

一九九四年十一月十一日放送のドラマ『半熟卵』のEgg4（第四話）ではV6デビュー前の森田剛（中井順

役）が田原演じる小柳晴夫のラーメン屋を訪れていて、店を出る際に二人は「さよなら！」と挨拶を交わしている。

一九九五年四月五日放送の『'95夜のヒットスタジオ・グレートアーティスト・超豪華！春のスペシャル』ではSMAPと共演。司会の関口宏が、歌唱前のトークでSMAPに「先輩の歌を最初は勉強するんでしょ？　たとえば、誰かとジョイントといったら、その先輩方で誰がいいですか」と聞くと、木村拓哉はひな壇にいる田原のほうに体を向けて、「いやいやぁ……」と頭を下げながら恐縮。中井美穂アナに「何も、そんな小さな声でお話しにならなくても大丈夫ですよ（笑）」と言われ、田原の表情も映し出された。

だが、これから二十三年以上、田原とジャニーズ事務所所属タレントの共演はなくなった。

一九九五年四月十六日放送の『ヤンヤン歌うスタジオ同窓会』（テレビ東京系）では、田原と近藤が別々のVTR出演で池田まさるのインタビューに答え、当時を振り返っている。

『ヤンヤン歌うスタジオ』（一九八〇年四月六日放送）の一コーナー「ねのねの花の中学校入門」でのたのきんトリオのコントが流れた一分三秒間には、懐かしそうに見る田原がワイプで画面左下に、近藤が画面右下に配置されていた。その後、田原、近藤の順で過去映像とインタビューがオンエアされた。スタジオでは、少年隊の錦織一清と元シブがき隊ですでにジャニーズ事務所を離れていた布川敏和が同じテーブルで隣に座っていることにもふれておこう。

異なる場所での取材VTRをつなぎ合わせただけで、これを田原と近藤の共演とは定義できないだろう。しかし、少なくともこの頃はテレビ局がジャニーズ事務所に気を使っていなかったことがうかがえる。

▼「メリーさんに「トシが出るなら、ウチのコを出さないよ」なんて言われたことない」

いまとなっては貴重な『夜ヒット』での共演は、なぜ実現したのだろうか。おそらく、田原と親交が深い渡邉光男プロデューサーが番組を仕切っていたからではないか。ならば、渡邉本人にインタビューするしかない。

田原のメディア出演がほぼなかった二〇〇九年六月、三十周年記念ライブがおこなわれた「SHIBUYA—AX」（二〇一四年閉館）で私は渡邉を目撃していた。近年こそ、会場は中野サンプラザになり、関係者も多数来場している。だが、「SHIBUYA—AX」は椅子ありで七百五十七人収容と客数も現在の三分の一程度。三浦知良がステージに上がって「夢であいましょう」を二番から熱唱したが、有名人や取材以外のメディア関係者はほとんどいなかった。ライブにわざわざ来る渡邉は信頼できる人だと感じていた。

二十三年以上も誰も成し遂げていない田原とジャニーズタレントの共演を、渡邉はどのように実現させたのか。

「単純に、そのときの『夜ヒット』でトシをほしかったから出てもらった。それだけのことですよ」

至極明解な言葉で説明してくれた。だが、巷では、ジャニーズ事務所からテレビ局側に「田原を出すならウチのタレントを引き揚げる」と圧力があるために共演困難、と噂されている。渡邉にそんなはたらきかけはなかったのか。

「僕は、あからさまに言われたことはないですね。べつにメリーさんもジャニーさんも、僕に何か言ったことはないですよ。「トシが出るなら、ウチのコを出さないよ」なんて言われたことない」

貴重な証言である。ただし、私には一つ引っかかる部分があった。一九九四年の放送では少年隊と光GENJI SUPER5がトークをするとき、田原がひな壇に座っていなかったのである。

「偶然だと思いますよ。「光GENJIが話しているときにトシをワイプで抜いちゃ困る。席から退かして」と言われたこともないし。同時に、あいつ自身がその場にいたくないという話でもない」

たしかに、オープニングやエンディング、田原が歌う前のトークなどで彼らは一緒に映っている。

渡邉は実にあっさりと否定した。

▼疑念は『いいとも!』特大号から始まった

一九九五年十月から田原は『いいとも！』の金曜レギュラーになった。同時期にSMAP中居は木曜、香取と草彅は火曜レギュラーだから、年末の特大号で全曜日がそろう際にも共演しているはずだ。

十二月二十五日の『笑っていいとも！クリスマス特大号』（二〇・七％）を検証してみよう。

この日、田原は帝国ホテルでディナーショー（一九九五年十二月二十五日）をおこなっていて、中継で登場。月曜から金曜までの各曜日が五チームに別れて得点を競う「ディナーショー カズークイズ！」では三浦知良（ヴェルディ川崎）とともに、ショーの一部と二部の間に控え室からクイズを出している。

SMAPの三人は前の仕事があったため生放送に遅れていたが、タモリが同コーナーのタイトルコールをした後、こう言った。

タモリ：SMAPが到着しました！
会場：わぁ〜〜〜
フロアディレクター：（タモリのほうを向いて）着替えてる。
タモリ：あ、まだ到着してない？　いま、着替えてるのでもう少しお待ちください。
会場：えっ〜〜〜
久本雅美：いいじゃないの〜（『笑っていいとも！クリスマス特大号』一九九五年十二月二十五日放送）

中居、香取、草彅不在のまま、コーナーは進んだ。トシ＆カズが四問出し終わった後、着替えを終えた三人がスタジオに登場。会場は「キャッ〜〜〜〜!!」と大きく沸いた。タモリが「帝国ホテル、聞こえますか？　いま、SMAPが着いたので、わぁわぁなっちゃいました」と報告。

このままクイズが続くのかと思いきや、「ということで、もう時間がない？　カズーのクイズは終わりということで」と伝え、六分四十八秒にわたったコーナーは終了した。

本当に共演NGであれば、三人は次のコーナーから出演するだろうし、偶然の一致だと思われる。しかし、ここから二十二年以上も続く現状を考えると、数秒間同じ画面に映ったとはいえ、ＳＭＡＰ到着と同時のコーナー終了はいぶかしがりたくもなる。

印象的だったのは二〇〇〇年三月十六日、『教師びんびん物語スペシャル』の宣伝を兼ねて、『いいとも！』にゲスト出演したときのことだ。ドラマは金曜放送なのに、田原と野村宏伸はなぜか前日の木曜に登場。告知で出演する際、通常は当日に番組を回るだけに、違和感が残った。実際、放送日の金曜には『情報プレゼンター とくダネ！』（フジテレビ系）に出ている。当時のいいともレギュラー陣を見ると、金曜にジャニーズ事務所のＳＭＡＰ草彅剛がいるため、田原は木曜に回ったのかと勘繰りたくもなった。

振り返れば、新曲のリリース時に必ず出演していた『ミュージックステーション』には、ジャニーズ時代の一九九三年七月九日を最後に呼ばれなくなっていた。

二〇〇〇年代半ばには、脚本家である小山内美江子が『金八先生』への出演を懇願し、田原自身も乗り気だったようだが、実現に至らなかったという話を聞いたことがある。田原の一〇年二月十五日付のブログには、『ＳＭＡＰ×ＳＭＡＰ』に出演交渉をしたが実現しなかったと書いている。

二〇一一年三月二十七日放送の『3年Ｂ組金八先生ファイナル』には計八シリーズに及ぶ生徒役百五十二人が顔を出したにもかかわらず、シリーズ一作目の主要キャストである田原は登場していない。あまりに不自然だった。たのきん以降、『金八先生』の生徒役には毎シリーズ、ジャニーズ所属タレントが起用されていたからなのか。

こうして、「田原俊彦とジャニーズ共演ＮＧ説」は既成事実化されていった。

▼田原がテレビから引いた事実と拡大するジャニーズ枠

「独立後、一定の期間は旧事務所と距離を置く」という芸能界の常識からすれば、当初の共演は実に珍しいことだった。不思議なことに、田原の場合は通常のケースとは逆で、独立から年数がたつにつれ、共演がなくなった。

どうしてなのだろうか。もっとも指摘されないことは、田原自身が「引いた」という点だ。二〇〇九年のインタビュー時、こう話している。

（ジャニーズ事務所を独立して）はたから見てると、仕事しづらくなったように見えるかもしれないけど、僕的には引いたってわけじゃないんだけど、なんとなく結婚のときのドタバタも含めて、気分的に引くところも、たぶん僕のなかであったんだろうと思うしね。

――引くというのは？

攻めていく感じ。

――ではなくなった。

うん。それはあるんじゃないかな。デビューから最低十年は死に物狂いでやってやろうという気持ちが自分のなかにあった。やっぱり、「十年ひと昔」というし、十年って区切りがいいじゃない？　中学、高校、大学で十年。その期間、毎日テレビで見ていたら、その世代が二十代、三十代、四十代になったときにも記憶に残っているじゃない？　それすらできない人は記憶にも残らない。記憶には残っているんだけど、なかなか出てこられないと思っていた。

「なんとなく」「たぶん」「だろうと思う」と言っているように、ハッキリ決めて行動したわけではないものの、温かい家庭を育むという「人間・田原俊彦」を享受する時期にさしかかっていたことも事実だ。

子供のためにも、思いっきり愛したいじゃないですか。やっぱりかわいいでしょ、面白いでしょ、見てて。こんなひとときって、人生のなかにおいていましかないと思うし。そういう意味では、ちゃんとパパできたというのは納得ですね。（『夜もヒッパレ一生けんめい』一九九四年七月十六日放送）

一九八〇年代、年に数えるほどの休みしかなかった男には〝引く〟資格が十分あった。

独立の〝一九九四年〟にばかり目が向いてしまうが、テレビ出演は八八年百七十二本、八九年百二十二本、九〇年五十本、九一年三十四本、九二年四十六本、九三年三十三本と九〇年代に入ってから大幅に減っていた。

主な要因は二つある。

前にふれたように、十周年を過ぎた一九九〇年から仕事をより一層厳選し始めたこと、八九年九月に『ザ・ベストテン』、九〇年三月に『歌のトップテン』、九月に『夜ヒット』と歌番組が相次いで終了したことだ。

そして、独立翌年の一九九五年以降は連続ドラマにも出演しなくなり、CMも九六年の「じっくりコトコト煮込んだスープ」が九〇年代最後となる。

ドラマやCMがなく、『いいとも!』レギュラーが終わっても仕事を選ぶ方針を変えなかったため、テレビ出演は年一、二枚のシングル発売時のプロモーションだけ。社会からは必然的に「最近見ない」という印象を抱かれる。

田原はファンクラブ会報でこう話していた。〈皆、TVにでなくて心配という声が非常に多いですが、田原らしさを存分に発揮できるものだけに限らせてもらいます〉(「DOUBLE T CLUB」vol.17、一九九八年)

一九八〇年代、毎日のようにテレビで目にしていたタレントが急に消えたというインパクトは大きい。田原が自分の意志で番組を選んでいても、社会にはそれが伝わらない。テレビ全盛時代にブラウン管から生まれたスターがテレビにあまり出演しないことと、他の歌手がテレビにたまにしか出ないことでは視聴者側の受け取り方がまるで異なってくる。

ある現象が起きれば、人は必ず理由を探したくなり、自分が知りえた情報から結果と結び付けたがる。

もう一つの事象として、SMAPの快進撃をはじめ、一九九四年九月のTOKIO、九五年十一月のV6、九七年七月のKinKi Kidsとジャニーズ事務所からデビューしたグループがすべて大ブレイクし、歌番組やドラマに限らず、バラエティーや情報番組にまで進出していったことが挙げられる。一九九七年四月時点で彼らは一日平均五・一本、週三十六本のレギュラー、準レギュラー番組を持っていた。三年前、田原独立の九四年とは比べものにならないほど、テレビ界を席巻していたのだ。つまり、田原がブラウン管にあまり登場しなくなった時期とジャニーズ事務所が黄金期に入るタイミングがピタリと一致した。

テレビ局とすれば、勢いがないように見える田原を、伸び盛りのジャニーズの新鋭たちと共演させる理由が見当たらない。まして、事務所を独立しているため、わざわざ使う義理もないと感じたのだろうし、冒険する意味も見いだせなかったのかもしれない。渡邉はこう話す。

「ジャニーズだけの問題ではなく事務所を辞めた人間に対して、業界のなかで変な意味での阿吽の呼吸みたいな部分はある。(独立を)テレビ局やマスコミは敏感に捉えていくんじゃないかな」

▼『夜ヒット』プロデューサーが「一九八〇年代のテレビ局と芸能事務所の関係」を明かす

もう一つ考えられる理由として、渡邉のような気概があるテレビマンが減っていった点も大きい。一九八〇年代、テレビ局と芸能事務所はいい意味での緊張感を保っていた。お互いが意見をぶつけ合い、いかにいいものを作るかに全神経を尖らせていた。『夜ヒット』は現在では考えられないような要求を事務所に突き付けていた。

「歌手が昼過ぎにフジテレビに入ったら、本番終了の二十三時まで一切、外に出させなかった。途中で抜けるスケジュールを切るのであれば、出なくていいって。いまそんなことといったら、何を言っているんだという話になるんだろうけどね(笑)。時代が変わっているのは間違いない。でも、いまはちょっと緩すぎるよね。制作側にいい番組を作るという情熱が足りないと思う。当然、演者も空気を読みますよ。パッときて、パッとやって、これでいいでしょ?という流れ作業になってしまう」

月曜に放送されていた頃、『夜ヒット』出演歌手は二十時から生放送の『ザ・トップテン』にはランクインしても駆け付けていない。それほど、番組側が権限を持っていた。

「歌手が持ってきた衣装に対して、違う衣装を着てくれないかとも言った。こういうセットだから、こっちのほうが映えると懇々と説得した。だから、『夜ヒット』だけは他の番組と違うことも結構ありました。「この曲はここでカメラに目を合わせる」と決めている歌手もいるんですよ。でも、その決まり事を簡単に変えたりしていましたね。最終的には、作り手の愛情の問題ですよね」

たとえば、「抱きしめて TONIGHT」は一九八八年四月二日から七月二十八日までの間に計三十八回テレビで歌唱されている。衣装の色は赤と黒が各十四回、白八回だったが、『夜ヒット』では六月八日にバイオレット、六月二十九日にオリーブ色を身にまとっている。少しでも他の番組と差別化を図りたいという精神を持っていたのだ。渡邉はこう力説する。

「当然、事務所との擦り合わせは必要ですし、最低限揉まなきゃいけないことはあるけども、いいものを作ろうという思いは共有している。トシも言っていたけど、一緒に番組を作っている意識がありました。だから、事務所を説得できますよね。そこまで深く考えているなら、やらせましょうという話になる。それに、映像のことを言われる筋合いはないと思っていました」

▼「SMAPの中居正広と申します」――田原がいる部屋をノックした後輩

中居正広は業界にはびこる共演NGの空気を変えようとしているのではないか――。そう思うことがある。

中学三年になる直前の一九八七年三月にジャニーズ事務所に入所した中居は、八八年四月にSMAPメンバーとなる。

同月開始のSMAP初のレギュラー番組『いつみ・加トちゃんのWAーッと集まれ!!』（フジテレビ系）には田原も出演し、「抱きしめて TONIGHT」を二度、「かっこつかないね」を一度歌っている。

時は流れ、田原は事務所を独立して苦境に陥り、SMAPは日本中を席巻していった。

そんななかで、中居はジャニーズ所属の人間ながら番組で頻繁に「トシちゃん」と口にしている。

近藤真彦をゲストに迎えた二〇一三年八月十九日放送の『SMAP×SMAP』では、近藤のデビュー前の話になり、「マッチさんにとって、トシちゃんは先輩になるんですか？」と聞き、ジャニーズの合宿所の話になっても、「マッチさんがいなくなって、トシちゃんがいなくなって」と挟み込んできている。時がたっても、「マッチといえばトシちゃん、トシちゃんといえばマッチ」という視聴者の素直な感情を体現している。『笑っていいとも！増刊号』の最終回（二〇一四年三月三十日放送）でも火曜日の放送終了後のトークで「トシちゃんもレギュラーでしたよね？　ちょうど（時期が）かぶってたんだけどね」と話している。

二〇一五年九月三十日放送の『ナカイの窓』（日本テレビ系）はゴールデン帯の特別版で「伝説のグループ」のメンバーが集まった。鶴久政治がチェッカーズの人気ぶりを話し始めたとき、中居が当時の男性アイドル界を説明した。

「トシちゃんがいて、マッチさんがいて」

チェッカーズが大ブレイクした一九八四年は田原俊彦と近藤真彦の二大アイドルに加え、シブがき隊などが人気のあった時期。この説明は司会者としての補足であり、特段取り上げるまでもないのかもしれない。ただ、「マッチさんがいて、トシちゃんがいて」という順番で話したり、「マッチさんとかいて」と省いてもおかしくない場面でもある。そこを、中居はデビュー順にさらっと挟み込んでいる。田原のジャニーズ所属期間と七年もかぶっている中居にとって、「トシちゃん」がスラッと出るのは当たり前なのかもしれない。同時に、心のどこかで「歴史を歪ませるべきではない」と思っているのではないか。

中居には苦い思い出がある。一九九六年五月、森且行がオートレーサー転向のためにSMAPから脱退する。以降十三年ほど、過去のVTRが流されても、森の出演シーンはカットされ、メンバーがテレビで名前を口にすることさえもタブーとされてきた。一緒に戦ってきた仲間が夢を追いかけたにもかかわらず、その存在自体を抹消されたような感覚に陥ったのではないか。

木野正人に取材した際、思わぬ話が出てきた。二〇〇七年当時、田原はビクター系の事務所に所属していて、バックダンサー兼振付師の木野とビクター本社でコンサートの打ち合わせをしていた。SMAPのレコード会社であることから、同じ日に偶然中居も社内に居合わせていた。

「部屋をノックする音が聞こえたから誰かと思ったら、中居が訪ねてきたんですよ。僕は知っていたから、「おお！中居！」と思わず叫んでしまいました。緊張した面持ちで「SMAPの中居と申します」と頭を下げていましたね。トシちゃんは「知ってるよ！　初めてだよな?」といつもの明るい感じで反応していました。「木野は知ってるんだ?」と聞かれて、「もちろん知ってますよ」と答えたら、中居が「前に振り付けしてもらったこともあります」と言っていましたね。中居はすごくいいヤツですから、僕も大好きですよ」（木野）

地上波テレビで現在も五本の司会を務める中居の影響力は絶大なもの。番組内で「トシちゃん」と挟み込むだけで、人々の脳裏には田原俊彦の存在が浮かび上がる。それも一度や二度ではなく、事あるごとに口にすれば、そびえ立つ共演NGの壁さえも徐々に瓦解するのではないか。中居がどう考えているかは本人のみぞ知るが、淀んだ空気を緩和する一定の役割を果たしていることは間違いない。

▼V6井ノ原快彦の「ビッグ発言擁護放送」

〈尊敬する人は田原俊彦。今一番興味のあることはダンス。踊りの上手なタレントになるのが夢〉（『POTATO』一九九二年二月号）。こう語っていた井ノ原快彦は、V6の20th Century（トニセン）がパーソナリティーを務めるラジオ『V6 Next Generation』（JFN）の二〇〇七年四月二十一日放送で坂本昌行、長野博と田原についてのトークを繰り広げた。

フリートークの途中で井ノ原が自ら話を切り出すも、「あ、いいや、これやめとこう」と躊躇。坂本や長野に「すげえ気持ち悪いよ（笑）」と言われ、ようやく重い口を開くことになる。

「俺、子供ながらに思ったんですよ。こういうこと言っていいのか、わかんないけど。トシちゃんがお子さんが生まれたときにビッグ発言をしたじゃないですか、昔。みんな、ビッグ発言だなんだと言って叩いたけど、俺、絶対ギャグだったような気がするんだよね。トシちゃんなりの」

ジャニーズ所属のタレントが、事務所を去った田原について言及することは非常に珍しい。まして、この頃の田原は傲慢というイメージが色濃く残り、メディア露出もほとんどなかった。そんな二〇〇七年に井ノ原は突然、自分が高校生だった十三年も前の「ビッグ発言」について持論を述べ始めた。

「なんでわかってあげないんだろ、って子供ながらにずっと思ってたんだけど。ギャグだよね？「僕ぐらいビッグになると」って言ったじゃないですか。俺、大爆笑したんだよね。面白かったと思うんだけどな〜。いまさら、こんなこと言ってもしょうがないけど」

ジャニーズ所属という立場だから、勇気がいったはずだ。また、通常「ビッグ発言」と大雑把に一括りにされる言葉を、「「僕ぐらいビッグになると」って言ったじゃないですか」と会見での言葉を正確に再現したことに井ノ原の物事に対する繊細さが読み取れた。

一九八八年四月八日の『ミュージックステーション』ではテレ朝玄関前に特設セットが作られ、田原が「抱きしめて TONIGHT」を歌い、曲の終盤に総勢二十人ほどのジュニアがステージ下に出てきて踊っている。長野は、それに関連すると思われる話を始めた。

「トシちゃんの後ろで踊るには、オーディションがあるんですよ。ちゃんとボビーさんに振り付けをしてもらって。振り付けしてもらったからって、全員が出れるわけじゃないの。俺、学校があって遅れていったら、結局そのオーディションの場所には行ったんだけど、受けることができなくて出られなかった。厳しかったですよ」

井ノ原は長野の話を受けて、「ジュニアのゴールってトシちゃんのバックだったよね。少年隊（の舞台『PLAYZONE』）に出れたら、かなり格上だったじゃないですか」と振り返った。坂本が「プレゾンはもう最高でしょ」、長野も「選ばれた人間だったよね」と同意。そして、井ノ原は「そのなかで、やっぱトシちゃんっていうのは別格でしたからね」と力説。坂本も長野も「別格でしたね」と語っている。

坂本が「（ゲストに）トシちゃん呼ぼうぜ」と言うと、恐縮した感じで長野は「俺と井ノ原はちょっと用事が……」といい、坂本自身もギャグで「立ち稽古が」と話した。井ノ原は「俺は出前が……」と冗談を言った後、「でも、いまだからお話ししてみたいですよね。「あの頃、見てました」とか。きっかけがトシちゃんですから。トシちゃんに憧れて入ったんですよ。会いたいです。ぜひいつか会いたいということで」と熱弁を振るった。

時を経て、二人は遭遇した。七年後の二〇一四年五月三日、同じ番組内で井ノ原が話している。

「ホームセンターで、最近トシちゃんに会います。「おぉ、イノッチ！ 何やってんだよ〜」「ちょっと、水を、箱買いしにきました」。二つ、俺は段ボールの箱を持っていたの。トシちゃんも同じ箱を、一つ持っていたの。「おまえ、力持ちだな！」と言われたのが、時を経て、トシちゃんと初めて話せたときだったの。俺、芸能界入っても、一度も会ったことなくて。ジュニアからデビューしても一度も会ってなかったんだけど、まさかのホームセンターで。握手してくれたのよ。

俺、言うの忘れたの。緊張しちゃって。「あなたに憧れてジャニーズ入った」と言うの忘れちゃったの。（ホームセンターで）二回目会ったんだけど、そのときも言うの忘れちゃったの。「おまえ、よく来るの？」と言われて、「は、はい」しか言えなかったの」

長野も「でも、そうなるよね〜」と同意。坂本はジュニア時代にテレビ朝日のリハーサル室で田原を見た話を披露し、「かっこよかった〜」と振り返っていた。

私は、V6メンバーがそろう『新知識階級 クマグス』（TBS系、二〇〇八年九月開始―一〇年九月終了）という番組に、「生島ヒロシ研究家」としてスペシャル版を含めて五度出演したことがある。そのとき、井ノ原快彦のすごさを肌で感じ取った。パネラーとしてメンバー六人が並んでいたが、番組は井ノ原を軸に進行しているように感じた。

収録中は何を言ってもスタッフが笑ってくれるが、本当にウケたときと愛想笑いの違いはよくわかる。私はギャグを言ったつもりは全くなく、自分が思ったことを素直に発言しただけだったのに、爆笑が起こっていた。最初は「自分が面白いこと言っているのかな」くらいにしか感じなかった。時間がたって、よくよく考えてみると、井ノ原のパスの鋭さに気づいた。

生島ヒロシのラジオを熱心に聴きながらも、どこか醒めている私の特徴（自分では全く気づいていない）を把握したうえで、「こう聞けば、こう答えるだろう」と計算して質問を投げかけていたのだ。だから、思ったことを正直に答えるだけで笑いにつながっていた。私に気づかせないように、上手に手のひらで転がしてくれていた。井ノ原が司会者として重宝される理由の一端は観察力の鋭さにあるのだ。

そして、もう一つ〝優しさ〟が挙げられる。芸人は自ら笑いを取りにいきがちだ。一般人のゲストに突っ込むことで、笑いに変える人もいる。井ノ原にはそういうエゴがない。自分をおいしく見せるよりも、ゲストが面白く映ることを最優先している。ジャニーズのタレントが司会者として重宝されている理由の一つに、出しゃばりすぎない点があると思う。自分は芸人ではない、アイドルとして見られていると客観的に理解したうえで、笑いは他の人に任せながら番組を回している。

二〇一五年の『紅白歌合戦』で白組司会を務めた井ノ原に、黒柳徹子が「あなたは優しいから司会者に向いている」と言っていた。思い返してみれば黒柳、萩本欽一、タモリ、中居正広など日本芸能史に残る名司会者は、根底に人を気遣う優しさがある。井ノ原の優しさは「ビッグ発言擁護放送」からも読み取れる。社会がどう評価しようと、〇七年の時点で「あれはギャグだったと思う」と自分の視点を持って話せる男なのだ。

田原と井ノ原の共演が実現した暁には、井ノ原の小学校の運動会で「ＮＩＮＪＩＮ娘」のイントロが流れたとき、その場に居合わせたジャニー喜多川が「トシの歌だ！　これ、トシの曲だよ！　さすがだよ、トシ！　こんなところで使われてうれしいな～」と興奮したというエピソードも披露してほしい。

▼田原本人は共演ＮＧ説をどう考えているのか

所属タレントはむしろ、共演を望んでいる。私は二〇〇九年の取材で「ＳＭＡＰと『夜ヒット』で共演していますよね？」と聞いたが、田原は「あれは共演とはいわない」と答えていた。歌番組で単に席を並べていただけという認識なのだろう。その後、ジャニーズ勢との共演NGについて尋ねると、こんな答えが返ってきた。

——二年ほど前、V6がラジオで「絶対いつかトシちゃんと会いたい」と言ってます。オファーがあればぜひね。でも、ジャニーズが口頭で指示を出さなくても、番組サイド側が引いちゃうの。暗黙の了解になってる。でも、俺に力があれば、オファーはくるんだよ。そうじゃないから、俺の現状がある。それは、認めなきゃいけない。ジャニーズの弊害と言うつもりは一切ない。

一九九四年、九五年と『夜ヒット』で共演していたことを思えば、「俺に力があれば、オファーはくるんだよ」という言葉は、あながちウソではない。冷静に考えれば、九〇年代後半から二〇〇〇年代にヒット曲の出ていないトシちゃんとジャニーズの共演は難しかったかもしれない。

二〇〇九年から九年、状況は改善してきた。一二年六月十八日『HEY!HEY!HEY!』出演時には共演こそなかったが、ジャニーズ所属のHey!Say!JUMPも同じ回に登場。一三年六月十九日『いいとも！』のテレフォンショッキング出演時のいいとも青年隊はジャニーズ所属のnoon boyzだった。このとき、「タッキー&翼」の今井翼とカラオケで二日前に同席したと明かしている。同年九月二十八日、中野サンプラザでのコンサートで、田原はメリー喜多川から「(ジャニーズの)若い子たちが、トシの歌を歌っています。よかったら、今度見にきてください」という手紙が届いたとファンに伝えた。

何より、田原がスペシャルMCを務める『爆報！THEフライデー』(TBS系)は好調で、所縁の人物に会いにいく二時間スペシャルも軒並み高視聴率を叩き出している(二〇一二年三月三十日放送・野村宏伸一三・六%、一二年十月二十六日放送・武田鉄矢一四・〇%、一六年三月四日放送・芳村真理一五・四%)。

近年、田原は歌番組出演も増えていて、二〇一五年に『思い出のメロディー』『NHK歌謡コンサート』『MUSIC JAPAN』、一六年、一七年に『うたコン』とNHKにも登場している。

ほかにも最近、明らかに流れが変わっているのではないかと思うことがある。

二〇一八年三月六日、関ジャニ∞の村上信五、丸山隆平、安田章大がレギュラー出演する『ありえへん∞世界』（テレビ東京系）で野村宏伸が十四分四十五秒にわたって特集された。その際、『教師びんびん物語』のオープニング映像や田原と野村の掛け合いが流れた。野村は二人の思い出の場所を訪れ、最後は田原への感謝を述べる形でVTRが終わった。ジャニーズタレントの番組で、大々的に田原俊彦がフィーチャーされたのである。一般的に、テレビ番組で過去映像を扱う際は当時の所属事務所に許諾を得る。

そう考えると現在、田原俊彦とジャニーズタレントの共演に支障はないと思える。

TBSの社員として『たのきん全力投球！』などのディレクターを務め、現在も制作会社ドリマックス・テレビジョンで番組制作に携わる田代誠になぜ田原とジャニーズのタレントが共演できていないのか聞いてみた。

「自主規制でしょうね。テレビ局が勝手にジャニーズ事務所に気を使っている。独立して何年もたっているわけですし、共演させてもべつに何も言わないと思いますよ。なんといっても、ジャニーズ事務所は「たのきん」から始まっているわけですし、五十代になったいまでも、トシちゃんはあれだけ踊っていてすごいですよね。あとは、「田原俊彦を使えば数字が獲れる」と局が判断する材料があるかどうかだと思います」

言い換えれば、テレビ局員のプロデューサーが田原とジャニーズ勢を共演させたいと思えば、いますぐにでも実現できるのではないか。渡邉はこう言った。

「可能だと思いますよ。（テレビ局側が）変に気を使っているだけの話だと僕は思います」

第4章

テレビから消えた逆境をどう生き抜くか

——一九九七——二〇〇九年六月

1 「田原俊彦の生きざま」を体現した『Dynamite Survival』

▼「近藤真彦をうらやましいと思わないか?」への本人回答

田原俊彦の独立は円満だったのか、それとも軋轢が生まれた結果だったのか。なぜ、ジャニーズ所属タレントと共演できないのか。人は原因を一元的に考えたがるが、「こうだからこう」と一筋縄で説明できることは少ない。あらゆる物事が複雑に絡み合って一つの現象は生まれる。

だから、私はひたすら客観的事実をいくつも書き連ねてきた。どんな独立も百パーセント円満にはいかないだろうし、だからといって百パーセント齟齬を生じるわけでもないだろう。

一般論として、別れるときは円満でも独立後に考え方が変わったり、当人たちの間に問題はなくても周囲が勝手に配慮したりする可能性もある。おそらく、本人たちも共演NGの理由など把握しきれていないのではないか。

いずれにしろ、田原俊彦は独立を選択したように思う。

ジャニーズ時代から彼のもとには、不思議と自立心の強い仲間が集ってきた。飛び込み営業で事務所と関わり始めたメンバー中心のジャPAニーズ、作家のなかでも異端な宮下智、銀行員から脚本家に転身した矢島正雄、その後個人事務所を立ち上げる野村宏伸、アメリカに飛び立つ木野正人……。みな田原が引き寄せた必然だろう。

二〇〇九年の取材時、田原は独立についてこう言っていた。

「自分のなかでは、やっていけるという自信があるからさ。おバカじゃないから。計算できているわけだから。どんなに情勢が苦しくなろうとも、十分戦っていけますよ、食っていけますよってことだよね。それがあるから動いたわけであって、それからの荒波は当然のこと。逆にいえば、ジャニーズの鉄板で守られていたときよりも、柔かもしれないけど、やりがいはあるよね」

一人で立ち向かっていくことを意気に感じる彼の性格上、独立は必然だったのではないか。一方で、その後の芸能人生を考えれば、残留しなかったことについて本当に後悔していないのか。私は疑問を投げかけた。

――マッチや東山さんはジャニーズ事務所の後継者と言われていますが、仮に残っていたら、田原さんが後継者でしたよね？

どうなんだろうね。ははははっは。

――「うらやましいな」という思いは？

まったくないね。いまもジャニーズにいれば、もっと露出していたと思うよ。でも、べつにジャニーズがじゃましているわけじゃないの。

同じ言葉を発しても、その人の雰囲気で「本当はそう思ってないんじゃないか」と感じることもある。だが、このときの田原俊彦はきっぱりとした口調で「まったくないね」と答えた。ジャニーズ事務所を辞めたことへの後悔は感じられなかった。また、こうも付け加えていた。

「人それぞれだからね。僕はそういう生き方（独立）を選んだだけ」

ジャニーズ時代とそれ以降で田原のイメージはまるで違うものになったし、田原も認めているように仮に残っていればメディアへの露出は比較にならないほど多かったはずだ。普通に考えれば、ジャニーズにいたほうが安泰だし、強がっているだけじゃないかと勘繰りたくもなる。私は素直にその気持ちをぶつけてみた。

――仕事が減って淋しい思いはなかったですか？

そう見えるかもしれないけど、僕としては仕事量をセーブする気持ちがあった。死に物狂いでデビューから十年間突っ走ったからね。年一回くらいの休みで、歌にドラマに映画、バラエティーすべてのカテゴリーを消化したし、もう思う存分やった。「次、どこに行く？」となったとき、家族ができた。かわいいじゃない？　子供って。すごく幸せだよね。芸能人ではない、もう一人の田原俊彦の人生が始まった。だからって、仕事を放棄するわけじゃないし、ヒットはないけど、シングルだって欠かさず出しているし。コンサート、ディナーショーをコンスタントにやっている。それが僕の最低限やらなきゃいけないこと。お客さんがいるから。そこで、質の高いパフォーマンスをしなきゃいけない。それはずっと守っているからね。

田原俊彦は堅実で、家族思いの男でもある。

十八歳のときに『金八先生』でチャンスをつかむと、二十歳で父親の墓石を作り、二十一歳でローンを組んで母親に東京・参宮橋のマンションをプレゼントした。自分のことよりも先に、親への感謝を行動で表した。母の長年住み慣れた山梨への愛着を知ると、二十五歳で甲府に土地を買い、二十六歳で３ＬＤＫの家を建てて、親孝行に徹した。

高級時計を身に着けるなどの無駄な派手さを持ち合わせていない彼は、趣味である車には金をかけていたが、結婚を機に愛車のポルシェから、子供のために四ドアのセダンに買い替えている。

一九九六年には推定三億円の豪邸を都内の高級住宅地に建築。無駄遣いせず、計画的な生活を送ってきた証拠だろう。昭和のスターといえば、「一晩で何百万円使った」というエピソードがプラスな方向で語られがちだ。それはそれでいいと思うが、貧しい生活を脱するために芸能界に飛び込み、成功した後も決して幼少期のことを忘れず、堅実でいた田原はもっと評価されるべき存在だ。

昭和の芸能界では、子供が突然大金を手にすると親や親戚が群がり、家庭が崩壊するといった話は珍しくなかった。だが、田原家はそのような悲惨な光景とは無縁だった。母・千代子は八十歳を超えたいまでも、毎年コンサート会場に足を運び、声援を送っている。開演前や終演後には、気づいたファンが手を振り、千代子は目いっぱい手を振り返す。二〇一六年、地元・山梨のコラニー文化ホール（山梨県立県民文化ホール）でＮＨＫ『うたコン』が生放送されたときも母は観覧に訪れ、「ごめんよ涙」を歌いながら客席を回る息子とガッチリ握手を交わしている。

いつも母に連れ添う妹はライブ中、振り付きで盛り上がり、二〇一四年発売の「LOVE&DREAM feat. SKY-HI」ではタオルを思いきり振り回して一緒に歌っている。

三十年の付き合いになるキング・カズこと三浦知良は田原の家族とも面識があり、会場で遭遇した際に田原の母とハグを交わすのを私は目撃したことがある。カズは二〇〇二年発売の「DO-YO」が歌われると、ステージ上の田原と同じ振り付けをしながら、純粋に楽しんでいる。

売れているときは誰だかよくわからない人たちが擦り寄ってくる。だが、心の伴わない大群からチヤホヤされるよりも、少数でも絆が深い同士で愛情を確かめ合うことのほうがよっぽど幸せなのではないだろうか。

▼「ビッグ発言」がもたらした幸福と沢田研二も語っていた「仕事を選べる贅沢」

長女誕生記者会見から五年八カ月が経過する一九九九年十月十六日、『芸能界激突デスマッチ ワイドショーの主役!!』（テレビ朝日系、一六・四％）で、田原はVTR出演で親交がある東海林のり子のインタビューに答えた。

（会見は）ジョークがジョークで通じなかったみたいなところもあるし、うまいこと編集されたりとかいろいろあるけど、それに関して僕がああだこうだ言う必要ないと思ったしね。それは男っぽくないし、自分が発言したことは事実だし、自分が頭きていたのもそうだし。それより何より、半年間追いかけ回されて、毎日ウチの前に車が五台も六台もいて、クルーが各局いて、身動き取れない。自由をホント奪われた、というところから僕は逃げ出したかった。じゃあ出ていって、記者会見やりましょう。自分が納得しないまま、あいう場面に出ていったから、やっぱり、対立はありますよね。

でもあれによって、僕はずいぶん楽になりましたから（笑）。あれから、パタッとウチの周りにも張り付かなくなったし、そういう意味ではすごく楽でしたよ。

「ビッグ発言」によって、田原俊彦は〝自由〟という最高の境遇を手に入れたのだ。仕事が激減したとマイナス面ばかりが指摘される会見も、人間・田原俊彦にとっては大いにプラスになった。

そもそも、テレビに出られなくなったタレントは本当に不幸なのか。

デビュー間もない芸能人にとって、テレビは大事な媒体だ。だが、毎日のようにテレビに顔を出すことは、ある程度、自分を犠牲にする作業でもある。すべてがすべて思いどおりになんていかないし、睡眠時間もプライベートの時間も削らなければならない。それも、売れる過程では必要なことだろう。

だが、それを何十年も続ける意味はない。何事にも段階がある。ただ、スターに上り詰めると、次へのステップが見えなくなる。毎作ヒットが求められるが、そんな不死身の人気を誇るタレントは存在しない。段階を踏んで上り詰めたスターの特権は、したくない仕事はせず、納得できる仕事だけをして生きることではないか。田原はその権利を勝ち取った数少ない芸能人の一人だ。〈ハチャメチャ忙しいのはもういやだな。自分の生活空間はちゃんとキープしなくちゃ。そうでなければ、自分の主張も選択もできない。やりたくないことは、やりたくないよね〉(「産経新聞」一九九六年二月二十日付夕刊)

アルバム曲「STOP WEDDING BELL」を自分のコンサートで歌うなど田原がいまも変わらずに尊敬の念を抱いている沢田研二も、同じ価値観を持っている。

もちろん、テレビに出てない、イコール仕事をしていないと思われることへの葛藤もあった。だけど、自分の好きなことをして、それが仕事として成立するというのが理想だから、人が何と言おうと、自分がいいと思うこと以外はやらないってことに決めてしまったんです。

でも、そういうことって時間をかけないと周りを納得させられないんですよね。例えば、アイドルにしても十年続ければ、〝人気も実力なんだよ〟とデカい声で言えるわけね。だから僕は、〝じゃ、十年ぐらいアイドルだと言われ続けてみせようじゃないの〟と思って頑張ってしまったけど。（「UNO!」一九九八年一月号）

沢田も田原もテレビに出続けたスターだったため、テレビで見かけなくなると「どうしたんだ?」と社会は思ってしまう。そのための葛藤はあったものの、十年やり遂げたジュリーはこう話していた。〈イヤだなと思う仕事をしないでもやっていけてるから贅沢だなあ、ありがたいなあと思って。だから、ちゃんと頑張らなきゃねえ〉（同誌）

田原も独立から現在に至るまで、無理にテレビに出なくても何の問題もなく生活を送れている。したくない仕事をせずに生きていけることほど、贅沢なことはない。

▼「泣き言や相談は一切なかった」——十五分の一に激減したステージに向かう精神力と意地

それでも、周囲から見れば一九九〇年代後半以降の田原は苦しんでいるように思えた。独立二年目の九五年に四公演に落ち込んだ夏のライブは、九八年を除けば東京・名古屋・大阪の三公演だけの年が続いた。冬のディナーショーも九四年は八日間、九五年は十日間あったが、九七年からは東名阪の三日間に絞られていた。

二十一公演の一九八八年、四十四公演の八九年という第二次黄金期の全国ツアーを回り、独立後の九五年、九八年から二〇〇九年までの計十五年間ダンサーや振付師として同行していた木野はどう受け止めていたのか。

「三本やろうが百本やろうが、準備は同じですからね。構成ができてしまえば、あとはそれを消化するわけですから。本数が少なくても、準備は変わらないから大変なんですよ。でも、本人を見ていて、ネガティブな印象は受けなかった。コンサートに訪れる関係者はたしかに減りましたけど、逆にいえば、にわかファンが来なくなった。これが普通という考え方もあります」

かつての栄光がまぶしければまぶしいほど、落差は大きくなる。モチベーションを保つのは容易ではなかったはずだ。スポーツに例えれば、試合がないのにずっと練習ばかりしているようなもの。二度目のインタビュー取材になった二〇一四年、当時の心持ちを聞くと、田原はこう答えた。

「数が少なくたって、一生懸命やるだけですよ。待っているお客さんがいるわけですから。ファンの人に、ちゃんと元気な姿を見せなきゃいけない。それが、僕のすべき最低限の役割。絶対に手も抜けないし、スキルも落とせない。ステージに向かうときの気持ちは、何も変わらないですよ。(公演数は)需要と供給の問題ですからね。求められてないのに、駅前で歌うわけにはいかないじゃないか!」

年齢を考えれば、バラード中心のライブや俳優業へのシフトが自然な流れだ。だが、田原は四十代になっても二十代の頃と同じ歌って踊るステージを続けてきた。

私は今回、独立後も親交があった複数の著名人に取材した。その際、全員に「愚痴を言われたり、相談されたりしたことはありましたか?」と質問をした。頂点を極めた男が一気に奈落の底に突き落とされれば、そうするのは当たり前だと思っていた。一人残らず、答えは「全くないですね」と共通していた。

渡邉光男はこう話してくれた。

「泣き言や相談は一切なかったですね。『何かあったら使ってください!』と平気で言えたり、どこにでも頭下げられたりする芸能人は偉いと思いますよ。田原はね、一切そういうことしないんですよ。『ちょっとおまえ、一回頭下げてきたらどうなんだよ』と言っても絶対にしない。だから、変に誤解を招いてしまう部分はある。でも、それがアイツの生きざまですから。いまさら直らないでしょう(笑)。あのまま突っ張っていいんですよ。自分のキャラは変えられないし、それを通すしかないと思っている。そのなかで、自分をよく理解している人間と仕事ができればいいと考えている」

少し軟化するだけでも、状況は好転した気もするが、それをできないところが田原俊彦の田原俊彦たるゆえんだ。私が二〇〇九年にインタビューしたとき、田原はこう話していた。

「だからね、(腰低くして)『お願いします。なんとか、どんなのでもいいですから……』と言うかって。男・田原俊彦が。そんなの、死んでも言わないでしょ（笑）。たぶんさ、究極にわがままな男だよ。でも、自分の意志と反することはできないじゃん。これもわが人生だと思って、行かなきゃいけない。ファミリーやスタッフには迷惑をかけるかもしれないけど、僕が選択した道だから、これからも歩いていくよ」

良くも悪くも、この強情さが田原俊彦の根幹にある。

『教師びんびん物語Ⅱ』が大ヒットした一九八九年、田原は「わがまま」についてこう話している。

たとえば、撮影のときに、スタイリストが、どう考えても納得できない衣装を用意してきたとするじゃない。撮影時間とかスタイリストとかに気を使って、我慢してそれを着るのは簡単なわけ。だけど、上がった写真がよくなくてダメージを受けるのはオレなわけじゃない。スタッフとかブレーンがいてのスターとか言うけど、最終的な責任はぜ〜んぶ自分にくるんだよね。だから、自分の身は自分で守るっていうのかな。〝オレはこれ着ない！〟って言える自分じゃなきゃいけないと思うんだ。だけど、そんなことをいちいち説明するのも面倒だから、〝オレはいいもんしか着ないからね！〟みたいな言い方しちゃうでしょ、オレって（笑い）。だからワガママに見えちゃう。（「CanCam」一九八九年四月号）

この頃なら、田原に対する時代の空気感からして、この話は「さすが、妥協しない男だ」とプラスに捉えられたはずだ。同じ発言がもし「ビッグ発言」以降であれば、「傲慢だ」とマイナスに感じられただろう。言葉足らずのため、情勢が傾くと一気に勘違いされるのだ。起こった出来事は一つでも、物事の捉え方は何通りもある。結局、マスコミや社会がどの面にスポットを当てるかで芸能人は良くも見えるし、悪くも見える。

無責任な他人の意見に惑わされることが、自分の人生にとって、どれだけ無意味なことか。田原俊彦は時代の流れなんてわれ関せず、地位や名誉を失っても、自分の生き方を通し続けている。

▼初めて田原俊彦を見たイベントでの憂鬱とコンサートでの歓喜

一九九七年四月から田原俊彦をテレビで見かける機会が激減したため、私は過去のライブビデオを見るしかなく、中古で手に入れた十周年コンサートの『10TH ANNIVERSARY GLORIOUS』をテープが擦り切れるほど繰り返し見ていた。冒頭のメドレーは、いままで千回以上鑑賞しただろう。

小学生のときに『ザ・ベストテン』などでなにげなく見ていたトシちゃんの動きがあまりに素晴らしいと気づいた。足先から指先まですべてが華麗に決まっている。このダンスは一九九七年当時のテレビ界を見渡しても、ナンバーワンだった。私の知るかぎり、八九年前後の田原俊彦に勝てる日本人はいない。

この映像を見れば見るほど、疑問が渦巻いた。

「なぜ、これだけ実力のある大スターがテレビに出られなくなったのか」

まず、田原の動きを自分の目で確かめる必要がある。一九九八年、二十歳のときに意を決してコンサートに行った。ほぼ女性ファンであり、二十歳の男なんていないと思ったから、相当な勇気がいった。この頃の私は、周囲にファンであると公言していた。カラオケで「抱きしめて TONIGHT」を踊るので自然と知れ渡ってしまう面もあったし、その波に乗じて田原俊彦の素晴らしさを語ることもあった。友達がどう感じていたかは知らない。

バイト先に、一九八〇年代のテレビ番組が異様に好きな、ちょっと変な先輩がいた。私より四歳年上の男性で、理系の大学院に通っていた。いまでこそ八〇年代の再評価が起こっているが、九〇年代は八〇年代がダサイものとして扱われていた時代。その頃に口を開けば「ドリフが」と話しだすような人で、異様に顔がデカく、夏でも冬でも短パンを履いている不思議な人だった（いまはどこかの大学教授らしい）。

あまり話したことがなかったし、まさか来るわけないだろうと軽い気持ちで「トシちゃんのコンサート行きましょうよ」と誘うと、「いいよ」と思いのほか即答された。私を傷つけない程度に「予定がある」「その日、腹が痛くなりそうだから」「ドリフのビデオを見る」などの理由で断られるとばかり思っていたのだ。

誘っておきながら若干戸惑ったが、顔の大きさにも圧倒され、八月十九日（水曜）、一緒に渋谷公会堂に行くことになった。

当日、ハチ公前で待ち合わせると、先輩はTシャツに短パンという何ともラフな格好で現れた。会場まで歩く道すがら、「渋公に行くのはドリフ（『8時だョ！全員集合』の収録）以来だな」となぜか自慢げに語っていた。どこまでドリフターズが好きなんだと思いながらも、一人じゃないことに安堵している自分がいた。当日券でS席を買い、十五列目あたりで開演を待った。周りを見渡すと満員にはほど遠く、多少の寂しさが募った。

私には若干の心配があった。十日前の八月九日（日曜）の夕方、トシちゃんは渋谷109の公開スペースで新曲「キミニオチテユク」を披露していた。前年から所属レコード会社になったガウスエンタテインメントに関連したカラオケ「DAM」のイベントだった。

そのとき、どうも元気がないように見えたのだ。スタンドマイクで歌う曲とはいえ、間奏で踊ることもない。膝に手を当て左右に捻るマネをする程度で足を上げることもなかった。一言でいえば、覇気を感じられなかった。

一体どうしたんだ。自分が知っている田原俊彦はそんなんじゃない。いつもビデオで見ている田原俊彦は華麗に舞い、常に全力で踊っていた。無料の野外イベントで、ファン以外の視線もたくさん注がれている。そういう場でこそ、いま持っているすべてを出し尽くし、健在ぶりをアピールすべきではないか。テレビに出なければ出ないほど、ビデオを見るせいで全盛期の姿が目に焼き付く。だからこそ、ギャップが目についた。

コンサートでは、自分の知っている田原俊彦が見られるのだろうか。一抹の不安を抱えていると、幕が上がった。

一曲目、先週見たばかりの「キミニオチテユク」で一気に気持ちが晴れた。そこには、全力で歌って踊る田原俊彦がいた。続くダンスナンバー「ジャングル Jungle」でのパフォーマンスに圧倒されると、バラードの「雨が叫んでる」では静かに聴かせた。

気づくと、ドリフ好きの先輩は大興奮し「トシちゃ〜〜ん！」といつにも増した大声で叫んでいた。私は少し気恥ずかしく思いながらも、安堵した気持ちでいっぱいになった。

自分の知っている田原俊彦だ。

中盤になると「かっこつかないね」「ごめんよ涙」と第二次黄金期の曲を披露し、「抱きしめて TONIGHT」で会場の盛り上がりが最高潮に達した。客が少なかろうが関係なく、田原俊彦はベストのパフォーマンスを見せていた。

田原がMCをすると、「がははは！」と豪快に笑う先輩を少しうるさいなと思いながらも、素晴らしすぎるステージを目の当たりにし、やはり自分の考えは間違いではないと確信した。客の入りを見れば、いまの田原俊彦は不遇の時代かもしれない。でも、パフォーマンスは相変わらず一流じゃないか。どうして、この素晴らしさが伝わらないんだ。

終演後、近くのパスタ屋に行き、先輩と二人でライブについて語った。

「いや～よかった。誘ってくれてありがとう。MCも面白かったな。渋谷公会堂で爆笑したのはドリフ以来だよ」

この人はなんでもドリフターズ基準だなと思いながら、ステージを見ればわかるのだとうれしくなった。

▼「年間ベストテン一位のとき以上に泣きました」――親友を救った男気

田原がマスコミに追われ、バッシングを受け、芸能界で泳ぎづらくなっている頃、「抱きしめて TONIGHT」でバックダンサーを務めた乃生佳之は両親の介護に追われていた。

肝臓がんを患い、思うように体を動かせなくなっていた母に続いて、一九九三年には父が再び倒れた。この頃、映画『虹の橋』の撮影もあった乃生は親を病院に連れていくなど面倒を見た後、東宝の撮影所に出向き、帰ってきたら実家のうどん屋でも働いた。それが終われば、家事にいそしんだ。

四足のわらじはあまりに重すぎた。懸命な看病も及ばず、母が一九九五年十月に他界してしまう。

「やることが多すぎて、頭が混乱していましたね。頑張りすぎたのかな。葬儀にはトシちゃんも来てくれました。自分から直接は伝えていないです。僕の友達が「のおちんのお母さん亡くなったよ」とあちこちに連絡してくれていたので、耳に入ったのかもしれません。

著名人の場合、お焼香したら帰るのに、トシは二階のお座敷に上がって最後までいてくれたんですよ。周りの人は興奮するし、話しかける人もいた。それでも、トシはいやな顔一つせず丁寧に対応してくれていた。僕が礼を言うと、「ぜんぜん、ぜんぜん。それより大丈夫？」と気使ってくれました」

翌年八月には父親が他界。長年に及んだ介護の末に相次いで両親を失い、乃生はうつ状態になり、空の巣症候群に陥っていた。

「最初は両親の介護、芸能活動、うどん屋を掛け持ちしていましたが、さすがに無理だったので、芸能を辞めた。それでも難しいから、うどん屋も畳んだ。介護に絞ったけど、両親は亡くなった。働く場所もなければ、両親もいない。俺は一体、何をやったらいいんだろうと……」

絶望感に苛まれる日々。このままではいけないと思いながらも一歩を踏み出せない。気力がわかない状態が続いた一九九八年夏、一本の電話が鳴った。

「もしも～し！　九月十八日、厚生年金集合～！　以上！　待ってるね～」

聞き覚えのある甲高くて明るい声。田原俊彦だった。

「ただそれだけ言われて、すぐ電話が切られた（笑）。（木野）正人に連絡して、「抱きしめて TONIGHT」踊るの？」と聞いたら、やっぱりそうでした。言葉足らずなところがトシらしいですよね。それからビデオを見て振り付けを思い出しました。僕はまだ薬も飲んでいたし、本当に毎日ボッーと過ごしていました。そんなときに電話をかけてきてくれたのは、何かあるのかなって」

乃生の状態を田原は知っていたのだろうか。

「情報が届いているとは思えないんですよ。だって、僕は誰にも会ってなかったし、誰にも自分の症状を喋っていなかった。のちに、「実はね……」と話したことはあったけど……」

九月十八日、乃生は九年ぶりに田原俊彦のコンサートに登場した。「抱きしめてTONIGHT」のイントロが鳴って舞台が明転すると、乃生の姿に気づいた観客席がドッと沸いた。

「のおちん～～！」

久しぶりに味わう感覚に心も体も躍動した。

「あの声援がどれだけ励みになったことか。すごくうれしかったですね。僕の名前を覚えてくれていたんだ……と感動しました。「必要としてくれている人がいたんだ」という喜びがあったし、「あ、大丈夫なんだ」と思えた。年間ベストテンの一位のとき以上に、泣きました。

僕の人生で、あの電話は一つのきっかけを与えてくれたし、大きな意味があった。トシちゃんの人生のなかでは単なる一本の電話だったかもしれないけど、僕にはすごく影響を与えてくれた」

終了後、田原は「お疲れ！」と声をかけた。余計な言葉などいらなかった。

▼挫折を味わった男にしか歌えない歌

スター歌手には、自らの生きざまを歌詞に反映できる特権がある。パーソナリティーと歌詞が合致すると、社会の共感を呼ぶ。亡くなる三カ月前に発売された石原裕次郎の「わが人生に悔いなし」は、裕次郎の人生そのものを歌っているように聞こえる。亡くなる五カ月前にシングルカットされた美空ひばりの「川の流れのように」も、いろんなつらい道もあったけど、川の流れに身を任せるように生きてきたと捉えられる。

二人に共通するのは、逆境からの復活を果たしていることだ。石原裕次郎は舌癌や解離性大動脈瘤という難病を経験しながらも、ファンの声援にも励まされて克服し、最後まで〝石原裕次郎〟を演じて生きた。美空ひばりは弟の不祥事から『紅白歌合戦』に出場できなくなったり、肝硬変を抱えたりするなど晩年は恵まれない印象もあったが、不死鳥のようによみがえり、一九八八年四月にはオープンしたばかりの東京ドームでの公演を成功させた。

逆境にさらされなければ、あの名曲は生まれなかった。スターは挫折を乗り越えることで国民的スターになりうる。そう考えると、田原にとって独立以降のいばらの道は決してマイナスばかりではなかったように思える。

ジャニーズ事務所を離れて九年の月日が流れた二〇〇三年七月二十四日、田原は「Dynamite Survival」という楽曲を発表した。

この頃は一年に一枚新曲をリリースし、それに合わせて数本テレビに出演する程度。同曲は二〇〇三年八月二十九日に藤原紀香、今田耕司、松任谷正隆がホストを務める歌番組『ＦＵＮ』（日本テレビ系、六・七％）で一度披露しただけだった。ラジオにも数回出演しているが、「グロリア・ゲイナーのカバー曲」という説明や「曲中のブレスが少ないので大変な曲」という歌唱スタイルへの言及に終始。歌詞への思いは聞かれておらず、語ってもいない。

だが、この歌は当時の田原の心情を忠実に現していると断言できる。

序盤、挫折した姿が描かれる。中盤、それでもめげずに自分らしさを失わずに生きたいと高らかに歌い上げる。最後に、つらいときこそ笑って必ず天下に返り咲いてみせると宣言している。ジャニーズ事務所からの独立以降、逆風にさらされているけど、自分は生き抜いてやるという決意表明の歌なのだ。

テレビやラジオ、雑誌で取材するスタッフには、新曲に込められた意味などどうでもいいのかもしれない。人気があまりないいまの話よりも、人気があった昔の話で視聴者や読者を引き付けたいのだろう。

しかし、歌詞を読めば読むほど、置かれた状況を見れば見るほど、「Dynamite Survival」は心に響いた。二〇〇三年の発売以降、ほぼ毎年ライブで歌っていることからも、思い入れの強さがわかる。

私はどうしても、本人に歌詞の意味を確認したかった。二〇〇九年に初めて取材したとき、思いの丈をぶつけた。「「Dynamite Survival」に田原さんの心情が込められていると思うんですよね」。すると、田原はゆっくりと実感を込めながら「いい詞だよね」と話した。その直後、マネージャーに「誰の作詞だ？」と聞き、「コイツ、結構勉強してるぞ」と少し早口でまくし立てるように言った。私はこの言葉を聞いて、田原俊彦にとって「Dynamite Survival」は特別な価値を持った歌だと理解した。

平坦な道は楽に歩ける。ジャニーズ事務所独立以降、石ころが転がり、いつ滑ってもおかしくない道で田原は黙々と前に進もうとしてきた。それが軌跡となり、自身の生きざまに歌詞が重なった。

表舞台から去っていた間に、田原は歌手として最高の形に近づいていた。

▼「Dynamite Survival」誕生秘話を作詞家・真間稜が初公開

「Dynamite Survival」は一体、どのようにして生まれたのか。

私は本書を書くうえで、どうしても同曲に日本語詞を付けた真間稜に取材をしたかった。

グロリア・ゲイナーの原曲「I Will Survive」は恋愛を語る歌詞だが、「Dynamite Survival」から恋の話は読み取れないし、言葉もほぼかぶらない。完全なオリジナルである。

発売前年の二〇〇二年、真間は初めて田原のライブに訪れている。当時、サックス奏者としてツアーに参加し、シングルのプロデュースもしていた金井雅史からの誘いだった。新宿厚生年金会館や渋谷公会堂から一回りキャパシティーが狭くなった「Zepp Tokyo」(椅子使用時千二百人収容)で、田原は所狭しとステージを駆け巡っていた。真間がインタビューに答えてくれた。

「衝撃的でした。ネオンが走っているセットにピッタリの派手なスーツを着こなして、非日常的な空間を描いていました。お客さんを楽しませようと第一に考えていて、すごく元気をもらえるライブだったんですよ。何人もの友達に「絶対見たほうがいい!」と勧めたくらいです。二十代の頃と変わらないキラキラ感を継続していて、歌も踊りも進化されていた。歌のコンサートというより、エンターテインメントでした。スーツ姿で二時間歌って踊るなんて、相当鍛錬していないとできないと思うんですよね。毎日、逃げずに自分と勝負していることが伝わってくるステージだったんです」

ライブの感動を、そのまま歌詞に直した。

「ステージを見て、田原さんは〝ジャパニーズ侍〟だと感じたんです。ものすごく練習を積んでいるはずなのに、絶対に表には出さない。時代や自分の環境も変わっていき、情勢がよくないなかでも、己のスタイルを曲げないし、決して屈しない。自分をしっかり持っていて、人に左右されずに生きている人だと思いました」

〈めげても　しょげても　時代とは　コール&レスポンス〉などの歌詞の一つひとつが、田原の生きざまを見事なまでに表している。

「ビジネスマンが自己啓発本やマニュアル本などの指南書を読んでみても、自分に当てはまらないことも多々ある。だから、失敗しても七転び八起きの精神で、自分らしいスタイルで生きたらいいと思う。社会のなかで自分のやり方を貫くことって本当に大変じゃないですか。それでも、田原さんは叩かれても、どんな状況になっても、自分のスタイルを変えずに勝負している。すごいことです」

〈出過ぎた杭は打たれない　何よりも　らしくらしくいたい〉というサビ前の歌詞は、特に田原俊彦の精神そのものである。

「社会は、一生懸命頑張ってるのにうまくいかない人を見ると、『頑張ってるけど、無駄なんじゃないの？』と無責任に評価してしまうことがありますよね。でも、田原さんはそんなことを気にせず、自分を貫いて活動している。自分の目的だけを見据えている。だから、人に何を言われようがブレない信念のようなものを感じました。たとえ状況が悪くても、つらいと投げてしまうのか、乗り越えるのが面白そうだなと思えるのかで全然違う。田原さんは後者なんじゃないかなと」

田原がファンを思う気持ちも感じ取っていた。

「ステージを見て、表面上はファンの方をいじったりするけど、裏側にある温かさを感じました。ファンの方と楽しい時間を共有することに幸せを感じる方なんじゃないかなと。たとえば、花火はみんなと見るから楽しい。田原さんは、その花火みたいな人なんです。打ち上がった花火は、きらめきと潔さと高揚感で多くの人を熱く魅了する。

楽な年の重ね方もあると思うのですが、ファンのみなさんへの思いがあるから、状況に流されずカッコよくスーツをバシッと決めて、歌い踊ることを続けている。自分はどういう使命を背負っているのか知っているからこそ、ブレないスタイルを貫き通していらっしゃるのでしょう」

周りがどう評価しようと、どんなに情勢が悪くなろうと、田原はブレずに地道に自分の果たすべき役割を邁進してきた。その気構えを、ステージを見た作詞家が汲み取った。

名曲は、一本のライブに懸ける田原の愚直な姿勢から生まれたのである。

2　本人取材で投げかけた厳しい質問

▼ジャニーズ独立後に感じていた物足りなさ

だからといって、私は田原のジャニーズ事務所独立以降の活動に納得していたわけではない。むしろ、全盛期を知れば知るほど、やるせなさは大きかった。

象徴的な出来事として、一九九九年十二月二十八日放送の『年末ジャンボ生特番！憲武・ヒロミとゆかいな仲間がテレビでやりたかったコト50!!』（テレビ朝日系、十八時三十分―）に出演したときのことを挙げよう。

番組は、元フジテレビ・新井義春の闘病からの復帰記念として制作された。『夜ヒット』にも関わっていた新井は『オールナイトフジ』を仕掛けた名物プロデューサーであり、フジ独立後には「D3 COMPANY」という制作会社を立ち上げ、『華麗にAh!so』（テレビ朝日系）などを手掛けていた。

田原がバブル時によく一緒に六本木で遊んでいた木梨憲武とヒロミの司会で、「夏ざかりほの字組」をデュエットした研ナオコもいる。西城秀樹、藤井フミヤ、藤井尚之、田代まさし、桑野信義、コロッケ、久本雅美、島崎和歌子、飯島愛、さとう珠緒、神田うの、山口もえなどが出演し、歌って騒ぐ宴会番組だった。十七年ぶりに復活するジャPAニーズをバックに引き連れて、田原はヒットメドレーを歌った。

ファンとしてはうれしかったが、テレビに出なくなった男に対する社会の視線は冷酷だった。歌っている画面右上に映る客席でヒソヒソ話を始める女性もいたし、観覧客が全体的に仕方なく手拍子をしているように見えてしまった。他の歌手のときの盛り上がりとは違い、戸惑った表情をするタレントも映し出されていた。

生放送とは残酷である。録画だったら、編集で全く違う捉え方になったかもしれない。冷たい空気を感じ取っていたのか、トシちゃん自身の振る舞いもどこかおとなしく見えた。ステージで踊るときの振り一つひとつが明らかに小さかったのだ。久しぶりにゴールデン帯で歌える機会なのに、なぜ全力で思いっきり踊らないのか。もっとできるはずと確信しているからこそ、納得がいかなかった。雰囲気が淀んでいれば自らの力で打破するのがスターだ。まして、持ち味を発揮できるステージが用意されている。

私が知っている田原俊彦は、空気に飲まれるような人間ではない。一体、どうしたんだ。そう思わずにはいられなかった。

ライブでも、期待の高さゆえに物足りなさを感じることもあった。

一九九八年に初めて見にいった時点ですでに「ごめんよ涙」のサビ前で足を回しておらず、「抱きしめてTONIGHT」の振り付けもだいぶ省き、横にいる木野の振り付けを確認しながら踊ることもあった。

もちろん、年齢を重ねれば二十代のときのように動けなくなるのは当然だ。本人にしかわからない蓄積疲労もあるのだろう。一九九三年の舞台『ガイズアンドドールズ』の初日に痛めて以降、右ヒザを思うように使えなくなったのかもしれない。それでも、できるかぎりの振り付けで踊ってほしい。

二〇〇〇年代前半には、ステージ上で息を切らしながらMCをする姿も目立った。どんな狙いがあったのか不明だ。MCを挟めばまた何事もなかったかのように踊っていたので、単なる照れ隠しやギャグのつもりだったのかもしれないが、そんなそぶりは最初から必要ない。悪い意味での身内感覚をステージで見せているように感じていた。

テレビ出演番組を選びすぎる活動にも、私は全く納得していなかった。

ファンからすれば、田原の元気な姿をテレビで数多く見たい。

一九九九年五月十四日、徳川と榎本のコンビが十年ぶりに復活した二時間ドラマ『巡査びんびん物語』は一八・三％を記録。この年はデビュー二十周年ということもあり、シングル「涙にさよならしないか」発売前後には番組出演も増えていた。加齢による肌艶の衰えは誰しも避けられないが、この頃の田原はテレビに出るたびに若返っているように見えた。特に、プロモーション期間で最後の出演となった七月二十八日の『速報！歌の大辞テン!!』（日本テレビ系、一五・七％）では往年の輝きが戻っている印象を受けた。当時、私はファンの私設メーリングリストに入っていたが、そこでも同じ意見が多かった。ドラマの高視聴率獲得も影響したと思う。

タレントは人に見られてナンボ。ファンではない層と相対する場所に出ていって勝負することがスターのオーラを身にまとわせる。だからこそ、テレビにはよほど変な扱いでないかぎり出たほうがいいと感じていた。

私は本人を取材するにあたって、やるせない思いをどうしても伝えたかった。

▼「見たか、俺の感じ悪いテレビ！」がついに実現した取材での一言目

デビュー三十周年を迎えた二〇〇九年、私は週刊誌「FLASH」で初めて田原を取材する機会に恵まれた。テレビのトークでは一九八〇年代の思い出話ばかり振られるが、そんな昔のことは私にとって重要ではなかった。「いまの田原俊彦」は、自分の状況をどう捉えながら活動しているのか。厳しい状況下で、どんな精神状態で臨んでいるのか。そういうことを聞きたかった。

六月十日、指定された時間三十分前の十四時半から、白金台のレストランで到着を待った。

この日、田原は新曲「Cordially」をＰＲするため、中山秀征司会の『おもいッきりＤＯＮ！』（日本テレビ系、十一時五十五分―）に出演。堀ちえみが一九八〇年代の思い出話をしようとすると、「調子に乗るな！」と突っ込

みを入れ、画面には不機嫌そうな表情が映し出されていた。

この頃は、新曲を出してもオリコン百位以内に入らず、前年はテレビ出演ゼロ。目立った仕事は夏のコンサートと冬のディナーショー、ファンクラブイベント程度だった。私には、その活動内容が歯がゆくて仕方なかった。聞くところによれば、ドラマのオファーもある。バラエティーの出演依頼だってある。それなのに、首を縦に振らない。時折テレビに出れば、ぶっきら棒に共演者に突っ込みを入れ、ファン以外の人が見ればいやな印象を受けかねない態度を取る。この頃の田原俊彦はどこかギスギスしていて、人を寄せ付けない雰囲気を漂わせていた。どうして突っ張るのか――本当はそんな人じゃないのに。

十五時、田原俊彦が現れた。挨拶もそこそこに、まず撮影をおこなった。カメラマンが「足を上げてください」とお願いすれば、「行くぞ！」と言って思いきり足を振り上げる。私が『教師びんびん物語Ⅱ』のオープニングのポーズをしてください」と頼めば、「こうか？」と後ろを向いて右手を上に挙げる。テレビ画面から流れていた言葉とは裏腹に、真摯に対応してくれた。

撮影が終わり、インタビューが始まると、田原はいきなりこう言った。

「見たか、俺の感じ悪いテレビ！　昼間の。怒ってんのか、この人、みたいな」。自分でも認識しているにもかかわらず、あのような言動をすることが不思議で仕方ない。このことはのちほど突っ込むとして、まず私は「いつもコンサート見にいっています。去年、（茨城県の）坂東も行きました」と伝えた。すると、田原は「何か、坂東きてたらしいぞ」とマネージャーに言った。

――その時、（マネージャーに）ご挨拶させていただいて。

それでか。

――その前も見てます。

いやいや来てるのか？

――いや、Zepp Tokyo 毎年行ってます。

（十日後である六月）二十日、二十一日（の三十周年記念ライブ）は来ないのか？

――行きます。

どっち？

――どっちも行きますよ。

え？　バカじゃないの。二日目のほうがおいしいよ。一日目が「哀愁でいと」（一曲目）、「恋＝Ｄｏ！」（三曲目）と奇数曲、二日目は偶数曲でやるから。

――そうなんですか。それは聞かないほうが（笑）。九八年に初めて見てから、毎年行ってます。

ありがとうございます。


人を牽制するような口ぶりとは反対に、最後は律儀に頭を下げてくれた。

私にとって、念願の田原俊彦インタビューが始まった。

いずれ必ず取材できるだろうという確信はあった。一九九四年以降という注釈こそ入るが、マスコミ関係者のなかで自分ほど田原俊彦を見続けている人はいないと思っていたからだ。ファンでありながらも、マスコミの一人としてインタビューする男はこれまで現れていないはずだ。田原へのもどかしさ、疑問をすべてぶつけようと考えていた。聞きたいことは山ほどあった。

テレビや雑誌のインタビュー、ライブなどを見続けてきた経験から、田原俊彦はこちらが本気でぶつかれば、必ず返してくれる男だと確信していた。

▼「裏切られることは手を握った瞬間から承知」

ジャニーズ事務所独立後の田原は、それまでの輝かしい実績がまるでなかったかのような扱いを受けていた。

一九八〇年の歌手デビュー以来、多大な貢献をしてきたポニーキャニオンからも、九七年一月発売の「A NIGHT TO REMEMBER」を最後に契約が打ち切られてしまう。

私からしてみれば、シングルとアルバムで一千万枚以上を売り上げて貢献した人間に対してあまりにも冷たい仕打ちだと感じた。いくら売り上げが落ちてきたとはいえ、過去に助けられたことを考えれば、つらいときこそ手を差し伸べてくれてもいいではないかと思っていた。

——ポニーキャニオンと九七年で契約が終わったとき、つらかったんじゃないかな思うんですけど。

全然それないね。

——ずっと主力で何年もやってきたのに、下降したからといってすぐ切る冷たさは感じなかった？

いるときはさ、（デビュー時の）最初の一歩だから、愛着もあるしさ。やっぱり、パナソニックじゃないか、ソニーじゃないか。（大手企業という）そういう意味での迫力はあるよね。

レコード会社はレコードを発売するレーベル。制作があって、宣伝があって、というシステムがあるけど、どれだけ愛着のあるスタッフがいるかどうかだよね。ポイントになるのはね。

（デビューして）十五年もすると場面が変わるからね。ディレクターは変わらず、ずっと一緒だけど。その間、社長何人変わった？　そんなことはおいといて、俺的にはどこでも関係ないだろうと。そこは、あまり気にならないな。

——エイベックスに移籍するって噂もありましたよね？

一回、松浦（勝人）君ともやったね。「A NIGHT TO REMEMBER」ね。あれはショット（※ワンショット＝一回限りの意）でやっただけだから。

——「EASY...LOVE ME...」は？

「EASY...LOVE ME...」もそうか。どんなことも一期一会だし、そんなこと（キャニオンと契約打ち切り）で一喜一憂できないよ。

――僕だったら、結構悲しいですけどね。そんな簡単に捨てるのかと。

でもさ、そういうものはわかってるんだよ、俺は。あなたは頭いいからわかると思うんだけど、俺が何を言いたいのか。

――いままでの芸能生活で。

そういうことだよ、だから。いいときもくるし。しいていえばさ、お父さんの給料に関わってくる話だから。そうだよね、企業だから。潤いたいから、そっちに傾くわな。背に腹は代えられないわけだから。そこまでは考えてないけど、人に依存しない。自分は田原俊彦として立っていられるよ、という自負があるから、怖くない。あなたが言った、裏切られたって表現になるんだろうけど、そんなことは手を握った瞬間から承知。いつ、そういうふうになるかもしれない、わりとスリリングな人生というか。


裏切られることは手を握った瞬間から承知――あまりに深い言葉である。私もそう考えながら生きていきたいのだが、最初から裏切られるかもしれないと思いながら人と接することはあまりに難しい。

芸能人の宿命とはいえ、状況のいいときだけ寄ってきて、悪くなったら引いていく人たちを目の当たりにすれば、人間不信に陥っても不思議ではない。もし私が何人からも手のひら返しをされたら、間違いなく精神状態が悪くなってしまう。芸能生活のどん底にいるのに、なぜ田原は冷静でいられるのか。次の言葉を聞いて、腑に落ちた。

「(他人に対して)あんまりズッポリはまらないってことだよ。だまされるかもしれないなあと思ってハマるのと、(疑わないで)「おらっ～」ってハマるのと、どっちが痛みデカい? そうでしょ? 対人関係でもそうだけど、「五分でいるぞ」っていうね」

人に百パーセント心を許すことはなく、ある程度は疑ってかかる。もし自分が予想しない対応をされても、人間はそういう生き物だと考えていれば、自然の流れに身を任せるケ・セラ・セラの精神で生きていける。田原はそう言いたかったのかもしれない。

▼「なぜ写真週刊誌の取材を受けてくれたんですか?」という根本的な疑問

インタビュー媒体は「FLASH」だった。

田原は一九八〇年代から写真週刊誌の標的にされていて、九三年の結婚時にもマスコミによる取材攻勢が過熱。例の会見に至り、その後バッシングに遭った。

一九八六年十一月に八十万八千部で創刊した「FLASH」は翌月に起こったビートたけしのフライデー襲撃事件の影響もあり、翌年には従来の写真週刊誌と異なる方針を取る。女性読者を捨て、男性読者に絞ってグラビアなどのお色気記事を売りにし、男性芸能人は扱わないと決めたのだ。

とはいえ、同じ写真週刊誌の「FOCUS」「FRIDAY」は一九八〇年代から何かと田原俊彦を追い続けていた。私はカラー班であり、企画モノ中心でニュース記事を手掛けているわけではなかったが、相手からすればそんなことは全く関係がないこと。週刊誌というイメージだけで警戒し、取材を断る人も少なくない。

「ビッグ発言」から十五年たっていたとはいえ、田原俊彦が写真週刊誌の取材を受ける。画期的なことだった。捉え方によっては失礼とも取られかねない質問に、トシちゃんはときにぶっきら棒になりながらも、すぐに真面目なトーンに戻り、実に真摯に答えてくれていた。

同席していた担当編集者の松永隆宏が本質的な問いかけをした。

「当時揉めていた写真週刊誌にいまどうして出てくれたんですか?」

田原は「本の宣伝だよ。ごめんね。それちゃんとやってくれるっていうから、ならいいよって。「週刊女性」にだって出てるんだよ?」とありのままに答えていた。普段は仕事を選ぶが、新曲発売となれば地方でのラジオ出演や握手会もおこなう。「ちゃんと宣伝してくれるならいいよ」は本音だろう。

この問いに乗じて、私は聞いてみた。

「『FOCUS』とか『FRIDAY』は追いかけ回していたと思うんですけど、『FLASH』はやってないんですよ。でも、抵抗ないですか？」

田原は五秒ほど沈黙した後、こう言った。

「……逆に言ったら、何も怖くないからね（笑）。それはちょっと語弊があるけど、もっとほら、前向きな。自分ではそういう評価しないとさ、この場面はないわけであって。『FLASH』？　そりゃ、写真週刊誌かもしれないけど、時間を取って、俺の言葉を聞くと。あなたが（文章に）落とすと。あなたの評価をできるわけだよ、俺的には。じゃあ、おまえと二回目あるのか？　これは本見てみないとわからない。でも、おまえの立場的には、面白おかしく書かないといけないじゃん」

客観的な視点でモノを見る田原はこう続けた。

「一緒にこんな一時間半でも割いてさ、目見てさ、話してさ、わかるじゃない？　あなたは特にわかってるよ、俺を。ファンの部分で見てるからわかるんだけど、そっちの視点からも見れるし。だから、こうしたほうがいいとか言うわけじゃない？　生意気にも」

メディアの特性に諦念し、「わかる人にだけわかればいい」と突っ張っていた田原も、どこかで「ちゃんと話せばわかる」と信じていたのだ。私はそれがうれしかった。その場にいられることに感謝した。やはり、こちらが本気で向かっていけば、本気で返してくれる男だと確信した。

そのうえで、どこまでも田原らしいと思った発言もあった。最後の「生意気にも」という一言だ。真面目なことを言ったら、毒を吐かずにはいられない。これが、田原俊彦の習性だ。

おそらく長い芸能生活のなかで、どこかでバリアを張らないと生きていけないと感づいたゆえに身についたものだろう。百パーセント相手を信頼しきっては痛い目を見る。だから本音を言ったとしても、最後に余計な一言を加えて牽制しておく。社会は「ビッグ発言」で傲慢というイメージがついて以降、その「余計な一言」に気を取られ、ますますイメージが悪化していた。だが、ぶっきら棒に相手を突き放し、距離を取ることは田原なりの生きる術だったのだ。私は一人の書き手として田原の本当の気持ちを伝えたかった。

▼「テレビでの横暴な振る舞いをやめてくれ」と問い詰める

当時、田原のいい面は全くといっていいほど社会に理解されず、ビッグ発言の印象だけが強く残っていた。サービス精神から発した冗談がクローズアップされてしまって以降、つっけんどんな物言いが激しくなったように感じていた。普通の対応をすると「媚びを売った」と書かれ、自分の意見を言うと「傲慢だ」と叩かれる。もう何をしても、悪く捉えられる。「それなら、俺の好きなようにしてやる!」と突っ張ったのか。

メディアのバッシングによって、視聴者に「傲慢」という先入観が植え付けられたことも大きかったと思うが、一九九〇年代後半から二〇〇〇年代にかけて田原の出演番組を見るたびに冷や冷やしたものだ。

若手芸人や年下の元アイドルに対し、何かとぶっきら棒に突っ込む。私は「あ〜あ。また印象が悪くなるよ。なんでこんな態度ばかり取るんだろう」と理解に苦しんだ。番組も、テロップやナレーションで〝ビッグアイドル〟〝ビッグなゲスト〟と謳うから、イメージは悪いまま積み重ねられていく。スタッフの通り一遍の言葉にも工夫がなかったが、どうしたって田原に問題があると感じていた。

だから、「なぜテレビ出演のときに感じ悪くするのか?」とどうしても聞きたかった。

私は読者に「田原俊彦は本当はいやな人ではない」とわかってほしかった。

番組を選ぶという話の流れから、取材前に出演した『DON!』の話題が再び出たことで、私は田原に突っ込んでいった。同番組での振る舞いは、いつもに増して横暴だったように感じたからだ。

自ら「感じ悪いよな〜」と言うなら、なぜやめないのか。「あまのじゃく」なんて言葉で片付ける話ではない。田原がもう一度ヒット曲を出したいと本気で考えるなら、感じの悪さは障害にしかならない。

――バラエティー番組でも、たとえば『さんま御殿』とかなら出てくれたらうれしいですよ。どうなんだろうね。微妙なところだね。暴れちゃうよ、また。お昼から暴れてるんだから。感じ悪いな～、みたいな。（マネージャーを見て）スタジオがピリピリしてただろ？　みんな、ソワソワしてたもんな。

――「ビッグ発言」にしても、さっきの『ＤＯＮ！』にしても、田原さんが本心から感じ悪い行為をしているとは思えないんですよ。

感じ悪いよな～、この人な。

――とテレビには映るじゃないですか。

きょうも映ってたよ、そういうふうに。

――映っていたかもしれないですけど。

関係ないよ、そんなの（笑）。

――「ビッグ発言」以降、週刊誌とかに傲慢だと書かれるじゃないですか。それで、自然に「じゃあ、そういうキャラでやってやろう」とわざと、無理やり「やってやろうじゃないか」というふうにしていると思うんですけど。どうですか？

べつに意識はしてないけど、俺は逆に面白がってる。

――どういうことなんですか？

最初から「よろしくお願いしまーす」というタイプじゃないじゃない？　きょうだって、見てればわかるでしょ？　なんか、そのままにされるのがいやなのよ。そのままっていうか、「百点満点の芸能人」みたいなのがイヤなのよ。俺、芸能人だけどさ、芸能人じゃないじゃん。

――そういう面（芸能人）とそうじゃない面（一人の人間）がありますもんね。

そういうこと！　それは、俺は考えたこともないから、アレだけど。

――（田原が飲み物を取ろうとしたところを、私が取って渡す）

ありがと。

――「ビッグ発言」の前はイメージよく、好感度も高かったじゃないですか。

（ぶっきら棒に）そんなことないよ。

――でも、実際そうでしたよ。「抱かれたい男ナンバーワン」もそうですけど。

あんなものは元気なうちは誰でも取れるんだよ。

――そんなことないと思いますけど（笑）。前は悪い感じはなかった。僕は子供の頃見ていて、そんなことなかった。わざと繕ってるんじゃないかって気がするんですが。

みんなもそうなっちゃてるしな。しょうがないよね。

――周りの空気が。

俺は「べつにいい人でーす」って言いたくないし、結構乱暴じゃない？　相変わらず。ぶっきら棒じゃない？　だよね。もちろんちゃんと話せって言われればちゃんと話せるけど、それじゃつまんないじゃないか。

――でも、その真剣な話が面白いですよ。

でもさ、きょうだって、おとなしく座ってたら気持ち悪いだろ？

――そうやることによって、イメージ悪いとわかっててもやっちゃうのは、性《さが》なんですか？

（静かに）そうかもね。

――やらないほうが対外的にはいいですよね？　イメージ的には。

そうだよね。でも、やっちゃうんだよね。

――なんでですか？

クセじゃない？　そこまでべつに深くは考えてないから。

――僕、カズさんが横浜FCからオーストラリアのチームに移籍する直前の試合で（観戦に訪れていた）田原さんに握手してもらったことあるんですよ。

（驚いて）お！　そう。ホント！　結構行ってるからね。四、五回。

――そういうのを体験しているから、「なんか無理してるのかな？」と思っちゃうんですよ。

無理はしてないけど。なんか俺が面白がっちゃうからいけないんだよね。なんか違うことやんないとさ。みんな求めてるのかな？とかさ。それもそうでもないけど。先輩に向かって「オイ！」とは言わないし、なんとなくわかるじゃない。


三十代後半になれば、共演者も自然と年下が大半を占めるようになる。田原は距離を縮めるつもりで乱暴な突っ込みを入れるが、彼らは子供の頃から見ていたスターに萎縮し、逆効果になってしまう。そんな画面を見れば、視聴者は「感じ悪い人」と受け止める。

でも、一つひとつの発言は本音ではなく、あくまで照れ隠し。ぶっきら棒に突き放しても必ずフォローを入れる。悪い人ではなく、むしろ「偽悪者」なのだが、視聴者には偽を取った「悪者」に見えただろう。

それでも、田原は「どう思われてもかまわない！　俺は俺の好きなようにやる！」と意地になっている部分があったように思う。

二〇〇〇年代の田原は、完全に悪循環に陥っていた。特に、〇九年頃はやけくそになっている印象さえあった。インタビューは進み、六月に出版された自伝『職業＝田原俊彦』についての話になった。


噛み砕いてさ、一人ひとりに「こういう男がこういう本書いたんだ」って言うわけにはいかないけど、やっぱり厚みが違うんだよ。

――わかります。あらゆること体験されたわけですからね。

そういうこと。経験値が違うからね。二百七十ページには収まらないんだよ。相当はしょった。さっき読んだ人（取材記者）は「おとなしいですよね。お行儀がよすぎますよね」と言ってたよ。本としてね。ジャニーズへの文句の一つもないしさ、女性のことも書いてないから、そういう意味では期待を裏切ったかもしれないけど、僕はそんなことでね、ベストセラーになって印税稼ごうなんて思ってないからさ(笑)。ファンの人への感謝の気持ちを含めて。おふくろだったり、家族だったり。

――そういう気持ちを一般の人にもわかってほしいと思うんですよ。テレビ出たときに感じ悪くやっちゃうと、すごくもったいないなと思うんですよ。あと、ちょっとした番組だったら出てほしいなと思うんですよ。

やるよ。でも、期待すんなよ。

私の再三再四にわたる「感じ悪くしないでください」「もっとテレビに出てください」という言葉に、さすがの田原も少し折れたような気がした。予定時間を大幅に超え、一時間四十分以上になったインタビューの最後、田原は私にこう言った。

(あなたが)「ホントの田原俊彦は違いますよね?」。でも、そんなの大きな声で言う必要ないじゃん。ナンセンスじゃん。

――でも、言ったほうがいいと思いますけどね。勘違いされてる部分が多いと思うんで。

いいんだよ、それで。そこまで網羅できないよ、悪いけど。

――でも、ちょっとしたことで変わっていくと思うんですけどね。

マネージャーが「そろそろ……」と止めに入り、およそ百四分の取材が終了した。その前にも何度か止められていたが、「では最後に」と言っては質問を続けていた。本人も喋りたそうにしているなと感じた。私が「ありがとうございました」といっても、話し続けていたからだ。後ろの媒体に迷惑をかけたなと思いながらも、自分以上に田原俊彦に質問したい人間、自分以上に深く聞きたい人間なんて絶対にいないという自負もあったから、一つでも多くの問いを投げかけた。

インタビューで、相手に対して「でも」「でも」と繰り返すことは非常に珍しい。本音に迫るために、違う意見を提示して深掘りすることはあるが、「でも」と相手の考えを何度も否定することはほとんどない。いやがられてもいい。とにかく、テレビで感じ悪く対応するのをやめてくれと訴えかけたかった。その根底には、「この人は言えば絶対にわかってくれるはずだ」という確信もあった。最後は取材というより、ファンの気持ちでお願いしていた。たしかに、田原が自ら「本当の俺は違う！」と声高に叫ぶことはナンセンスだ。しかし、ぶっきら棒な態度を変えていけば、徐々に風向きは変わるのではないかと私は伝えたかったのだ。

取材後、外に出てから「長くなってすみませんでした」とマネージャーに謝ると、「いやいや、岡野さんの気持ちを感じましたよ」と言ってくれた。ああ、わかってくれてよかったなと思った。

たった一回の取材、百四分程度で気持ちが変わることなんてないかもしれない。それでも、私は言いたいことを言った。田原俊彦は思ったとおり、逃げずにぶつかってきてくれた。

▼「手を抜いているのでは？」という質問にステージで示した回答

「十二年間コンサートを見ていますが、年々やらなくなる振り付けがあるんですよ。「原宿キッス」の最後の股割りとか」

インタビュー終盤、私は思いきって本音をぶつけていた。言い換えれば、「手を抜いてるんじゃないですか？」ということになる。長年見続けているファンからすれば、「もっと踊れるはずだ」という思いがあったからだ。

それにしても、危険な問いかけだ。機嫌が悪くなったり、質問を逸らす発言をしたりする可能性だってある。

「原宿キッス」は一九八二年五月八日発売で、田原の身体能力の高さを知らしめた楽曲だ。サビのラストで左足を九〇度に折り畳む開脚を見せたかと思えば、すぐに立ち上がり、足をゆっくり回し続ける。曲の最後には、手を広げながら約十秒間も回転し続ける。

一九八二年六月十七日放送の『ザ・ベストテン』では、田原が原宿の街に繰り出すロケを敢行。最初は気づかれなかったが、徐々に周囲から視線が向けられる。状況を察知した田原が歩行者天国のみゆき通りに走り去ると、一斉に女性ファンが追いかける。道路の真ん中にある並木をジグザグに横切るも、最終的には女性ファンに囲まれ、田原は天に指を掲げながら笑顔を見せた。司会の黒柳徹子に早口で「何か特別したいことはありました？あの日は」とロケの様子を聞かれると、「みなさんがね、アイスクリーム買ってくれるなんて言ってたんだけどね、アイスクリームを食べられなくてちょっと寂しかったです。はは」と明るく笑った。

「原宿キッス」は九週ランクインし、六月十日には松田聖子の「渚のバルコニー」や近藤真彦の「ふられてＢＡＮＺＡＩ」などを抑えて一位に輝いている。

取材前年の二〇〇八年、「原宿キッス」がコンサートでは七年ぶりに披露されたとき、左足を折り畳む開脚をしなかった。同曲はダンスで魅せる代表曲の一つ。年を取れば、昔の振り付けのまま踊るのが難しいことは重々承知している。それでもファンはいつまでも当時のままでいてほしいと願っている。

ファンの心理は複雑だ。最盛期のパフォーマンスが素晴らしければ素晴らしいほど、年齢を重ねたときにギャップを感じてしまう。その瞬間、心が離れていってしまう人もいるはずだ。

田原がステージに懸けるのであれば、なぜ開脚をしなくなってしまったのか。私はどうしても聞きたかった。

「十二年間コンサートを見ていますが、年々やらなくなる振り付けがあるんですよ。「原宿キッス」の最後の股割りとか」。すると、田原は「スジが切れるんだよ！　おまえ、やってみろ」といつものようにぶっきら棒に言った後、真面目なトーンでこう続けた。

「べつに手を抜いているわけじゃないの。一回、痛めてからやってない。スジってさ、一回伸ばしちゃうと治りづらい。やると、本当に切れちゃうかもしれないという怖さがあってできないの。右足はできるんだけど」

二〇〇五年九月七日、Zepp Tokyo でのライブで左足上部を痛めていた。「抱きしめて TONIGHT」の終盤にジャンピングキックをした際、「痛い！」と叫んだ声は五列目で見ていた私の耳にもハッキリと届いていた。〇九年には田原は四十八歳を迎えていた。スポーツ選手であればとっくに引退している年だ。盟友である三浦知良は四十八歳の一五年、故障で二度の戦線離脱をした。ステージで二時間歌って踊る田原の体はスポーツ選手と同じだ。十代から酷使し続けている体は、悲鳴を上げていた。

取材の十日後、私は三十周年記念のシングルコレクションライブのため、「SHIBUYA―AX」に足を運んだ。二日間で全シングル六十二曲を歌って踊るハードな日程だ。

一日目は奇数曲を歌った。デビュー曲「哀愁でいと」、三枚目「恋＝DO！」、五枚目「キミに決定！」、七枚目「グッドラック LOVE」とステージは進んでいった。

田原俊彦のライブはいい。二〇〇九年だろうが一八年だろうが、イントロが流れれば完全に一九八〇年代にタイムスリップする。時計の針が逆戻りする感覚に陥るのだ。特にこの日は、明らかにキレが数倍増していた。九枚目のシングル「原宿キッス」のイントロが流れた。私は自分が開脚について指摘したことなど忘れて、いつもどおり普通に動きを追っていた。サビの終盤になると、田原が右手を上げながらステージの真ん中を円を描くように歩き始めた。それは、ビデオで何度も見たことがある動きだった。

そのときだった。

田原俊彦が左足を九〇度に折り畳んだ。直後、彼は立てないそぶりをした。いや、本当にスジが痛かったのだろう。立ち上がると、それまでと変わらず踊り続けた。

べつに、私が指摘したから開脚をしたとは到底思えない。だって、自分が子供の頃、スーパースターだった田原俊彦がこんな素人《しろうと》の一言をいちいち真に受けるわけがない。

その後も、痛いそぶりを見せたとは思えないほど、田原のダンスのキレは増していった。「誘惑スレスレ」「チャールストンにはまだ早い」など当時の振り付けそのままに魅せた。

「抱きしめて TONIGHT」では、完全に『ザ・ベストテン』の公開生中継に来ているような気分にさせてくれた。巻き戻せないはずの時計の針は二十一年もさかのぼり、一九八八年になっていた。田原俊彦は、その場を一瞬にしてタイムスリップさせる魔法を持っているのだ。

通常より十曲以上も多い三十二曲を歌いきり、この日のコンサートは幕を閉じた。

終了後、挨拶しにいくと、田原は私を見るなりこう言った。

「おまえがやれって言うからやったら、スジが痛くなったよ」

まさか、あのときの言葉を覚えていて、開脚をしてくれたの？　いつもどおり言葉はぶっきら棒だったが、男気を感じた。何か悪いことをしたなと思いながらも、義理堅い人だなと……。

約束なんてしていないし、古傷を再発させる危険を抱えながらも、する必要なんて全くない。翌日だってライブはあるのだから、やらないほうがいい。それにもかかわらず、何者かよくわからない人間の話を真剣に受け止めてくれた。

やっぱり、突然バッシングされた頃に自分が感じたことは間違っていなかった。田原俊彦は悪いヤツなんかじゃない。ただ単にマスコミが報道の仕方を変えただけだ。田原は恥ずかしさの裏返しで、言葉遣いがぶっきら棒になるだけなのだ。田原俊彦の打算がない真摯な姿勢が垣間見えた瞬間だった。

▼「どうせいいことしか言わないんだろ！」――スターと孤独

数カ月後、インタビュー記事への反響を伝えようとしたとき、田原が「どうせいいことしか言わないんだろ！」と相変わらずのノリで突っ込んできたことがあった。

言葉だけをピックアップすると、突っ張っているように感じる。しかし、条件反射のような対応は、ある種の自己防衛本能がはたらいているように思えた。年齢を重ねたスターに直接、マイナスな感想を伝える人はまずいない。本人を目の前にしたら、「よかったです」「最高でした」という言葉ばかりが口をつくはずだ。そんな状況にあらがうための「どうせいいことしか言わないんだろ！」だと感じた。田原は必要以上に気を使われることが好きではなく、おべんちゃらを嫌い、本音で接してほしいタイプの人間なのだと思う。

いつの時代も、スターは孤独と戦っている。

同じ境遇にいる人がほぼ存在しないため、自分の心情を理解してくれる人がおらず、悩みも共有できない。周囲の大半は〝人気があるから〟寄ってくるだけで、〝人気が落ちれば〟潮が引くように去っていく。チヤホヤしていた人たちが急に離れていけば、裏切られたと感じるのではないか。取材時、田原は冷静にこう言った。


――人気凋落で手のひらを返す人が多かったのでは？

どんな社会にもあるよね。だって、みんなラクしたいし、いい思いしたいから、風見鶏になるじゃない？特に芸能界はいちばんわかりやすいカテゴリー。人気がある人に寄ってくる。仕方ないよ。


二〇〇九年当時、田原は出口がないトンネルにいるように見えた。サラリーマンのように転職できるわけでもないし、ホームランやヒットという明確な答えがあるスポーツ選手と違って、芸能人は〝人気〟という浮ついたものと戦わなければならない。一度ついた悪いイメージを取り除くのも、自分の力だけでは限界がある。己を信じてシングルを発売する。結果は出ない。それでも、毎年挑戦を続ける。だけど、売れない。並みの精神力では耐えられない状況だ。まして、かつてトップ街道を走り続けた男だからこそ、その落差がしんどさを増すはずだ。インタビューで「つらさ」について聞くと、こんな答えが返ってきた。


――「ビッグ発言」直後の時期は相当つらかったんじゃないですか？

（売れてる頃から）ずっとつらいよ。つらいけど、しのぐんだよ男は。つらいことって操作できないじゃん？　人気や好感度は見ている人が評価するから。（いまの田原のように）これだけ引かれちゃったら、評価のしようもないだろうしさ。生きることは誰だって苦しいよ。幸せの形は人それぞれ違う。お金持っていれば幸せかといえば、そうともかぎらない。人気あれば、幸せか？　気持ちはいいかもしれないけど、ずっと天下は続くわけじゃないし。

つらいときにどのような心構えで対し、乗り越えるか。もがいている途中ではあったが、田原俊彦はそれを教えてくれている気がした。とにかく自分を信じること。この人は全盛期と何ら変わっていない。いいときは誰でも自分を貫けるが、悪いときになればどうしても心が揺れる。彼には芸能人として最も必要な強烈な自負心が見て取れた。

3　寄り添い続ける人たち

▼「キング・カズ」三浦知良との友情①——世紀の手のひら返しをくらった二人にしかわからない心境

ジャニーズ事務所を独立し、マスコミからバッシングに遭っていた田原のもとからはあらゆる人が去っていったが、キング・カズこと三浦知良は何も変わらずに親しく接していた。

二人の出会いは一九八八年にさかのぼる。ブラジルから一時帰国していたカズは、前年一月の高校サッカーで五得点を叩き出して東海大一高を初優勝に導いた三渡洲アデミールと静岡市民文化会館でのコンサートに訪れた。当時、田原は主演ドラマ『教師びんびん物語』が大ヒットし、第二次黄金期にさしかかっていた。カズはブラジルでプロ三年目を迎え、三月にプロ初ゴールを挙げた二十一歳の若手だった。

この年以来、カズはセリエAのジェノアに移籍した一九九四年を除いて、田原のステージに出向いている。私はカズが歌う姿を何度も目撃しているが、カズの体内には田原俊彦が埋め込まれているのではないかというほどクオリティーが高い。大ヒット曲だけではなく、ファン以外にはあまり知られていない曲でも完璧に歌い上げる。

すべての曲を叩き込んでいるからこそ、田原らしさが醸し出されるのだろう。

そして何より、二人にしかわからない感覚を共有できるからこそ、同化できるのかもしれない。

田原へのバッシングから三年が経過した一九九七年、今度はカズが容赦ない批判を浴びる。ＦＷの柱として臨んだフランスＷ杯アジア最終予選の初戦、ウズベキスタン戦で四ゴールを挙げたものの、三戦目の韓国戦で尾てい骨を痛めた後も強行出場を重ねたことで、状態が悪化。以降は無得点が続き、チームの予選突破が微妙な状況に追い込まれると、サポーターやメディアは徐々にカズへの風当たりを強くしていった。

〈カズ　無視され激怒　ＰＫ練習志願もＧＫ陣拒否〉（「日刊スポーツ」一九九七年十月十日付、一面）
〈カズ監禁　日本ドロー国立暴動　五千人ファン切れた‼　イレブンと競技場内に三十分〉（「日刊スポーツ」一九九七年十月二十七日付、一面）
〈ゴン中山　決戦スタメンだ　ドゥンガ絶賛「カズは衰えた」〉（「東京中日スポーツ」一九九七年十一月十日、一面）

〝カズバッシング〟の空気は異常だった。スポーツ選手は、結果を出せなければ批判されるのは仕方ない。それにしても、度が過ぎていた。

十月二十六日のＵＡＥ戦では前半三分、カズがセンターサークル手前から右前方の呂比須へロングフィード。パスを受けた呂比須がドリブルで相手をかわし、先制ゴールを決めた。しかし、メディアは絶妙なパスにはたいして触れず、試合終了後に国立競技場の玄関を出たカズにサポーターが「もうやめちまえ」「何やってんだ」と罵声を浴びせ、愛車にまでビンやカン、生卵を投げ付け、カズが応戦したことばかりをクローズアップした。

普通に考えれば、点が取れないと叩けば、カズへの余計なプレッシャーを増幅させ、日本代表に悪影響を与えることになる。しかし〝キング〟を叩いたほうが新聞や雑誌は売れる。だからバッシングを繰り返す。

私は、田原が「ビッグ発言」でバッシングに遭ったときと全く同じ空気を感じ取っていた。

こういうとき、すぐ「マスゴミが……」とメディアを揶揄する風潮もあるが、その空気を作るのは批判する社会の一人ひとりだ。実際、点を取れなくなると、カズのウェブサイトの掲示板には「引退しろ」「点の取れないFWはいらない」「もうおまえさんの時代やない」などの書き込みが相次ぎ、十月には管理人が削除した悪質な誹謗中傷は全体の三割にも及んだ。スタジアムでカズに「辞めろコール」を繰り返すサポーターもいた。

あれほどのバッシングは間違いなくプレーに影響を与えたはずで、翌年のフランスW杯メンバーから漏れる。すると、社会やメディアは手のひらを返して「なぜカズを選ばないんだ」と今度は岡田武史監督を叩き始めた。意味がわからなかった。それまで「カズを外せ」とさんざんあおっていたのは、何だったのか。

結局、常に「頂点にいる人をいかに引きずり下ろすか」というバッシングの素材を探しているだけなのだ。キング・カズの足を引っ張り終えたら、次は監督という権力者を落とそうとする。昔も今もその構造は変わらない。

カズはW杯メンバー落選直後に訪れたイタリア・ミラノから、田原に電話している。

カズ：カズです。いま、ミラノにいます。
トシ：おまえ、ミラノで何やってんだ!?　早く帰ってこいよ！
カズ：ええ、大丈夫です！　帰ります！
（※『DANCING GROOVE!』〔FMヨコハマ、一九九八年七月六日深夜放送〕をもとに会話を再現）

日本に帰国したカズは、記者会見で「日本代表としての誇り、魂みたいなものは向こうに置いてきた」という名言を残した。その夜、二人は合流し、朝までドンチャン騒ぎをした。一切、サッカーの話はしなかった。

田原は人付き合いに関して、こう語っている。

僕は、調子よく生きていくことができない人間なのかもしれない。友達も、そんなに数多くないし。もともと、群れるのが好きじゃないんです。数は少なくてもいいから、ほんとうに信頼できる人とだけ、きっちりつきあっていきたいと思っているから。

そうそう無責任に人とつきあったり、信じてはいけないと思うんです。ほんとうに信頼できる人とだけ友人でいたい。そういう友人って、一生のうち、何人もいないでしょう。なかには、「いいときだけオレの傍に来るなよ」と言いたくなるような人もいるし、逆に苦しいときにほんとうに支えになってくれる人もいる。いいときも悪いときも変わらない人としか、つきあいたくない。それでいいんじゃないかな。(「婦人公論」二〇〇一年九月七日号)

▼「キング・カズ」三浦知良との友情②——大事なのは良いときも悪いときも変わらず同じ姿勢で臨むこと

世紀の手のひら返しを経験した二人だからこそ、自分を貫くことの大切さ、同じモチベーションで努力を続ける重要性を実感しているのではないか。〈最後の砦は自分一人だからね、この世の中。信じるのは田原俊彦一人〉(「JUNON」一九八五年一月号)と二十代から語っていた田原の信念は、独立後により強固な意志になった。

場面さえ与えられたら、ぜったいに人には負けないという気概はあります。オレのパフォーマンスは負けないって。もちろん、時代が欲するものと、自分の立場、今の環境というものはあるから、必ずしも、思いと現実のバランスがとれているわけじゃない。でも、「負けないぞ」という気持ちがなくなったら、終わりでしょう。自分を信じ続けないと。

とにかく継続してきた、ということが、ひとつの自信になっているのだと思います。アイドル時代も、その後も、とにかく歌い続けてきた。その積み重ねに対する、自分なりの自信というか。しんどくて大変なことだけど、それをやってきた田原がいるんだって。(前掲「婦人公論」二〇〇一年九月七日号)

カズもフランスW杯直前の一九九八年、限界説を唱える報道について聞かれ、こう話している。

マスコミはそういうふうに煽っているけど、俺は自分を信じている。他人がどうこうではなくて、自分自身がやってきたことに誇りを持って戦えばいいわけだから。別にマスコミと戦っているわけじゃない、自分と戦っているわけだから。自分に負けたら負け、勝ったら勝ち、ここまでやってきたことは誰にも変えられない。(「ストライカー」一九九八年五月号)

何と言われようとも、最後は一人だし、誰も助けてくれない。己を信じて戦う以外はない。どんなときも、一瞬のチャンスを逃さないために、二人は強靭な精神力を失わずに戦ってきた。

芸能人はどんなタイミングでアピールする機会が巡ってくるかわからないし、永遠に順番が回ってこないかもしれない。それでも、芸を磨き、備え続けなくてはならない。

サッカーは走ってはまた戻り、戻ってはまた走りの繰り返しだ。フォワードは一試合のいつ、どこでチャンスが訪れるかわからない。一回もないかもしれない。それでも、チャンスがくると信じて走り続ける。

両者とも、表舞台に立っていないときの過ごし方が本当の勝負だ。本番でいかに活躍できるかは、日頃の鍛錬がモノを言う。年齢を重ねれば重ねるほど肉体は衰え、練習は厳しさを増していく。五十六歳の田原は二十五歳近く離れたダンサーと一緒に踊り、五十一歳のカズも二十代の選手と同じメニューを消化している。

二人は、良いときも悪いときも変わらず同じ姿勢で臨んできた。大事なのは、友人の評判が悪くなっても自分が信じるならとことん信じることであり、状況がよくなくてもテンションを落とさず自分を信じて練習に励むことなのだ。二〇〇九年、一〇年の地元・山梨公演開催に尽力した沢登雄太記者に田原はこう話している。

芸能界でのポジションを田原さんのマネジャーは「常に先発エースで四番」と言うが、本人はちょっと違う。

「ぶんぶん素振りをしているのが俺」。ピンチヒッターとして、声が掛かったらいつでもスタンバイOKでステージに立てるように準備しているからだという。（「山梨日日新聞」二〇一三年七月九日付）

▼田原俊彦と松井五郎と都志見隆の人間交差点

作曲家の都志見隆も、田原がジャニーズ事務所を離れた後も変わらずに接し続ける人物だ。

「作家は曲を頼まれれば尽そうとするし、彼が独立したことと、その後の彼に対しての楽曲制作には全く影響はありません。独立が原因で、アーティスト自身が周りから「パワー落ちたね」という印象を持たれるのは癪ですからね。むしろ、いい歌をたくさん書いてやろうと意気に感じますね。曲を書くかぎり、いつかまた世の中にヒット曲をぶら下げて出ていってほしいと思っています」

都志見の目から見た田原俊彦とは、どんな人物なのか。

「田原俊彦という人はとても真摯で男気がある。感謝の意を忘れない人ですね。二〇一六年のシングル「ときめきに嘘をつく」のときも、歌入れをした後に本人から「歌、どうでした？」と電話がありました。ミュージックビデオを撮る前日にも「明日から撮影に行きますので楽しみにしててね」なんて。そういう厚意が、次はどんな曲を書こうかなと考えさせてくれる」

節目節目で、田原は「ごめんよ涙」を制作した作詞・松井五郎、作曲・都志見隆のコンビに曲を依頼している。デビュー当時に宮下智や小林和子が無邪気で陽気な魅力を引き出したように、松井と都志見は二十代後半以降の大人になった男の優しさや切なさ、奥深さを見事に表現した。

二人が作った三十周年記念シングル「Cordially」について、田原はこう話している。

この曲をもらった時、本当にドキッとしたんだよね。なんで、新曲に何の注文もしていないのに、二人（松井と都志見）はオレのこと分かってるのかなって。きっとそこには『人間愛』があると思うんだ。デビュー曲の『哀愁でいと』から今にいたるオレを、彼らなりに見ていてくれたんだよね。（「山梨日日新聞」二〇〇九年六月二十九日付）

都志見はどんなことを考えながら、曲を作っているのだろうか。

「まずは、本人が喜ぶものを目指して書きます。が、あまり近寄りすぎないように（笑）。具体的な言葉で表すのは難しいけど、作詞家も作曲家も彼に対するイメージを共有できていると思います。たとえば、松井五郎さんのシンプルでわかりやすくて切ない深みがある歌詞は、トシちゃん自身も好きな世界なんじゃないでしょうかね。僕もそんな詞の世界を無意識に頭の片隅にイメージしながら曲を作っていると思う。松井さんの詞は言葉が難しくなくて、平易なのがいい。踊りながら歌う身になればシンプルでわかりやすいほうが全体表現しやすいのだと思います」

二人の曲はシングルだけでなく、カップリングの質も常に高い。特に一九九九年の「いつも最初のキスみたいにやさしくキスしたい」、二〇〇九年の「永遠の花を咲かせようか」は秀逸である。個人的に、前者は田原バラードのなかでも三本の指に入る名曲だと思うし、後者は「田原俊彦中の田原俊彦」といえる〝らしさ〟満載の一曲だ。メディア露出がほぼなく、曲を出してもオリコン百位以内にも入らない〇九年に〈涙も枯れるほど辛い日もある〉から始まり、〈夢を語り 胸を鳴らす 命を枯らしちゃいけない〉で締める。現状を冷静に分析しながらも、それでも理想を忘れずに立ち向かうという意気込みを現す歌詞をつづっている。

もう一度、田原がヒット曲を出すためには、どうすればいいと都志見は考えているのだろうか。

「ありきたりですけど、永遠に田原俊彦でいることですよね（笑）。年齢との闘いもあるでしょうから、あくまでこちらの一方的な思いを言わせてもらえば、やはりダンスを含めたヒットチューンを目指したいですね。

結果的には田原俊彦という世界に収まっても、取り組みとしてはいままで歌っていないものを提示していきたいとは思っています。サビのフレーズやAメロからBメロの行き方にしても、やはりそこに新しさを見いだしていきたいですね。曲を書くときは、いろんなことを考えます。ブレスのタイミングなどはもちろん、レコーディングでは部分録りができますが、動きを交えてのライブではレンジが広すぎるからどうかなとか。

トシちゃんの場合、デビューから歌が右肩上がりでよくなっている。衰えるどころか最近になっても前より声が出ている。音域が広がっているので、いい曲を引き寄せる可能性が高くなっていますよね。「昔は難しかったけど、いまならこの音をトップに持ってきても大丈夫だな」とか」

二人はいい意味での緊張感を保っている。

「電話での交流はありますけど、プライベートでの付き合いはありません。あくまで作家として何を書くかということだけです。苦しい時代があったからこそ、また光が当たってきた気がする。メジャーレーベル（※二〇一七年からユニバーサルミュージックジャパンに移籍）を通じて、新しいスタッフやいままでとは違った作家陣によって世界を広げることもできるようになるでしょうし、可能性はこれからどんどん広がっていくでしょうね。歌って踊れるのが田原俊彦ですが、その傍らには大人のスローバラードの世界だって十分にありますからね」

第5章
払拭された誤解と人気復活への序章
――二〇〇九年七月―一八年

1 継続と出会いが流れを変えた

▼爆笑問題の突っ込みがイメージを一変させた

芸能生活三十周年なのに、テレビで新曲を歌う機会もない。二〇〇九年も田原を取り巻く環境は厳しかった。そんななか、一筋の光明が見えた。

七月十九日、『爆笑問題の日曜サンデー』（TBSラジオ）にゲスト出演する。『金八先生』放送時にドラマの生徒役と同じく中学三年生でB組だった田中裕二、田中の一歳年下である太田光は一九八〇年代の全盛期をリアルタイムで見ていて、田原に温かい眼差しや尊敬の念を抱きながらも、それまでの芸人たちとは全く違う扱い方をした。

前述のように、ビッグ発言以降、田原のつっけんどんな物言いが目立つようになっていた。だが、本人からすれば、特に変わったつもりはなかったはずだ。

二十代の頃から堺正章や志村けん、研ナオコなど親交の深い先輩に対し、笑いを取りにいくために「調子に乗るな！」と突っ込むことは頻繁にあった。若いアイドルが芸能界の大御所にぶっきら棒に接する意外性や先輩のうまい対処もあり、それが笑いに変わっていた。田原も笑顔で丁重に「すみません」とフォローしていたし、視聴者も「トシちゃんって、やんちゃね」という受け止め方をしていた。

時が流れて一九九〇年代後半になると、田原が三十代後半になり、大御所という立場になった。そして何より、マスコミのバッシングによって、「田原俊彦って感じ悪いな」というイメージが蔓延していた。

それなのに、若いときと同じように突っ込んでいたため、年下の共演者はおののき、誰も応酬できなかった。強い突っ込みの言葉が額面通りに受け流され、絡みづらそうな雰囲気が画面から伝わってきていた。

その思いを、そのまま口にしたのが太田だった。田原の登場直後、太田が早速突っ込んだ。

田原：(爆笑問題の二人の)名前がさ、どっちかわからなくなっちゃう。太田さん、田中さん。太田さんは、すごい無意味なハイテンションじゃない?
太田：あなたに言われたくない!
田原：あのエネルギーが。やられっぱなしだけど、いい感じじゃない?
太田：何にもフォローできてない!(『爆笑問題の日曜サンデー』二〇〇九年七月十九日放送)

この後も、太田は「なんなんだ、このオヤジは!」「ただのバカなんじゃないか!」「この人、放送向きじゃない!」と突っ込みまくった。いままで誰も口にできなかったことを、思いっきり言い放った。そう言われたトシちゃんはというと……すごくうれしそうだった。
「カラオケで歌われる田原俊彦の曲ベストテン」という企画で、四位の「ハッとして!Good」が流れた直後、いままでの番組では考えられなかったやりとりが聞こえてきた。

田中：(スタジオの)明かりがついたら喋るんでしょ、トシちゃん!
太田：この人ダメだと思う。
田原：太田君、そんなに捨てないで俺を。明かりがついたら本番か。じゃあ、いま本番だな!
太田：なぜそんなことも知らないの!(同番組)

田原がわざと一歩引くという新たな展開が生まれ、さらに太田が思いっきり突っ込んだのだ。その後、田中が「シャワーな気分」についてうれしそうに話すと、太田が「いいかげんなこと言ってんじゃないよ、おまえ!」

と田原のマネをした。すると、トシちゃんはこれまた珍しいリアクションをした。

田原：太田さん、大丈夫ですか？

太田：こっちの台詞です！　いま、俺はトシちゃんがそういう雰囲気だったから、そう言ったのに。

田中：トシちゃんフォローすると、ヤケドするから（笑）。

田原：はははは！

太田：ホント、自分勝手！（同番組）

この日の田原もいつものように「適当なこと言うんじゃないよ！」とぶっきら棒に喋る場面もあったが、爆笑問題がそのうえに突っ込みをかぶせることで、笑いに変わっていた。

太田は、きわどい質問もぶっ込んでいった。

太田：トシちゃんは一時期から「俺はやりたいようにやるんだ！」といって、世間で嫌われていった。

田原：はははは！　田中！

太田：田中じゃない！

田原：そういう意味では、途中からあきらめたね。逃げられないんだもん、だって。もうホントに、（週刊誌に）狙われてるから。わかるんですよ、それは。家に帰ると、暗闇のなかで人影が。ある日、コレはダメだなと。変に逃げ回ったりすると、より変に作られたり、想像されたりするなと思ったから、これもんで。

田中：（カメラマンに）堂々とピース（をしたと）。でも、そのへんがあったから、その後につながるんですよね。いま（の芸能人は）、オープンにできるようになった。（同番組）

爆笑問題は、根底に田原への愛があった。だから突っ込めるし、周囲も笑えた。いつもテレビでオンエアすれすれの発言で楽しませてくれる傍若無人な太田は、田原にどこか似た部分を感じていたのかもしれない。考えてみれば、爆笑問題も大手事務所を離れ、苦しんだ時期があった。三人の心はどこか通い合っていた。

突っ張り続けた心に風穴を開けてくれたのが、太田光と田中裕二だった。

翌年八月には、テレビの二十三時台のトーク番組『爆！爆！爆笑問題』（TBS系）に二週連続で登場。二〇一一年には、ゴールデン帯で放送された同番組のスペシャル版にも二度ゲスト出演を果たす。爆笑問題がテレビでも田原に遠慮なく接していったことで「トシちゃんに突っ込んでいいんだ」という認識が芸能界全体に生まれていった。

徐々に、田原を取り巻く空気が変わりつつあった。

▼母親「トシ君はね、口は悪いけど、心は優しいからね」

爆笑問題の突っ込みで明らかになったように、人の性格や態度の見え方なんて、誰と接するかで大きく変わるし、とても一言では表せない。相手がどこに着目し、どう受け取るかによるものだ。

ある人には「いい人だな」と感じられても、別の人には「何なんだアイツは」と正反対に見えることだってある。誰かの前では明るくても、他の場所では暗い人だっている。スターだろうと、一般人だろうと、人間なんてそんなものだと思う。

田原俊彦は、自らがよく言うように乱暴者だ。だからといって悪人ではない。自分に嘘をつけないタイプの人だと感じるし、それなのに気持ちと反対のことを口にする不思議な人でもある。常に軽口を叩いている一方で、ファンの意見を聞く真面目で客観的な一面もある。そんな彼を一言で表すのは難しい。

数語を交ぜ合わせると、「優しさや謙虚さを隠すために、ぶっきら棒な態度を見せるあまのじゃく」といえるだろうか。

私がやりとりするなかで、田原の性格を象徴する会話があった。二〇一一年九月二十七日、中野サンプラザでのライブを終えた後、田原が広間に集まった関係者に挨拶していき、私の近くにくると、こう聞いてくれた。

田原：きょうはどうだったんだ？

――足上げの角度がちょっと……

田原：本当はもっと上がるんだけどな、ズボンが（フィットしすぎていて）な。まあ、いろいろ（他の事情との兼ね合いが）あるから。おまえ、名古屋も来てくれたらしいな。ありがとな。

――何で知っているんですか？

田原：祐介（マネージャー）から聞いたぞ。（近寄ってきた母親・千代子に向かって）コイツ、「FLASH」だから気をつけろ！

母親：トシ君はね、口は悪いけど、心は優しいからね（笑）。

この会話に、田原らしさがよく表れている。
「きょうはどうだったんだ？」と素人の私に聞く謙虚な姿勢。
「名古屋もきてくれたらしいな。ありがとな」と素直に感謝を述べる心。
「コイツ、「FLASH」だから気をつけろ！」とバリアを張りながら、ちゃかすシャイな部分。
母親は、そんな息子の性格をいちばんよくわかっているのだと思った。
田原はぶっきら棒に突き放すことを言う半面、帰り際には「ありがとな」と必ず感謝を表す。渡邉光男が話す。
「カメラが回っていたり、人がいたりすると妙にオーバーアクションをしたり、偉そうにしたりするタイプでさ。普段のほうがちゃんとしている。普通、逆だよね（笑）。アイツはあまのじゃくだから。
デビューした頃から偉そうだなという印象はあったけど、ふとしたしぐさや言葉に優しさを感じさせる男ですよ。だから、アイツがどんな暴言を吐いても何とも思わない。口先と心のなかが反対だとわかるんですよ。それに、別れ際には「ありがとね」とちゃんと言うからね。最後まで突っ張っているわけでもない。優しさや礼儀を持っていると僕は感じますけどね」

素直になれない性格というか、素直になりたくないのかもしれない。常人とは異なる経験をしてきた田原なりの他人に対するバリアの張り方なのだと思う。

だが、ぶっきら棒さや本音を隠す言動が、自身の活動に支障をきたすことも数えきれないくらいあるだろう。

二〇一〇年、田原はＪＶＣエンタテインメントからフォーミュラエンタテインメントに事務所を移籍し、プロデューサーにEXILEなどへの楽曲提供もする宮地大輔を迎え、新境地を開拓する。バックダンサーが二十代に若返り、計十五年にわたって後方で支えてきた木野正人は田原のステージから去ることになる。

長年同じメンバーで仕事すると、どうしても慣れが生じてしまう。見ず知らずの二十代のダンサーと一緒に踊ることは田原に緊張感を与え、実際に動きもよくなった。

復活の陰に事務所移籍があったことは間違いない。

一方で、ライブに欠かせない存在だった木野の離脱はファンに衝撃を与えた。もちろん、いつか別れはくるわけであり、田原の新たな挑戦のためには心苦しくも関係を断たなければならないこともある。それ自体は何ら問題のないことだ。

木野は現在も単発ゲストとしてステージに上がる年もあるし、関係性はいまも続いている。

残念だったのは、ファンに対して田原の口から理由の説明がなかったことである。私もすべてのイベントに足を運んでいるわけではないし、どこかではふれたのかもしれない。ただ、仮にある場所で発表していたとしても、最も大きなキャパシティーである東京のコンサートで一言でもかまわないのでふれるべきではなかったか。

一事が万事そうだが、田原はいつも言葉足らずだ。心で感謝していても口に出せない性格なのはよくわかる。しかし、何かあったのかと心配するファンを安心させてほしかった。

二〇一七年のコンサートには、十九年間も連れ添ったバンドメンバーであるベースの岩前伸亮が参加できなくなった。べつに仲たがいをしたわけではなく、岩前に事情があったようだ。ツアー初日の横浜・関内ホールで、田原は時間を取って丁寧に説明をした。私はとても安心した。

五十代になった田原俊彦に、ジャニーズ時代からの動きを熟知している木野が久しぶりに振り付けをしたら、また新しい魅力が創出されるのではないだろうか。

▼口パクを拒否し続ける姿勢――『HEY!HEY!HEY!』出演が流れを変えた

フジテレビ社員で歌番組のプロデューサーを務めていたきくち伸は二〇一三年三月五日、自身のブログ「きくちPの音組ブログ」でこうつづった。

『MUSIC FAIR』は去る二月六日の会議・全会一致で『僕らの音楽』『堂本兄弟』同様「口パク」を受け入れないことを決めました。「多くの視聴者がカラオケや口パクでも一向に構わないと思っている事も、充分把握し」た上で「多くのゲストを擁する音楽番組としては、画期的な取り組み」に挑みます! 歌手であるからには、フツーに歌えることが絶対条件だと思うので。

この頃、歌番組では口パクが横行し、モニターに歌詞が出ることも珍しくなくなっていた。『夜ヒット』に一九六八年の番組開始から九〇年の終了まで関わっていた渡邉が話す。

「『夜ヒット』は全部生でやらせましたし、カンペも出しませんでした。あの時代は『夜ヒット』で歌うとレコードが売れるという現象があり、新曲を初披露する歌手も多かった。

新曲だと歌詞を覚えきれないうえに、生放送という重圧もかかってくる。だから、プレッシャーが表情にも現われるし、いろんなハプニングも起こる。それが話題となって、数字が上がっていったともいえるでしょうね。

口パクだと、臨場感が沸かないじゃないですか」

一九八五年の入社から四年半『夜ヒット』に関わっていたきくちには、そのDNAが宿っていたのかもしれない。時代とともに変わっていく常識に抵抗しようとしたのである。

その精神は、「口パクしない」というプリンシプルを守り続けている田原俊彦と共通していた。あれほど踊るなら、口パクやカンペという楽な方向に流れてもおかしくない。ましてや五十代になっても二十代の頃と同じような振り付けで踊るのは相当しんどいはずだ。昔も今も、田原をよく知る渡邉はこう言う。

「アイツ偉い。ホント偉い。絶対に口パクしませんね。生で語る、生で歌う。声が出ないなら出ないなりに一生懸命やる。『生の姿を偽りなく伝えることで、ファンの人たちに共鳴感を持ってもらいたい』と言っていましたよ。ポリシーがありますよね」

二〇一〇年十二月十三日、『HEY!HEY!HEY!』のプロデューサーだったきくちが『夜ヒット』のAD時代にその姿を体感していた田原俊彦を番組に呼んだのは必然だったのかもしれない。

この年、田原はシングルを二枚発売したが、地上波で披露する機会は一度もなし。ゴールデン帯での歌唱は二〇〇五年八月十六日の『思い出のメロディー』（NHK）以来、五年四カ月ぶりだった。

きくちは『トシちゃんが本当に出ちゃうんですスペシャル!!』と告知。当日のテレビ欄でも〈田原俊彦が遂に見参で 超豪華!!哀愁でいと～抱きしめてトゥナイト六曲メドレー熱唱SP〉と四行も宣伝。番組内の過去VTRでも田原を大々的に取り上げた。ひな壇には『夜ヒット』司会の芳村真理、『加トちゃんケンちゃんごきげんテレビ』で頻繁に共演していた加藤茶、『たのきん全力投球』で田原の妹役でデビューした松本伊代、同じレコード会社だった堀ちえみが並ぶなど細部にこだわった。番組終盤、コロッケが「ごめんよ涙」でものまねをした後、「哀愁でいと」のイントロが流れ、田原が登場。七分六秒のメドレーで自らの魅力を存分に発揮した。

陽が当たらないときも、変わらずに己を磨いてきた成果が表れた瞬間だった。

歌い終えた後、トークの時間が設けられた。例によって、ひな壇にいる松本伊代や堀ちえみに必要以上に突っ込み、ものまねしたコロッケを蹴り上げる田原の姿があった。これを見て、「あ〜変わってないな。相変わらず傲慢だな」と感じた人もいたかもしれない。私も「そんなことしなきゃいいのに！」とたしかに思った。だが、これは不器用な田原なりの愛情表現なのだ。

同じ考え方を持つ者同士が共鳴し、相互理解があるときに番組の数字は上向く。この日、視聴率は一三・七％を記録。民放同時間帯の一位タイで、同番組の年間三位となる高い数字を獲得した。

二〇一〇年に田原俊彦を全面に押し出した番組制作は、プロデューサーにとって大きな博打だったはずだ。華麗なる賭けに、二人は勝った。

▼『爆報！ＴＨＥフライデー』でのビッグ発言検証で十七年間の誤解が解ける

脚光を浴びていないときも準備を怠らず、ようやく巡ってきたチャンスを逃さなかったことで、新たなオファーが舞い込むようになる。

二〇一一年三月二十三日『歴代トップアーティスト大集合！1位をとったアノ歌コンサート』（日本テレビ系）、五月七日『お願い！ランキングＧＯＬＤ2時間スペシャル』（テレビ朝日系）、十月一日『くりぃむしちゅーの最強アイドル大百科』（日本テレビ系）とわずか十カ月足らずで、三度もゴールデン帯でヒットメドレーを歌う機会が訪れた。

歌唱後にトークコーナーが設けられた『最強アイドル大百科』を見て、私は田原俊彦を取り巻く空気の変化を実感した。田原がテンション高く「ハッピー、ハッピー！」と言いながらひな壇にいる女性陣とハイタッチを始めると、司会の上田晋也が「やっぱり、歌で帰らせたほうがよかったんじゃないか」と突っ込みを入れて会場を沸かせる。田原が一転、真面目に芸能界入りのきっかけを話すと、今度は有田哲平が「ちゃんと話せるじゃないですか」と冷静な口調で笑いを誘う。

その後も、田原のトボケた喋りに井森美幸が「なんでちょいちょい嘘つくの！」、土田晃之が「トシちゃん、ボケが雑なんだよね」などと遠慮せずに突っ込むことで次々に笑いが生まれていく。わずか二年前には想像もできなかった、穏やかな空気が生まれていた。

爆笑問題が編み出した「田原俊彦の取り扱い説明書」がバラエティー界に浸透していたのだ。

十月二十一日、金曜十九時台で『爆報！ＴＨＥフライデー』が始まる。爆笑問題が司会を務め、田原もスペシャルＭＣでレギュラー出演。テレビでの共演を重ねることで爆笑問題とはさらに呼吸が合うようになっていたが、番組を始めるにあたって田原自身に迷いがなかったといえば嘘になる。二〇一四年「FLASH」での取材時、こう明かしている。

葛藤はありましたよ。慣れないバラエティ番組で、どういう立ち位置でいればいいのか不安だったし、半年でズッコケる怖さもある。ＴＢＳの大久保竜プロデューサーの心意気と爆笑問題の存在がなければ始まらなかった。（「FLASH」二〇一四年七月八日号）

テレビでの潜伏期間が長ければ長いほど、出方は難しくなる。田原は番組を始めるにあたっての心構えも話してくれた。

「僕のなかの一つの約束事として、見終わった後に「私も頑張らなきゃ」と励みになったり、「みんな、人生って大変な思いしているんだな」とホロッとしたり、心に響くような番組でありたいなと」

初回、「波瀾爆報ヒストリー 田原俊彦」と題し、一九九四年の長女誕生記者会見を検証した。当時、会見から日数がたつとマスコミは横柄な部分だけを切り出して放送していたが、会見全体を見ると、いやみを言った後にもきちんと質問に答える姿があった。「何事も隠密にやりたかったんだけど、僕くらいビッグになっちゃうとそうはいきませんというのが、よくわかりました、はい」という言葉も、ギャグだとわかるものだった。

この放送によって、十七年間も消え去ることがなかった「傲慢」というイメージは一気に吹っ飛んだ。〈言い訳じみた内容になると格好悪いし、覚悟して臨みましたよ。人のせいにするつもりもないし、すべて引っくるめて僕ですから。一時間で、一人の人間をわからせることは難しい。でも、テレビの影響力って、不思議ですね〉(同誌)

テレビでスターの座を射止め、テレビにおとしめられた男が、テレビに救われた。救われたという言い方は適切ではないが、一方的に着せられた汚名は払拭された。

ネット上には、マスコミへの不信感を表す声、田原が言い訳することなく十七年間活動を続けてきたことを称賛するコメントがあふれかえった。ファンとしては喜ばしいことにちがいないが、正直にいえば、私はその反応にあきれた。入籍報道から会見に至るまでの動向を振り返れば明白なことなのに、自分で調べることもせず、なぜテレビから流される情報だけを信じたのか。

その体質は一九九四年のときと変わっていないとも思った。誤解が解けたのはうれしかったが、「あの会見でトシちゃんを嫌いと思ったなら、ずっと貫けよ!」とも思わずにいられなかった。このとき、世の中はたいして深く物事を考えない人たちの何となくの意見が重なり合って空気が醸成されていくんだな、と改めて感じた。

要するに、「人気」とは、ふわっとした空気をいかに自分のモノにするかにかかっている。実態が見えない空気、本質を見ない人たちの評価を味方につけることが「人気」につながる。だから、イメージが大切なのだ。その イメージは主にテレビで形成されるから、一日に何度も繰り返し放送されるワイドショーにはきちんと対応しなければならなかったわけだ。

とすれば、「人気」を自ら奪いにいくことには相当な労力がかかるし、どこかばかげている。その動きは、迎合という言葉がピッタリと当てはまる。田原は二〇一四年の取材時、こう話している。

〈テレビ番組もそうだけど、この世界はいつ飽きられるかわからない。時代が、欲するか欲さないか。百人いたら、全員が僕のことを好きなわけじゃない。何人か好きでいてくれればいい。それに、興味を持ってくれるのは一瞬。だから、過度な期待もしちゃいけないし、迎合しようとも思わない。

そのなかで、僕のできることは〝変わらず〟にベストなパフォーマンスを見せること。『年取ったね〜、トシちゃん。キレが落ちたね』と言われるのは癪に障るから、いつまでたっても『すげえなあ』と魅せられる人間でいたい。（同誌）

デビューから十五年間トップを走り続けた田原俊彦は、あやふやな「人気」よりも、バッシングされても変わらずについてきてくれたファンの「本質」を選んだのではないか。もう「人気」に振り回されたくないと感じていたのかもしれない。だからこそ、一九九四年以降はファンを喜ばせることに活動の軸を移したのだと思った。「人気」よりも「本質」を選択できた背景には、田原を信じ続けたファンの姿があった。

▼太田光作詞の「ヒマワリ」はファンと田原の宝物になった

『爆報！THEフライデー』の初回放送後、田原のもとには各メディアからオファーが殺到した。端的にいえば〝ビッグ発言の誤解から復活した男〟という内容だった。しかし、田原俊彦はすべてを断った。『爆報！THEフライデー』はあくまで信頼するスタッフやキャストだからこそ話しただけで、番組をキッカケにイメージ回復キャンペーンを張ろうなどとは全く考えていなかった。

どんな状況になってもブレない田原の生き方を、太田光はよくわかっていた。

十一月十六日に太田作詞の新曲「ヒマワリ」が発売されると、ファンは彼の洞察力や感受性に感服した。〈そのままでいて　変わらないで〉というフレーズに代表されるように、太田は田原俊彦の本質を十分に理解し、ファンとの関係性も見事に表現した一曲をプレゼントしてくれた。

（先に上がってきた）メロディーを聴いたときに、まず浮かんだのは太陽。トシちゃんって、太陽だなと。

ピカッと光っている。もう一つは、一向に変われない人。

二つのテーマがあったわけですよ。ちょうど地震もあったりなんかして、無限のエネルギーといえば、太陽だなと思って。だとすれば、トシちゃんが逆に太陽に向かって、応援ソングを歌ってほしい。言ってみれば、ヒマワリのマネをして、遠く離れている君たち、っていうのは、ファンの人たちでもあるんですけど、その人たちに向かって、トシちゃんからのメッセージを。君たちはわかってないかもしれないけど、太陽みたいに見えているんだよ、ということをトシちゃんに言ってほしい。

最近ほら、特に震災以降、日本人って真面目だから「自分たちが悪かったんじゃないか」とかさ、「変わらなきゃ」というのが。「変わらなきゃいけない」みたいなことがあんまり、俺は好きじゃなくて。「なんで変わらなきゃいけないって言うの?」って、まさにトシちゃんに言ってほしいなと。いままでのままで十分立派じゃない? ということですよね。(『爆笑問題カーボーイ』TBSラジオ、二〇一一年十一月十五日深夜放送)

太田について、田原は二〇一四年の取材時にこう話してくれた。

「すごい才能の持ち主ですよね。まだ(『爆報!THEフライデー』の)レギュラーになる前に書いた詞だから僕のことを百パーセント理解しているわけじゃなくて〝トシちゃん〟というイメージで見ていたんでしょうからね。『ヒマワリ』というタイトルもビックリしたけど、ああやって僕のことを投影してくれた。すごいなあ、深いなあって。単純明快な太陽のような「ヒマワリ」という表現のなかで〝そのままの君で笑っていればいい〟というわかりやすくて素晴らしい詞をね。僕の大好きな楽曲の一つになりました」

二〇一七年のツアーでは、本編ラスト曲に「ヒマワリ」を持ってきた。

九月二十二日の東京・中野サンプラザでの歌唱前、田原が「きょうはどうもありがとう」と言うと、自然発生的にファンからも「ありがとう」という声が何カ所からも上がった。

ファンがいるから、田原は頑張れる。ステージで踊るトシちゃんがいるから、ファンも日々の煩わしさを乗り越えられる。お互いがお互いの生きがいになっている。

田原は、感謝の気持ちを「ヒマワリ」に込めた。

舞台にプロンプターを置かないため、歌詞を目で追う必要もない。イヤーモニターを着けないため、観客の反応をより直に感じられる。

あくまで、ファンと一体になってステージを作り上げる田原は会場のファンを真っすぐ見つめ、ときに上手から下手へと全体をじっくり目で追いながら〝太陽〟であるファンに感謝を込めて「ヒマワリ」を歌い上げた。ファンは今年も変わらずにステージに立ってくれた男に最敬礼しながら、彼の舞台に懸ける真剣さを受け止めた。〈あの頃のまま　夢のように世界はまわりボクは踊ってる〉。「ヒマワリ」という楽曲は、ファンと田原の大切な宝物になった。

2　ステージに懸ける思いとファンへの感謝

▼努力を見せない美学——華麗に舞う「Bonita」を見たことがあるか

昨今、日本社会全体に努力を見せるスタイルが蔓延している。「ツイッター」や「フェイスブック」で、いかに自分が頑張っているか、どれほど自分はすごい人間かをアピールする。他人の名言を書くことで悦に入る者までいる。就職活動になれば必死に自己PRを書き、なかには誇張しすぎた文章も散見される。自分の見え方を気にする人が目立ち、セルフブランディングなる言葉まで生まれてしまった。

そんな風潮を見透かしたかのように、書店には自己啓発本があふれている。「自分をどう取り繕うか」というような方法論ばかりにスポットが当たり、日々の地道な努力よりも、いかに最短距離で目的にたどり着くかばかりがフォーカスされている。

それでいて、「努力しても報われない」とか「結局は運だ」と言いだす人もいる。しかし、運をたぐり寄せるのは間違いなく努力であり、実力であると田原俊彦が身をもって示してくれている。

「Dynamite Survival」の歌詞が表すような強い精神力の持ち主であると同時に、高いダンス技術を誇っていることもまた、彼が再び這い上がってこられた大きな要因の一つである。

二〇一〇年、田原はこう話している。〈歌もダンスも進化しています。マイケル・ジャクソン亡き今、歌って踊るステージでは、僕が一番だっていう自信がある〉(「逆境をゆく」「朝日新聞」二〇一〇年十月二十六日付)。独立直後であれば、ビッグマウスと叩かれそうな言葉だ。彼は一九八〇年代も二〇一〇年代も変わらず、自分で自分を追い込む発言をしている。礼賛やバッシングで心が揺れてしまえば、ステージの質は落ち、ファンは離れていっただろう。しかし、デビューから現在に至るまで、どんな状況になろうと田原は努力を欠かさなかった。

ジャニーズ事務所独立後の田原俊彦を見ていると、思い出す言葉がある。『教師びんびん物語Ⅱ』の最終回ラストシーンで、徳川龍之介が榎本英樹に語りかけた台詞だ。

俺たちは教師だ。優しくなければならないが、もたれあっちゃダメだ。
苦しくとも寂しくとも一人で立ってなきゃいけない。
それぐらいの強さがなけりゃ、とても子供を優しく愛してやることなんかできない。
それに、孤独も素晴らしい人生の一部だと思う。
大切なのは、自分の人生を生きることだ。人と比べて生きることぐらい、愚かなことはない。
時間は常に成長するために与えられている。わかるな、榎本。(前掲「最終回 先生は、どこへも行かない…」)

周囲の動向や時代の流れに左右されず、孤独に自分と向き合い、己の邁進すべき道だけを見据えて歩いてきた。

その結果、田原俊彦にしか踊れないダンスが生まれたのではないか。

三十五周年にあたる二〇一四年発売の「Bonita」は〝田原俊彦らしさ〟が存分に発揮された曲だ。

二〇一〇年からタッグを組んでいるＤａｉｓｕｋｅ〝ＤＡＩＳ〟Ｍｉｙａｃｈｉ（宮地大輔）とＮＡＴＡＢＡが作曲。灼熱のスペインの夜をイメージしたサウンドと田原の華麗な舞いがピタリと一致。間奏になると、赤いカクテル光線に照らされて、バレエのようなターンを三回繰り返しながら下手側に向かう。ラストは足を大きく回し、ターンした後にひざまずいてポーズを決める。フラメンコ舞踊家の青木愛子の指導を仰ぎながら、自分なりにアレンジしてできあがった振り付けである。

一九八八年のアルバム『Dancin'』から作品を提供している松井五郎の詞からは喜びや悔しさ、気構えなど田原の生きざまが見事に表現されている。〈燃えつきるまで〉〈ただ そばにいて〉などのフレーズから、ファンへの気持ちを歌っているようにも読める。

「Bonita」は二〇一四年六月二十四日、Zepp Tokyo で初披露された。スカパーの抽選で当選した人が訪れるライブだったため、初見の人も多かったはず。それにもかかわらず、「抱きしめて TONIGHT」のイントロや「ごめんよ涙」のラストで見せる決めポーズよりも、この新曲を歌い終わったときに、会場からこの日いちばんの大歓声が上がった。干された後も、地道に己を磨いてきたことがよくわかる瞬間だった。

足を上げてターンするのが、田原のダンスへの一般的なイメージだ。しかし、実際はバレエも身につけているし、ヒップホップもできる。ライブの二時間で様々なダンスを披露するので、観客は魅了される。

二〇一五年のツアー初日、田原が「きょうはね、僕のファミリー（ファンのこと）ばかりだと思いますんで」と話したように、常連ファンが多く集まった東京・町田公演では「Bonita」のギターイントロが始まると、会場から音楽をかき消すほどの大声援が沸き上がった。同年のツアー途中からは、マイケル・ジャクソンが三十周年コンサートで「Billie Jean」を歌う前におこなったしぐさを取り入れている。

正直なところ、初めてこの曲のミュージックビデオを見たとき、ライブで盛り上がる曲になるとは想像できなかった。ステージを重ねるごとに「Bonita」は進化していき、田原俊彦の世界観を表す特別な曲となった。

二〇一四年にインタビューした際、「ステージに向けて、普段どんなことをしているんですか?」と聞くと、田原は事もなげに言った。「いや、特に何もしてないんですよね」。そんなはずはない。鍛錬していない男が、華麗に魅せられるわけがない。田原俊彦は、努力を見せない美学を持ったスターなのである。

▼いまの田原俊彦のステージこそ、ジャニー喜多川の理想である

ジャニー喜多川は一九六二年に飯野おさみ、真家ひろみ、中谷良、あおい輝彦の四人で初代グループのジャニーズを結成し、東京五輪終了直後の六四年十二月に「若い涙」でデビューさせた。〈私は世界に通用するミュージカルを完成させたい、というのが生涯の夢だ。そのために男性版宝塚をつくろう、と決心したのが、そもそもの出発点だった〉(フォーリーブス『フォーリーブスの伝説』)。当時、十代の男性タレントが踊りながら歌う姿は批判された。そのスタイルは、宝塚歌劇団の専売特許で「男が踊るなんて……」という風潮さえあり、歌手は微動だにせずに歌うことがよしとされていた。アメリカで生まれ育ったジャニーは、若手育成に励んだ理由をこう打ち明けている。

　アメリカの芸能界はフランク・シナトラでさえ新人の歌を歌う雰囲気があるのに、日本では大御所に納まってしまうと新人をバカにするところがありますよね。その橋渡しができればと思って始めたのが若手づくりなんです。でも最初は〝ジャリタレ、ガキタレ〟とばかにされましたよ。(「コンフィデンス」一九八二年一月十一日号)

いつの時代も、新しいことに挑む人間は叩かれる運命にある。ジャニーがめげずに信念を持ってジャニーズ、フォーリーブス、郷ひろみ、田原俊彦、少年隊などを育て上げたことで、日本にも歌って踊る男性歌手が定着し

た。

一九八〇年の歌手デビューから日進月歩してきた田原は十周年を迎えた八九年十月二十二日、「レーガン前大統領夫妻来日記念特別企画フレンドシップコンサート」（横浜アリーナ。四日後にフジテレビ系で放送）でメドレーを歌った。

本場アメリカのショーを手本にしてきたジャニーにとって、自ら育て上げたアーチストが国賓の前で歌って踊ることはこのうえない喜びだったはずだ。田原はブログ（二〇一四年五月十八日）で、〈今でもあの時の緊張感を覚えています。もっと舞い上がっていたのはMr.ジャニーだけどね～。今でも家に、レーガン夫妻とジャニーさんと僕との四ショット写真がありますよ〉と振り返っている。ジャニーとも親交がある渡邉光男が話す。

「日本のエンターテイメントを作りたかったジャニーさんがアメリカで学んだ踊りには、当然タップもあるし、ジャズもあるし、バレエもある。いろんなダンスを習得して、ジャニーさんの思いどおりの形に育ってくれたのが田原だったと僕は思いますね」

一九六〇年代後半、ジャニーはラスベガスにジャニーズを引き連れていき、ミュージカル女優であるミッチー・ゲイナーのショーを鑑賞したとき、バックで踊る男性四人組に感銘を受けたという。


「ぼくはもう『ジャニーズ』というグループを解散させたいと思ったね。この世界とでも同じレベルに入っていけない……」

打ちのめされた感じで、とにかくバックステージに訪ねていった。「あの四人組の男の子たちに会いたい」といって。どうぞ、と楽屋に通されたら、おじさんたちしかいないんだ。

「あの男の子たちは？」「あれ、ぼくたちですよ」「エーッ！」。びっくり仰天！「ステージで踊ってるときは、少年のように見えた。それが最年少が二十九歳、あとの三人は三十歳を越してるの。それでもパアーッと華やかなステージがつくれている。これがアメリカだ！　これが芸術だと思いましたよ」（「平凡」一九八

七年十一月号）

レーガン元大統領の前で歌ったとき、田原は二十八歳を迎えていた。アイドルの寿命は二、三年という常識を変え、スターに上り詰めていた頃だ。一九八七年、九〇年、九一年、九三年にはミュージカルに主演。テレビの人気者ではなく、舞台で魅せられるアーチストの養成を目指していたジャニーにとって、間違いなく理想の存在だった。

ジャニーは自分の夢をこう語っていた。

ぼくはジャリタレで終わらせようと思ってやってないんです。アメリカの芸能界のように、みんな五歳くらいからレッスンにレッスンを重ねて、その人たちが四十代、五十代で円熟期を迎えて、老人になっても活躍してるようなアーチストを作りたいんです。（同誌）

五十代になっても、ステージでファンを魅了する男――これこそ、現在の田原俊彦ではないか。

いまも田原のライブを見続け、現在も「WMK,INC. 株式会社 渡邉光男計画」でテレビ制作などを手掛けている渡邉が演出側の視点から語る。

「アイツのパフォーマンスは、どこを撮っても絵になる。足元から手先まで飽きさせない。踊りに繊細さがある。形は違うけど、矢沢永吉と一緒ですよ。矢沢も一挙手一投足、走り方や歩き方にまで自分の演出が入っている。矢沢と田原はステージ上にプロンプターを置かないし、イヤモニも着けない。これも二人の共通点です。天性の素質もあるけど、自分の動きだけに集中するから、より絵になる。

ソロで歌って踊るスタイルも含めて、ああいうキャラクターはアイツしかいない。普通、同じような若いヤツが出てきて新旧交代が起こるけど、第二の田原っていないでしょ。強烈すぎちゃって。田原俊彦は田原俊彦の一代だけなんですよ」

ジャニーズ独立以降も地道に続けた積み重ねが、五十五歳を超えても二時間歌って踊り続けるという前人未到の域に達する男を作り上げた。渡邉は、こんな言葉を聞いている。

「アイツは「死ぬまで踊りたい」と言っていた。動けなくなるまで踊るでしょう。それが自分の生命線だって、いちばんよく知っていますから。動けなくなった時点で、田原俊彦は卒業でしょうね」

ジャニーの大志はいまもなお、田原俊彦によって体現されている。

▼ファンを第一に考える「永遠」の絆

二〇一七年六月二十四日、ユニバーサルミュージック移籍第一弾シングル「フェミニスト」発売のリリースパーティーを品川プリンスホテルステラボールで開いた。

MCではメジャーレーベル復帰をふまえて、「いい風が吹いているかな。ちょっとね。でも、いままでと変わりなく、命がけでマイペースでやっていきます」と語った。メジャーだろうがインディーズだろうが、田原は懸命にステージで歌って踊るだけである。

一方で、「いい風が吹いてきた」と話したことに心境の変化が読み取れた。二〇一四年の取材で「風向きもずいぶんよくなったんじゃないですか?」と聞いたときは、「なんとなくね」とそこまで手応えは感じていない様子だったからだ。

折しも、SMAPの元メンバーである稲垣吾郎、草彅剛、香取慎吾の九月限りでのジャニーズ事務所退所が六月十九日に発表され、九四年に独立した田原に注目が集まっていた。その視点は本意ではないが、独り立ちした男にしかわからないこともある。ライブ前の会見で三人について尋ねられ、田原の答えはすぐに「Yahoo! トピックス」になった。〝いい風が吹いてきた〟この日のセットリストを振り返ってみよう。

「女神よ」（一九九〇年アルバム）〜「BACK TO THE 90's」（二〇一五年シングル）〜「ときめきに嘘をつく」（二〇一六年シングル）〜「DANGAN LOVE――弾丸愛」（二〇〇四年シングル）〜「永遠」（一九九八年アルバム）〜「シンデレラ」（二〇一〇年シングル）〜「フェミニスト」（二〇一七年シングル）〜「ラブ・シュプール」（一九八二年シングル）

このなかで、ダンスで魅せる曲は「BACK TO THE 90's」と「シンデレラ」くらいだ。ファン以外の注目も集める日だからこそ〝五十六歳でバリバリ踊れる〟魅力を存分に発揮してほしかった。メディア用に構成を作り上げるのは、田原俊彦らしくない。

そんなことは重々承知しているが、あえて言っておきたい。私は「田原俊彦はもっと評価されるべきだ」と常々思っている。評価とは、ファン以外からの好意的な声であったり、シングルが上位にランキングされたりすることだ。そのためにはメディアをうまく使う必要がある。

ステージを見たテレビ関係者が同僚に「踊りがすごかった」などと話せば、噂が回って歌番組出演につながるかもしれない。いつだって、風は小さな場所から巻き起こり、やがて大きな風となる。そのきっかけを作る絶好の機会がメジャー移籍一発目のリリースライブにあったのだ。

べつにヒットメドレーを歌ってほしいわけではない。陽の目を浴びなかった時代にメディア露出がほどほどあって、逆風でなければ売れたはずなのに……と思わせる「A NIGHT TO REMEMBER」のようなダンス曲を歌ってほしかった。近年の歌なら、持ち味を凝縮した「Bonita」で魅せるべきではなかったか。

田原俊彦といえば、ダンスなのである。本人が公言しているように、歌って踊る姿こそ田原俊彦なのだ。それを、初めてライブを目の当たりにしたマスコミにも見せてほしかった。

そんな考えを持つ一方で、田原のファンに対する思いも十分に理解しているつもりだ。

一九九八年発売のアルバム『Vintage 37』に収録された「永遠」は、ファンと田原の絆を表した一曲である。

当時、ジャニーズ事務所独立から四年が経過。歌番組に呼ばれても深夜帯ばかりで、ゴールデン帯では歌えないという厳しい現実に直面し、ファン離れも進んでいた。

田原もつらかったと思うが、ファンもつらかった。一九八〇年代には年中テレビに出続けていたスターを、一年で数えるほどしか見かけなくなった。三十七作連続オリコントップテンに入った男が、九八年から百位以内にも残れなくなった。こんなはずじゃないと現状を信じられない気持ちでいた。

そんな時代に〈喜びも悲しみも同じ未来に生きて行けるから〉〈僕のすべて受けとめて欲しい〉と歌う田原の心情を、ファンは果てない愛で受け止めた。周りが何と言おうと、信じてついていく。その気持ちに感謝を込めて、田原はファンのことを〝ファミリー〟と呼ぶようになった。

メジャーレーベル復帰後、初の新曲発表ライブで話題になる日に「永遠」を選んだ意味は何よりも大きかった。この歌を歌うことで、ファンとの絆を確かめ合ったのだ。

注目を浴びるときも、メディアの扱いが小さいときも、田原俊彦は変わらずにファンを考えて選曲してきた。その結果が、二〇一七年六月二十四日のセットリストだったのだと思う。

翌週の七月一日と二日には、愛知、大阪、兵庫、福岡と四カ所のショッピングモールを回って握手会をおこなった。メディアの取材が入らない二日間のイベントでは、新曲に加えて一九八〇年代前半のヒット曲「原宿キッス」と「ハッとして！Good」を選んだ。

東京での新曲発表ライブは四千円の有料。お金を払っても田原のパフォーマンスを見たいというファンが集まる場所では、近年歌っていない曲やファンへの思いを伝える曲を選ぶ。フリースペースでのライブは無料だからこそ訪れる人や偶然通りかかった買い物客も、思わず口ずさみたくなる懐かしい曲を選択し、時間をタイムスリップさせる。

あくまで、この人は目の前にいる観客のほうだけを向いているのだと再認識した。だから、ファンは離れないのである――。

3 もう一度、大ヒット曲を出すために

▼「俳優・田原俊彦」は復活しないのか

ファンとの深い絆に言及した形で本書を締めるほうが、落としどころとしてはいいだろう。

だが、最後に私はあえて田原俊彦への提言をしたい。なぜならば、田原俊彦はこのままマイペースを保ったまま終わるような芸能人ではないと思っているからだ。

『爆報！THEフライデー』のビッグ発言検証放送で長年の誤解が消えて以来、コンサートに足を運ぶたびにファンが徐々に戻ってきていることを実感していた。特に、二〇一四年八月三十日の横浜・関内ホールでのコンサートでは、登場と同時に大声援が巻き起こった。それまでも地方公演では耳をつんざくような声援に包まれていたが、常連ファンも多数来場している初日の横浜公演での歓声とは思えないほどのボリュームを感じた。

〝再ブレイク〟と騒がれたこの頃、〈僕自身は、新曲がオリコンのベスト10に入って初めて、本当の意味での再ブレイクだと思っています〉（「婦人公論」二〇一四年九月七日号）と平然と話していた。

オリコン十傑に入るために、俳優業を復活してはどうか。

学園ドラマの生徒役からスターになるのも、若手俳優の道を開いたのも、フジテレビの「月9」を軌道に乗せたのも、ジャニーズ事務所のタレントがドラマに主演できるようになったのも、田原の名前なしでは語れない。

歴史を客観的に振り返れば、「俳優・田原俊彦」は燦然と輝いている。

だが、日本ドラマ界をリードした男は二〇〇一年を最後にドラマ出演していない。どうしてなのか。

私は二〇〇九年に取材したとき、素直に疑問をぶつけた。

――ドラマや映画のオファーもあると聞いてますが、なぜ出ないのですか？
僕のやりたい役とオファー内容は違うわけだな。お父さん役もあるみたいよ。
――でも、そのくらいの年齢ですよね？
バカにしてんのか（笑）。まあ、いいじゃない。中途半端な出方はいやなのよ。

このとき、「だって俺、役者じゃないし。役者でスタートしたのと違うじゃん」とも言っていた。人気爆発のきっかけは『金八先生』だが、田原にとっての〝スタート〟はそれ以前の約三年の下積み時代を指すのだろう。しかし、ドラマ史に名を残す俳優が「俺、役者じゃないし」と言っても違和感しかない。私には、現状があまりに惜しい。

『教師びんびん物語』で見せたように、視聴者を引き付けられるシリアスな演技ができ、コミカルに笑いも取れる俳優は現在の芸能界を見渡しても、そうそういない。盟友・野村宏伸が話す。

「もったいないですよ。五十代はいい味が出る時期。それなのに、作品を残さないのは本当にもったいない。また何か一緒にできたらいいんですけどね。時間が空いたいまだからこそ、できる作品があると思うんですよ。田原さんは歌をやりたいわけですよね。歌にこだわっている。そのこだわりはすごい。でも、歌は歌、ドラマはドラマという考えでもいいと思うんですけど、なかなかあの人は頑固ですよね。本当は器用な人ですよ。芝居もできるし、バラエティーもできる。もったいない」

田原は二〇一〇年、こう話している。〈今も一年に一枚、CDを出し続けている。売れませんが。でも次は必ずヒットすると信じている。信じて続けることが大事なんです。打席に立ち続けることですよ〉（前掲「逆境をゆく」）。あきらめない姿勢は、素直に尊敬する。だが、あえて厳しいことを問いたい。

歌手として最大限の努力をしていることはステージを見ればわかる。ただ、それだけではヒット曲は生まれないことは田原自身が最もよく知っているはずだ。『金八先生』があったから「哀愁でいと」がヒットし、『瀬戸内少年野球団・青春篇』の流れから『教師びんびん物語』が誕生し、「抱きしめて TONIGHT」が『ザ・ベストテン』『歌のトップテン』で年間一位に輝いた。

この例を出すまでもなく、俳優活動は一つのきっかけになる。最初は主役じゃなくてもいい。よほど変な役でないかぎりは出演することで、視聴者や制作側が「俳優・田原俊彦」を思い出す。それをきっかけに、次はもっといい役がくるのではないか。田原俊彦は、脇役でも光るはずだ。

積み重ねていけば、数年後に主演の連続ドラマが巡ってくるかもしれない。その主題歌を担当し、大ヒット曲につながる可能性だってある。最初の一歩を、せっかくのチャンスを、みすみす逃してはいないか。

あらゆる歴史を築いてきた男に対して、一から始めるようなやり方を懇願するのがおこがましいことはわかっている。つい熱くなってしまう私に、野村宏伸はこんな構想を述べてくれた。

「いま、田原さんは何の役をやりたいか聞いてみたいですね。俺は最近、トシちゃんと一緒にミュージカルやりたいと思っています。(田原も)歌って芝居ならいいんじゃないかなって。俺はいままでミュージカルに出たことないんですけど、そろそろいいかなって」

もしこの案が実現できる環境が整ったら、田原にはぜひとも受けてほしい。テレビでなくても、田原と野村のコンビが舞台で復活したらファンは喜ぶはずだ。

「『びんびん』も放送したら、絶対ヒットしますけどね。『教師びんびん物語Ⅱ』から十年たって、九九年に『巡査びんびん物語』を二時間スペシャルで放送しましたよね。あのとき、最初はどうなるかなと思ったけど、撮影に入ると、すんなり徳川と榎本の関係に戻れたんですよ。十年のブランクを全く感じなかった。だから、五十代になったいまでも、たぶんできますよ。設定は、榎本が校長で、徳川は普通の教師のままとかね。徳川は独身で、榎本の子供が徳川のクラスの生徒なんていいんじゃないですか」

『びんびん』なら、田原自身も間違いなく乗ってくる。私が二〇一四年に取材した際、「『教頭びんびん物語』なんていいんじゃないですか」とも語っている。苦境も味わったいまの田原が徳川龍之介の台詞を口にすれば、より重みが増すはずだ。

『びんびん』シリーズの脚本を書いた矢島正雄は、「個性」についてこう言及していた。


自分にしか書けないものにこだわってきたからこそ、二十年続けてこられたように思えて仕方ない。誤解しないでいただきたいが、オリジナリティーにこだわって仕事をすることが有利で楽な生き方なのではない、反対である。あまり頭の良い生き方ではないと思っている。正直いえば摩擦も多い。孤立もする。ただ、そうしか生きられない。そうしか生きるつもりがない。それが私の個性であり、オリジナリティーだとあきらめている。(「シナリオ」一九九五年八月号)

まるで、田原俊彦の生き方を表したような言葉だ。田原と似た考え方の矢島なら、新作でも彼のよさを余すところなく引き出してくれると思う。野村はこんな話もしてくれた。

「田原さんは感性で生きている人だから、ハマると面白い何かができあがる。植木等さんの「無責任男」のような役はいいと思います。もし共演するなら、俺はそれを見守っている人でいい。『男はつらいよ』の寅さんみたいな役も合いそうですよね。ダメな雰囲気の役を、俺が見守る(笑)。人情モノ、いいんじゃないですか」

田原の大ファンである宮藤官九郎が脚本を書いたら、きっと田原の新たな魅力を引き出してくれるとも思う。メディアの現状を考えれば、テレビに限る必要はないかもしれない。

日本を代表する演出家の蜷川幸雄は田原俊彦について、こう語っていた。


俳優になったらいいと思う。ナイーブな表現を作られてなく、素直にできる。俳優としていい資質だと思う。

演技の勉強なんて余計なことしなくていいのね。自然にその年に応じてね、素直にやっていけばいいんで。

人生経験だけ積む。いい子にならなくていいからね、やりたいことやりなさいと。演技の勉強だけは絶対にしないでほしい。そのままでいい。(『ザ・ベストテン』一九八五年二月二十一日放送)

はたから見れば、苦労の三十代があった。挫折の四十代も経験した。そんな困難を乗り越えた五十代の田原俊彦だからこそ、できる役が間違いなくある。だから、お願いです。ドラマに出てください。

▼他流試合が作家陣の潜在能力を感化させる

ライブに向けて田原には日々の鍛錬時間があり、そのペースを壊したくないため、拘束時間が長い俳優業に気が向かないのかもしれない。それならば、仕方ない。

もちろん、ステージを最優先してほしい。コンサートツアー、ファンクラブイベント、ディナーショーと続く夏から冬にかけては、それだけに専念してほしい。ライブの場所によっては日帰りもある。普通の五十代なら移動だけでも疲れるのに、田原俊彦は二時間歌って踊って、往復七、八時間するわけだから、とにかく体をねぎらってほしい。スケジュール的に考えると、ドラマ撮影するなら年の上半期だろうか。

ドラマに出てほしい理由をもう一つ挙げると、新しい挑戦が作詞家や作曲家を感化させると思うからだ。作家陣の気持ちを考えたとき、いまの田原俊彦に曲を作ることは非常に困難な作業のはずだ。

二〇一七年のシングル「フェミニスト」は、山口百恵の「プレイバック Part2」など日本歌謡史に燦然と輝く名曲を生み出してきた阿木燿子が書き下ろした。阿木は自伝『職業=田原俊彦』を読み込んで、「フェミニスト」という言葉を思い浮かべた。田原の優しさに着目した歌詞は新鮮だった。

一方で、阿木はいまの田原にどんな詞を書けばいいのか迷ったのではないかと思う。歌手生活三十八年のキャリアを考えたとき、歌っていない世界観を創出することは難しい。まして、最近の田原は何か新しい動きがあるわけでもない。だから、八年も前に発売された自伝を読むことで、歌詞のテーマを探し出したのだと思う。

ヒット曲を出すためには、ずっと継続している活動に加えて、作家陣が「いまのトシちゃんにこんな詞や曲を書きたい！」と衝動的な感情に駆られる新たな動きが必要なのではないか。

五十代半ばで二時間歌って踊る田原俊彦のステージを見れば、いまもヒット曲を出せる下地はあるとよくわかる。

生きざまを描いた「Dynamite Survival」や「ヒマワリ」のような名曲を生まれさせるアーティストパワーをいまだに持っていることも間違いない。だから、何らかの仕掛けをしてほしいのだ。

田原の生きざまに共鳴しているのか、男性ファンも確実に増えている。私が初めてライブに行った一九九八年当時はほとんどが女性だったが、近年は場所によっては三割を男性が占めることもある。

二〇一四年十月十一日、静岡県・沼津市民文化センターでのコンサートでは、開演がやや遅れていた。時間に間に合わない人もいるし、演出の範囲内だと感じていたが、私の前に座っていた六十歳前後とおぼしき男性客は一緒に来場していた妻に「早く始めろ」「遅い」としきりにブツブツ文句を言っていた。時間を持て余した男は、入場の際に配られたアンケート用紙に大きな字で「開演時間が遅い！」と不満を書き殴っていた。

だが、ライブが始まると「おぉ〜〜!!」「すごい!!」を連発し、曲が終わるごとに目いっぱいの拍手を送った。最終的には、曲が終わると「トシちゃ〜ん！」と叫んでいた。この日の会場の盛り上がりは異常で、イントロが始まるごとに地鳴りのような大歓声が沸いていた。

ライブ中盤、田原はステージから通路に降り立ち、客席を一周した。混乱を避けるために「触るなよ。立つなよ。俺が立ってるんだから」と微妙な下ネタ（※近年、下ネタが多過ぎます。ほどほどにしてください）を交ぜながらも練り歩いていた。車椅子席を横切ったとき、ファンが手を差し伸べてきた。田原は何も言わずに握り返した。開演前に文句ばかり言っていた男性は、終演後に再び鉛筆を握りしめ、ライブの素晴らしさをつづっていた。

二〇一七年十月一日の石川県・津幡町文化会館シグナスでのライブでは、曲中に振り回すタオルなどのグッズを持参しているか否かや、「どうする？」の最後の台詞を聞く前に巻き起こった拍手などから、観客の割合は常連ファンが五％、地元民が九五％と感じた。そのなかで、男性客が三割弱もいた。白髪の七十代とおぼしき人もいれば、妻に連れてこられたと推測される五十代もいた。

当初、様子をうかがうように冷静に見ていた彼らも中盤の「顔に書いた恋愛小説」になると一緒に腕を回し始め、〈時間よ止まれ〉のフレーズでは男女関係なく、割れんばかりの「トシちゃ〜ん！」という声援が響き渡った。後方席も二階も一体となり、「抱きしめてTONIGHT」でさらなる盛り上がりを見せた。終演後には、係員の男性でさえ「「ごめんよ涙」が聞けて超うれしかった〜」と来場した知人に興奮ぎみに語っていた。

そんな反応を聞くと、私はなぜか誇らしい気持ちになる。「あのパフォーマンスを見れば、みんなわかってくれるよな」と感じる。機会さえあれば、田原俊彦はもっと評価されるはずなのだ。

手っ取り早い方法はテレビでの披露だが、歌番組自体が少なく、歌唱中は毎分視聴率が下がるといわれる時代に、一年に何十回も出演することは難しい。だから、音楽フェスティバルに参加してほしい。ヒット曲を出すためには、興味が全くない人を引き付けることが最も重要だと考えたとき、効果的な作戦の一つではないか。

まだビッグ発言のイメージが色濃く残っていた二〇〇九年の取材時、私は田原にこう聞いている。

――カズさんって評価されるじゃないですか。田原さんはカズさんと同じくらい評価されるべき対象だと思うんですよ。でも、そういう流れがないじゃないですか。

スポーツ界っていいよね。ちょっと別枠だよね。ホームラン打ったり、シュート決めたりすれば、評価される。結果として残るからね。でも、それはいいんじゃない。

――芸能界は違う面もありますもんね。

それがいいかどうかわかんないけどね。でも、そういう人もいるし、そうじゃない人もいるし。お行儀のいい人もいるし、暴れん坊の人もいるし。それがキャラクターといえばそれまでなんだけど。だからといって、迎合するわけにはいかないじゃん。

おそらく、「評価されるために世の中に迎合するのは違う」と言いたかったのだと思う。

芸能界は売り上げ枚数などの評価基準はあるが、いい曲を発売したからといって必ずしもヒットするとはかぎらない。いいプレーをすれば、わかりやすく数字に反映されるスポーツとは違う。

一流スポーツ選手は引き際を自分で選べるが、芸能人は一生、芸能人でいなければならない。引退という選択肢がないわけではないが、田原俊彦がいまから他の職業に就くことなど考えられない。人気がなくなったからといって、逃げるわけにもいかない。どんな苦しい状況になっても、もがいて浮上のきっかけを探らないといけない。ここに芸能人の魅力が詰まっている。

復活の模索の仕方は人によって様々だ。人脈を作って大手事務所に所属したり、テレビ局のプロデューサーに頭を下げたりする人もいるだろう。自分の知名度を生かして、副業で成功するパターンもある。生きていくための、どれも必死の行動の一つだ。

田原俊彦が取った方法は己の技術を磨くことだった。年齢を重ねれば重ねるほど、歌って踊れる男の価値は高まっていく。だからこそ、ファンではない人の目に触れる場所に出ていってほしい。田原のステージを見たアーティストが感化されて、いい曲を作ってくれるかもしれない。何かしらの新たな動きがきっとヒットにつながるはずだ。

自分が主役じゃない場所に行って、主役を奪って帰ってくる。

田原俊彦は、そういう男だと思っている。

▼田原俊彦にしか歌えない歌がある——阿久悠のエンターテイナーの定義との合致

デビュー当初、田原俊彦の歌は奇抜そのものだった。

四曲目の「ブギ浮ぎ I LOVE YOU」では曲中に「♪あっはははっは！」と笑いだす空前絶後のアイデアが取

り込まれ、五曲目の「キミに決定！」では「キミに決定〜！」と叫んだ後、まるで『ＮＨＫのど自慢』に合格したかのように♪キンコンカンコンと鐘が鳴った。

ジャニー喜多川や宮下智をはじめとする制作陣は、田原俊彦の天真爛漫な魅力を存分に引き出していった。バックダンサーを務めていたジャＰＡニーズの乃生佳之が思い返す。

「トシ自身も「今度何やるの？」と楽しんでいましたね。ジャニーさんたちとベクトルが一緒だったのかもしれない。田原俊彦を通して、どうしたら楽しいものを作れるか、お客さんに喜んでもらえるかをメインに考えていたのだと思います。曲や衣装についての愚痴を聞いたことないし、いやがっている姿も見たことないですね」

アイドル出身の芸能人は時がたつと、「あの歌は歌いたくなかった」「あの曲の衣装はいやだった」など往々にして当時の活動を否定する。青春時代を捧げたファンからすれば、まるで自分のことをけなされているような感覚に陥る。美しい思い出は、美しく残してもらいたいものだ。

田原はデビュー当時の仕事を決して否定しない。

ホント、あれだけ派手で奇抜な格好って、アイドルでなきゃできないよね。あのころは、ああいう衣装で注目されるのもオレの役割だと思ってたから、ヤだなんて思ったことないよ。だいたい赤は好きな色だったしね。今見るとけっこう笑えるけど、ああいうことをやって、今の田原がいるってことで、正々堂々と胸を張ってやってきたオレの歴史だもん。（『CanCam』一九八九年五月号）

一九八〇年代前半、「子供っぽい」「大人になったら歌えない」などと揶揄されることもあった曲を、五十代を迎えたいまもライブで歌い続けている。アレンジせずに原曲のまま同じキーで、変わらない体形で同じ振り付けで踊れる体力を維持し、恥ずかしがらずに一生懸命に歌う。

これこそ、本当のファン思いの芸能人ではないだろうか。作曲家の都志見隆が語る。

「ヒット曲は、最終的には聴く人それぞれの心のなかにあるものですよね。いまでもトシちゃんのコンサート会場に行くと、当時聴いていたそのままの形で彼が歌ってくれることがファンの方々にとっては最高の喜びなんだなと感じることがあります。だって、その歌や音楽と一緒に思い出や歴史はよみがえりますからね。ヒット曲を背負う宿命というのでしょうか、お客さんの前に立って歌うかぎり、できるだけオリジナルの形で表現してほしいと思っています。アプローチを大幅に変えたり、違った歌い方をすることで歌い手本人は新鮮な気持ちで歌い続けるモチベーションにはなるのでしょうが、リスナーの耳にはもはや別曲に響いていたり。あのときに聴いた歌そのものを聴きたくて、みんながコンサートに足を運ぶんですよ。トシちゃんはそういうことをよくわかって体現できているのだと思います。だからデビュー当時からのファンが離れない。アーティストの鑑だよね」

天国から地獄に落とされるような体験をしたはずなのに、いまも変わらずピョンピョン跳ねながら「NINJIN娘」を天真爛漫に歌い、「ブギ浮ぎ I LOVE YOU」で「♪あっははははっは！　バカだね」と笑い飛ばしても違和感がない。そこに、田原のすごさがある。

一九八六年の一年間で〝男の美学〟を叩き込んだ阿久悠はエンターテイナーの条件をこう定義している。

シナトラは六十になっても、六十の歌を歌うんじゃなくて、ラブソングを歌うわけですよ。レイ・チャールズが、あの年になってティーンエージャーの歌を歌っているんですから。それで不思議じゃなく聴かせるのがエンターテイナーですよ。（「Asahi journal」一九八七年二月六日号）

田原俊彦には、田原俊彦にしか歌えない歌がある。

田原が歌うべき新曲は、昨今の音楽界であまりお目見えしない〝キャッチーな歌謡曲〟だと思う。

▼年一枚のシングルなら踊る曲で勝負してほしい――思い返される徳川龍之介の名言

言わずもがな、田原俊彦の特質はダンス力である。

二〇一七年八月二十六日、横浜・関内ホールでおこなわれたコンサートツアーの初日を見て、私は改めて踊りまくる田原俊彦のすさまじさを実感した。

もちろん、いいところばかりではない。二曲目の「堕ちないでマドンナ」の出だしで、珍しくマイク回しに失敗。落下の衝撃で音が出なくなり、曲中にマイクを交換するというハプニングがあった。そのとき、田原は「何をやってるんだ、俺は……」と自分にあきれたような表情を見せた。気を取り直すようにターンをして歌い始めたが、今度は一番ではなく、二番の歌詞が出てきてしまった。歌詞の間違えは、往々にしてルーティンが崩れたときに起こる。

MCでは、相変わらず「きょうが最終リハーサル」とうそぶいてみたり、客席を眺めて「みんなの娘がかわいいんだよ。ってことはさ、みんなも昔、かわいかったんだろうね」と綾小路きみまろのような毒舌でファンをイジってみたり、軽口ばかり叩いていた。

だが、ファンは田原俊彦のステージに懸ける真剣さを知っている。

二十五近くも年が離れたダンサー陣よりも重心を低くして、軽快に右に左にステップを踏み出していく。ヒールがある革靴で動き回るため、足には相当な負担がかかるはずだ。体力的に厳しさを増す五十代のいま、ステージが始まる前に「いやだな〜と思う」というMCも嘘ではないだろう。

それでも、田原は自らの限界に挑戦するような踊り倒すセットリストを組んだ。

序盤、自身のダンス曲でも特に運動量が激しい「かっこつかないね」をオリジナルの振り付けで踊り、マイク回しも二度成功させ、見事に借りを返した。過去の映像と比較すると、一九八八年も二〇一七年も田原俊彦の動きはほぼ変わらなかった。ヒザを回す角度も高く、足上げの鋭さも同質だった。

その後も「さよなら loneliness」「Bonita」という近年のダンス曲で華麗に決め、「顔に書いた恋愛小説」では縦横無尽にステージを駆け回った。

時間の経過とともに汗が滴り落ち、ジャケットの下のシャツがにじんでくる。

後半にさしかかると、「抱きしめて TONIGHT」で沸かせ、シングルメドレーの「キミに決定！」では当時と同じように舞台袖からスケボーで現れ、会場の熱気はさらに増していった。

逆にいえば、踊り続ける田原の苦しさは最高潮に達していったはずだ。

つらくなることは誰よりも自分がいちばんわかっているはずなのに、男はさらに己を追い込んでいく。ライブも大詰めになったところで「ごめんよ涙」「ジャングル Jungle」と、連続でダンスナンバーを持ってきた。しんどさから手を抜きたくなりそうな場面なのに、つらそうな表情をしながらも足を上げたり、回したりする振り付けを省略することはない。

続く「ひとりぼっちにしないから」では、スタンドマイクのため歌に専念できるはずなのに、発売当時にはなかった曲途中でのターンやサイドステップを加える。動きを抑えたい場面であえて自分を苦しめていく。五十六歳の男はどうして、これほどまでに己に厳しいのか。たしかに序盤と比べて、メドレーで披露した「君に薔薇薔薇…という感じ」のサビで足を左、右に振るときには重心も高くなっていた。それでも、疲労がピークに達する終盤に、より多くの動きを求められる「ジャングル Jungle」を持ってきたという事実を、どう受け止めたらいいのか。

誰も、田原俊彦がいつまで踊れるかなんてわからない。いつか、踊れなくなるときも訪れるだろう。

終わりを一日でも延ばすため、ファンを一日でも長く楽しませるため、限界に挑戦しているのではないか。

この日、最も歓声が上がったのは「Bonita」でラストポーズを決めたときだった。一九八〇年代の大ヒット曲ではなく、二〇一四年のダンスナンバーで会場がいちばん沸くところに彼の真骨頂がある。

田原俊彦は現役バリバリの歌手なのだ。

このステージを見て、私は『教師びんびん物語Ⅱ』で異母兄弟の兄にいじめられる生徒の坂根慶祐を徳川龍之介が諭した言葉を思い出していた。

人生は闘いだ。自分の生きていく場所を用意してもらえないことだってある。そしたら自分で、その場所を作らなければいけない。誰かがちゃんと見ている。必ず正しい判断を下してくれる。黙ってちゃダメだ。自分の場所を主張しなさい。ここは僕の場所だと言いなさい。正々堂々と自分の場所はここだと、ハッキリ主張しなさい。（「第六話 みんな寂しいんだ」『教師びんびん物語Ⅱ』一九八九年五月八日放送）

ジャニーズ事務所独立後、歌番組に思うように出演できない状況は、パフォーマーとして生きていく場所を奪われたといっても過言ではなかった。それでも、コンサートで主張し続けてきた。自分が生きる場所はステージだと己を奮い立たせた。徳川龍之介の人生を説いた言葉は、田原俊彦の生きざまに当てはまった。

この男はもう一度、ヒット曲を出す資格がある。そのために、年一枚のシングルであれば、持ち味を存分に生かした、踊り倒す新曲をリリースすべきではないか。

曲中に、いままでに見られなかったダンスを取り入れることで、進化した姿をわかりやすく提示してほしい。〝田原俊彦らしさ〟は誰にもマネできない。それは本人が最もよく知っているはずだ。

ぜひとも田原俊彦にしか踊れない〝キャッチーなダンス曲〟を世に送り出してほしい。心からそう願っている。

▼ちゃんと病院に行ってください

限界にあらがいながらも、自分のイメージと動きに少しずつズレが生じてきているのも事実だ。二〇一二年九月九日の長野県・駒ヶ根市文化会館ではステージから落下してしまったし、一五年八月二十九日の町田市民ホールではステージ袖にある踊り場に出ようとしてスピーカーに思いきりヒザをぶつけてしまった。

私は、四十代の田原俊彦の運動量には物足りなさを感じていたが、五十代になってからの動きには感嘆している。ライブを見て、こうしてほしい、ああしてほしいと思うこともなくなった。

それよりも、とにかく体を大事にしてほしい。一日でも長く、田原俊彦のステージを見られることを祈っている。年齢と肉体の関係を、七十七歳のいまでも華麗に舞う名倉加代子に聞いてみた。

「もちろんトシもわかっているでしょうけど、若いときと同じつもりでいても、ある程度は年齢を認めないといけない。自分で自分の限界を知らないと大変なことになってしまいます。昔と同じようにできなくても、落ち込む必要はない。年齢を重ねたからこそ出せる魅せ方、豊かさがありますから。いままでもこれからも、常に肉体との戦いでしょうね」

ファンは彼の病院嫌いを心配している。名倉が続ける。

「トシもいつの間にか五十代になったわけですし、健康でいかに人生を楽しく過ごすかを考えると、病院には行ったほうがいいです。私も最低年一回は定期検診に訪れるけど、病院が好きな人なんていないですよ。誰でもいやですよね。レクリエーションにすればいい。帰りにおいしい店に立ち寄ろうとか、楽しみを見つけてね。いろいろな人とのつながりで生きているわけですし、ファンの人に心配をかけてはいけません。東京のお母さんとして言います（笑）」

田原俊彦さん。本当は行っているのかもしれないですし、自分なりの体調管理法があるのだと思います。だから無理に受診する必要はないですけど、もし体に異変を感じたら、ちゃんと病院に行ってください。

おわりに――こんなものじゃないよ、田原俊彦は

私は田原俊彦のプロデューサーでもなければ、マネージャーでもない。「キャッチーでダンサブルな曲を出すべき」「メディアが来るライブではもっと踊る曲を魅せたほうがいい」「ドラマに出ることで新たな魅力が引き出されるはず」などと言ったところで何の意味もない。さらには、家族でもないのに「何かあったら、ちゃんと病院に行ってください」とまでつづった。

もっと頑張れと書いてみたり、無理はするなと言ってみたり、何だか矛盾していると自分でも思う。そうわかっていながらも、あえて書いておきたい。

田原俊彦はデビュー以来、一等賞を目指して戦ってきた。それが、長女誕生記者会見後に出演した一九九四年五月三日の『おはよう！ナイスデイ』で、大衆ではなくファンだけに目を向けると宣言したように私は受け取った。

無料のテレビではなく、身銭を切って時間を割いて来てくれるファンがどれだけありがたいか。その人たちのために、田原俊彦は懸命に歌って踊ることを改めて決意した。そんな独立後の二十四年間だったと思う。愚直な姿勢が、風向きを変えた。本人が言うようにいま、ちょっといい風が吹いている。デビュー当時を考えれば、あくまで微風である。しかし、これまでの逆風を考えれば、微風どころか大きな風に感じてしまう。

そんないまだからこそ、もう一度、田原俊彦にヒット曲を出すための〝仕掛け〟をしてほしい。

毎日が勝負で、日々鍛錬しているのはステージの本気度を見ればわかる。だからこそ、目に見える結果を渇望してしまう。

そのために大衆やメディアに媚びを売る必要はないが、田原俊彦にしかない特性を最大限に発揮できれば、必ずや、てっぺんを盗《と》れるはずなのだ。

それが、ファンへの恩返しにもなるのではないか。いや、「いまのままでいい。マイペースなトシちゃんが好き」という人もいるはずだ。だから、私の勝手な願望である。

実感値として、

二〇〇九年、百人いたら九十八人は田原俊彦に冷たい視線を浴びせていた。

二〇一八年、百人いたら五十八人は田原俊彦に応援の眼差しを向けている。

情勢は整いつつある。

ドラマに主演して、主題歌を歌ってヒットさせる。

もう一度、その姿を見たい。

「わかる人だけわかればいい」と言ってから二十四年が経過した。

わかる人は確実に増えている。ブレない男の力が引き寄せたことだ。

さあ、これからどうするか。まだまだ、こんなもんじゃないよ、田原俊彦は——。

二〇一八年六月十日

岡野 誠

編集／矢野未知生

協力／濱島秀記、ｕｋｉ、佐々木洋子、ファンサイト「田原俊彦データパーク」管理人・エミィ、岩崎 多

本書で言及しているコンテンツの情報一覧

＊以下、ジャンル・メディアごとにまとめたうえで、本文で言及した順に並べた。

曲

豊川誕「星めぐり」一九七五年
レイフ・ギャレット「NEW YORK CITY NIGHTS」『プリンスの週末（Feel The Need)』所収、一九七八年
大場久美子「エトセトラ」一九七八年
大場久美子「ディスコ・ドリーム」一九七八年
川崎麻世「21」一九七九年
田原俊彦「哀愁でいと」一九八〇年
オフコース「Yes・No」一九八〇年
イエロー・マジック・オーケストラ「ライディーン」一九八〇年
サザンオールスターズ「ジャズマン」一九八〇年
山口百恵「さよならの向う側」一九八〇年
もんた&ブラザーズ「ダンシング・オールナイト」一九八〇年
田原俊彦「ハッとして！Ｇｏｏｄ」一九八〇年
松田聖子「裸足の季節」一九八〇年
松田聖子「青い珊瑚礁」一九八〇年
山口百恵「赤い絆（レッド・センセーション）」一九七七年
山口百恵「秋桜」一九七七年
松田聖子「天国のキッス」一九八三年
田原俊彦「ピエロ」一九八三年
田原俊彦「君に薔薇薔薇…という感じ」一九八二年
田原俊彦「シャワーな気分」一九八三年
田原俊彦「原宿キッス」一九八二年

松田聖子「渚のバルコニー」一九八二年
田原俊彦「グッドラックLOVE」一九八一年
田原俊彦「Television の誘惑」『Don't disturb』所収、一九八五年
田原俊彦「最高の恋人」『TENDERNESS』所収、一九九五年
田原俊彦「君だけを守りたい」『TENDERNESS』所収、一九九五年
田原俊彦「ブギ浮ぎ I LOVE YOU」一九八一年
田原俊彦「さらば・夏」一九八三年
真田広之「風の伝説」一九八〇年
真田広之「青春の嵐(ハリケーン)」一九八一年
斎藤康彦「もどかしさも SOMETIME」一九八一年
大村波彦「飛びかかれ時間に」一九八一年
沖田浩之「E気持」一九八一年
竹本孝之「てれて Zin Zin」一九八一年
チェッカーズ「ギザギザハートの子守唄」一九八四年
チェッカーズ「涙のリクエスト」一九八四年
チェッカーズ「哀しくてジェラシー」一九八四年
吉川晃司「モニカ」一九八四年
少年隊「仮面舞踏会」一九八五年
田原俊彦「Hard にやさしく」一九八六年
田原俊彦「ベルエポックによろしく」一九八六年
田原俊彦「KID」一九八七年
田原俊彦「〝さようなら〟からはじめよう」一九八七年
田原俊彦「It's BAD」一九八五年
少年隊「stripe blue」一九八七年
乃生佳之「だいじょうぶマイ・フレンド」一九八三年
田原俊彦「抱きしめて TONIGHT」一九八八年
高橋良明「恋の3・2・1」一九八八年

藤井尚之「Manhattan」一九八八年
長渕剛「乾杯」一九八八年
竹内まりや「駅」一九八七年
田原俊彦「ごめんよ涙」一九八九年
田原俊彦「夢であいましょう」一九八八年
田原俊彦「かっこつかないね」一九八八年
中森明菜「SAND BEIGE――砂漠へ」一九八五年
中森明菜「TANGO NOIR」一九八七年
田原俊彦『Dancin'』一九八八年
田原俊彦「愛しすぎて」一九八九年
小田和正「ラブ・ストーリーは突然に」一九九一年
CHAGE & ASKA「SAY YES」一九九一年
田原俊彦「どうする?」一九八七年
田原俊彦『DOUBLE "T"』一九九〇年
田原俊彦「ジャングル Jungle」一九九〇年
田原俊彦「NINJIN娘」一九八二年
田原俊彦「思い出に負けない」一九九二年
田原俊彦「雨が叫んでる」一九九二年
田原俊彦『GENTLY』一九九二年
田原俊彦「KISSで女は薔薇になる」一九九三年
T―BOLAN「わがままに抱き合えたなら」一九九三年
安達祐実「元気だして BOYS&GIRLS」一九九三年
田原俊彦「ダンシング・ビースト」一九九三年
近藤真彦「北街角」一九九三年
光GENJI「パラダイス銀河」一九八八年
光GENJI「この秋…ひとりじゃない」一九九三年
SMAP「Hey Hey おおきに毎度あり」一九九四年

SMAP「オリジナルスマイル」一九九四年
SMAP「がんばりましょう」一九九四年
光GENJI「STAR LIGHT」一九八七年
SMAP「Can't Stop!!――LOVING」一九九一年
SMAP「正義の味方はあてにならない」一九九一年
SMAP「オリジナル スマイル」一九九四年
田原俊彦「エル・オー・ヴィ・愛・N・G」一九八三年
田原俊彦『PRESENTS――THE GREATEST HITS IN 15YEARS』一九九四年
田原俊彦『MORE ELECTRIC』一九九三年
田原俊彦「雪のないクリスマス」一九九四年
田原俊彦『MY FAVORITE SONGS』一九九四年
田原俊彦『TENDERNESS』一九九五年
田原俊彦「恋＝Do！」一九八一年
SMAP「KANSHAして」一九九五年
SMAP「しようよ」一九九五年
SMAP「どんないいこと」一九九五年
SMAP「俺たちに明日はある」一九九五年
ジャッキー・チェン「プロジェクトA」一九八四年
狩人「あずさ2号」一九七七年
田原俊彦「真夜中のワンコール」一九九六年
田原俊彦「魂を愛が支配する」一九九五年
田原俊彦「DA・DI・DA」一九九六年
田原俊彦「A NIGHT TO REMEMBER」一九九七年
田原俊彦「LOVE & DREAM feat.SKY-HI」二〇一四年
田原俊彦「DO・YO」二〇〇二年
沢田研二「STOP WEDDING BELL」『A WONDERFUL TIME』所収、一九八二年
田原俊彦「キミニオチテユク」一九九八年

石原裕次郎「わが人生に悔いなし」一九八七年
美空ひばり「川の流れのように」一九八九年
田原俊彦「Dynamite Survival――I WILL SURVIVE」『Dynamite Survival』所収、二〇〇三年
グロリア・ゲイナー「I Will Survive」一九七八年
Toshi&Naoko「夏ざかりほの字組」一九八五年
田原俊彦「涙にさよならしないか」一九九九年
田原俊彦「Cordially」二〇〇九年
近藤真彦「ふられてBANZAI」一九八二年
田原俊彦「キミに決定!」一九八一年
田原俊彦「チャールストンにはまだ早い」一九八四年
田原俊彦「いつも最初のキスみたいにやさしくキスしたい」一九九九年
田原俊彦「永遠の花を咲かせようか」二〇〇九年
田原俊彦「ヒマワリ」二〇一一年
田原俊彦「Bonita」二〇一四年
マイケル・ジャクソン「Billie Jean」『Thriller』所収、一九八二年
ジャニーズ「若い涙」一九六四年
田原俊彦「フェミニスト」二〇一七年
田原俊彦「女神よ」『DOUBLE "T"』所収、一九九〇年
田原俊彦「BACK TO THE 90's」二〇一五年
田原俊彦「ときめきに嘘をつく」二〇一六年
田原俊彦「DANGAN LOVE――弾丸愛」二〇〇四年
田原俊彦「永遠」『Vintage 37』所収、一九九八年
田原俊彦「シンデレラ」二〇一〇年
田原俊彦「ラブ・シュプール」一九八二年
山口百恵「プレイバック Part2」一九七八年
田原俊彦「顔に書いた恋愛小説」一九八四年
田原俊彦「さよなら loneliness」二〇一一年

田原俊彦「ひとりぼっちにしないから」一九八九年

テレビ番組

『爆報！THEフライデー』TBS系、二〇一一年―
『ミュージック・ボンボン』日本テレビ系、一九七九年
『レッツゴーヤング』NHK、一九七四―八六年
『夜のヒットスタジオ』フジテレビ系、一九六八―九〇年
『ザ・ベストテン』TBS系、一九七八―八九年
『シャボン玉ホリデー』日本テレビ系、一九六一―七七年
『NHK紅白歌合戦』NHK、一九五一年―
『NHK紅白歌合戦』NHK、一九八〇年十二月三十一日放送
『ザ・ベストテン』TBS系、一九八三年三月三十一日放送
『ザ・ベストテン』TBS系、一九八二年七月八日放送
『徹子の部屋』テレビ朝日系、一九九三年十月十一日放送
『Motown25』全米ネットワークNBC、一九八三年五月十六日放送
『ソウル・トレイン』シカゴWCIU‐TVなど、一九七一―二〇〇六年
『ザ・ベストテン』TBS系、一九八三年六月三十日放送
『ザ・ベストテン』TBS系、一九八三年九月八日放送
『ザ・ベストテン』TBS系、一九八七年二月十九日放送
『ザ・ベストテン』TBS系、一九八八年五月十九日放送
『第2回メガロポリス歌謡祭』テレビ東京系、一九八三年七月一日放送
『レッツGOアイドル』テレビ東京系、一九八三年七月二日放送
『ヤンヤン歌うスタジオ』テレビ東京系、一九八三年七月三日放送
『発表!!日本有線大賞』TBS系、一九八三年七月三日放送
『欽ドン！良い子悪い子普通の子』フジテレビ系、一九八一―八三年
『欽ドン！良い子悪い子普通の子おまけの子』フジテレビ系、一九八三―八五年
『マイルド欽ドン！』フジテレビ系、一九八五―八六年

『欽ドン！お友達テレビ』フジテレビ系、一九八六年
『欽ドン！ハッケヨーイ笑った！』フジテレビ系、一九八六―八七年
『欽ドン！スペシャル』フジテレビ系、一九八七年
『ミュージックステーション』テレビ朝日系、一九八六年―
『カックラキン大放送!!』日本テレビ系、一九七五―八六年
『加トちゃんケンちゃんごきげんテレビ』ＴＢＳ系、一九八六―九二年
『ＭＪ――MUSIC JOURNAL』フジテレビ系、一九九二―九四年
『タイムアングル』フジテレビ系、一九九三年十月十八日放送
『モーニングＥｙｅ』ＴＢＳ系、一九九三年十月十九日放送
『モーニングＥｙｅ』ＴＢＳ系、一九九三年十月二十一日放送
『さんまのまんま』フジテレビ系、一九八八年二月十七日放送
『徹子の部屋』テレビ朝日系、一九九七年二月二十八日放送
『タイムアングル』フジテレビ系、一九九四年二月十七日放送
『夢がMORI MORI』フジテレビ系、一九九二―九五年
『森田一義アワー 笑っていいとも！』フジテレビ系、一九八二―二〇一四年
『ＳＭＡＰ×ＳＭＡＰ』フジテレビ系、一九九六―二〇一六年
『新春かくし芸大会』フジテレビ系、一九九一年一月一日放送
『サワコの朝』ＴＢＳ系、二〇一一年―
『ザ・ベストテン』ＴＢＳ系、一九八四年一月十九日放送
『おはよう！ナイスデイ』フジテレビ系、一九九四年五月三日放送
『関口宏のびっくりトーク ハトがでますよ！』日本テレビ系、一九九三―九五年
『スーパーモーニング』テレビ朝日系、一九九四年六月二十一日放送
『新伍&紳助のあぶない話』フジテレビ系、一九九四年五月十五日放送
『夜もヒッパレ一生けんめい』日本テレビ系、一九九四年七月十六日放送
『たかじん・ナオコのシャベタリーノ！』ＴＢＳ系、一九九四年十月九日放送
『Ｍ２』日本テレビ系、一九九三年七月八日深夜放送
『テレビの王様』ＴＢＳ系、一九九四年

『進め！電波少年』日本テレビ系、一九九二―一九九八年
『志村けんのだいじょうぶだぁ』フジテレビ系、一九八七―九三年
『ドリフ大爆笑'94』フジテレビ系、一九九四年六月二十八日放送
『ダウトをさがせII』TBS系、一九九四―九五年
『OH！エルくらぶ』テレビ朝日系、一九八六―九七年
『アイドル・オン・ステージ』NHK・BS2、一九九三―九七年
『よ！大将みっけ』フジテレビ系、一九九四―九五年
『HEY!HEY!HEY!MUSIC CHAMP』フジテレビ系、一九九四―二〇一二年
『オレたちひょうきん族』フジテレビ系、一九八一―八九年
『FAN』日本テレビ系、一九九五―九八年
『歌いこみ音楽隊！』TBS系、一九九五年
『うたばん』TBS系、一九九六―二〇一〇年
『'94夜のヒットスタジオ超豪華！秋スペシャル』フジテレビ系、一九九四年十月十二日放送
『HEY!HEY!HEY!MUSIC CHAMP』フジテレビ系、一九九四年十二月十二日放送
『世にも奇妙な物語 冬の特別編』フジテレビ系、一九九五年一月四日放送
『ジャングルTV――タモリの法則』TBS系、一九九四―二〇〇二年
『笑っていいとも！増刊号』フジテレビ系、一九八二―二〇一四年、日曜放送
『たのきん全力投球！』TBS、一九八〇―八三年
『カックラキン大放送!!』日本テレビ系、一九七五―八六年
『料理バンザイ！』テレビ朝日系、一九八二―二〇〇二年
『すてきな出逢い いい朝8時』TBS系、一九九七年三月一日放送
『笑っていいとも！増刊号』フジテレビ系、一九九六年二月十八日放送
『歌謡びんびんハウス』テレビ朝日系、一九八六―九四年
『見た目が勝負!?』テレビ東京系、一九九六―九七年
『'95夜のヒットスタジオ・グレートアーティスト・超豪華！春のスペシャル』フジテレビ系、一九九五年四月五日放送
『ヤンヤン歌うスタジオ同窓会』テレビ東京系、一九九五年四月十六日放送
『ヤンヤン歌うスタジオ』テレビ東京系、一九八〇年四月六日放送

『笑っていいとも！クリスマス特大号』一九九五年十二月二十五日放送
『第10回FNSの日十周年記念1億2500万人の超夢リンピック』フジテレビ系、一九九六年七月十四日放送
『笑っていいとも！増刊号スペシャル』フジテレビ系、一九九六年七月十四日放送
『情報プレゼンター とくダネ！』フジテレビ系、一九九九年—
『夜もヒッパレ一生けんめい』日本テレビ系、一九九四年七月十六日放送
『いつみ・加トちゃんのWAーッと集まれ!!』フジテレビ系、一九八八年
『笑っていいとも！増刊号』フジテレビ系、二〇一四年三月三十日放送
『ナカイの窓』日本テレビ系、二〇一五年九月三十日放送
『ミュージックステーション』テレビ朝日系、一九八八年四月八日放送
『ミュージックステーション』テレビ朝日系、二〇一四年五月三日放送
『新知識階級 クマグス』TBS系、二〇〇八—二〇一〇年
『紅白歌合戦』NHK、二〇一五年十二月三十一日放送
『HEY!HEY!HEY!MUSIC CHAMP』フジテレビ系、二〇一二年六月十八日放送
『森田一義アワー 笑っていいとも！』フジテレビ系、二〇一三年六月十九日放送
『爆報！THEフライデー』TBS系、二〇一二年三月三十日放送
『爆報！THEフライデー』TBS系、二〇一二年十月二十六日放送
『爆報！THEフライデー』TBS系、二〇一六年三月四日放送
『思い出のメロディー』NHK、一九六九年—
『NHK歌謡コンサート』NHK、一九九三—二〇一六年
『MUSIC JAPAN』NHK、二〇〇七—二〇一六年
『うたコン』NHK、二〇一六年—
『ありえへん∞世界』テレビ東京系、二〇一八年三月六日放送
『芸能界激突デスマッチ ワイドショーの主役!!』テレビ朝日系、一九九九年十月十六日放送
『FUN』日本テレビ系、二〇〇三年八月二十九日放送
『年末ジャンボ生特番！憲武・ヒロミとゆかいな仲間がテレビでやりたかったコト50!!』テレビ朝日系、一九九九年十二月二十八日放送
『オールナイトフジ』フジテレビ系、一九八三—一九九一年
『華麗にAh!so』テレビ朝日系、一九八八—九五年

『速報！歌の大辞テン!!』日本テレビ系、一九九九年七月二十八日放送
『おもいッきりDON！』日本テレビ系、二〇〇九―二〇一〇年
『爆！爆！爆笑問題』TBS系、二〇一〇年
『思い出のメロディー』NHK、二〇〇五年八月十六日放送
『歴代トップアーティスト大集合！1位をとったアノ歌コンサート』日本テレビ系、二〇一一年三月二十三日放送
『お願い！ランキングGOLD2時間スペシャル』テレビ朝日系、二〇一一年五月七日放送
『くりぃむしちゅーの最強アイドル大百科』日本テレビ系、二〇一一年十月一日放送
『ザ・ベストテン』TBS系、一九八五年二月二十一日放送
『NHKのど自慢』NHK、一九四六年―

ドラマ

『ラジオびんびん物語』フジテレビ系、一九八七年
『教師びんびん物語』フジテレビ系、一九八八年
『教師びんびん物語Ⅱ』フジテレビ系、一九八九年
「第九話 泣けてくる…」『教師びんびん物語Ⅱ』一九八九年五月二十九日放送
『太陽にほえろ！』日本テレビ系、一九七二―八六年
『七人の刑事』TBS系、一九六一―九八年
『マー姉ちゃん』NHK、一九七九年
『3年B組金八先生』TBS系、一九七九―二〇一一年
「第十一話 母に捧げるバラード」『3年B組金八先生』一九八〇年一月四日放送
「第二十話 卒業十日前の初恋」『3年B組金八先生』一九八〇年三月七日放送
『ただいま放課後』フジテレビ系、一九八〇―八一年
『陽あたり良好！』日本テレビ系、一九八二年
『だんなさまは18歳』TBS系、一九八二―八三年
『アナウンサーぷっつん物語』フジテレビ系、一九八七年
『男が泣かない夜はない』フジテレビ系、一九八七年
『看護婦日記 パートⅠ』TBS系、一九八三年

『あぶない少年』テレビ東京系、一九八七―八九年
『超人機メタルダー』テレビ朝日系、一九八七―八八年
『オレの妹急上昇!』フジテレビ系、一九八七―八八年
『ギョーカイ君が行く!』フジテレビ系、一九八七年
『荒野のテレビマン』フジテレビ系、一九八七年
『女も男もなぜ懲りない』フジテレビ系、一九八七年
『ハングマンGOGO』テレビ朝日系、一九八七年
『教師びんびん物語スペシャル』フジテレビ系、一九八九年十月四日放送
『金太十番勝負』フジテレビ系、一九八八年
『傷だらけの天使』日本テレビ系、一九七四―七五年
「第八話 勇気よ生徒を守れ」『教師びんびん物語Ⅱ』フジテレビ系、一九八九年五月二十二日放送
「第十二話 小学校が消える日」『教師びんびん物語』フジテレビ系、一九八八年六月二十日放送
「最終回 先生は、どこへも行かない…」『教師びんびん物語Ⅱ』フジテレビ系、一九八九年六月二十六日放送
『日本一のカッ飛び男』フジテレビ系、一九九〇年
『俺たちの時代』TBS系、一九八九年
「第七話 一億円には手を出すな!」『日本一のカッ飛び男』フジテレビ系、一九九〇年五月二十一日放送
『張込み』フジテレビ系、一九九一年九月二十七日放送
『次男次女ひとりっ子物語』TBS系、一九九一年
『逃亡者』フジテレビ系、一九九二年
『愛してるよ!』テレビ朝日系、一九九三年
『水戸黄門』TBS系、一九六九年―
『死刑台のエレベーター』フジテレビ系、一九九三年十一月十九日放送
『怪談 KWAIDAN III 牡丹燈篭』フジテレビ系、一九九四年九月十六日放送
『半熟卵』フジテレビ系、一九九四年
『若者のすべて』フジテレビ系、一九九四年
『季節はずれの海岸物語』フジテレビ系、一九八八年一月一日放送
『静かなるドン』日本テレビ系、一九九四―九五年

『森繁久彌の七人の孫』ＴＢＳ系、一九八七年一月二日放送
『素浪人 花山大吉』テレビ朝日系、一九九五年四月一日放送
『必殺仕掛人』ＴＢＳ系、一九七二―七三年
『巡査びんびん物語』フジテレビ系、一九九九年
『教師びんびん物語スペシャル』フジテレビ系、二〇〇〇年
『教師びんびん物語スペシャル２』フジテレビ系、二〇〇一年
『３年Ｂ組金八先生ファイナル』ＴＢＳ系、二〇一一年三月二十七日放送
「第六話 みんな寂しいんだ」『教師びんびん物語Ⅱ』フジテレビ系、一九八九年五月八日放送

ラジオ

『ナインティナインのオールナイトニッポン』ニッポン放送、一九九四年五月二日放送
『V6 Next Generation』ＪＦＮ、一九九六年―
『V6 Next Generation』ＪＦＮ、二〇〇七年四月二十一日放送
『V6 Next Generation』ＪＦＮ、二〇一四年五月三日放送
『DANCING GROOVE!――HOT JAM』ＦＭヨコハマ、一九九八年七月六日深夜放送
『爆笑問題の日曜サンデー』ＴＢＳラジオ、二〇〇九年七月十九日放送
『爆笑問題カーボーイ』ＴＢＳラジオ、二〇一一年十一月十五日深夜放送

書籍

週刊セブンティーン特別編集『スーパーアイドルの365日――近藤真彦・田原俊彦・野村義男』集英社、一九八一年
田原俊彦『とびッきり危険』集英社、一九八六年
弘兼憲史『課長島耕作』（モーニングＫＣ）、講談社、一九八三―九二年
古池田しちみ『月９ドラマ青春グラフィティ――1988―1999』同文書院、一九九九年
大沢樹生『昨夜未明、大沢樹生が死にました…』カンゼン、二〇〇八年
諸星和己『くそ長～いプロフィール』主婦と生活社、二〇〇四年
山城新伍『かなり好きです――珍ヒューマニズム宣言』青春出版社、一九九四年
『祝日――田原俊彦』集英社、一九八九年

田原俊彦『職業＝田原俊彦――「ありがとう」、それだけが伝わるならいいのに。』ロングセラーズ、二〇〇九年
フォーリーブス『フォーリーブスの伝説』泰流社、一九七六年
JNNデータバンク編『データによる効果的なメディア戦略――マルチメディア時代の広告プランニング』誠文堂新光社、一九九七年

雑誌

「CanCam」一九八五年四月号、小学館
「TBS調査情報」一九九二年七月号、TBS調査部
集英社編「青春と読書」一九八六年三月号、集英社
リサーチ社編「Music research」一九八一年三月二日号、リサーチ社
新日本出版社編「文化評論」一九八〇年四月号、新日本出版社
集英社編「セブンティーン」一九八〇年一月十日号、集英社
「平凡」一九八〇年三月号、平凡出版
「週刊平凡」一九八〇年五月二十九日号、平凡出版
講談社編「ヤングレディ」一九八〇年七月八日号、講談社
「週刊現代」一九八〇年七月三十一日号、講談社
マガジンハウス編「an・an」一九八五年一月十一日号、マガジンハウス
「週刊平凡」一九八〇年十二月四日号、平凡出版
「週刊TVガイド」一九八一年一月九日号、東京ニュース通信社
「明星」一九八二年二月号、集英社
文藝春秋編「週刊文春」一九八一年十二月十日号、文藝春秋
角川書店編「バラエティ」一九七九年十月号、角川書店
「CanCam」一九八九年三月号、小学館
「Hanada」二〇一七年三月号、飛鳥新社
「週刊明星」一九八三年二月三日号、集英社
「週刊明星」一九八三年四月七日号、集英社
「平凡」一九八三年七月号、マガジンハウス
「週刊TVガイド」一九八一年一月二十三日号、東京ニュース通信社

「CanCam」一九八五年五月号、小学館
「明星」一九八六年十月号、集英社
「キネマ旬報」一九八七年一月十五日号、キネマ旬報社
「平凡」一九八六年十二月号、平凡出版
「ザテレビジョン」一九九六年十月十八日号、角川書店
「週刊明星」一九八八年六月二日号、集英社
「明星」一九八八年七月号、集英社
「明星」一九八八年十二月号、集英社
「FRIDAY」講談社、一九八四年―
「FRIDAY」一九八八年十二月三十日号、講談社
「FOCUS」新潮社、一九八一―二〇〇一年
「FOCUS」新潮社、一九八八年十二月二十三・三十日合併号、新潮社
「週刊明星」一九八八年二月四日号、集英社
「月刊ろうきん」一九九一年六月号、全国労働金庫協会
「JUNON」一九八八年七月号、主婦と生活社
「ザテレビジョン」一九九一年六月十四日号、角川書店
「ＴＶガイド」一九九一年十月十一日号、東京ニュース通信社
「週刊明星」一九九一年七月十一日号、集英社
「モーニング」講談社、一九八二年―
講談社編「With」一九九一年九月号、講談社
「週刊プレイボーイ」一九九二年十月二十七日号、集英社
「JUNON」一九九二年八月号、主婦と生活社
「ｅｆ」一九九三年九月号、主婦の友社
「FOCUS」一九九三年七月十六日号、新潮社
「ＴＶガイド」一九九三年十月二十九日号、東京ニュース通信社
「FOCUS」一九九三年十月二十九日号、新潮社
「週刊女性」一九九四年一月十一日号、主婦と生活社

「噂の真相」一九九三年十二月号、噂の真相
文藝春秋編「Emma」文藝春秋、一九八五―八七年
小学館編「TOUCH」小学館、一九八六―八九年
光文社編「FLASH」光文社、一九八六年―
光文社編「女性自身」一九九四年三月八日号、光文社
「女性セブン」一九九四年三月十日号、小学館
「週刊女性」一九九四年三月八日号、主婦と生活社
「週刊朝日」一九九四年三月四日号、朝日新聞社
「週刊文春」一九九四年三月三日号、文藝春秋
「週刊女性」一九九四年十二月六日号、主婦と生活社
「週刊明星」一九九一年十月十七日号、集英社
「明星」一九八七年五月号、集英社
「婦人公論」二〇〇一年九月七日号、中央公論新社
「微笑」一九九四年五月十四日号、祥伝社
「JUNON」一九九四年十二月号、主婦と生活社
「SPA!」一九九四年七月六日号、扶桑社
光文社編「女性自身」一九九四年四月十九日号、光文社
「週刊女性」一九九四年五月十・十七日合併号、主婦と生活社
「女性セブン」一九九四年七月十四日号、小学館
「シナリオ」一九七八年三月号、マルヨンプロダクション
「ザテレビジョン」一九九二年十月二日号、角川書店
「マフィン」一九九五年十一月号、小学館
「SPA!」一九九二年八月五日号、扶桑社
「週刊女性」一九九四年五月二十四日号、主婦と生活社
「週刊現代」一九九四年九月二十四日号、講談社
「週刊文春」一九九四年九月八日号、文藝春秋
「週刊TVガイド」一九八〇年九月五日号、東京ニュース通信社

「ＴＶガイド」一九九五年四月二十一日号、東京ニュース通信社
「女性セブン」一九九五年五月十一日・十八日合併号、小学館
光文社編「女性自身」一九九五年八月二十二日・二十九日合併号、光文社
「微笑」一九九五年八月二十六日号、祥伝社
「週刊明星」一九九〇年二月一日号、集英社
マガジンハウス編「an・an」一九九六年六月二十八日号、マガジンハウス
「POTATO」一九九二年二月号、学習研究社
朝日新聞社編「ＵＮＯ！」一九九八年一月号、朝日新聞社
「CanCam」一九八九年四月号、小学館
「JUNON」一九八五年一月号、主婦と生活社
「婦人公論」二〇〇一年九月七日号、中央公論新社
「ストライカー」一九九八年五月号、学習研究社
光文社編「FLASH」二〇一四年七月八日号、光文社
「コンフィデンス」一九八二年一月十一日号、オリコン
「平凡」一九八七年十一月号、マガジンハウス
「婦人公論」二〇一四年九月七日号、中央公論新社
「シナリオ」一九九五年八月号、マルヨンプロダクション
「CanCam」一九八九年五月号、小学館
朝日新聞社編「Asahi journal」一九八七年二月号、朝日新聞社

ファンクラブ会報
「COMMUNICATION SUPER THREE Volume7.1986. Number38」
「COMMUNICATION SUPER THREE Volume8.1987. Number39」
「Toshihiko Tahara」第五号、一九九一年一月
「Toshihiko Tahara」第十三号、一九九二年十一月
「Toshihiko Tahara」第十八号、一九九四年二月
「DOUBLE T CLUB」vol.1、一九九四年

「DOUBLE T CLUB」vol.5、一九九五年
「DOUBLE T CLUB」vol.4、一九九五年
「DOUBLE T CLUB」vol.10、一九九七年
「DOUBLE T CLUB」vol.17、一九九八年

新聞

「報知新聞」一九八〇年七月六日付
「読売新聞」一九八〇年八月十日付
「スポーツニッポン」一九八〇年十月二十日付
「スポーツニッポン」一九八七年十二月一日付
「スポーツニッポン」一九八七年十二月四日付
「サンケイスポーツ」一九八八年十二月十四日付
「報知新聞」一九八八年十二月十四日付
「はがき通信」「朝日新聞」一九八八年四月三十日付
「朝日新聞」一九八九年七月七日付
「日刊スポーツ」一九九二年二月二十日付
「日刊スポーツ」一九九二年十月四日付
「報知新聞」一九九四年二月二十七日付
「スポーツニッポン」一九九四年二月十六日付
「サンケイスポーツ」一九九四年二月十七日付
「日刊スポーツ」一九九四年二月十八日付
「報知新聞」一九九四年二月十八日付
「東京スポーツ」一九九四年二月十九日付夕刊
「東京中日スポーツ」一九九四年二月二十一日付
「日刊スポーツ」一九九四年二月二十一日付
「放送塔」「読売新聞」一九九四年二月二十八日付
「反響欄」「東京新聞」一九九四年二月二十八日付

「デイリースポーツ」一九九四年二月二十七日付
「日刊スポーツ」一九九四年二月二十七日付
「スポーツニッポン」一九九四年二月二十七日付
「サンケイスポーツ」一九九四年二月二十七日付
「デイリースポーツ」一九九四年三月十六日付
「東京中日スポーツ」一九九四年三月十六日付
「山梨日日新聞」一九九一年八月十四日付
「日刊スポーツ」一九九四年七月十三日付
「サンケイスポーツ」一九九五年九月二十八日付
「産経新聞」一九九六年二月二十日付夕刊
「日刊スポーツ」一九九五年八月六日付
「日刊スポーツ」一九九七年十月十日付、一面
「日刊スポーツ」一九九七年十月二十七日付、一面
「東京中日スポーツ」一九九七年十一月十日、一面
「山梨日日新聞」二〇一三年七月九日付
「山梨日日新聞」二〇〇九年六月二十九日付
「逆境をゆく」「朝日新聞」二〇一〇年十月二十六日付
「日刊スポーツ」一九八八年十二月十四日付
「報知新聞」一九九三年十月十九日付
「スポーツニッポン」一九九三年十月十八日付

映画

『幸福の黄色いハンカチ』監督：山田洋次、一九七七年
『嵐を呼ぶ男』監督：井上梅次、一九八三年
『瀬戸内少年野球団・青春篇 最後の楽園』監督：三村晴彦、一九八七年
『メイン・テーマ』監督：森田芳光、一九八四年
『キャバレー』監督：角川春樹、一九八六年

『課長島耕作』監督：根岸吉太郎、配給：東宝、一九九二年
『ゴジラVSキングギドラ』監督：大森一樹、一九九一年
『ドラえもんのび太と雲の王国』監督：芝山努、一九九二年
『橋のない川』監督：東陽一、一九九二年
『おろしや国酔夢譚』監督：佐藤純彌、一九九二年
『ミンボーの女』監督：伊丹十三、一九九二年
『紅の豚』監督：宮崎駿、一九九二年
『シュート！』監督：大森一樹、一九九四年
『RAMPO』監督：黛りんたろう、一九九四年
『必殺始末人』監督：石原興、一九九七年
『虹の橋』監督：松山善三、一九九三年

CM

「ごはん食推進委員会」一九九二—九三年
「DDI」一九九五—九六年
ワールド「adabat」一九九六年
ポッカ「じっくりコトコト煮込んだスープ」一九九六年

ウェブサイト

「SMAP×SMAP」「田原俊彦 Favorite Mail」〔https://ameblo.jp/toshihiko-tahara/day-20100215.html〕〔二〇一八年六月三日アクセス〕
「きくちPの音組ブログ」(http://otogumi.fujitv.co.jp/lovekp/E20130305001.html)〔二〇一八年六月三日アクセス〕
「大統領」「田原俊彦 Favorite Mail」〔https://ameblo.jp/toshihiko-tahara/day-20140518.html〕〔二〇一八年六月三日アクセス〕

コンサート

『ヤング・コミュニケーション'83 Toshi in 宝塚』一九八三年

ビデオ

『10TH ANNIVERSARY GLORIOUS』一九八九年
『GENTLY』一九九二年
『PRESENTS』一九九四年

舞台

『夢泥棒』一九八五年

ミュージカル

『南太平洋』一九七九年
『ACB』一九八七年
『PLAYZONE'87 TIME-19』一九八七年
『ガイズアンドドールズ』一九九三年

イベント

「放課後青空カーニバル」一九八〇年五月十一日
『平尾昌晃プロ・アマチャリティーゴルフトーナメント』一九九七年十月二十七日（新千葉カントリー倶楽部）
「ブランチイズム」田原俊彦vs石原興（映画監督）」「コーセーアンニュアージュトーク」第七十七回、一九九七年四月十日
「田原俊彦ディナーショー」一九九五年十二月二十五日（帝国ホテル）
「レーガン前大統領夫妻来日記念特別企画フレンドシップコンサート」横浜アリーナ。四日後にフジテレビ系で放送（一九八九年十月二十六日）

本文中に記述がない参考文献一覧

＊カッコ内の年月日は発行日や放送日

書籍

『昭和62年度 公立学校統計調査報告書 東京都公立学校一覧』東京都教育庁総務部教育情報課、一九八八年
『昭和62年度 公立学校統計調査報告書 学校調査編』東京都教育庁総務部教育情報課、一九八八年
細野晴臣『音楽少年漂流記』(新潮文庫)、一九八八年、新潮社
阿部謹也『「世間」とは何か』(講談社現代新書)、講談社、一九九五年
JNNデータバンク編『データによる効果的なメディア戦略――マルチメディア時代の広告プラニング』誠文堂新光社、一九九七年
マルベル堂編著『マルベル堂のプロマイド』ネスコ、一九九八年
フォーカス編集部編『フォーカススクープの裏側』新潮社、二〇〇一年
阿久悠『なぜか売れなかったが愛しい歌』河出書房新社、二〇〇三年
『「3年B組金八先生」25周年記念メモリアル――すべての人に捧げる〝贈る言葉〟』(「カドカワムック」no.202、〔「ザテレビジョン別冊」〕)、角川書店、二〇〇四年
井ノ原快彦『アイドル武者修行』日経BP社、二〇〇五年
『歌謡曲・名曲名盤ガイド1980's――Hotwax presents』ウルトラ・ヴァイヴ、二〇〇六年
阿久悠『夢を食った男たち――「スター誕生」と歌謡曲黄金の70年代』(文春文庫)、文藝春秋、二〇〇七年
阪本博志『『平凡』の時代――1950年代の大衆娯楽雑誌と若者たち』昭和堂、二〇〇八年
田原俊彦『職業＝田原俊彦――「ありがとう」、それだけが伝わるならいいのに。』KKロングセラーズ、二〇〇九年
中川一徳『メディアの支配者』上・下(講談社文庫)、講談社、二〇〇九年
マイケル・ジャクソン『ムーンウォーク――マイケル・ジャクソン自伝』田中康夫訳、河出書房新社、二〇〇九年
太田省一『アイドル進化論――南沙織から初音ミク、AKB48まで』(双書zero)、筑摩書房、二〇一一年
重松清『星をつくった男――阿久悠と、その時代』(講談社文庫)、講談社、二〇一二年
合田道人『紅白歌合戦の舞台裏――誰もが知りたい紅白の謎と歴史』全音楽譜出版社、二〇一二年
太田省一『紅白歌合戦と日本人』(筑摩選書)、筑摩書房、二〇一三年

東山紀之『カワサキ・キッド』(朝日文庫)、朝日新聞出版、二〇一五年
馬飼野元宏監修『昭和歌謡ポップスアルバムガイド1959-1979』シンコーミュージック・エンタテイメント、二〇一五年
スージー鈴木『1979年の歌謡曲』(フィギュール彩)、彩流社、二〇一五年
河出書房新社編集部編『マイケル・ジャクソン人生を賭けた2秒間』(「アナザーストーリーズ 運命の分岐点」)、河出書房新社、二〇一六年
中川右介『月9——101のラブストーリー』(幻冬舎新書)、幻冬舎、二〇一六年
太田省一『ジャニーズの正体——エンターテインメントの戦後史』双葉社、二〇一六年
矢野利裕『ジャニーズと日本』(講談社現代新書)、講談社、二〇一六年
田島悠来『「アイドル」のメディア史——『明星』とヤングの70年代』森話社、二〇一七年

年鑑、社史

『オリコン年鑑』オリコン・エンタテインメント、一九八〇—二〇〇九年
東京放送編『TBS50年史』東京放送、二〇〇二年
社史編纂室編『集英社70年の歴史』集英社、一九九七年
『映画年鑑』キネマ旬報社、一九八八年

雑誌

「音楽誌が書かないJポップ批評」第二十三号(「別冊宝島」第七百四十六号)、宝島社、二〇〇三年
「TVガイド」東京ニュース通信社、一九八八年—
「ザテレビジョン」角川書店、一九八二年—
「総合芸能市場調査コンフィデンス」オリジナルコンフィデンス、一九六九—一九九二年
リサーチ社編「Music research」リサーチ社、一九七二—九〇年
「Music labo」ミュージック・ラボ、一九七〇—九四年
マガジンハウス編「ダカーポ」マガジンハウス、一九八一—二〇〇七年
ロビー編「テレビジョンドラマ」ロビー、一九八三—九三年
近代映画社編「近代映画」近代映画社、一九三五—九六年
「AVジャーナル」文化通信社、一九六一—二〇〇六年

インターネット

「印刷部数公表」「日本雑誌協会」(https://www.j-magazine.or.jp/user/printed/index)［二〇一八年六月三日アクセス］
「HEY!HEY!HEY! 過去の出演者一覧表」(http://www.fujitv.co.jp/HEY/onairlist.html)［二〇一八年六月三日アクセス］

テレビ

『W杯へ 試練の71日間――カズが語るアジア最終予選』ＮＨＫ総合、一九九七年十二月二十二日放送
『テレビがくれた夢 柳井満』ＴＢＳチャンネル２（ＣＳ）、二〇一二年十二月十六日放送

番組内容	テレビ欄
前方・トシ、後方・マッチで獅子舞を踊る。書き初め「飛躍」。それぞれ半紙一畳ぐらいの大きさで、マッチが「飛」、トシが「躍」を大筆で	▽全国２時間生中継▽田中家５つ子▽真彦書き初め▽石毛VS理恵▽宇宙からの日本▽鈴木治彦・加世子・小朝
	金沢明子　原田直之　田原俊彦　松田聖子ほか
	寺尾聡　西田敏行　沢田研二　シャネルズ　西城秀樹　河合奈保子　田原俊彦　ツービート　松田聖子　近藤真彦　司会・高橋圭三　中原理恵　明石家さんま
ファンにミッキーマウスのトレーナーをプレゼント	１部サザン熱唱！熱演コント初挑戦・旅立ち堀内孝雄▽２部たのきん新年会
	中畑清　篠塚利夫　原辰徳　高橋慶彦　石毛宏典　森繁和　江夏豊　香川伸行ほか
	マッチ、田原、奈保子 聖子、沢田、郷、秀樹集合
東軍たのきんトリオの出し物は「祭りあばれ太鼓」。「グッドラック LOVE」の替え歌で「赤い顔で西軍負けぐせ直らない」「東軍勝ちさ！」などと歌う場面も	ドリフターズ　堺正章　井上順　沢田研二　五木ひろし　西城秀樹　桜田淳子　郷ひろみ　松田聖子　野口五郎　研ナオコ　田原俊彦　近藤真彦　野村義男　石川ひとみ　中原理恵　中尾ミエ　ツービート　B&B　岩崎宏美　太田裕美　前川清　シャネルズ　高田みづえ　岩崎良美　沖田浩之　ヴィーナス　村田英雄　クレージーキャッツほか
	「タモリと理恵の爆笑新年会」田原俊彦　松田聖子ほか
レコード会社8社対抗運動会。田原所属のキャニオンレコードが178点で優勝。男子200メートルは1位・田原俊彦、2位・松村雄基、3位・山川豊	田原俊彦　近藤真彦　松田聖子　沖田浩之　山本譲二　岩崎良美　研ナオコ　西城秀樹ほか
堺正章と下駄でタップを踏む	聖子ついに大人宣言▽田原俊彦今年は恋人発表!?▽堺×田原の爆笑ダンス
キャプテンは東軍・田原俊彦、西軍・近藤真彦	郷ひろみ　田原俊彦　近藤真彦　松田聖子　柏原よしえ　竹本孝之　倉田まり子　堤大二郎
	田原俊彦　近藤真彦　丹波哲郎　江波杏子　松崎しげる　国広富之　竹村健一　木内みどり　草刈正雄　伊藤つかさ　星野知子　さとう宗幸　中村雅俊　森下愛子ほか
羽織袴で「グッドラック LOVE」	トシ・マッチ競演!!
「グッドラック LOVE」6位	沢田研二　近藤真彦　もんた&ブラザーズ　山本譲二　高田みづえ　ジョニー　田原俊彦　柏原よしえほか
	トシ・マッチ競演!!

巻末資料1　田原俊彦の1982年出演番組表　※362本、視聴率合計5,042.8%、視聴率は%

日付	番組タイトル	放送局	時間帯	曜日	視聴率
1月1日	おめでとう・日本列島	TBS	8時―9時55分	金曜	7.4
1月1日	新春オールスター日本民謡祭り・第１部	テレビ朝日	9時35分―10時55分	金曜	6.8
1月1日	生放送!! オールスターお年玉争奪大合戦	TBS	12時―14時55分	金曜	14.8
1月1日	新春ライブスペシャル３元生放送	テレビ朝日	15時―16時50分	金曜	2.2
1月1日	第22回プロ野球オールスター歌の球宴	日本テレビ	16時―17時55分	金曜	16.4
1月1日	爆笑ヤンヤン新春特番	テレビ東京	16時30分―17時54分	金曜	4.3
1月1日	'82新春スターかくし芸大会	フジテレビ	19時―21時48分	金曜	35.1
1月2日	アイドルスペシャル	テレビ朝日	7時15分―8時30分	土曜	3.6
1月2日	'82新春オールスター大運動会	TBS	14時―15時55分	土曜	15.9
1月3日	お正月だよ！歌謡特バン大放送	テレビ朝日	10時―11時40分	日曜	10.3
1月3日	新春オールスター水上大運動会	TBS	12時―13時55分	日曜	13.9
1月3日	超豪華！番組対抗かくし芸・スターが競う！クイズ・100人に聞きました	TBS	19時―20時55分	日曜	12.5
1月4日	シャボン玉プレゼント	テレビ朝日	13時―13時15分	月曜	7.4
1月4日	ザ・トップテン	日本テレビ	20時―20時54分	月曜	19.4
1月5日	シャボン玉プレゼント	テレビ朝日	13時―13時15分	火曜	5.4

番組内容	テレビ欄
	「初夢スペシャル」▽エッ聖子が大ケガ？▽爆笑ドッキリ大相撲　田原俊彦　近藤真彦ほか
	トシ・マッチ競演!!
	トシ・マッチ競演!!
	「正月気分をふっ飛ばせ！フレッシュ82！」
8位。ファンから贈られた「TOSHI」という刺繍入りの赤いセーターで登場	黒柳徹子　久米宏　タモリ　ジョニー　沢田研二　山本譲二　近藤真彦　河合奈保子　松本伊代ほか
「スニーカーぶるーす」歌唱	トシ・マッチ競演!!
	新春ミュージカル・ムーンライト・カーニバル
	▽マッチ・秀樹、伊代 良美ブリッコ学園新学期編▽田原・聖子・みづえ爆笑コント決定版
	服部佳脚本　大原麗子　新克利　田原俊彦　大和撫子　中原潤　真夏竜　佐久間宏則ほか
	「トシちゃんビックリあられ登場」近藤真彦　松田聖子　河合奈保子　榊原郁恵　西城秀樹ほか
	「かつらが似あうネ、マッチ親分捕物帳！」
10位。先週とは別のファンから贈られた「TOSHI」という刺繍入りの赤いセーター着用	ジョニー　沢田研二　来生たかお　近藤真彦　河合奈保子　田原俊彦　松本伊代　柏原よしえ　薬師丸ひろ子ほか
	高田みづえ　竹本孝之　麻倉未稀　泰葉ほか
	マッチ・田原ドッキリ 秀樹が聖子をブリッコ身体検査▽爆笑沢田・伊代・良美のNG特集
「正月、大吉が出るまで4枚おみくじを引いた」と話す	中本マリ　森進一　田原俊彦　五輪真弓　もんた&ブラザーズ　小林幸子　岩崎良美ほか
	「初公開、これが聖子の世界だ」岩崎良美ほか
	河合奈保子　三原順子　サンデーズ　潮谷真ほか
	▽田原とマッチが空手でブリッコ学園の良美 順子を悩殺▽奈保子・郷・五郎の爆笑コント
	▽たのきんサンレモへ今日出発▽良美・秀樹 伊代・よしえ・みづえ 受験地獄をフッとばせ
紅組の副キャプテンで出場し、敢闘賞を受賞	郷ひろみ　西城秀樹　野口五郎　山本譲二　田原俊彦　近藤真彦　松田聖子　柏原よしえ　松本伊代　中原理恵ほか
	「雪降る夜に何かが起きる!?」松本伊代ほか
	野口五郎　岩崎宏美　岩崎良美　甲斐智枝美
	▽速報第一弾たのきんブリッコ旅行フランス編▽郷と聖子の愛情物語▽爆笑沢田が大活躍

日付	番組タイトル	放送局	時間帯	曜日	視聴率
1月5日	ザ・ヤングベストテン	テレビ東京	19時―19時54分	火曜	6.1
1月6日	シャボン玉プレゼント	テレビ朝日	13時―13時15分	水曜	3.8
1月7日	シャボン玉プレゼント	テレビ朝日	13時―13時15分	木曜	7.5
1月7日	たのきん全力投球！	TBS	19時―19時30分	木曜	16.1
1月7日	ザ・ベストテン	TBS	21時―21時55分	木曜	30.3
1月8日	シャボン玉プレゼント	テレビ朝日	13時―13時15分	金曜	6.9
1月10日	レッツゴーヤング	NHK	18時―18時40分	日曜	15.3
1月10日	ヤンヤン歌うスタジオ	テレビ東京	19時―19時54分	日曜	8.9
1月10日	日曜劇場「妻の寝顔」	TBS	21時―21時55分	日曜	21.2
1月12日	ザ・ヤングベストテン	テレビ東京	19時―19時54分	火曜	5.0
1月14日	たのきん全力投球！	TBS	19時―19時30分	木曜	13.4
1月14日	ザ・ベストテン	TBS	21時―21時55分	木曜	33.1
1月17日	レッツゴーヤング	NHK	18時―18時40分	日曜	16.7
1月17日	ヤンヤン歌うスタジオ	テレビ東京	19時―19時54分	日曜	12.2
1月18日	夜のヒットスタジオ	フジテレビ	22時―22時54分	月曜	20.6
1月21日	たのきん全力投球！	TBS	19時―19時30分	木曜	15.9
1月24日	レッツゴーヤング	NHK	18時―18時40分	日曜	18.9
1月24日	ヤンヤン歌うスタジオ	テレビ東京	19時―19時54分	日曜	11.9
1月26日	ザ・ヤングベストテン	テレビ東京	19時―19時54分	火曜	6.4
1月26日	第9回オールスター寒中水泳大会	フジテレビ	19時30分―20時54分	火曜	23.5
1月28日	たのきん全力投球！	TBS	19時―19時30分	木曜	15.9
1月31日	レッツゴーヤング	NHK	18時―18時40分	日曜	13.6
1月31日	ヤンヤン歌うスタジオ	テレビ東京	19時―19時54分	日曜	10.4

番組内容	テレビ欄
話題曲コーナーで「君に薔薇薔薇…という感じ」をローマのスペイン広場から中継。レポーター役に野村義男	「ローマ――東京、衛星生中継！」近藤真彦　田原俊彦　アラジン　ジョニー　山本譲二　河合奈保子ほか
	▽独占！たのきんパリからのメッセージ到着▽聖子・宏美受験だ神様助けてエ　沢田研二
	「爆笑！こりゃあ一体誰のパーティーだ!?」
	柏原よしえ　松本伊代　宮田恭男　BAR ほか
イタリア・サンレモ音楽祭の模様などを伝える	▽特報たのきんイタリア珍道中▽沢田、秀樹 良美、伊代、一平のブリッコ学園卒業試験編
「君に薔薇薔薇…という感じ」6位。司会の堺正章に壁掛けカレンダー、榊原郁恵に扇子とイタリアのおみやげを渡す	沢田研二　河合奈保子　もんた&ブラザーズ　田原俊彦　柏原よしえ　シュガー　西城秀樹　アラジンほか
	「たのきんヨーロッパ全特集」パリ・ローマ珍道中独占公開第1弾 沢田研二　松田聖子ほか
司会兼スターターのみのもんたは終始「トシ坊」と呼ぶ	苗場・軽井沢二元中継！激突トシ VS マッチ 郷ひろみ　西城秀樹　松田聖子　柏原よしえ　松本伊代　石川ひとみ　岩崎良美
	「たのきん映画第？弾！撮影快調」松本伊代
5位。「薔薇」という漢字を黒板に書く	アラジン　沢田研二　サザンオールスターズ　松田聖子　西城秀樹　もんた&ブラザーズ　田原俊彦ほか
	「ドリフの謎の館！金銀財宝ザックザク？」和田アキ子　八代亜紀　岩崎宏美　田原俊彦ほか
「ジュリエットへの手紙」などを歌唱	西城秀樹　榊原郁恵　高田みづえ　竹本孝之
	▽たのきんが報告ヨーロッパ特集▽聖子興奮 沢田爆笑マッチ、田原 ブリッコバレンタイン
「君に薔薇薔薇…という感じ」4位。『夜ヒット』リハーサルのため、渋谷公会堂にいけず、サンレモ音楽祭などの模様を VTR で流す	近藤真彦　松田聖子　アラジン　増田けい子　もんた&ブラザーズ　中村雅俊　山本譲二ほか
イタリアみやげとして司会の芳村真理に紅茶、井上順にトランプをプレゼント	「初登場！南こうせつ」沢田研二　森進一　田原俊彦　紅麗威甦　大橋純子　河合奈保子
	「たのきんヨーロッパ爆笑失敗珍場面特集」沢田研二　松田聖子　松本伊代　郷ひろみほか
	「NG 特集！ナオコよしえに聖子もドキッ」
3位。腕立て伏せをする VTR が歌唱中流れる	来生たかお　中村雅俊　紅麗威甦　沢田研二　松田聖子　近藤真彦　増田けい子　田原俊彦　アラジンほか
	サンデーズ　野口五郎　岩崎宏美　竹本孝之ほか

日付	番組タイトル	放送局	時間帯	曜日	視聴率
2月1日	ザ・トップテン	日本テレビ	20時―20時54分	月曜	22.1
2月2日	ザ・ヤングベストテン	テレビ東京	19時―19時54分	火曜	6.7
2月4日	たのきん全力投球！	TBS	19時―19時30分	木曜	15.8
2月7日	レッツゴーヤング	NHK	18時―18時40分	日曜	11.9
2月7日	ヤンヤン歌うスタジオ	テレビ東京	19時―19時54分	日曜	9.3
2月8日	ザ・トップテン	日本テレビ	20時―20時54分	月曜	22.9
2月9日	ザ・ヤングベストテン	テレビ東京	19時―19時54分	火曜	6.8
2月9日	第9回オールスター雪の祭典	フジテレビ	19時30分―20時54分	火曜	18.7
2月11日	たのきん全力投球！	TBS	19時―19時30分	木曜	13.9
2月11日	ザ・ベストテン	TBS	21時―21時55分	木曜	30.9
2月13日	8時だヨ！全員集合	TBS	20時―20時55分	土曜	27.2
2月14日	レッツゴーヤング	NHK	18時―18時40分	日曜	11.1
2月14日	ヤンヤン歌うスタジオ	テレビ東京	19時―19時54分	日曜	10.0
2月15日	ザ・トップテン	日本テレビ	20時―20時54分	月曜	24.4
2月15日	夜のヒットスタジオ	フジテレビ	22時―22時54分	月曜	24.6
2月16日	ザ・ヤングベストテン	テレビ東京	19時―19時54分	火曜	6.3
2月18日	たのきん全力投球！	TBS	19時―19時30分	木曜	12.2
2月18日	ザ・ベストテン	TBS	21時―21時55分	木曜	34.4
2月21日	レッツゴーヤング	NHK	18時―18時40分	日曜	12.1

番組内容	テレビ欄
	▽マッチ、田原のNG集決定版▽爆笑沢田がブリッコ伊代と良美を悩殺▽シュガー初登場
3位。視聴者が作った「トシちゃん人形」を紹介	中村雅俊　来生たかお　近藤真彦　田原俊彦　松田聖子　紅麗威甦　沢田研二　アラジン　増田けい子ほか
VTR出演	▽日米ぶりっこツッパリ決戦▽ジュリー爆笑物マネ講座▽よしえと秀樹禁じられた愛の歌
	「事件だ！探偵マッチ再び登場」伊藤つかさ
3位。ゲストの佐久間良子とともに誕生日ケーキのロウソクを消す	西田敏行　佐久間良子　中村雅俊　シュガー　松田聖子　沢田研二　近藤真彦　増田けい子　田原俊彦ほか
	沢田研二　岩崎宏美　榊原郁恵　三原順子ほか
誕生日を迎え、「今年中に免許取って、ドライブいきたいと思ってます」と抱負を述べる	▽独占マッチと秀樹が決死の雪上大爆走▽研 聖子、奈保子ブリッコひな祭り▽田原誕生日
2位。21歳になった感想を聞かれ、「ちょっとオジンになったみたいでさみしいですね」と笑う	松田聖子　田原俊彦　中村雅俊　柏原よしえ　紅麗威甦　増田けい子　沢田研二　シュガーほか
	▽シブがき学園涙の卒業式▽爆笑奈保子ひなアラレ騒動　田原俊彦　松田聖子　松本伊代
新婚旅行コントを河合奈保子と演じる。旅館従業員役にせんだみつお	「揺れるつかさの心、伊代は？」河合奈保子
4位。結婚について「お嫁さんには、家にいて何もしないでね、僕が仕事をして食わせてあげたいと思います」	来生たかお　中村雅俊　タイガース　シュガー　サザンオールスターズ　近藤真彦　田原俊彦　松田聖子ほか
	沖田浩之　石川ひとみ　倉田まり子　ゴダイゴ
	▽田原ア然郷と奈保子 ブリッコ卒業式▽新作 マッチの探偵物語▽聖子爆笑劇▽サザン結婚
5位。ターンのコツを聞かれ、「目線を1点に決めるんです」と答える。堺正章、沢田研二もターンする	堺正章　榊原郁恵　中村雅俊　近藤真彦　沢田研二　田原俊彦　野口五郎　柏原よしえ　増田けい子ほか
	▽特訓・絶叫シブがき残酷編▽トシ・マッチ 聖子・よしえ・伊代の爆笑春一番　シュガー
	森繁久弥　勝新太郎　朝丘雪路　桜田淳子　石川さゆり　田原俊彦　三原順子　十朱幸代　檀ふみ　名取裕子ほか
	「初登場正義の味方たのきんマン」沢田研二
3位。近藤真彦と一緒に逆立ちをする	中村雅俊　来生たかお　サザンオールスターズ　シュガー　沢田研二　松本伊代　近藤真彦　松田聖子ほか
	「春休み特集」沢田、タモリ、アコ漫才珍問答▽聖子 郷、田原の仲？

日付	番組タイトル	放送局	時間帯	曜日	視聴率
2月21日	ヤンヤン歌うスタジオ	テレビ東京	19時―19時54分	日曜	11.6
2月22日	ザ・トップテン	日本テレビ	20時―20時54分	月曜	25.4
2月23日	ザ・ヤングベストテン	テレビ東京	19時―19時54分	火曜	4.6
2月25日	たのきん全力投球！	TBS	19時―19時30分	木曜	17.4
2月25日	ザ・ベストテン	TBS	21時―21時55分	木曜	33.4
2月28日	レッツゴーヤング	NHK	18時―18時40分	日曜	11.2
2月28日	ヤンヤン歌うスタジオ	テレビ東京	19時―19時54分	日曜	11.6
3月1日	ザ・トップテン	日本テレビ	20時―20時54分	月曜	15.7
3月2日	ザ・ヤングベストテン	テレビ東京	19時―19時54分	火曜	7.4
3月4日	たのきん全力投球！	TBS	19時―19時30分	木曜	14.2
3月4日	ザ・ベストテン	TBS	21時―21時55分	木曜	32.8
3月7日	レッツゴーヤング	NHK	18時―18時40分	日曜	11.8
3月7日	ヤンヤン歌うスタジオ	テレビ東京	19時―19時54分	日曜	11.1
3月8日	ザ・トップテン	日本テレビ	20時―20時54分	月曜	24.6
3月9日	ザ・ヤングベストテン	テレビ東京	19時―19時54分	火曜	7.0
3月9日	オールスター春の㊙芸大会	フジテレビ	19時30分―20時54分	火曜	12.3
3月11日	たのきん全力投球！	TBS	19時―19時30分	木曜	14.5
3月11日	ザ・ベストテン	TBS	21時―21時55分	木曜	35.5
3月14日	歌謡ドッキリ大放送	テレビ朝日	13時45分―14時55分	日曜	16.1

番組内容	テレビ欄
	西城秀樹　高田みづえ　河合奈保子　岩崎良美
14個のざるそばを抱えながら、大縄跳びに挑戦	▽独占公開たのきんのスペイン旅行▽マッチ 田原のぶりっこアルバイト作戦▽秀樹の新曲
本人の身長より高いミッキーマウス人形が登場	五木ひろし　田原俊彦　横浜銀蝿　シャネルズ　大橋純子　伊藤敏博　河合奈保子　シャワー
	▽独占たのきんは空白の3日間スペインに！ 松田聖子　松本伊代　柏原よしえ　郷ひろみ
	▽連続NG一挙公開！▽ズッコケ・どっきり猛爆笑▽かくし芸秘話▽今甦る名作ドラマほか 司会・堺正章　井上順
	「犯人は誰だ！トシとマッチの名刑事登場」
4位。2週連続でマジックをしながら歌唱	中村雅俊　シュガー　サザンオールスターズ　ハウンドドッグ　沢田研二　松田聖子　田原俊彦ほか
	「リクエストショー」沖田浩之　川崎麻世ほか
	▽独占マッチの新曲▽田原、聖子のNG特集▽奈保子、五郎、良美 宏美のブリッコ春休み
5位	中村雅俊　松田聖子　サザンオールスターズ　田原俊彦　近藤真彦　大橋純子　シュガー　伊藤つかさほか
	「日曜正午へ大移動！総集編で笑い爆発!!」
ドラマ	近藤真彦　田原俊彦　河合奈保子　松田聖子　沢田研二ほか
4位	忌野清志郎　坂本竜一　タイガース　中村雅俊　来生たかお　シュガー　田原俊彦　近藤真彦　松田聖子ほか
	「春休み特集」郷、田原、近藤ア然！珍質問続出！▽たけし爆笑連続
トリで「君に薔薇薔薇…という感じ」歌唱	「翔べ！フレッシュギャル」柏原よしえほか
	▽マッチ、田原の脱線コント▽郷、柏原、宏美春のブリッコ恋愛騒動▽聖子の秘密大公開
東京サマーランドから放送	聖子 伊代、順子の水中騎馬戦▽よしえ赤面めぐみ朱里の水中着せかえ大騒動▽シブがき隊、錦織、植草、松原のスベリ台競争・波乗りロデオ大会▽どんケツ合戦
5位	「90分ワイド版」田原俊彦　シュガー　大山のぶ代　井上大輔　サザンオールスターズ　中村雅俊　中野良子　忌野清志郎　坂本竜一　タイガース　近藤真彦　河合奈保子ほか

日付	番組タイトル	放送局	時間帯	曜日	視聴率
3月14日	レッツゴーヤング	NHK	18時―18時40分	日曜	15.2
3月14日	ヤンヤン歌うスタジオ	テレビ東京	19時―19時54分	日曜	10.5
3月15日	夜のヒットスタジオ	フジテレビ	22時―22時54分	月曜	20.7
3月16日	ザ・ヤングベストテン	テレビ東京	19時―19時54分	火曜	5.4
3月16日	かくし芸だよ19年！名・珍場面大集合 !!	フジテレビ	19時30分―20時54分	火曜	20.7
3月18日	たのきん全力投球！	TBS	19時―19時30分	木曜	15.9
3月18日	ザ・ベストテン	TBS	21時―21時55分	木曜	33.3
3月21日	レッツゴーヤング	NHK	18時―18時40分	日曜	15.0
3月21日	ヤンヤン歌うスタジオ	テレビ東京	19時―19時54分	日曜	9.3
3月22日	ザ・トップテン	日本テレビ	20時―20時54分	月曜	21.4
3月25日	たのきん全力投球！	TBS	19時―19時30分	木曜	13.2
3月25日	春休み特別プレゼント「マッチの燃えろ青春・総集編」	テレビ東京	20時―20時54分	木曜	12.3
3月25日	ザ・ベストテン	TBS	21時―21時55分	木曜	34.4
3月28日	歌謡ドッキリ大放送	テレビ朝日	13時45分―14時55分	日曜	11.1
3月28日	特集レッツゴーヤング	NHK	18時―18時45分	日曜	15.0
3月28日	ヤンヤン歌うスタジオ	テレビ東京	19時―19時54分	日曜	9.3
3月28日	田原・マッチが激突 ピチピチプリプリ水着美人歌手大集合	テレビ東京	20時―21時54分	日曜	9.7
3月29日	ザ・トップテンスペシャル	日本テレビ	19時30分―20時54分	月曜	17.2

番組内容	テレビ欄
ジャPAニーズと少年隊をバックに「哀愁でいと」	▽今夜決定シブがき隊デビュー曲▽初公開！マッチ幻の名曲▽田原 聖子・河合・柏原・伊代VS話題のアイドル
ドリフの早口言葉を赤木春恵とともに	高橋圭三　ドリフターズ　加藤剛　堺正章　古谷一行　中原理恵　国広富之　梅宮辰夫　桃井かおり　三田佳子　久米敬子　川谷拓三　倍賞千恵子　根津甚八　丹波哲郎　若林豪　田原俊彦　近藤真彦ほか
「ハッとして！ Good」「君といつまでも」歌唱	近藤真彦　田原俊彦　山本譲二　郷ひろみ　松本伊代　柏原よしえ　河合奈保子　中原理恵　八代亜紀　水前寺清子　和田アキ子　堺正章　村田英雄　ツービート　泉ピン子　宮崎美子ほか　司会・愛川欽也
	「前夜祭だよ！たのきんも全力で投球」
「君に薔薇薔薇…という感じ」4位。前日のとしまえんイベントでファンにけが人が出たことを謝罪。目には涙があふれているように見える	淡谷のり子　中村雅俊　タイガース　シュガー　サザンオールスターズ　河合奈保子　田原俊彦　近藤真彦ほか
放送枠移動後、一発目の放送。西城秀樹と漫才	「爆笑！熱狂！会場騒然!! 今始まる熱い時」
レギュラー司会として最後の放送。松田聖子とともに「出発の歌」歌唱	高田みづえ　岩崎宏美　渋谷哲平　浜田朱里ほか
	▽マッチ興奮シブがき隊殴り込み▽特報田原3万人集会▽ブリッコ伊代・秀樹爆笑新学期
「君に薔薇薔薇…という感じ」7位。船長の衣装で歌唱。苦手のアスパラを食べられるようになったと報告	松田聖子　田原俊彦　サザンオールスターズ　タイガース　中村雅俊　シャネルズ　シュガー　河合奈保子ほか
	田原感動シブがき隊デビュー曲大合唱▽マッチ新曲殴りこみ　松田聖子　河合奈保子
ドラマ1話	高橋玄洋脚本　堺正章　古手川祐子　津川雅彦　木内みどり　田原俊彦ほか
	▽トシちゃんの一休さん▽奈保子のかぐや姫▽マッチの花咲爺　松田聖子　山田邦子ほか
6位	タイガース　シュガー　サザンオールスターズ　大橋純子　中村雅俊　松田聖子　近藤真彦　田原俊彦ほか
	「ドリフの銀行強盗！金庫爆発マル秘大作戦」森昌子　浜田朱里　田原俊彦　シュガーほか
	「初公開シャネルズ自作コント」柏原よしえ
	▽マッチか聖子か田原かNG大賞今夜発表▽爆笑シブがき、奈保子 秀樹、伊代の野球騒動
ジャPAニーズが解散報告。田原からメンバーに花束	「内田裕也と仲間達」五木ひろし　郷ひろみ　田原俊彦　松田聖子　シャネルズ　森昌子ほか

日付	番組タイトル	放送局	時間帯	曜日	視聴率
3月30日	春休み特集ザ・ヤングベストテンスペシャル	テレビ東京	18時30分―19時54分	火曜	7.4
3月30日	テレビ祭り「4月だヨ！全員集合」	TBS	19時―20時55分	火曜	22.3
3月31日	オールスター春の紅白歌合戦	TBS	19時―20時55分	水曜	17.3
4月1日	ピンキーパンチ大逆転	TBS	19時―19時30分	木曜	11.8
4月1日	ザ・ベストテン	TBS	21時―21時55分	木曜	27.7
4月4日	たのきん全力投球！	TBS	12時―12時55分	日曜	4.2
4月4日	レッツゴーヤング	NHK	18時―18時40分	日曜	8.5
4月4日	ヤンヤン歌うスタジオ	テレビ東京	19時―19時54分	日曜	9.9
4月5日	ザ・トップテン	日本テレビ	20時―20時54分	月曜	21.3
4月6日	ザ・ヤングベストテン	テレビ東京	18時30分―19時24分	火曜	10.2
4月6日	さよなら三角またきて四角	TBS	20時―20時55分	火曜	18.3
4月7日	桜満開!! オールスターおもしろ日本昔ばなし	日本テレビ	19時―20時	水曜	7.6
4月8日	ザ・ベストテン	TBS	21時―21時55分	木曜	30.1
4月10日	8時だヨ！全員集合	TBS	20時―20時55分	土曜	30.8
4月11日	たのきん全力投球！	TBS	12時―12時55分	日曜	5.9
4月11日	ヤンヤン歌うスタジオ	テレビ東京	19時―19時54分	日曜	10.4
4月12日	夜のヒットスタジオ	フジテレビ	22時―22時54分	月曜	18.8

番組内容	テレビ欄
植物に囲まれたビニールハウスで歌唱	▽逆襲!? マッチが番組60分独占▽シブがき隊興奮 聖子・伊代の爆笑青春の条件　田原俊彦
2話	堺正章　古手川祐子　津川雅彦　木内みどり　田原俊彦　小野みゆき　片桐夕子　山岡久乃ほか
仕掛人の片岡鶴太郎がお化けの格好で登場	郷バス乗っとりにア然▽海外編！芳村、雪路ニセ宮廷料理に満足▽田原失神肝試し▽伊代寝起き
7位。松田聖子と登場。2人の間に黒柳徹子が入る	サザンオールスターズ　タイガース　中村雅俊　西城秀樹　シュガー　近藤真彦　田原俊彦　河合奈保子ほか
	「結婚式は大騒動」伊藤つかさ　小泉今日子
近田春夫の青春メルヘン『金曜日の天使』というミュージカルを演じる。「光るレディ」などを歌唱	田原俊彦　榊原郁恵　柏原よしえ　ゴダイゴ
	▽田原・マッチ裸騒動に聖子赤面よしえ興奮▽沢田修業中名作集▽シブがき主演映画決定
「君に薔薇薔薇…という感じ」8位	タイガース　中村雅俊　西城秀樹　松田聖子　サザンオールスターズ　近藤真彦　田原俊彦　河合奈保子ほか
	▽ビッグ速報たのきんシブがき隊開戦宣言!? ▽マッチ3週首位独占 田原俊彦　河合奈保子
3話	堺正章　古手川祐子　津川雅彦　木内みどり　田原俊彦　山田辰夫　沢村貞子　山岡久乃ほか
9位。解散するジャPAニーズ・ボビー吉野の振り付けで、バックダンサーは通常と異なるダンスも取り入れる	小林旭　イモ欽トリオ　タイガース　中村雅俊　サザンオールスターズ　西城秀樹　近藤真彦　田原俊彦ほか
	「マッチ〝坊ちゃん〟で必殺演技」田原俊彦
	▽マッチか聖子かNG大賞決定▽秀樹、五郎 郷が奈保子、伊代を身体検査▽たのきん映画
新高輪プリンスホテルから生中継。「原宿キッス」歌唱	「700回記念特集」五木ひろし　八代亜紀　郷ひろみ　西城秀樹　田原俊彦　松田聖子ほか
	▽新曲ジュリー・田原話題の衣装▽マッチ1位独走？　河合奈保子　松本伊代　柏原よしえ
4話	堺正章　古手川祐子　津川雅彦　木内みどり　田原俊彦　小野みゆき　大畑ゆかり　山岡久乃ほか
	「アイドル全員集合!! 聖子・伊代・たのきん タケちゃんマン・シブがき」
	沢田研二　西城秀樹　サザンオールスターズ　田原俊彦　シュガー　坂口良子　森進一ほか
「たのきん学校訪問」で神奈川学園高校新体操部へ	「美女軍団、探検隊を襲撃！」河合奈保子ほか

日付	番組タイトル	放送局	時間帯	曜日	視聴率
4月13日	ザ・ヤングベストテン	テレビ東京	19時—19時54分	火曜	5.3
4月13日	さよなら三角またきて四角	TBS	20時—20時55分	火曜	15.3
4月15日	スターどっきり㊙報告	フジテレビ	20時—20時54分	木曜	24.2
4月15日	ザ・ベストテン	TBS	21時—21時55分	木曜	26.2
4月18日	たのきん全力投球！	TBS	12時—12時55分	日曜	4.8
4月18日	レッツゴーヤング	NHK	18時—18時40分	日曜	9.0
4月18日	ヤンヤン歌うスタジオ	テレビ東京	19時—19時54分	日曜	11.4
4月19日	ザ・トップテン	日本テレビ	20時—20時54分	月曜	21.2
4月20日	ザ・ヤングベストテン	テレビ東京	19時—19時54分	火曜	5.6
4月20日	さよなら三角またきて四角	TBS	20時—20時55分	火曜	13.6
4月22日	ザ・ベストテン	TBS	21時—21時55分	木曜	32.8
4月25日	たのきん全力投球！	TBS	12時—12時55分	日曜	6.6
4月25日	ヤンヤン歌うスタジオ	テレビ東京	19時—19時54分	日曜	10.0
4月26日	夜のヒットスタジオ	フジテレビ	22時—22時54分	月曜	19.5
4月27日	ザ・ヤングベストテン	テレビ東京	19時—19時54分	火曜	4.3
4月27日	さよなら三角またきて四角	TBS	20時—20時55分	火曜	10.6
4月29日	おはよう！ナイスデイ	フジテレビ	8時30分—9時55分	木曜	6.6
4月29日	夢のビッグスタジオ	テレビ朝日	22時—22時54分	木曜	5.8
5月2日	たのきん全力投球！	TBS	12時—12時55分	日曜	4.0

番組内容	テレビ欄
	▽夢の対決マッチ武蔵 沢田小次郎恋の爆笑劇▽聖子・シブがき・郁恵デカ顔集▽田原新曲
	爆発！シブがきついにデビュー前夜祭▽沢田・聖子・マッチ超強力新曲大登場　田原俊彦
5話	堺正章　古手川祐子　津川雅彦　木内みどり　田原俊彦　小野みゆき　西岡徳馬　山岡久乃ほか
	「奈保子・伊代・シブがきの船上猛特訓」
	野口五郎　田原俊彦　松田聖子　高田みづえ
	▽がんばりマッチ爆笑 母の日珍騒動▽秀樹と伊代の恋愛笑劇場▽田原・聖子修業中名作集
	▽シブがき初登場何位▽激戦マッチ・聖子▽沢田・秀樹燃える闘魂 柏原よしえ　シュガー
6話	堺正章　古手川祐子　津川雅彦　木内みどり　田原俊彦　片桐夕子　小野みゆき　木村昭宏ほか
東京・高円寺の菊華高校のハンドボール部へ。全校生徒がグラウンドに集まってきたため、途中でロケ中止に	「学校訪問ロケ中女学生殺到！収録中止！」
ジャPAニーズと「ジャクソンズ・メドレー」披露	田原俊彦　松田聖子　岩崎良美　堀ちえみほか
	▽問題作たのきん映画密着取材▽聖子を悩殺 沢田の空手▽シブがき 柏原のいたずらマイク
	▽マッチ熱愛横浜の恋人▽独占シブがき伊豆ロケ潜入▽聖子・順子の修学旅行　田原俊彦
7話	堺正章　古手川祐子　津川雅彦　木内みどり　田原俊彦　小野みゆき　沢村貞子　山岡久乃ほか
「原宿キッス」3位	松田聖子　田原俊彦　サザンオールスターズ　近藤真彦　西城秀樹　石川秀美　堀ちえみ　シブがき隊ほか
	「スターウォーズ!!乱闘シーンがマジに!?」
	田原 刃握り奇人に挑戦！▽聖子と郁恵の恋愛相談
渋谷公会堂でのジャPAニーズとのラストライブ模様も	▽独占マッチが語る翔と桃子▽田原、ジャパ涙の別れ▽秀樹、五郎 奈保子ゴリラと脱線劇
3位。『夜ヒット』リハーサルのため、VTRで「原宿キッス」の振り付けポイントを紹介	島大輔　シブがき隊　大橋純子　加橋かつみ　西城秀樹　柏原よしえ　松田聖子　近藤真彦ほか
途中、銀のゴンドラに乗って歌唱	ダークダックス　田原俊彦　来生たかお　小柳ルミ子　野口五郎　三原順子　岩崎良美ほか
	▽田原爆笑マッチ興奮 シブがき村悪ガキ作戦 松田聖子　郷ひろみ　河合奈保子　沢田研二
8話	堺正章　古手川祐子　津川雅彦　木内みどり　田原俊彦　片桐夕子　小野みゆき　山岡久乃ほか

日付	番組タイトル	放送局	時間帯	曜日	視聴率
5月2日	ヤンヤン歌うスタジオ	テレビ東京	19時—19時54分	日曜	9.3
5月4日	ザ・ヤングベストテン	テレビ東京	19時—19時54分	火曜	5.4
5月4日	さよなら三角またきて四角	TBS	20時—20時55分	火曜	13.6
5月9日	たのきん全力投球！	TBS	12時—12時55分	日曜	4.5
5月9日	レッツゴーヤング	NHK	18時—18時40分	日曜	12.1
5月9日	ヤンヤン歌うスタジオ	テレビ東京	19時—19時54分	日曜	8.1
5月11日	ザ・ヤングベストテン	テレビ東京	19時—19時54分	火曜	5.4
5月11日	さよなら三角またきて四角	TBS	20時—20時55分	火曜	13.0
5月16日	たのきん全力投球！	TBS	12時—12時55分	日曜	6.4
5月16日	レッツゴーヤング	NHK	18時—18時40分	日曜	12.3
5月16日	ヤンヤン歌うスタジオ	テレビ東京	19時—19時54分	日曜	8.9
5月18日	ザ・ヤングベストテン	テレビ東京	19時—19時54分	火曜	7.3
5月18日	さよなら三角またきて四角	TBS	20時—20時55分	火曜	14.8
5月20日	ザ・ベストテン	TBS	21時—21時55分	木曜	32.2
5月23日	たのきん全力投球！	TBS	12時—12時55分	日曜	6.0
5月23日	TV ジョッキー	日本テレビ	13時—13時55分	日曜	5.2
5月23日	ヤンヤン歌うスタジオ	テレビ東京	19時—19時54分	日曜	10.4
5月24日	ザ・トップテン	日本テレビ	20時—20時54分	月曜	26.5
5月24日	夜のヒットスタジオ	フジテレビ	22時—22時54分	月曜	20.8
5月25日	ザ・ヤングベストテン	テレビ東京	19時—19時54分	火曜	4.3
5月25日	さよなら三角またきて四角	TBS	20時—20時55分	火曜	9.5

番組内容	テレビ欄
3位。西武球場で投手・近藤真彦と対決。結果はキャッチャーフライ。捕手は野村克也が務めた	沢田研二　山下久美子　大橋純子　西城秀樹　シブがき隊　松田聖子　田原俊彦　近藤真彦　柏原よしえほか
	「聖子と順子が対決！出演者全員真っ青!!」
	▽聖子・伊代の花嫁姿にマッチ・秀樹花ムコ宣言▽沢田・田原脱線劇▽シブがき映画完成
2位。3位の近藤真彦と一緒に登場	沢田研二　松田聖子　島大輔　シブがき隊　田原俊彦　近藤真彦　柏原よしえほか
	▽初公開シブがき映画ロケ宿潜入▽絶叫伊代大パニック　沢田研二　近藤真彦　松田聖子ほか
9話	堺正章　古手川祐子　津川雅彦　木内みどり　田原俊彦　篠塚勝　浅野典子　山岡久乃ほか
寝起きドッキリ。リポーターは片岡鶴太郎	▽順子石こう固めにバカヤロー▽田原の寝室に美女▽細川毒キノコ穴うめ地獄！▽●の母　小柳ルミ子
2位。3位の近藤真彦と一緒に登場	山下久美子　島大輔　細川たかし　沢田研二　大橋純子　松田聖子　田原俊彦　近藤真彦ほか
松田聖子とスター漫才「トシとマツ」を披露。聖子が初恋の相手を「徳川家康」とボケる	「トシと聖子の恋愛講座で思わず本音が!?」
	▽たのきん映画大特集▽マッチ、聖子の失敗 名場面▽脱線郷、郁恵お化けの館▽秀樹新曲
『トップテン』で7カ月半ぶりの1位。「原宿のイメージアップに貢献した」と原宿シャンゼリゼ会会長から感謝状を渡される	細川たかし　田原俊彦　沢田研二　大橋純子　島大輔　柏原よしえほか
	▽激烈！マッチ・田原 宏美・聖子トップ争い▽最新ピチピチハワイの奈保子　三原順子ほか
10話	堺正章　古手川祐子　津川雅彦　田原俊彦　片桐夕子　山田辰夫　木村昭宏　山岡久乃ほか
『ベストテン』1年4カ月ぶりの1位。9,566点は田原史上2番目の高得点。番組史上延べ1,998人目の出演者だった。この日はベストテン入りの10人全員が出演する珍しい回	細川たかし　岩崎宏美　山下久美子　沢田研二　シブがき隊　大橋純子　田原俊彦　近藤真彦　島大輔　松田聖子
京都祇園の舞子学校「祇園東文化教室」を訪問	「マッチと奈保子の撮影現場に郷が乱入!!」
	たのきん軍団バイクで大アクション▽聖子・宏美恋の爆笑劇▽沢田 秀樹が祭りで大ゲンカ
	西城秀樹　田原俊彦　柏原よしえ　八代亜紀　RCサクセション　細川たかしほか
	▽マッチ登場シブがき村UFO編　松田聖子　田原俊彦　河合奈保子　松本伊代　岩崎宏美ほか

日付	番組タイトル	放送局	時間帯	曜日	視聴率
5月27日	ザ・ベストテン	TBS	21時—21時55分	木曜	28.2
5月30日	たのきん全力投球！	TBS	12時—12時55分	日曜	7.2
5月30日	ヤンヤン歌うスタジオ	テレビ東京	19時—19時54分	日曜	9.0
5月31日	ザ・トップテン	日本テレビ	20時—20時54分	月曜	23.1
6月1日	ザ・ヤングベストテン	テレビ東京	19時—19時54分	火曜	6.1
6月1日	さよなら三角またきて四角	TBS	20時—20時55分	火曜	12.8
6月3日	スターどっきり㊙報告	フジテレビ	20時—20時54分	木曜	16.8
6月3日	ザ・ベストテン	TBS	21時—21時55分	木曜	32.3
6月6日	たのきん全力投球！	TBS	12時—12時55分	日曜	7.8
6月6日	ヤンヤン歌うスタジオ	テレビ東京	19時—19時54分	日曜	8.1
6月7日	ザ・トップテン	日本テレビ	20時—20時54分	月曜	21.3
6月8日	ザ・ヤングベストテン	テレビ東京	19時—19時54分	火曜	6.0
6月8日	さよなら三角またきて四角	TBS	20時—20時55分	火曜	11.4
6月10日	ザ・ベストテン	TBS	21時—21時55分	木曜	31.7
6月13日	たのきん全力投球！	TBS	12時—12時55分	日曜	5.3
6月13日	ヤンヤン歌うスタジオ	テレビ東京	19時—19時54分	日曜	7.9
6月14日	夜のヒットスタジオ	フジテレビ	22時—22時54分	月曜	19.4
6月15日	ザ・ヤングベストテン	テレビ東京	19時—19時54分	火曜	5.7

番組内容	テレビ欄
11話	堺正章　古手川祐子　津川雅彦　木内みどり　田原俊彦　黒木真由美　柳家小さん　山岡久乃ほか
2位。原宿に出現ロケ VTR も	田原俊彦　岩崎宏美　山下久美子　沢田研二　松田聖子　大橋純子　シブがき隊　島大輔　近藤真彦
	「全身生キズ!! 奈保子・伊代も大暴れ!!」
	田原俊彦　柏原よしえ　山本達彦　シブがき隊
	▽独占！マッチの新曲初公開▽奈保子、伊代 柏原のボイン学園騒動▽田原の修業中傑作集
2位。後ろに多数のキスマークが浮く演出	沢田研二　島大輔　岩崎宏美　細川たかし　松田聖子　シブがき隊　田原俊彦　近藤真彦ほか
	▽独占シブがき隊 LP 初公開▽マッチ大暴れ 奈保子絶叫　沢田研二　松本伊代　岩崎宏美ほか
12話	堺正章　古手川祐子　津川雅彦　木内みどり　田原俊彦　野見山夏子　川辺裕子　山岡久乃ほか
3位。映画『ハイティーンブギ』（監督：舛田利雄）ロケの東宝撮影所から中継。濡れた路面をローラースケートで滑りながら歌う	「発表！ '82上半期・年間ベストテン」岩崎宏美　細川たかし　松田聖子　シブがき隊　中村雅俊　島大輔
沢田研二、田原俊彦、近藤真彦、松田聖子、西城秀樹の5人が入賞	「入賞者発表」司会・瑳川哲朗　多岐川裕美
	「ドリフの国語・算数・理科・社会」 小柳ルミ子　榊原郁恵　田原俊彦　アラジンほか
「哀愁でいと」歌唱。間奏でバク転披露	「白衣のマッチ、若き美人患者に大接近！」
	▽マッチ・シブがき隊 伊代の大魔術団▽聖子の気になる恋愛告白▽田原、宏美 NG 名場面
「原宿キッス」2位。サビの終わりに披露する開脚のコツを聞かれる	山下久美子　沢田研二　杉本哲太　岩崎宏美　田原俊彦　近藤真彦　松田聖子　シブがき隊　島大輔
	▽田原博士シブがき村 爆笑ゴジラ騒動▽絶叫 失神聖子とドラキュラ　沢田研二　近藤真彦ほか
最終回	堺正章　古手川祐子　津川雅彦　木内みどり　田原俊彦　柳家小さん　沢村貞子　山岡久乃ほか
4位	黒柳徹子　久米宏　岩崎宏美　山下久美子　沢田研二　河合奈保子　田原俊彦　細川たかし　松田聖子　島大輔
	近藤真彦　松田聖子　田原俊彦　西城秀樹　沢田研二　五木ひろし　八代亜紀　小林幸子　川中美幸　山本譲二　森進一　最優秀新人賞候補13名　司会・瑳川哲朗　多岐川裕美　一新高輪プリンスホテル
早稲田大学のサークル「コメディアン道場」を訪問	熱唱！スニーカーぶるーす▽祭りだ！神輿だ

日付	番組タイトル	放送局	時間帯	曜日	視聴率
6月15日	さよなら三角またきて四角	TBS	20時—20時55分	火曜	14.6
6月17日	ザ・ベストテン	TBS	21時—21時55分	木曜	30.1
6月20日	たのきん全力投球！	TBS	12時—12時55分	日曜	6.6
6月20日	レッツゴーヤング	NHK	18時—18時40分	日曜	5.9
6月20日	ヤンヤン歌うスタジオ	テレビ東京	19時—19時54分	日曜	7.5
6月21日	ザ・トップテン	日本テレビ	20時—20時54分	月曜	25.3
6月22日	ザ・ヤングベストテン	テレビ東京	19時—19時54分	火曜	5.5
6月22日	さよなら三角またきて四角	TBS	20時—20時55分	火曜	11.9
6月24日	ザ・ベストテン	TBS	21時—21時55分	木曜	29.5
6月25日	第１回メガロポリス歌謡祭	テレビ東京	19時—20時54分	金曜	9.7
6月26日	8時だヨ！全員集合	TBS	20時—20時55分	土曜	31.0
6月27日	たのきん全力投球！	TBS	12時—12時55分	日曜	7.0
6月27日	ヤンヤン歌うスタジオ	テレビ東京	19時—19時54分	日曜	8.6
6月28日	ザ・トップテン	日本テレビ	20時—20時54分	月曜	21.1
6月29日	ザ・ヤングベストテン	テレビ東京	19時—19時54分	火曜	5.1
6月29日	さよなら三角またきて四角	TBS	20時—20時55分	火曜	14.1
7月1日	ザ・ベストテン	TBS	21時—21時55分	木曜	25.8
7月2日	決定！第１回メガロポリス歌謡祭	テレビ東京	19時—20時54分	金曜	13.8
7月4日	たのきん全力投球！	TBS	12時—12時55分	日曜	4.8

番組内容	テレビ欄
	▽特報マッチ、田原、伊代、シブがき夏休み計画▽七夕特集奈保子 聖子、秀樹涙の恋物語
6位。七夕の短冊に「お嫁さんが欲しい」と書く	河合奈保子　島大輔　サザンオールスターズ　岩崎宏美　沢田研二　田原俊彦　松田聖子　細川たかしほか
	▽特集七夕祭りだ全員集合▽初登場マッチの新曲&ドラム初挑戦　松田聖子　田原俊彦ほか
7位。苗場で松田聖子とテニス。6—0、6—4で田原勝利	アン・ルイス　島大輔　山下久美子　岩崎宏美　松本伊代　細川たかし　沢田研二　松田聖子　田原俊彦ほか
一口坂スタジオから中継で「原宿キッス」歌唱	沢田研二　サザンオールスターズ　近藤真彦　松田聖子　シュガー　松本伊代ほか
	「海で乱闘！よしえ大爆発!!」河合奈保子ほか
	近藤真彦　田原俊彦　沖田浩之　シュガーほか
	▽必見！マッチ・伊代 宏美のカンニング作戦▽沢田・田原傑作コント▽完成たのきん映画
「NINJIN 娘」歌唱	美空ひばり　谷村新司　郷ひろみ　岩崎宏美　田原俊彦　シャネルズ　高田みづえ　井上順ほか
	▽マッチ首位獲得か？▽秀樹の新曲初登場！ 松田聖子　河合奈保子　松本伊代　田原俊彦ほか
7位。大磯ロングビーチでの水泳大会終了後、TBSへ	沢田研二　西城秀樹　岩崎宏美　河合奈保子　田原俊彦　山下久美子　近藤真彦　島大輔　松田聖子ほか
文化女子大学を訪問	「対決！イス取り合戦 肉弾戦に全員興奮！」
「ハッとして！ Good」「NINJIN 娘」歌唱	「1982年度上半期優秀新人発表!!」田原俊彦　松田聖子　近藤真彦ほか
	▽祝誕生日マッチ18歳▽奈保子興奮シブがき 秀樹裸で夏のアルバイト▽田原・伊代 NG 集
浴衣に鉢巻きの姿で「原宿キッス」歌唱。後ろに浴衣姿のスクール・メイツと神輿を担ぐ多数の男性	近藤真彦　シブがき隊　田原俊彦　松本伊代　松田聖子　柏原よしえ　河合奈保子　松村和子　里見浩太朗　新沼謙治　五木ひろし　森進一　八代亜紀　都はるみ　三橋美智也　村田英雄　淡谷のり子　藤山一郎
「原宿キッス」10位	アン・ルイス　島大輔　近藤真彦　田原俊彦　サザンオールスターズ　岩崎宏美　沢田研二　河合奈保子ほか
コントで博士役。助手役に柏原よしえ	「ハダカ万歳・水着だ ドキッ！ミコシ祭り」近藤真彦　河合奈保子　三原順子　松本伊代ほか
	「たのきんの熱烈恋人宣言に場内大騒ぎ!!」

日付	番組タイトル	放送局	時間帯	曜日	視聴率
7月4日	ヤンヤン歌うスタジオ	テレビ東京	19時—19時54分	日曜	7.7
7月5日	ザ・トップテン	日本テレビ	20時—20時54分	月曜	19.9
7月6日	ザ・ヤングベストテン	テレビ東京	19時—19時54分	火曜	5.8
7月8日	ザ・ベストテン	TBS	21時—21時55分	木曜	29.0
7月10日	第15回上期日本有線大賞	TBS	14時30分—15時55分	土曜	5.0
7月11日	たのきん全力投球！	TBS	12時—12時55分	日曜	6.7
7月11日	レッツゴーヤング	NHK	18時—18時40分	日曜	11.4
7月11日	ヤンヤン歌うスタジオ	テレビ東京	19時—19時54分	日曜	8.8
7月12日	夜のヒットスタジオ	フジテレビ	22時—22時54分	月曜	18.4
7月13日	ザ・ヤングベストテン	テレビ東京	19時—19時54分	火曜	5.9
7月15日	ザ・ベストテン	TBS	21時—21時55分	木曜	29.4
7月18日	たのきん全力投球！	TBS	12時—12時55分	日曜	7.8
7月18日	日本歌謡大賞新人祭り	テレビ朝日	16時—17時25分	日曜	6.2
7月18日	ヤンヤン歌うスタジオ	テレビ東京	19時—19時54分	日曜	8.1
7月19日	夏祭りにっぽんの歌懐しのヒットパレードII	テレビ東京	19時—20時54分	月曜	10.4
7月19日	ザ・トップテン	日本テレビ	20時—20時54分	月曜	22.8
7月20日	ザ・ヤングベストテン	テレビ東京	19時—19時54分	火曜	6.7
7月25日	たのきん全力投球！	TBS	12時—12時55分	日曜	7.6

番組内容	テレビ欄
	「250回記念大特集」たのきん・沢田・秀樹 郷・五郎・聖子・伊代　奈保子の修業中決定版
	▽聖子・シブがき新曲 上位初登場▽たのきん 暴れミコシだ映画祭り 西城秀樹　河合奈保子
	近藤真彦　田原俊彦　河合奈保子　西城秀樹　岩崎良美ほか
	「ジャンボ鶴田大暴れ 怪力に失神者出る!!」
芝ゴルフプールから中継	▽花火だマッチ、田原 裸で熱唱▽聖子、伊代 シャネルズ恋の夏休み▽独占五郎ハワイの旅
	神主マッチに田原博士の恐怖の予言▽絶叫お化け大会　松田聖子　河合奈保子　西城秀樹
子供にタップを習う	うで自慢こども広場　田原俊彦ほか
「原宿キッス」歌唱	「決定！最終ノミネート」 ゲスト・寺尾聡　司会・高島忠夫　檀ふみ　徳光和夫　小堺一機　一赤坂プリンスホテル・ロイヤルホール
この日から同番組の「今月の歌」としてVTRで流れる	——
	近藤真彦　田原俊彦　三原順子　沢田研二　松本伊代ほか
	「ブリッコ忍者聖子と伊代、煙にドキッ!!」
	田原俊彦　岩崎良美　シブがき隊　中森明菜
	マッチ・田原激突夏の高校野球▽秀樹興奮日本一超ボイン▽聖子・宏美・順子の爆笑劇場
オープニングメドレーで三波春夫が「君に薔薇薔薇…という感じ」歌唱。コンサートで客席から田原にニンジンを投げた女性ファンがニンジンをもって登場し、謝罪	田原俊彦　松田聖子　八代亜紀　三波春夫　クリスタルキング　ジョニー　岩崎良美ほか
	トシちゃん新曲ついに初登場▽独占シブがき 今夜はアメリカ生報告 近藤真彦　松田聖子ほか
	郷ひろみ　野口五郎　田原俊彦　近藤真彦　松田聖子　河合奈保子　三原順子　柏原よしえ　松本伊代　シブがき隊　石川ひとみほか
	「お化け屋敷に侵入！恐怖に奈保子ギャー」
	聖子・田原・シブがき 伊代の夏休み大追跡!!
	渋谷哲平　田原俊彦　柏原よしえ　新井薫子
	「マッチと奈保子胸騒ぎの合宿」伊代絶叫！アメリカだぜシブがき　田原俊彦　松田聖子ほか

日付	番組タイトル	放送局	時間帯	曜日	視聴率
7月25日	ヤンヤン歌うスタジオ	テレビ東京	19時―19時54分	日曜	7.6
7月27日	ザ・ヤングベストテン	テレビ東京	19時―19時54分	火曜	7.7
7月30日	夏休み特別プレゼント 「マッチの燃えろ青春・総集編Ⅰ」	テレビ東京	20時―20時54分	金曜	8.3
8月1日	たのきん全力投球!	TBS	12時―12時55分	日曜	8.2
8月1日	ヤンヤン歌うスタジオ	テレビ東京	19時―19時54分	日曜	7.8
8月3日	ザ・ヤングベストテン	テレビ東京	19時―19時54分	火曜	10.0
8月5日	ひるのプレゼント	NHK	12時20分―12時45分	木曜	10.2
8月5日	第8回日本テレビ音楽祭	日本テレビ	19時―20時54分	木曜	13.9
8月6日	ひらけポンキッキ	フジテレビ	8時―8時30分	金曜	8.8
8月6日	夏休み特別プレゼント 「マッチの燃えろ青春・総集編Ⅱ」	テレビ東京	20時―20時54分	金曜	3.7
8月8日	たのきん全力投球!	TBS	12時―12時55分	日曜	6.0
8月8日	レッツゴーヤング	NHK	18時―18時40分	日曜	9.6
8月8日	ヤンヤン歌うスタジオ	テレビ東京	19時―19時54分	日曜	8.7
8月9日	夜のヒットスタジオ	フジテレビ	22時―22時54分	月曜	21.4
8月10日	ザ・ヤングベストテン	テレビ東京	19時―19時54分	火曜	4.5
8月10日	第13回オールスター紅白水泳大会	フジテレビ	19時30分―20時54分	火曜	20.7
8月15日	たのきん全力投球!	TBS	12時―12時55分	日曜	4.8
8月15日	アイドル全員集合	テレビ朝日	16時―17時25分	日曜	4.9
8月15日	レッツゴーヤング	NHK	18時―18時40分	日曜	7.5
8月17日	ザ・ヤングベストテン	テレビ東京	19時―19時54分	火曜	7.4

番組内容	テレビ欄
2年連続でトップアイドル賞受賞。「原宿キッス」歌唱	「グランプリ・金の鳩・新人各賞発表」▽日本武道館より生中継　司会・高島忠夫　檀ふみ　徳光和夫　小堺一機
「NINJIN 娘」4位。視聴者がゴロ寝で見られるように画面が横向きに	田原俊彦　細川たかし　ジョニー　松田聖子　岩崎宏美　近藤真彦　サザンオールスターズ　アン・ルイスほか
	郷ひろみ　田原俊彦　松田聖子　細川たかし
	「理恵もあきれた！毒舌マッチの迷推理!?」
	「リクエストショー」田原俊彦　松田聖子ほか
	決定田原、正月映画▽マッチ、聖子の夏休みNG特集▽伊代、五郎 宏美の爆笑宿題大作戦
司会・横山やすし、西川きよし	特集！田原俊彦
5位。静岡・奥浜名湖「寸座ビラージ」から中継。ニンジンの色や形をしたマイクで歌唱	田原俊彦　シブがき隊　あみん　アン・ルイス　岩崎宏美　柏原よしえ　松田聖子　近藤真彦ほか
	特集！田原俊彦
	▽ショック！マッチの爆弾発言だ▽田原博士 宏美・よしえ絶叫シブ村最期の日　松田聖子
「セクシー・ヴァージン」などLPメドレー	歌！　シブがき隊
柔道コントで横山やすしに「北新地クラブママ」の請求書（1974年からの38万円分の設定）を見せる	爆笑コント！田原俊彦
「NINJIN 娘」2位。山口県のサビエル記念聖堂から中継。集まったファンに2つの問いかけをする。「僕のこの曲、子供っぽいと思う人！」（少数の歓声）、「ピッタリだと思う人！」（多数の歓声）	あみん　三好鉄生　サザンオールスターズ　松田聖子　シブがき隊　岩崎宏美　田原俊彦　柏原よしえほか
	特集！田原俊彦
	「ぴったしチンチン」田原俊彦　野口五郎ほか
	「お笑い夏休みの思い出、水着美人ドキ」
	▽爆笑！マッチ、田原 郁恵のいたずらカメラ▽秀樹、奈保子、秀美のルンルン合宿珍騒動
2位	田原俊彦　シブがき隊　島大輔　アン・ルイス　松田聖子　柏原よしえ　あみん　近藤真彦　三好鉄生
1位。映画『ウィーン物語 ジェミニ・YとS』（監督：河崎義祐）撮影のため、ウィーンから電話出演。歌唱VTRは青果市場から	よせなベトリオ　あみん　アン・ルイス　田原俊彦　近藤真彦　岩崎宏美　松田聖子　シブがき隊ほか
	▽身代わり主人マッチの呉服屋に奈保子が…
	▽密着速報！たのきんオーストリア珍道中▽沢田、奈保子、よしえ爆笑新学期どぅえーす

日付	番組タイトル	放送局	時間帯	曜日	視聴率
8月19日	輝け!! 第8回日本テレビ音楽祭	日本テレビ	19時－20時54分	木曜	17.8
8月19日	ザ・ベストテン	TBS	21時－21時55分	木曜	24.5
8月21日	ベストヒット最前線	フジテレビ	14時30分－15時55分	土曜	4.7
8月22日	たのきん全力投球！	TBS	12時－12時55分	日曜	6.8
8月22日	レッツゴーヤング	NHK	18時－18時40分	日曜	8.5
8月22日	ヤンヤン歌うスタジオ	テレビ東京	19時－19時54分	日曜	6.3
8月23日	シャボン玉プレゼント	テレビ朝日	13時－13時15分	月曜	5.3
8月23日	ザ・トップテン	日本テレビ	20時－20時54分	月曜	16.2
8月24日	シャボン玉プレゼント	テレビ朝日	13時－13時15分	火曜	4.8
8月24日	ザ・ヤングベストテン	テレビ東京	19時－19時54分	火曜	6.1
8月25日	シャボン玉プレゼント	テレビ朝日	13時－13時15分	水曜	3.6
8月26日	シャボン玉プレゼント	テレビ朝日	13時－13時15分	木曜	4.8
8月26日	ザ・ベストテン	TBS	21時－21時55分	木曜	29.1
8月27日	シャボン玉プレゼント	テレビ朝日	13時－13時15分	金曜	6.9
8月27日	カックラキン大放送!!	日本テレビ	19時30分－20時	金曜	21.4
8月29日	たのきん全力投球！	TBS	12時－12時55分	日曜	7.6
8月29日	ヤンヤン歌うスタジオ	テレビ東京	19時－19時54分	日曜	7.9
8月30日	ザ・トップテン	日本テレビ	20時－20時54分	月曜	20.5
9月2日	ザ・ベストテン	TBS	21時－21時55分	木曜	30.0
9月5日	たのきん全力投球！	TBS	12時－12時55分	日曜	6.4
9月5日	ヤンヤン歌うスタジオ	テレビ東京	19時－19時54分	日曜	7.4

番組内容	テレビ欄
1位。ウィーンから電話出演。歌唱 VTR はドナウ河ワッハウ渓谷で9月3日撮影	あみん　シブがき隊　高樹澪　アン・ルイス　島大輔　柏原よしえ　近藤真彦　岩崎宏美　田原俊彦
	「田原ドキッ沢田親分がシブ村に初登場！」近藤真彦　松田聖子　柏原よしえ　松本伊代
	大自然で若さ爆発！▽激突トシ組マッチ組▽ブリッコ返上女の勝負　松田聖子　柏原よしえ　松本伊代　岩崎良美ほか
1位。ウィーンから電話出演。歌唱 VTR はケルントナー通り、聖シュテファン寺院前で9月5日撮影	桃井かおり・来生たかお　あみん　岩崎宏美　島大輔　アン・ルイス　松田聖子　近藤真彦　柏原よしえほか
	「嗚呼！花の応援団、男のド根性」三波伸介
	▽たのきん速報マッチ ウィーンで新曲録音▽秀樹、良美の爆笑恋の原宿族　河合奈保子ほか
1位。『夜ヒット』リハーサルのため、渋谷公会堂にいけず、VTR でウィーンでの映画撮影の模様を流す	よせなベトリオ　中森明菜　近藤真彦　松田聖子　シブがき隊　アン・ルイス　柏原よしえほか
	郷ひろみ　桃井かおり　田原俊彦　来生たかお　あみん　梓みちよ　三原順子　島大輔ほか
	「聖子大変イジ悪続出 ドッキリ秀樹・よしえ シブ村騒動」松本伊代　田原俊彦　沢田研二ほか
1位。ハガキ部門5週連続1位。リクエストをくれたファンに電話。ウサギなど動物に囲まれて歌唱	高樹澪　中森明菜　田原俊彦　島大輔　あみん　松田聖子　柏原よしえ　近藤真彦　シブがき隊ほか
	「ブリッコ邦子と問題児江本に田原マッ青」
	▽一挙公開たのきんウィーン未公開ビデオ▽五郎、奈保子、伊代の純愛騒動▽沢田爆笑劇
1位	よせなベトリオ　河合奈保子　あみん　シブがき隊　高樹澪　田原俊彦　松田聖子　島大輔
2位。先週、番号間違いで通じなかったファンにあらためて電話	一風堂　河合奈保子　高樹澪　シブがき隊　田原俊彦　近藤真彦　中森明菜　松田聖子　あみん　島大輔
	▽マッチ、田原、聖子 シブがき脱線大運動会▽秀樹、マッチの新曲▽恒例スター NG 特集
2位。セットの上からマイクを落としてしまうが、司会の堺正章がすぐに違うマイクを下から投げ、事なきを得る	「秋の90分ワイド版」田原俊彦　近藤真彦　ビートたけし　あみん　中村雅俊　白鳥英美子　朝比奈マリア　島大輔　松田聖子　中森明菜ほか
2位。迷路のセットで松田聖子とバトンタッチ	ビートたけし　あみん　沢田研二　高樹澪　田原俊彦　松田聖子　中森明菜　河合奈保子　近藤真彦　少年隊
新コーナー「私は誰でしょう?」で変装して街でチラシを配る	「今日新企画登場！家族歌合戦に変装人間」

日付	番組タイトル	放送局	時間帯	曜日	視聴率
9月6日	ザ・トップテン	日本テレビ	20時—20時54分	月曜	14.6
9月7日	ザ・ヤングベストテン	テレビ東京	19時—19時54分	火曜	5.4
9月7日	翔べ！オールスタースポーツの祭典	フジテレビ	19時30分—20時54分	火曜	14.9
9月9日	ザ・ベストテン	TBS	21時—21時55分	木曜	26.3
9月12日	たのきん全力投球！	TBS	12時—12時55分	日曜	7.1
9月12日	ヤンヤン歌うスタジオ	テレビ東京	19時—19時54分	日曜	8.4
9月13日	ザ・トップテン	日本テレビ	20時—20時54分	月曜	21.1
9月13日	夜のヒットスタジオ	フジテレビ	22時—22時54分	月曜	17.7
9月14日	ザ・ヤングベストテン	テレビ東京	19時—19時54分	火曜	4.3
9月16日	ザ・ベストテン	TBS	21時—21時55分	木曜	30.3
9月19日	たのきん全力投球！	TBS	12時—12時55分	日曜	7.5
9月19日	ヤンヤン歌うスタジオ	テレビ東京	19時—19時54分	日曜	8.6
9月20日	ザ・トップテン	日本テレビ	20時—20時54分	月曜	21.5
9月23日	ザ・ベストテン	TBS	21時—21時55分	木曜	24.8
9月26日	ヤンヤン歌うスタジオ	テレビ東京	19時—19時54分	日曜	7.8
9月27日	ザ・トップテンスペシャル	日本テレビ	19時30分—20時54分	月曜	15.1
9月30日	ザ・ベストテン	TBS	21時—21時55分	木曜	15.6
10月3日	たのきん全力投球！	TBS	12時—12時55分	日曜	3.7

番組内容	テレビ欄
	▽スター歌手200名！大コーラス＆大集合!! ▽名作！傑作！場面集▽今甦る山口百恵！▽泣き！笑い！NG集▽ジョーン・バエズ登場
3位。前日、巨人対大洋のナイター中継（解説・須藤豊）があり、火曜16時から放送	沢田研二　田原俊彦　松田聖子　近藤真彦ほか
100メートル走で4人の芸人と対決。1位・田原俊彦、2位・島田紳助、3位・島田洋七、4位・清水国明、5位・ビートたけし。500メートルリレーでは、黒部幸英からバトンを受け継ぎ、アンカーで島田紳助を抜いて1位に	田原俊彦　ツービート　松田聖子　柏原芳恵　岩崎良美　河合奈保子　紳助・竜介　シュガー　石川秀美　中森明菜　明石家さんま　B＆B　浜田朱里　松居直美　沖田浩之　ミミ萩原ほか
優秀作曲者賞を受賞した小田裕一郎作曲の「グッドラック LOVE」を歌唱。小田は「トシちゃんは男っぽい路線を裏側にもっている」と評する	田原俊彦　中村雅俊　細川たかし　松田聖子　近藤真彦　二葉百合子　シュガー　大橋純子　サザンオールスターズ　増田けい子　麻倉未稀　森進一　松崎しげる　呉田軽穂　来生たかお　関口宏　楠田枝里子ほか　一日本青年館
「NINJIN 娘」4位	「サヨナラ海援隊」一風堂　沢田研二　あみん　中森明菜　高樹澪　田原俊彦　河合奈保子ほか
3年後の同窓会を軸にそれぞれの生活を描く	「贈る言葉」小山内美江子脚本　武田鉄矢　倍賞美津子　名取裕子　赤木春恵　上条恒彦　吉行和子　田原俊彦　近藤真彦　杉田かおる　鶴見辰吾　三原順子　野村義男　つちやかおり　小林聡美ほか
PL 学園マーチングバンドとともにショー。第1部は19時から20時54分まで「欽ちゃんの、これが日本一！」	沢田研二　郷ひろみ　西城秀樹　近藤真彦　田原俊彦　堺正章　シブがき隊　井上順　木の実ナナ　研ナオコ　草笛光子　ハナ肇　LA ノッカーズほか　司会・徳光和夫
	「聖子も順子も真っ青 マッチの猛シゴキ！」
「NINJIN 娘」歌唱	「はばたけ！新サンデーズ」沢田研二ほか
	▽決定！マッチか田原 沢田か聖子か奈保子か NG 大賞入賞者▽柏原 伊代のプリプリ新体操
7位	一風堂　田原俊彦　あみん　近藤真彦　高樹澪　沢田研二　中森明菜　松田聖子　河合奈保子ほか
	「入賞者決定！」司会・関口宏　多岐川裕美　一東京会館
8位	布施明　一風堂　あみん　沢田研二　高樹澪　中森明菜　近藤真彦　田原俊彦　河合奈保子ほか
レギュラー解答者に野村克也、萬田久子など。実験マンに岡崎聡子、片岡鶴太郎	武田鉄矢　芳村真理　田原俊彦　司会小川宏
特別賞受賞。「誘惑スレスレ」歌唱。東京・赤坂プリンスホテルで10月7日収録	シブがき隊　松本伊代　中森明菜　早見優　小泉今日子　石川秀美

日付	番組タイトル	放送局	時間帯	曜日	視聴率
10月4日	15周年記念特別企画・夜のヒットスタジオ	フジテレビ	22時―23時24分	月曜	24.3
10月5日	ザ・トップテン	日本テレビ	16時―16時55分	火曜	5.9
10月5日	第20回オールスター紅白大運動会	フジテレビ	19時―20時54分	火曜	19.1
10月6日	第２回日本作曲大賞	TBS	19時―20時54分	水曜	15.7
10月7日	ザ・ベストテン	TBS	21時―21時54分	木曜	19.1
10月8日	３年Ｂ組金八先生スペシャル	TBS	19時―20時54分	金曜	33.0
10月9日	日本テレビスペシャル第２部「ザ・バラエティー」	日本テレビ	21時―22時48分	土曜	12.5
10月10日	たのきん全力投球！	TBS	12時―12時55分	日曜	7.6
10月10日	レッツゴーヤング	NHK	18時―18時40分	日曜	9.0
10月10日	ヤンヤン歌うスタジオ	テレビ東京	19時―19時54分	日曜	9.0
10月11日	ザ・トップテン	日本テレビ	20時―20時54分	月曜	23.2
10月12日	'82あなたが選ぶ全日本歌謡音楽祭	テレビ朝日	19時―20時51分	火曜	15.4
10月14日	ザ・ベストテン	TBS	21時―21時54分	木曜	18.7
10月15日	なんでもカンでも！	フジテレビ	19時30分―20時	金曜	13.1
10月16日	銀座音楽祭	フジテレビ	14時35分―15時50分	土曜	6.7

番組内容	テレビ欄
新番組。「Love Storyを抱きしめて」「誘惑スレスレ」歌唱	▽初公開田原・シブがき新曲▽聖子・マッチ 新曲で応援▽涙のシブがきドラマ　沢田研二
	「アッコ、トシのザ・プロダクション物語」
	▽今夜決定！ NG大賞 マッチか聖子か田原か▽ジュリー赤面奈保子と研のボイン身体検査
「誘惑スレスレ」歌唱。金色の靴で登場	郷ひろみ　松田聖子　布施明　田原俊彦　岩崎宏美　八代亜紀　高田みづえ　バウワウ
	武田鉄矢　榊原郁恵　野村克也　司会小川宏
	▽爆笑田原、聖子ドッキリ▽奈保子、伊代、芳恵イジワル大作戦▽薬丸重傷　近藤真彦ほか
変装して後楽園遊園地で係員に	「研登場!! トシとマッチに何かが起こる!!」
	▽発表！マッチと伊代 郷と聖子か秀樹と奈保子かラブシーン大賞▽お笑い田原の恋愛旅行
特別賞受賞。プレゼンター・二谷英明	「輝け！ゴールデングランプリ!!」▽グランプリは誰の手に！▽最優秀新人賞の行方は？　司会・関口宏　多岐川裕美　—東京・中野サンプラザ
	「栄光のダイナマイトポップス！」タモリ　ビートたけし　西城秀樹　松田聖子　近藤真彦　内田裕也ほか
	生きたい!! ガンで逝った少女と田原俊彦の愛
「誘惑スレスレ」7位。自筆の歌詞スーパーが出る	渡辺徹　一風堂　ヒロシ&キーボー　あみん　高樹澪　沢田研二　中森明菜　田原俊彦ほか
	▽大仏様が立ったら？▽鉄矢の八頭身登場！
	「聖子熱演シブがきドラマ」順子恐怖のシゴキ▽爆笑沢田・田原の逆転イジ悪　西城秀樹
	「ドリフの今夜は問屋だ！テンヤワンヤ!!」小柳ルミ子　岩崎良美　田原俊彦　柏原芳恵ほか
	「田原がアメリカへ！郁恵の目になぜか涙」
	▽絶叫！マッチ・秀樹 明菜・シブがき㊙学園祭▽沢田お笑い日記帳▽大特集たのきん映画
4位	田原俊彦　近藤真彦　研ナオコ　沢田研二　高樹澪　中森明菜　渡辺徹　柏原芳恵　小泉今日子ほか
レコード祭加盟20社からの代表歌手15人が登場。近藤真彦と一緒に「およげ！たいやきくん」を歌唱するなど	五木ひろし　岩崎宏美　北島三郎　近藤真彦　田原俊彦　小柳ルミ子　松田聖子　細川たかし　三原順子　高田みづえ　柏原芳恵　牧村三枝子　由紀さおり　真咲みどり　ひかる一平ほか　— NHK ホール
「誘惑スレスレ」3位。北海道大雪山・旭岳ロープウェイ駅から中継。気温2度	研ナオコ　渡辺徹　松田聖子　一風堂　柏原芳恵　沢田研二　田原俊彦　近藤真彦　中森明菜　あみん
	「トシちゃん！初めての音博士号に歓喜!!」

日付	番組タイトル	放送局	時間帯	曜日	視聴率
10月16日	レッツ GO アイドル	テレビ東京	19時—19時54分	土曜	4.8
10月17日	たのきん全力投球！	TBS	12時—12時55分	日曜	5.8
10月17日	ヤンヤン歌うスタジオ	テレビ東京	19時—19時54分	日曜	9.2
10月18日	夜のヒットスタジオ	フジテレビ	22時—22時54分	月曜	17.6
10月22日	なんでもカンでも！	フジテレビ	19時30分—20時	金曜	11.9
10月23日	レッツ GO アイドル	テレビ東京	19時—19時54分	土曜	4.0
10月24日	たのきん全力投球！	TBS	12時—12時55分	日曜	5.8
10月24日	ヤンヤン歌うスタジオ	テレビ東京	19時—19時54分	日曜	9.3
10月26日	'82あなたが選ぶ全日本歌謡音楽祭	テレビ朝日	19時—20時51分	火曜	22.1
10月27日	テレビシティ	TBS	21時—21時54分	水曜	7.6
10月28日	3時にあいましょう	TBS	15時—15時55分	木曜	8.0
10月28日	ザ・ベストテン	TBS	21時—21時54分	木曜	23.1
10月29日	なんでもカンでも！	フジテレビ	19時30分—20時	金曜	13.9
10月30日	レッツ GO アイドル	テレビ東京	19時—19時54分	土曜	3.8
10月30日	8時だヨ！全員集合	TBS	20時—20時54分	土曜	21.9
10月31日	たのきん全力投球！	TBS	12時—12時55分	日曜	5.3
10月31日	ヤンヤン歌うスタジオ	テレビ東京	19時—19時54分	日曜	8.5
11月1日	ザ・トップテン	日本テレビ	20時—20時54分	月曜	19.2
11月2日	第26回レコード祭歌謡大会	NHK	19時30分—20時49分	火曜	20.4
11月4日	ザ・ベストテン	TBS	21時—21時54分	木曜	20.5
11月5日	なんでもカンでも！	フジテレビ	19時30分—20時	金曜	8.1

番組内容	テレビ欄
ゲスト出演。当初、10月23日の日本シリーズ第1戦中止の場合に放送予定だったが、この日に	近藤真彦　シブがき隊　松本伊代　小泉今日子　中森明菜　石川秀美ほか
	「絶叫田原のヤブ医者 マッチの意地悪バアさん」フックンに恋人ほか　松田聖子　中森明菜ほか
	「ニセマッチ登場！コンサート会場大混乱」
	▽聖子、郁恵が田原をボイン少林寺で悩殺▽沢田、研、マッチ秋の笑劇場▽聖子の㊙日記
2位	松田聖子　渡辺徹　研ナオコ　あみん　沢田研二　中森明菜　田原俊彦　近藤真彦　柏原芳恵
	司会・高島忠夫　星野知子　一東京・赤坂プリンスホテル
1位。2位の近藤真彦「ホレたぜ！乾杯」とは3点差	渡辺徹　研ナオコ　松田聖子　一風堂　沢田研二　近藤真彦　中森明菜　田原俊彦　柏原芳恵　あみん
	▽人体暖房実験に挑戦▽冬眠しない冬眠動物
	▽速報ヨッちゃん映画▽薬丸絶叫君が好きだ▽聖子トシ恋の内証話▽歌謡大賞本選への涙
	「マッチと３人の女みづえ、奈保子、明菜」
	▽独占！聖子熱唱百恵特集に明菜、奈保子が競演▽マッチ興奮秀樹芳恵脱線ツッパリ学園
1位。夜ヒットリハーサルのため、渋谷公会堂にいけず、VTRで北海道での映画ロケの模様を流す	シブがき隊　渡辺徹　研ナオコ　沢田研二　近藤真彦　中森明菜　一風堂　柏原芳恵ほか
前日の『新春スターかくし芸大会』のロケVTRをオンエア	五木ひろし　田原俊彦　松田聖子　八代亜紀　ヒロシ&キーボー　稲垣潤一　ミッキーほか
「誘惑スレスレ」で放送音楽賞受賞。オープニングで司会の高島忠夫が「会場は誰も聞いてないって感じなんですが」というほどの大声援に包まれる	放送音楽賞候補　五木ひろし　岩崎宏美　柏原芳恵　川中美幸　研ナオコ　小林幸子　近藤真彦　西城秀樹　沢田研二　田原俊彦　細川たかし　松田聖子　森昌子▽放送音楽新人賞候補8組　一日本武道館
	「記憶バッグン！鉄矢マイコンに勝てるか」
	▽特報・シブがき涙の受賞&六本木大祝賀会▽感涙受賞シーン特集 松田聖子　近藤真彦ほか
	「真犯人は誰だ！伊代　藤木悠、事件を解決」
	▽田原爆笑マッチ絶句 シブがき・明菜のET㊙作戦▽研の脱線日記▽歌謡大賞受賞者の涙
2位。ハート型の鏡を背に歌唱	横浜銀蝿　松田聖子　渡辺徹　沢田研二　一風堂　近藤真彦　田原俊彦　中森明菜　シブがき隊ほか
	(昭和56年東宝)　河崎義祐監督　近藤真彦　野村義男　田原俊彦　岡田奈々　伴淳三郎　財津一郎ほか　解説・荻昌弘

日付	番組タイトル	放送局	時間帯	曜日	視聴率
11月6日	第15回新宿音楽祭	フジテレビ	13時5分—14時20分	土曜	8.1
11月6日	レッツ GO アイドル	テレビ東京	19時—19時54分	土曜	3.7
11月7日	たのきん全力投球！	TBS	12時—12時55分	日曜	4.3
11月7日	ヤンヤン歌うスタジオ	テレビ東京	19時—19時54分	日曜	10.7
11月8日	ザ・トップテン	日本テレビ	20時—20時54分	月曜	19.1
11月10日	決定 !! 第13回日本歌謡大賞入賞者	テレビ朝日	19時—20時51分	水曜	25.5
11月11日	ザ・ベストテン	TBS	21時—21時54分	木曜	24.4
11月12日	なんでもカンでも！	フジテレビ	19時30分—20時	金曜	11.1
11月13日	レッツ GO アイドル	テレビ東京	19時—19時54分	土曜	3.7
11月14日	たのきん全力投球！	TBS	12時—12時55分	日曜	5.2
11月14日	ヤンヤン歌うスタジオ	テレビ東京	19時—19時54分	日曜	9.7
11月15日	ザ・トップテン	日本テレビ	20時—20時54分	月曜	19.5
11月15日	夜のヒットスタジオ	フジテレビ	22時—22時54分	月曜	20.7
11月17日	輝け !! 第13回日本歌謡大賞	テレビ朝日	19時—20時51分	水曜	29.5
11月19日	なんでもカンでも！	フジテレビ	19時30分—20時	金曜	10.3
11月20日	レッツ GO アイドル	テレビ東京	19時—19時54分	土曜	3.9
11月21日	たのきん全力投球！	TBS	12時—12時55分	日曜	6.2
11月21日	ヤンヤン歌うスタジオ	テレビ東京	19時—19時54分	日曜	7.4
11月22日	ザ・トップテン	日本テレビ	20時—20時54分	月曜	19.0
11月22日	月曜ロードショー 「青春グラフィティ スニーカーぶるーす」	TBS	21時2分—22時54分	月曜	15.4

番組内容	テレビ欄
	「部門賞発表授賞音楽会」▽日本青年館ほかより生中継　総合司会・高橋圭三　司会・竹下景子　松宮一彦
2位。前週、中継地点に間に合わなかった模様をVTRで流す	ヒロシ&キーボー　サザンオールスターズ　渡辺徹　田原俊彦　研ナオコ　近藤真彦　一風堂　松田聖子
	▽驚異パプアの火作り▽挑戦！人体燃費実験
	「ベンガル式猛特訓につかさも大爆笑！」
	▽聖子、芳恵びっくり 田原、マッチがナオコ姫に愛の告白▽沢田、郷、明菜の失敗名場面
3位。中村勘三郎の歌舞伎を初めて見にいった話	松本伊代　渡辺徹　ヒロシ&キーボー　松田聖子　研ナオコ　田原俊彦　中森明菜　シブがき隊ほか
2位	サザンオールスターズ　ヒロシ&キーボー　渡辺徹　中森明菜　研ナオコ　シブがき隊　一風堂　松田聖子
	▽猫目の世界はこれだ▽マタタビ人体初実験
水野きみこ、薬丸裕英とコント	▽聖子爆笑シブがき涙 田原ビックリのNG集▽芳恵秘密の恋▽恋人騒動大混乱　中森明菜
変装して東京タワー大展望台へ	「告白！近藤・芳恵の交換日記！」中原理恵
	「亜星の音楽教室〝リズム特訓〟」イルカほか
	▽爆笑マッチ、聖子のどっきりカメラ▽田原 シブがき真っ青奈保子 突然千昌夫に愛を告白
大賞は細川たかし「北酒場」	「激戦！熱唱!!大賞は誰？」近藤真彦　細川たかし　松田聖子　サザンオールスターズ　田原俊彦　岩崎宏美　研ナオコ　沢田研二　松本伊代　シブがき隊
4位	サザンオールスターズ　渡辺徹　研ナオコ　田原俊彦　近藤真彦　中森明菜　松本伊代　シブがき隊ほか
	▽優秀新人賞▽優秀歌謡音楽賞▽最優秀作詞賞▽最優秀作曲賞▽最優秀編曲賞　司会・芳村真理　露木茂　一中野サンプラザホール
	▽大阪・フェスティバルホールから生中継　司会・宮田輝　浜村淳
3位。1日平均3本、月90本の雑誌取材を受けていると話す	ヒロシ&キーボー　研ナオコ　松本伊代　サザンオールスターズ　田原俊彦　松田聖子　渡辺徹　中森明菜
	「大豆の意外な素顔」▽人体納豆作り実験！
	▽プロ野球運動会シブがき大暴れ▽たのきん映画完成▽100%青春総集編▽聖子爆笑変身
	「マッチ監督猛特訓！邦子VSシブがき隊」

日付	番組タイトル	放送局	時間帯	曜日	視聴率
11月24日	第24回速報！日本レコード大賞	TBS	19時―20時54分	水曜	31.2
11月25日	ザ・ベストテン	TBS	21時―21時54分	木曜	23.9
11月26日	なんでもカンでも！	フジテレビ	19時30分―20時	金曜	9.3
11月28日	たのきん全力投球！	TBS	12時―12時55分	日曜	5.9
11月28日	ヤンヤン歌うスタジオ	テレビ東京	19時―19時54分	日曜	10.1
11月29日	ザ・トップテン	日本テレビ	20時―20時54分	月曜	20.4
12月2日	ザ・ベストテン	TBS	21時―21時54分	木曜	21.1
12月3日	なんでもカンでも！	フジテレビ	19時30分―20時	金曜	11.7
12月4日	レッツ GO アイドル	テレビ東京	19時―19時54分	土曜	4.0
12月5日	たのきん全力投球！	TBS	12時―12時55分	日曜	7.6
12月5日	レッツゴーヤング	NHK	18時―18時40分	日曜	7.7
12月5日	ヤンヤン歌うスタジオ	テレビ東京	19時―19時54分	日曜	9.6
12月5日	発表 !! 第15回日本有線大賞	TBS	19時30分―20時54分	日曜	10.8
12月6日	ザ・トップテン	日本テレビ	20時―20時54分	月曜	20.3
12月7日	発表！ FNS 歌謡祭 '82優秀賞	フジテレビ	19時―20時54分	火曜	24.1
12月9日	輝け！栄光の星座・第15回全日本有線放送大賞・グランプリ最終決定 !!	日本テレビ	19時30分―20時54分	木曜	20.9
12月9日	ザ・ベストテン	TBS	21時―21時54分	木曜	21.2
12月10日	なんでもカンでも！	フジテレビ	19時30分―20時	金曜	7.8
12月11日	レッツ GO アイドル	テレビ東京	19時―19時54分	土曜	3.1
12月12日	たのきん全力投球！	TBS	12時―12時55分	日曜	7.9

番組内容	テレビ欄
	▽聖子、明菜のスキー脱線旅行▽田原、野村 マッチが語る主演映画全作品▽沢田大爆笑劇
乗馬服で「ラブ・シュプール」披露	「衛星生中継フリオ・イグレシアス初出演」郷ひろみ　田原俊彦　河合奈保子　明日香ほか
	今夜実現 夢の紅白速報版▽熱唱五木に爆笑サザン▽タイガーマスクもびっくりシブがき隊&あみん　田原俊彦　河合奈保子
自殺志願の男を説得しにいくも、ドッキリと判明	秀樹サウナバスで蒸し焼き▽田原同棲相手の父親出現▽小泉タコあげで殺人未遂▽万田久子変態男結婚迫る▽沖田ヌード娘に大興奮▽堀ちえみ両親公開寝起き▽聖子在庫一掃
「誘惑スレスレ」5位	中村雅俊　研ナオコ　田原俊彦　中森明菜　サザンオールスターズ　近藤真彦　松田聖子　ヒロシ&キーボー
田原の母親が作った味噌汁を出演者全員で飲む	接着剤の驚異▽クモの巣から接着剤　小川宏
	「近藤、演技中に田原と激突！一瞬失神？」
「サンタが街にやってくる」「ママがサンタにキスをした」を松田聖子と一緒に歌う	「ヤング・クリスマス・ショー」田原俊彦　松田聖子ほか
「誘惑スレスレ」7位	ヒロシ&キーボー　研ナオコ　渡辺徹　田原俊彦　松田聖子　サザンオールスターズ　河合奈保子ほか
「誘惑スレスレ」で優秀音楽賞受賞。大賞は松田聖子、最優秀視聴者賞は細川たかし	五木ひろし　岩崎宏美　大橋純子　柏原芳恵　河合奈保子　研ナオコ　近藤真彦　西城秀樹　沢田研二　田原俊彦　細川たかし　松田聖子　森昌子　シブがき隊　松本伊代　中森明菜ほか　－日本武道館
6位。いちばん好きな振り付けは「原宿キッス」の開脚、いちばん難しい振り付けは「誘惑スレスレ」の地味な腰の動きと話す	中村雅俊　中森明菜　サザンオールスターズ　近藤真彦　研ナオコ　田原俊彦　松田聖子　ヒロシ&キーボー
	「ケーキ全員集合！」▽夢！お菓子の家登場
1980年、初出場の松田聖子と田原俊彦が音合わせに臨んだときの緊張ぶりを放送	「紅白歌合戦この10年の裏表」山口百恵　キャンディーズ　ピンクレディー　麻丘めぐみ　アグネス・チャン　天地真理ほか
変装して東京・高田馬場で街角インタビュー	「ホレたぜ！奈保子！マッチの婚約騒動!?」
	年忘れ爆笑大賞決定沢田、田原、シブがき、マッチ、明菜大競演▽聖子、奈保子花嫁騒動
「君に薔薇薔薇…という感じ」年間トップテン9位。「誘惑スレスレ」週間8位	「'82年間順位発表！」サザンオールスターズ　大橋純子　近藤真彦　岩崎宏美　中森明菜　細川たかしほか
	「10年目の涙と出発」1万人総立ち!!笑って歌って涙して!!▽感動の〝母に捧げる…贈る言葉〟▽仲間達から別れの拍手・武道館より

日付	番組タイトル	放送局	時間帯	曜日	視聴率
12月12日	ヤンヤン歌うスタジオ	テレビ東京	19時―19時54分	日曜	9.8
12月13日	夜のヒットスタジオ	フジテレビ	22時―22時54分	月曜	20.3
12月15日	'82ちびっこものまね紅白歌合戦	テレビ朝日	19時30分―20時51分	水曜	15.5
12月16日	スターどっきり㊙報告	フジテレビ	20時2分―21時48分	木曜	23.8
12月16日	ザ・ベストテン	TBS	21時―21時54分	木曜	20.7
12月17日	なんでもカンでも！	フジテレビ	19時30分―20時	金曜	10.8
12月19日	たのきん全力投球！	TBS	12時―12時55分	日曜	5.0
12月19日	特集・レッツゴーヤング	NHK	18時―18時45分	日曜	10.8
12月20日	ザ・トップテン	日本テレビ	20時―20時54分	月曜	21.6
12月21日	決定！ FNS 歌謡祭 '82グランプリ	フジテレビ	19時―20時54分	火曜	28.3
12月23日	ザ・ベストテン	TBS	21時―21時54分	木曜	23.5
12月24日	なんでもカンでも！	フジテレビ	19時30分―20時	金曜	6.3
12月25日	栄光の舞台の記録	NHK	20時―21時19分	土曜	26.2
12月26日	たのきん全力投球！	TBS	12時―12時55分	日曜	6.5
12月26日	ヤンヤン歌うスタジオ	テレビ東京	19時―19時54分	日曜	12.1
12月27日	ザ・トップテン	日本テレビ	20時―20時54分	月曜	16.8
12月28日	特別企画・今夜で最後　海援隊解散スペシャル	テレビ朝日	19時30分―20時51分	火曜	10.6

番組内容	テレビ欄
「誘惑スレスレ」週間9位	▽挑戦！２時間半生放送▽今週のベストテン▽思い出の名迷場面集 トシ・聖子仲良しテニス譲二フンドシ姿で熱唱オフコース発言▽年間ベストテン発表 今年の最高位は何か？一挙100位から発表　黒柳徹子　久米宏　ビートたけし　タモリ（中断8.55N）
	シブがき隊　松本伊代　近藤真彦　田原俊彦　松田聖子　岩崎宏美　細川たかし　川中美幸　八代亜紀　五木ひろし　山本譲二　青江三奈　森進一　石川さゆり　都はるみ　北島三郎　松山恵子　青木光一　花村菊江　井沢八郎　島倉千代子　春日八郎　二葉百合子　村田英雄　田端義夫　二葉あき子　渡辺はま子　霧島昇　市丸　ディック・ミネ　淡谷のり子　藤山一郎　玉置宏　神崎愛ほか
「誘惑スレスレ」で金賞受賞	シブがき隊　松本伊代　石川秀美　堀ちえみ　早見優　近藤真彦　柏原芳恵　細川たかし　川中美幸　河合奈保子　田原俊彦　松田聖子　沢田研二　西城秀樹　五木ひろし　研ナオコ　渡辺はま子　横浜銀蝿とその仲間達 司会・高橋圭三　児玉清　竹下景子ほか
田原俊彦、近藤真彦、松田聖子、河合奈保子の4人で選手宣誓。白組2番手で「誘惑スレスレ」。対戦相手は河合奈保子「夏のヒロイン」	司会・黒柳徹子　山川静夫アナ　歌手リーダー・水前寺清子　北島三郎　（審査員）生沼スミエ　池上季実子　市川猿之助　滝田栄　玉の海梅吉　橋田寿賀子　広岡達朗　前橋汀子　真野響子　村松友視　森英恵　山藤章二　香川宏

「誘惑スレスレ」2位も、時間内に中継先の静岡放送に到着できず	横浜銀蝿　渡辺徹　研ナオコ　シブがき隊　沢田研二　田原俊彦　松田聖子　近藤真彦　一風堂　中森明菜

日付	番組タイトル	放送局	時間帯	曜日	視聴率
12月30日	さよなら1982ザ・ベストテン豪華版	TBS	19時30分―21時54分	木曜	28.2
12月31日	年忘れ・にっぽんの歌 懐しのヒットパレード	テレビ東京	17時―21時	金曜	13.7
12月31日	第24回輝く日本レコード大賞	TBS	18時30分―20時54分	金曜	31.3
12月31日	紅白歌合戦	NHK	21時―23時45分	金曜	69.9

出演予定も間に合わず

11月18日	ザ・ベストテン	TBS	21時―21時54分	木曜	21.1

※1：「週刊 TV ガイド」（東京ニュース通信社）、「ザテレビジョン」（角川書店、1982年9月22日創刊）、新聞のテレビ欄、当時の VTR を参考に作成。対象は関東地区
※2：再放送や過去 VTR だけ、ワイドショーの芸能ニュースはカウントしない。15分以上の番組を対象
※3：「火曜ワイドスペシャル」「日曜ビッグスペシャル」などの表記は省略
※4：新聞のテレビ欄は「常用漢字表」に基づいているため、「嶋大輔」は「島大輔」など簡単な漢字が使われている。6月3日『スターどっきり㊙報告』のテレビ欄「●」部分は「目」と「剣」の左部首を合わせた漢字が書かれているが、誤植か
※5：野球中継で延長のため、時間帯が後ろにズレている番組もあり
※6：テレビ欄の末尾にある「ほか」は半角
※7：確実に出演していると考えられる番組だけを明記。この表以外にも出演番組がある可能性も十分考えられる。

番組内容	テレビ欄
演目『ジ・アンタッチャブル』	「秘蔵版ビデオ！25年一挙大公開」空想実現　ブルック・シールズ　堺正章　五木ひろし　加藤茶　志村けん　井上順　とんねるず　西田敏行　西城秀樹　沢田研二　細川たかし　田原俊彦　シブがき隊　近藤真彦　少年隊　森進一　光ゲンジ　八代亜紀　小泉今日子　中森明菜　荻野目洋子　石野真子　国生さゆり　多岐川裕美　石川秀美　アントニオ猪木　中村吉右衛門　ハナ肇　逸見政孝　芳村真理ほか
ドラマ本編ではなく、トークゲストで出演	片岡鶴太郎　田原俊彦　田代まさし　石野真子
	「第５回輝け！にっぽん100大歌謡曲」▽演歌の系譜▽カラオケ名曲集▽ものまね名人芸▽歌声よ永遠に… 司会・堺正章ほか
	絶叫 明菜の爆弾生発言▽都 百恵一聖子・美穂秘蔵連発▽新事実！南野・唯の恐怖秘話▽ダンプ 幾三のキス▽青春森田の大説教▽ピンク満開 堀内・黒木▽激怒！森 村田・五木▽絶句！優 沢田・少年隊・鶴太郎 田原・鉄矢・ゲンジほか
オープニングメドレーで布施明が「原宿キッス」を歌う。正月に「週刊明星」で長嶋茂雄と対談。「自分の城は自分で築け」という言葉が印象に残ったと話す	「噂の二人!! 坂本竜一とジョン・ローン！ついに登場渡辺美里！新曲競演!! 田原 荻野目・杉山・ゆうゆ 今夜参上！少年忍者」布施明　トップス　長山洋子　森若里子　ペプシ＆シャーリーほか
椅子に座ったあと、足を上げるポーズをタモリに伝授。後ろの奥居香も爆笑	タモリわがまま絶好調▽少年隊 vs. 田原 南野 vs. 荻野目究極の輪 堀内孝雄　田中裕子ほか
「記録を目指すタレントではなく、記憶に残るタレントになりたい」。そのルーツは「今年の仕事始めが長嶋茂雄さん（との対談）でね、そのときに伝授されました」	こども度チェック▽N 田原俊彦　森山良子ほか
	たけし流少林寺36房Ⅱ▽外人演歌　田原俊彦
	▽光ゲンジのモノマネ仮装大賞▽潜入！芸能雑誌撮影の裏側▽田原俊彦最新曲　西村知美
	「田原俊彦・爆笑アクション対談」
	「田原＆コロッケ禁句発言!! 爆笑危機一髪ゲーム」
	恋人タイプ!? 田原と荻野目努力クリニック森川由加里爆笑!!
	「あそこが知りたい！サンプル工場爆笑女子寮編」左とん平　田原俊彦　アチャほか
スタジオ登場時、投げキッスや手を上げるなどのポーズを9回取り、着席後には足を上げるポーズを決め、手を上げる	初公開ズブヌレ俊ちゃん大爆笑▽変なおじさんダッフンだぁ　田原俊彦　美保純 田代まさし

巻末資料2　田原俊彦の1988年出演番組表　※172本、視聴率合計2,604.9%、視聴率は%

日付	番組タイトル	放送局	時間帯	曜日	視聴率
1月1日	第25回記念・1988新春スターかくし芸大会	フジテレビ	18時5分―21時54分	金曜	26.4
1月1日	季節はずれの海岸物語	フジテレビ	23時45分―25時15分	金曜	11.0
1月2日	あゝ昭和歌謡史	テレビ朝日	12時―14時25分	土曜	3.7
1月2日	'88新春スターどっきり㊙報告大傑作集	フジテレビ	18時35分―20時54分	土曜	19.6
1月13日	夜のヒットスタジオ DELUXE	フジテレビ	21時2分―22時52分	水曜	14.8
1月15日	ミュージックステーション	テレビ朝日	20時―20時54分	金曜	9.3
1月15日	ニュースステーション	テレビ朝日	23時―23時45分	金曜	17.5
1月17日	スーパー JOCKEY	日本テレビ	13時―13時55分	日曜	12.2
1月17日	歌え！アイドルどーむ	テレビ東京	19時―19時54分	日曜	7.5
1月18日	徹子の部屋	テレビ朝日	13時15分―13時55分	月曜	7.8
1月24日	クイズ！ドレミファドン！	フジテレビ	12時―12時55分	日曜	8.3
1月24日	歌謡びんびんハウス	テレビ朝日	13時45分―14時55分	日曜	9.9
1月30日	加トちゃんケンちゃんごきげんテレビ	TBS	20時―20時54分	土曜	23.1
2月1日	志村けんのだいじょうぶだぁ	フジテレビ	20時―20時54分	月曜	19.8

番組内容	テレビ欄
	「1000回前夜祭!! ロンドンから史上初の衛星完全生中継!! 古城で競演!! 今日子・明菜・アルフィー・亜紀・奈保子！田原専用機で夢飛行！郷ひろみ夫妻ＮＹから応援！外タレ有名ゲスト参加」
『夢であいましょう』6位。テームズ川・ロンドンブリッジを背に船の上からの中継	豪州放送中断ハプニング後日談▽ヤセる健康食・酢大豆の作り方▽ロンドン生中継ダイアナ妃も登場？
司会は笑福亭鶴瓶、中原理恵と結婚式コントも	田原俊彦　今井美樹
8位。視聴者からのハガキ「独特のポーズは意識してやっているのか、癖なのか」という質問に、「はじめは意識してやっていたんですけど、最近は癖になりつつあります」と答え、正月に発明したという「グー・チョキ・パーポーズ」を初披露	「南野 森川シリーズ絶好調…光ゲンジ新記録達成」アルフィー　田原俊彦 チョー・ヨンピル　荻野目洋子ほか
初代司会者でよく出演者にあだ名をつけていた前田武彦が田原を「模範優良ハンサム青年」、古館伊知郎を「湯上り父さん」と名づける	「おめでとう！1000回記念特別番組・歌謡界歴史的祭典!! 芳村真理勇退・涙と感動のフィナーレに集う加山雄三から明菜・少年隊まで300人総出演！前武・順・古館が語る舞台裏 20年秘蔵ＶＴＲ公開！松坂・薬師丸ら豪華男女優、ピンク・たのきん・キャンディーズ大集合!! 東京プリンス・鳳凰の間から生中継」
7位	「光ゲンジ大記録に挑戦！田原記録更新！」中森明菜　荻野目洋子　ＴＭネットワーク　アルフィーほか
箱根の大地主の娘2人（スチュワーデスの姉、タケちゃんマン似の妹）を紹介され、結婚を迫られるドッキリ	田原超美人と初見合い▽ニセ警官のキツイ取り調べに美穂大泣き▽渡辺正行お色気ニセ催眠術▽恐怖のオカルト小柳失神▽うしろ髪過激寝起き
6位。シドニーからのレポートと歌唱VTR。ボンダイビーチ、ハーバーブリッジ、オペラハウスなどを背景に	「ニューヨーク・オーストラリアから田原・荻野目特派員報告」中森明菜 光ゲンジ　杉山清貴　南野陽子ほか
	—
6位	「光ゲンジ１位死守か?」 長渕剛　中原めいこ　吉川晃司　中森明菜　田原俊彦　荻野目洋子　浅香唯ほか
	「極寒！氷上ダルマさんが転んだ」田原俊彦
6位	「光ゲンジ、アルバムから１曲…」吉川晃司 田原俊彦　中原めいこ　小堺一機　南野陽子　浅香唯ほか
	埋蔵ビデオ発掘…沢田キス▽アグネス・ラム迷演技▽志村ドジシャボン玉▽ズッコケ大賞 とんねるず　堺正章　井上順ほか

日付	番組タイトル	放送局	時間帯	曜日	視聴率
2月3日	夜のヒットスタジオ DELUXE	フジテレビ	21時2分―22時52分	水曜	20.0
2月4日	ザ・ベストテン	TBS	21時―21時54分	木曜	20.1
2月5日	だぅもありがと！	TBS	23時―23時30分	金曜	7.9
2月8日	歌のトップテン	日本テレビ	20時―20時54分	月曜	15.8
2月10日	夜のヒットスタジオ DELUXE・スペシャル	フジテレビ	20時3分―22時46分	水曜	36.0
2月11日	ザ・ベストテン	TBS	21時―21時54分	木曜	20.0
2月12日	スターどっきり㊙報告	フジテレビ	19時30分―20時54分	金曜	20.1
2月15日	歌のトップテン	日本テレビ	20時―20時54分	月曜	14.5
2月17日	さんまのまんま	フジテレビ	25時5分―25時35分	水曜	4.6
2月18日	ザ・ベストテン	TBS	21時―21時54分	木曜	25.3
2月21日	スーパー JOCKEY	日本テレビ	13時―13時55分	日曜	9.7
2月22日	歌のトップテン	日本テレビ	20時―20時54分	月曜	15.2
2月23日	ウラも見せます！ '88かくし芸大会25年分	フジテレビ	19時30分―20時54分	火曜	23.4

番組内容	テレビ欄
	「祝！新司会 柴俊夫に豪華応援団!! 競演！ＴＭ・沢口靖子 今夜再びアリス熱唱!! 五木・とんねるず新曲 菊池桃子！ラ・ムーで初登場!!」細川たかし 田原俊彦　中山美穂　渡辺美奈代　神野美伽
月間5位	発表２月の月間ベストテン▽打倒光ゲンジに強敵▽ＮＹ五番街移動中継▽月間重大ニュース▽今月の誕生日
10位	「不安がいっぱい…グアムから初生中継」吉川晃司　光ゲンジ　杉山清貴　島倉千代子　田原俊彦　浅香唯ほか
	新曲!! 光ゲンジ 少年隊・忍者特別情報▽感涙！トシ＆ゴクミ　工藤静香　徳永英明ほか
制作発表終了後、独自インタビュー	杉葉子さんロス第二の人生▽田原俊彦教師に
	発表グランプリ！田原俊彦　後藤久美子　光ゲンジ　南野陽子ほか
	「豪華必見!! 夢のデュエット薬師丸 エポ初共演！少年隊・アルフィー新曲公開!! 懐かしのカーペンターズ！うしろ髪・美奈子 女の激突!!」西城秀樹 イエス　チェッカーズ　田原俊彦　中山美穂ほか
寺島純子と MC を務める	生中継 和由布子が今語る五木との愛の秘話
前日に続き MC で、五十嵐淳子との対談も	橋本聖子涙の帰国！大病克服 両親の愛のムチ
	「ＳＯＳ!! キョーフの全国指名手配!? の巻」▽爆笑トシちゃんの夫 田原俊彦ほか
	「開局30年特大企画！ 全番組いよいよ出陣」▽イギリス・アメリカ スイス・インド豪華版▽空とぶタクシー!? ▽たけし・さんまのひょうきん現代用語騒動▽だいじょうぶかぁ!? 志村けん　紺野美沙子　加藤茶　南野陽子　タモリ　沢口靖子　田原俊彦　榊原郁恵　神田正輝　荻野目洋子　小堺一機　逸見政孝　桂三枝　古館伊知郎　楠田枝里子　愛川欽也
同番組は『FNN デイトライン』内での放送。田原俊彦、東京ドーム探検記	――
	今夜決定・グランプリは誰の手に 沢口靖子　神田正輝　斉藤由貴　南野陽子　陣内孝則　三上博史　田代まさし　山田邦子　工藤静香　武田鉄矢　とんねるず　愛川欽也
	――

日付	番組タイトル	放送局	時間帯	曜日	視聴率
2月24日	夜のヒットスタジオ DELUXE	フジテレビ	21時2分—22時52分	水曜	19.1
2月25日	ザ・ベストテン	TBS	21時—21時54分	木曜	18.5
2月29日	歌のトップテン	日本テレビ	20時—20時54分	月曜	14.1
3月4日	ミュージックステーション	テレビ朝日	20時—20時54分	金曜	9.4
3月11日	3時のあなた	フジテレビ	15時—15時55分	金曜	7.2
3月13日	輝け！第25回ゴールデンアロー賞	テレビ朝日	16時—17時25分	日曜	4.6
3月16日	夜のヒットスタジオ DELUXE	フジテレビ	21時2分—22時52分	水曜	18.4
3月17日	3時のあなた	フジテレビ	15時—15時55分	木曜	10.9
3月18日	3時のあなた	フジテレビ	15時—15時55分	金曜	9.2
3月19日	加トちゃんケンちゃんごきげんテレビ	TBS	20時—20時54分	土曜	27.0
3月28日	なるほど！ザ・春の祭典スペシャル	フジテレビ	19時—22時18分	月曜	29.3
3月28日	プロ野球ニュース	フジテレビ	23時30分—24時50分	月曜	8.1
3月29日	88第4回 FNS 番組対抗・名・珍場面傑作 NG 大賞	フジテレビ	19時—20時54分	火曜	21.6
3月29日	プロ野球ニュース	フジテレビ	23時30分—24時50分	火曜	6.8

番組内容	テレビ欄
五木ひろしのご対面ゲスト	「祝！五木ひろし婚約後初熱唱」超豪華対決 聖子・明菜・今日子▽復活６年ぶり大橋純子▽燃えろハウンドドッグ、舘ひろし▽名作ＶＴＲ厳選公開中島みゆき・ボウイ・百恵・矢沢　中山美穂　ＣＣＢ
	──
	──
	──
「抱きしめて TONIGHT」初オンエア。バックダンサーは8人の「名倉ダンサーズ」。間奏などの踊りがそのあとと微妙に異なる	「豪華版探偵物語①タイヤ騒動②家賃騒動③車でケンカ④ヤッちゃんの巣の上で」国技館大爆笑ゲーム合戦 !!　田原俊彦　森川由加里　轟二郎　仲村知夏
1話	「銀座の恋の小学校」田原俊彦　紺野美沙子　野村宏伸　五十嵐淳子　萩原流行　阿藤海ほか
紺野美沙子と回答者として出演。優勝は谷啓＆アグネス・チャンチーム	「ハダカ急接近！南洋パラオ」夜間外出禁止なんで？▽マンタ発見 田原俊彦　愛川欽也ほか
乃生佳之、木野正人の「BD104」で「抱きしめて TONIGHT」初オンエア。2人の黒に染まった衣装に違和感を覚えたスタッフが生放送当日、赤いテープをＶ字に貼る	「華麗に変身　松田聖子少女から母へ　超豪華24曲メドレー」▽びんびん対決！田原　少年隊▽魅せます明菜▽桑田佳祐・杉山清貴　激突夏物語▽夢競演！由貴・静香　日野皓正　川中美幸　渡辺満里奈
光 GENJI が田原の「ザ・青春セイリング」などを歌う。テレビ朝日玄関前の特設セットで大量のライトに照らされ、「抱きしめて TONIGHT」を歌唱。途中から大沢樹生、内海光司も加わる。当初は少年隊とジョイントする話もあったという	光ゲンジ、たのきんに挑戦▽松田聖子肉薄タモリ▽中森明菜華麗大変身▽田原 vs. 近藤激突▽ヤーレン…北海道初公開　チェッカーズ　少年隊
「抱きしめて TONIGHT」のオンエア4回目だが、実はこれが「BD104」での初収録。その証拠に、乃生と木野の衣装は上下真っ黒のまま。画面上では「樹野正人」「野生佳之」と誤表記されていた	田原 !!　アッパレ少年隊
2話	「小さな恋のラーメン騒動」田原俊彦　紺野美沙子　野村宏伸　五十嵐淳子　萩原流行
	「ヘンタイと歌おう」田原俊彦　北尾光司ほか
	田原にビビって少年隊
3話	「泣けるぜ！今夜は」田原俊彦　紺野美沙子　野村宏伸　五十嵐淳子　萩原流行　麻丘めぐみ
SMAP 初レギュラー番組。『教師びんびん物語』の生徒がスタジオに登場	お昼の生放送に美男・美女が続々登場！田原 小泉・中森のＮＹ飛行
4話	「愛の嵐の大暴れ！」田原俊彦　紺野美沙子　野村宏伸　五十嵐淳子　萩原流行　五代高之ほか

日付	番組タイトル	放送局	時間帯	曜日	視聴率
3月30日	夜のヒットスタジオ DELUXE・盛春特大号	フジテレビ	21時3分—23時22分	水曜	17.4
3月30日	プロ野球ニュース	フジテレビ	23時30分—24時50分	水曜	6.9
3月30日	男2	フジテレビ	26時5分—27時	水曜	4.2
3月31日	プロ野球ニュース	フジテレビ	23時30分—24時50分	木曜	7.0
4月2日	加トちゃんケンちゃんごきげんテレビ春祭り	TBS	19時30分—20時54分	土曜	20.9
4月4日	教師びんびん物語	フジテレビ	21時—21時54分	月曜	24.9
4月5日	なるほど！ザ・ワールド	フジテレビ	21時—21時54分	火曜	27.0
4月6日	夜のヒットスタジオ DELUXE	フジテレビ	21時2分—22時52分	水曜	17.0
4月8日	ミュージックステーション春の特大号	テレビ朝日	19時30分—20時54分	金曜	13.5
4月10日	歌謡びんびんハウス	テレビ朝日	13時45分—14時25分	日曜	9.0
4月11日	教師びんびん物語	フジテレビ	21時—21時54分	月曜	19.0
4月17日	スーパー JOCKEY	日本テレビ	13時—13時55分	日曜	8.9
4月17日	歌謡びんびんハウス	テレビ朝日	13時45分—14時25分	日曜	9.6
4月18日	教師びんびん物語	フジテレビ	21時—21時54分	月曜	23.0
4月24日	いつみ・加トちゃんの WA ーッと集まれ !!	フジテレビ	12時—13時25分	日曜	7.7
4月25日	教師びんびん物語	フジテレビ	21時—21時54分	月曜	19.8

番組内容	テレビ欄
野村宏伸が花束をもって登場。『教師びんびん物語』のビンタシーンをダイジェストで	「おめでとう森進一！長男誕生後初熱唱」新曲ラッシュ！知世・チューブ・国生　谷村・森高・渡辺美里▽松田聖子究極ライブ▽原由子今夜活動再開▽田原びんびん少年隊▽スタジオ歓迎トトほか
番組歴代最高視聴率。テレフォンアナウンサーは長野智子	さんまの笑いごっちゃおまへんで▽漢字こい
	光ゲンジ華麗男祭り▽中森明菜美絶頂▽チューブvs. ＣＣＢ！▽浅香・優・トシ乱舞
	▽寺尾聡―田辺靖雄―梓みちよ―芳村真理―田原俊彦▽いい男さん▽さんまのおまへんで
5話	「先生！戻って来て」田原俊彦　紺野美沙子　野村宏伸　五十嵐淳子　萩原流行　五代高之ほか
「抱きしめて TONIGHT」5位。近藤真彦とともに登場	▽光ゲンジ移動大作戦 桑田佳祐　原由子　田原俊彦　近藤真彦　少年隊　中山美穂　浅香唯ほか
8位	初登場・渡辺美里▽ふたりきりの少年隊　浅香唯　光ゲンジ　近藤真彦　杉山清貴　田原俊彦　ＣＣＢほか
6話	「先生！愛してるウ」田原俊彦　紺野美沙子　野村宏伸　五十嵐淳子　萩原流行　五代高之ほか
玉置浩二から受けて『誘惑スレスレ』でメドレーエンド。ジャンボ尾崎が電話出演	「ＴＶ初公開 安全地帯の超話題曲」パワー全開荻野目洋子▽田原爆笑必見ゴルフ▽新曲旋風！鈴木雅之ベイブ・加藤登紀子▽日英激突チェッカーズ vs. ブロス▽妖艶奈保子 細川たかし　坂本冬美
4位。少年隊とともに登場	光ゲンジ　少年隊　近藤真彦　田原俊彦　荻野目洋子　浅香唯　相川恵里　黒柳徹子ほか
4位	チューブ　田原俊彦　荻野目洋子　少年隊　光ゲンジ　原田知世　浅香唯　近藤真彦　和田アキ子ほか
7話	「あぶない課外授業」田原俊彦　紺野美沙子　野村宏伸　五十嵐淳子　萩原流行　五代高之ほか
『さらば‥夏』以来4年8カ月ぶりの1位獲得	「全国の黒柳徹子大募集」田原俊彦　荻野目洋子　チューブ　光ゲンジ　杉山清貴　少年隊　浅香唯
司会のタモリに2番のサビ前の動きを教える	光ゲンジ火＆光の祭典▽明菜小悪魔美▽チューブ夏爆発▽田原男絶頂！尚之！法子
	「めった打ち！堀越グレン隊登場」田原俊彦
	戸張捷　田原俊彦　小川知子ほか
「顔に書いた恋愛小説」以来3年8カ月ぶりの1位。『トップテン』では「キミに決定！」から始まり、12曲目の1位。番組から刺繍で作られた似顔絵をプレゼントされる	「光ゲンジ、今夜だけの強力ビデオ出演」田原俊彦　浅香唯　荻野目洋子　原由子　チューブ　少年隊ほか

日付	番組タイトル	放送局	時間帯	曜日	視聴率
4月27日	夜のヒットスタジオ DELUXE	フジテレビ	21時2分—22時52分	水曜	15.4
4月29日	笑っていいとも！	フジテレビ	12時—13時	金曜	27.9
4月29日	ミュージックステーション	テレビ朝日	20時—20時54分	金曜	11.5
5月1日	笑っていいとも！増刊号	フジテレビ	10時—11時50分	日曜	22.9
5月2日	教師びんびん物語	フジテレビ	21時—21時54分	月曜	18.6
5月5日	ザ・ベストテン	TBS	21時—21時54分	木曜	17.4
5月9日	歌のトップテン	日本テレビ	20時—20時54分	月曜	15.7
5月9日	教師びんびん物語	フジテレビ	21時—21時54分	月曜	23.0
5月11日	夜のヒットスタジオ DELUXE	フジテレビ	21時2分—22時52分	水曜	16.5
5月12日	ザ・ベストテン	TBS	21時—21時54分	木曜	16.9
5月16日	歌のトップテン	日本テレビ	20時—20時54分	月曜	13.6
5月16日	教師びんびん物語	フジテレビ	21時—21時54分	月曜	23.3
5月19日	ザ・ベストテン	TBS	21時—21時54分	木曜	17.5
5月20日	ミュージックステーション	テレビ朝日	20時—20時54分	金曜	10.3
5月22日	スーパー JOCKEY	日本テレビ	13時—13時55分	日曜	11.4
5月22日	'88フジサンケイクラシックプロアマトーナメントゴルフ	フジテレビ	16時—17時25分	日曜	7.4
5月23日	歌のトップテン	日本テレビ	20時—20時54分	月曜	15.8

番組内容	テレビ欄
8話	「銀座はオレのステージだ！」田原俊彦　紺野美沙子　野村宏伸　五十嵐淳子　萩原流行
週間2位、月間3位。野村宏伸、五十嵐淳子も応援に駆け付ける。歌のエンディング「TELL,ME」のところで「YEAH ～ TELL,ME」と歌う。初めて「YEAH ～」を入れた日	発表 5月の月間ベストテン▽初の衛星3元生中継 光ゲンジ　杉山清貴　田原俊彦　近藤真彦　少年隊　浅香唯
2週連続1位。『ザ・ベストテン』に続き、歌のエンディング「TELL,ME」のところで「YEAH ～」と言い、この日「TELL,ME」を初めて省く	「好評ビデオシリーズ・少年隊個人別密着追跡編」光ゲンジ　田原俊彦　浅香唯　荻野目洋子　ベイブほか
9話	「オレの胸で泣け !!」」田原俊彦　紺野美沙子　野村宏伸　五十嵐淳子　萩原流行　大竹まこと
2週ぶりに1位返り咲き。『教師びんびん物語』の生徒たちがVTRで歌唱前にコメント、歌唱中にはサビで歌って踊る姿が画面上に映し出される	エジプトとかまあげウドン　田原俊彦　酒井法子　中森明菜　光ゲンジ　浅香唯　荻野目洋子　聖飢魔IIほか
『トップテン』では1982年9月6日から20日にかけての「NINJIN娘」以来となる3週連続1位。研ナオコが花束をもって登場	光ゲンジ特製カレー▽法子 美奈子のウエディング姿▽トシに美女ご対面 中森明菜　荻野目洋子　浅香唯ほか
10話	「この学校が、なくなるの !?」田原俊彦　紺野美沙子　野村宏伸　五十嵐淳子　萩原流行
歌唱前のトークで木野正人が「It's BAD」を踊る	「サザン復活第2弾！究極の桑田」光ゲンジ最後の銀河▽限定アルフィー話題曲▽超辛口！陣内孝則▽絶好調男！田原俊彦▽生稲ソロ初登場▽華麗 美樹・宏次朗・美奈代　五木ひろし　八代亜紀
2週連続、3度目の1位。10代―30代、50代、70代の女性ファン計5人が「田原俊彦命」というタスキをかけ、「田原俊彦讃歌」を朗読。これを聞いた本人は「ホントに初めていろんな世代の方に会いましたけど、これだけ支持されてるってことですから、やっぱりみなさんに少しでも、たくさんの夢を見ていただくようにこれからも、がんばります」と話す。リクエストハガキ約2万通をセットに使用	「私は黒柳 !! 前夜祭」中森明菜　田原俊彦　酒井法子　光ゲンジ　浅香唯　渡辺美奈代　島田奈美ほか
当時の労働基準法により、生出演できなかった光GENJI赤坂晃と佐藤敦啓に代わり、SMAP中居正広と木村拓哉が出演	光ゲンジ !! 今夜新曲大発表 !! ▽田原 vs. 陣内 vs. アコ vs. 聖飢魔II 激突大乱戦▽桃子新曲
「抱きしめて TONIGHT」のイントロ中、後ろで踊るSMAP香取慎吾の姿が見切れる	「独占！おめでとう・郷・二谷結婚一周年」田原俊彦　渡辺満里奈
4週連続1位。『トップテン』での自己新記録を記念し、レコード会社が大入り袋を作る	「唯のとんでもないビデオ公開」田原俊彦　中森明菜　光ゲンジ　聖飢魔II　酒井法子　渡辺美奈代ほか
11話	「オレの生徒に手を出すな !!」田原俊彦　紺野美沙子　野村宏伸　五十嵐淳子　平幹二朗

日付	番組タイトル	放送局	時間帯	曜日	視聴率
5月23日	教師びんびん物語	フジテレビ	21時—21時54分	月曜	21.7
5月26日	ザ・ベストテン	TBS	21時—21時54分	木曜	19.1
5月30日	歌のトップテン	日本テレビ	20時—20時54分	月曜	12.7
5月30日	教師びんびん物語	フジテレビ	21時—21時54分	月曜	21.7
6月2日	ザ・ベストテン	TBS	21時—21時54分	木曜	16.6
6月6日	歌のトップテン	日本テレビ	20時—20時54分	月曜	14.3
6月6日	教師びんびん物語	フジテレビ	21時—21時54分	月曜	24.5
6月8日	夜のヒットスタジオ DELUXE	フジテレビ	21時2分—22時52分	水曜	16.0
6月9日	ザ・ベストテン	TBS	21時—21時54分	木曜	18.6
6月10日	ミュージックステーション	テレビ朝日	20時—20時54分	金曜	9.5
6月12日	いつみ・加トちゃんのWAーッと集まれ!!	フジテレビ	12時—13時30分	日曜	7.7
6月13日	歌のトップテン	日本テレビ	20時—20時54分	月曜	11.4
6月13日	教師びんびん物語	フジテレビ	21時—21時54分	月曜	23.3

番組内容	テレビ欄
2位	私は黒柳徹子大会▽ロンドン生中継　中森明菜　田原俊彦　光ゲンジ　工藤静香　酒井法子　浅香唯ほか
2位。話題曲で登場した西田敏行が7年前に一緒に出演したときのエピソードを披露。「楽屋が隣だったんですけどね、自分に力を入れるためにね、両方の手でほっぺたをパーンと叩いて出ていったの。それ見てものすごく感動してね」	華麗のりピー姫登場▽とんでもない唯の珍芸公開　光ゲンジ　田原俊彦　加藤登紀子　工藤静香　中森明菜ほか
12話	「小学校が消える日」田原俊彦　紺野美沙子　野村宏伸　五十嵐淳子　萩原流行　平幹二朗ほか
2位。ジャンプして膝で着地するとき、痛くないかというハガキに対して「多少痛いんですけど、耐えてます」	田原俊彦　中森明菜　チューブ　光ゲンジ　堀内孝雄　ラ・ムー　工藤静香　酒井法子　浅香唯ほか
最終回	「ありがとう！君たちを忘れない」田原俊彦　紺野美沙子　野村宏伸　五十嵐淳子　萩原流行
泉谷しげるから受けてメドレーエンドで「ピエロ」。『びんびん』最終回で泣いた場面について、「感情だけで語ったというか、動いたというか、シビレましたね」。生徒たちに文房具をプレゼントしたお返しに、寄せ書きとプレゼントが届く	「田原俊彦！過激びんびん決定版」甲斐よしひろ！話題曲▽頑張れチューブ豪華盛夏３部作▽新曲続々バービー・芳恵・瀬川 トップス▽由貴＆来生▽泉谷！乱入の歴史　工藤静香　仲村知夏ほか
	ソウル五輪総力特集④▽田原俊彦びんびん生出演
週間1位、月間1位。牛肉・オレンジ自由化の話題	「発表６月月間ベストテン」田原俊彦　中森明菜　光ゲンジ　チューブ　酒井法子　生稲晃子　浅香唯　ラ・ムー
返り咲きで5度目の1位	南野陽子　チューブ　田原俊彦　中森明菜　光ゲンジ　浅香唯　工藤静香　酒井法子　ラ・ムーほか
2位。歌唱前のトークで木野正人がフィーチャーされる	光ゲンジ　南野陽子　斉藤由貴　来生たかお　田原俊彦　中森明菜　バービーボーイズ　工藤静香　浅香唯
ニューアルバムから「心からモノローグ」「美しい人よ」を披露	「盛夏大特集 豪華メンバー夢競宴」明菜おめでとう誕生日▽初公開！田原期待曲▽続・夏の小泉話題曲▽桑田ソロ登場▽新曲披露アルフィー・美穂 荻野目・芳本・レッド 石川さゆり　高橋良明
2位	「今宵 花の木曜・男が結婚を決意する時」田原俊彦　渚のオールスターズ　中森明菜　光ゲンジ　チェッカーズほか
2位	光ゲンジ　田原俊彦　サザンオールスターズ　斉藤由貴　来生たかお　南野陽子　工藤静香　チェッカーズ

日付	番組タイトル	放送局	時間帯	曜日	視聴率
6月16日	ザ・ベストテン	TBS	21時―21時54分	木曜	19.6
6月20日	歌のトップテン	日本テレビ	20時―20時54分	月曜	14.1
6月20日	教師びんびん物語	フジテレビ	21時―21時54分	月曜	21.3
6月27日	歌のトップテン	日本テレビ	20時―20時54分	月曜	13.9
6月27日	教師びんびん物語	フジテレビ	21時―21時54分	月曜	23.7
6月29日	夜のヒットスタジオ DELUXE	フジテレビ	21時2分―22時52分	水曜	13.2
6月30日	タイム3	フジテレビ	15時―15時55分	木曜	6.2
6月30日	ザ・ベストテン	TBS	21時―21時54分	木曜	17.7
7月4日	歌のトップテン	日本テレビ	20時―20時54分	月曜	14.1
7月7日	ザ・ベストテン	TBS	21時―21時54分	木曜	22.0
7月13日	夜のヒットスタジオ DELUXE	フジテレビ	21時2分―22時52分	水曜	13.6
7月14日	ザ・ベストテン	TBS	21時―21時54分	木曜	20.5
7月18日	歌のトップテン	日本テレビ	20時―20時54分	月曜	17.8

番組内容	テレビ欄
5位。「(結婚について) まだまだ、あと5年は。6年くらいかな」と話す	少年隊　チェッカーズ　とんねるず　光ゲンジ　サザンオールスターズ　南野陽子　田原俊彦　中森明菜ほか
「(司会の) タモリさんの奥さんと青山のバーで会ったんですよ」と話す。アルバムから「心からモノローグ」、ウェアーハウスガールズの2人を従えて「美しい人よ」の2曲歌唱	光ゲンジ７人激唄▽トシ華麗ライブ！▽南野 vs. 美奈子 vs. 飛鳥▽ビーバップ大集合！
4位。11歳の小学生から「トシちゃんの踊りをマネしていつも練習しているのですが、途中のがぶり寄りみたいなところがうまくできません」という相談のハガキが読まれる	少年隊　チェッカーズ　光ゲンジ　とんねるず　中森明菜　工藤静香　田原俊彦　南野陽子　和田アキ子ほか
週間6位、月間3位	「発表７月月間ベストテン」少年隊　チェッカーズ　中森明菜　光ゲンジ　田原俊彦　南野陽子　工藤静香ほか
	五木と俊＆小堺大激戦
	アイドルの兄装い少女暴行▽男盛り田原俊彦
「かっこつかないね」歌唱。トークから乃生、木野も参加。田原は「うちのグループ」と表現	光ゲンジ誕生日祝賀祭▽田原・浅香唯 新曲初公開▽シブ解隊▽荻野目 vs. オメガ激唱
	「母と娘と探偵のドッキリ㊙夏物語 !? の巻」大場久美子　安達美加　田原俊彦ほか
	「激熱！真夏のローソク地獄」田原俊彦ほか
	五木結婚有頂天クリニック !! 小堺爆笑トシ僕 美人の嫁さんを
オープニングメドレーで飛鳥涼が「抱きしめてTONIGHT」を歌う	「熱狂ライブ第３弾！サザン爆発」田原俊彦お待たせ新曲▽黄金ボーイ錦織一清▽ＴＭ帰国後初登場▽話題エルトン・ジョン▽人気沸騰！プリプリ 荻野目洋子　浅香唯　飛鳥涼　相川恵里ほか
加藤茶の代わりに野沢直子が司会	▽腰痛・肩こりは治る▽水着ギャル腕相撲Ⅲ 田原俊彦　野沢直子ほか
	夏バテ解消トシとけんのビンビンコント大爆笑▽笑っていこう一週間　田原俊彦　田代まさし
	「夏休み傑作特集」②▽ケッサク探偵ドラマ▽恒例 !? 田原 vs. 加トケンのギャグ合戦
ファンを集め、ライブ形式で歌唱。雑誌取材を受けていた乃生が「かっこつかないね」の出だしに遅れるハプニング	「光ゲンジ！夏休み総決算誕生会」田原びんびん初ライブ▽超話題作！松田聖子自作オリエント初披露▽美女競演！妖艶美穂 華麗に南野・待望エポ ロッド・スチュアート　細川たかし　堀内孝雄
「かっこつかないね」6位	五輪森末慎二司会初登場▽ＴＭロンドン生中継　光ゲンジ　中山美穂　田原俊彦　浅香唯　薬師丸ひろ子ほか

日付	番組タイトル	放送局	時間帯	曜日	視聴率
7月21日	ザ・ベストテン	TBS	21時—21時54分	木曜	18.1
7月22日	ミュージックステーション	テレビ朝日	20時—20時54分	金曜	7.6
7月25日	歌のトップテン	日本テレビ	20時—20時54分	月曜	12.3
7月28日	ザ・ベストテン	TBS	21時—21時54分	木曜	20.1
7月31日	歌謡びんびんハウス	テレビ朝日	13時45分—14時25分	日曜	8.7
8月4日	3時にあいましょう	TBS	15時—15時55分	木曜	8.4
8月12日	ミュージックステーション	テレビ朝日	20時—20時54分	金曜	10.2
8月13日	加トちゃんケンちゃんごきげんテレビ	TBS	20時—20時54分	土曜	16.4
8月14日	スーパーJOCKEY	日本テレビ	13時—13時55分	日曜	7.8
8月14日	歌謡びんびんハウス	テレビ朝日	13時45分—14時55分	日曜	7.1
8月17日	夜のヒットスタジオDELUXE	フジテレビ	21時2分—22時52分	水曜	11.2
8月21日	いつみ・加トちゃんのWAーッと集まれ!!	フジテレビ	12時—13時30分	日曜	4.2
8月22日	志村けんのだいじょうぶだぁ	フジテレビ	20時—20時54分	月曜	23.4
8月27日	加トちゃんケンちゃんごきげんテレビ	TBS	20時—20時54分	土曜	17.3
8月31日	夜のヒットスタジオDELUXE	フジテレビ	21時2分—22時52分	水曜	11.4
9月1日	ザ・ベストテン	TBS	21時—21時54分	木曜	18.5

番組内容	テレビ欄
2日間かけて作った、テレビ朝日屋上の特設ステージで歌唱	光ゲンジ大特報▽トシ摩天楼ライブ！▽初公開!!明菜話題曲 静香新曲▽荻野目熱唱
	田原俊彦 堺正章＆研
	「惨！超長針尻刺し電気治療」田原俊彦ほか
4位	田原俊彦　中山美穂　五木ひろし　光ゲンジ　オメガトライブ　浅香唯　アルフィー　荻野目洋子
6位	「司会コンビ15年ぶりに復活 黒柳＆井上順」少年隊　男闘呼組　工藤静香　田原俊彦　中山美穂　浅香唯　光ゲンジ
5位	「さよなら…渋谷公会堂」少年隊　光ゲンジ　工藤静香　中山美穂　オメガトライブ　田原俊彦ほか
歌詞を忘れて「ラララ～」でごまかした五輪真弓から受けて「騎士道」でメドレーエンド。「指をさされて」の歌詞で、隣の近藤真彦と一緒にカメラに向かって右手人さし指をさす。直後、マッチにマイクを向ける	「近藤真彦！たのきん映画メドレー これで決まりサ」決定 田原いい男No.1▽東山ソロ特別バージョンに少年忍者応援▽初登場 秋吉久美子▽話題満載 静香・谷村・五輪真弓　渡辺美奈代　真璃子ほか
6位。『ザ・ベストテン』レギュラー回最後の視聴率20%以上	「花嫁も感激！結婚前に五木熱唱！」中山美穂　坂上香織　田原俊彦　男闘呼組　工藤静香　光ゲンジ　浅香唯
5位。『トップテン』最後の渋谷公会堂からの放送。登場時のエレベーターについて、「(昔は) すごい落書きがいっぱいしてありましたね。いまはきれいだけど」と話す	「今夜が最後…渋谷公会堂」男闘呼組　坂上香織　光ゲンジ　工藤静香　中山美穂　田原俊彦　浅香唯ほか
6位	「ソウル五輪テーマ曲熱唱」工藤静香　中山美穂　田原俊彦　杉田二郎　浅香唯　小林明子　鈴木雄大ほか
	解説・戸張捷 ～習志野ＣＣ（録画）
	熱投 田原俊彦！勝利をめざせ▽志村・加藤の大ヤジ合戦▽爆笑！田代の珍プレー▽ホームラン王はだれだ!?　堺正章　井上順ほか
週間7位、月間4位	「発表９月月間ベストテン」中山美穂　田原俊彦　工藤静香　浅香唯　近藤真彦　チャチャ　オメガトライブ
『いいともファンクラブ通信』で関根勤、岩瀬恵子アナとスタジオトーク	いとうせいこうからの輪▽田原俊彦男を語る▽いい男東山紀之▽サックスは最高▽さんま
	白熱！名勝負 マッチ vs. トシ▽痛い激突編＆デッドボール
	「挑戦！ランボー」田原俊彦　薬師丸ひろ子

日付	番組タイトル	放送局	時間帯	曜日	視聴率
9月2日	ミュージックステーション	テレビ朝日	20時―20時54分	金曜	9.2
9月2日	華麗にAh！So	テレビ朝日	23時25分―23時55分	金曜	9.5
9月4日	スーパーJOCKEY	日本テレビ	13時―13時55分	日曜	9.1
9月5日	歌のトップテン	日本テレビ	20時―20時54分	月曜	14.0
9月8日	ザ・ベストテン	TBS	21時―21時54分	木曜	20.4
9月12日	歌のトップテン	日本テレビ	20時―20時54分	月曜	13.9
9月14日	夜のヒットスタジオDELUXE	フジテレビ	21時2分―22時52分	水曜	11.7
9月15日	ザ・ベストテン	TBS	21時―21時54分	木曜	20.7
9月19日	歌のトップテン	日本テレビ	20時―20時54分	月曜	10.3
9月22日	ザ・ベストテン	TBS	21時―21時54分	木曜	16.0
9月23日	'88サントリーオープンプロアマチャリティーゴルフ	日本テレビ	16時―17時25分	金曜	10.3
9月23日	東京ドーム・オールスター夢の競演	フジテレビ	19時30分―20時54分	金曜	14.8
9月29日	ザ・ベストテン	TBS	21時―21時54分	木曜	17.4
10月2日	笑っていいとも！増刊号	フジテレビ	10時―11時50分	日曜	25.6
10月2日	オールスター夢の球宴 珍プレー・好プレー・傑作集	フジテレビ	12時―13時55分	日曜	6.4
10月2日	スーパーJOCKEY	日本テレビ	13時―13時55分	日曜	6.3

番組内容	テレビ欄
7位。田原が選んだソウルオリンピックでの名場面をVTRで。1位は柔道95キロ超級・斉藤仁の金メダル	渡哲也・松坂慶子、夢のデュエット▽年間トップテン中間報告▽20位まで拡大…　浅香唯　男闘呼組　工藤静香　今井美樹　近藤真彦　田原俊彦　チャチャ　中山美穂　あすか組　ばんばひろふみ　兵藤ゆきほか
『金太十番勝負！』チームとして浅香唯、田中美佐子、前田吟とともに出演	「絶好調番組が勢ぞろい大激突！狂喜乱舞」▽ニュージーランド・中国・スウェーデン・ジャマイカ世界一周！▽さんま・紳助ひょうきんイリュージョン!?▽田村正和ＮＹ恋物語▽解答チーム　タモリ　志村けん　とんねるず　田原俊彦　片岡鶴太郎　南野陽子　浅香唯　工藤静香　榊原郁恵　古館伊知郎　植草克秀　三上博史　麻生祐未　光ゲンジ　桂三枝　楠田枝里子　愛川欽也
	▽おなじみリレー司会でクイズ100人▽巨泉の動物ランド▽関口のHOWマッチ▽たけし爆笑ダービー▽好評！加トちゃんケンちゃん番組ＣＭコンテスト　黒柳徹子　田原俊彦　山城新伍　和田アキ子　風間杜夫　古館伊知郎　西村晃　草野仁　板東英二　富田靖子　井森美幸　梅宮辰夫　武田鉄矢　森本毅郎　谷隼人　大空真弓　北野大　五十嵐淳子　石坂浩二
	「久保田利伸待望気迫マンスリー」桑田秘蔵曲に古館感激▽魅惑の玉手箱！明菜▽秋の名曲集！薬師丸▽男！田原俊彦爆走中▽新曲！チャゲ＆飛鳥 浜田麻里　男闘呼組　ラ・ムー　坂本冬美ほか
	「女王陛下の竜之助・愛は少女を、救えるか!?爆発コンビ危機一髪」矢島正雄脚本　赤羽博監督　田原俊彦　野村宏伸　池上季実子　小林聡美　柴俊夫　五十嵐いづみ　山口美江　紺野美沙子
	南野vs.静香vs.浅香初競演▽光ゲンジ・平家派合体▽カール・ルイス登場▽沢田vs.田中裕子熱艶▽桑田・田原激ライブ▽チェッカーズ新曲！
新番組	「抱腹絶倒 何でもアリ!?の90分」田原俊彦　南野陽子ほか
『教師びんびん物語』が第5回NG大賞グランプリ。メダルをかけた山田邦子が田原のホッペにキス	▽超人気番組㊙ＶＴＲ一挙公開▽トシと野村の教師びんびん物語▽抱きしめたい！W浅野の素顔ドッキリ▽明菜幻のＮＧ▽南野・静香 由貴・唯アイドル競演　とんねるず　田代まさし　愛川欽也
	田原俊彦　浅香唯
8位	スターが選ぶ名場面珍場面大特集▽スポーツ好プレー珍プレーも…　近藤真彦　今井美樹　男闘呼組　工藤静香　チャチャ　田原俊彦　浅香唯ほか

日付	番組タイトル	放送局	時間帯	曜日	視聴率
10月3日	歌のトップテン・秋の拡大版	日本テレビ	19時—20時54分	月曜	7.0
10月3日	なるほど！ザ・秋の番組スペシャル	フジテレビ	19時—22時18分	月曜	25.3
10月4日	秋の豪華版スペシャルクイズまるごと大集合	TBS	19時—22時24分	火曜	24.0
10月5日	夜のヒットスタジオ DELUXE	フジテレビ	21時2分—22時52分	水曜	14.9
10月6日	SP びんびん物語	フジテレビ	21時—22時48分	木曜	16.7
10月7日	ミュージックステーションスペシャル	テレビ朝日	19時30分—20時54分	金曜	7.8
10月8日	田代まさしのオイシイじゃん！	フジテレビ	13時—14時25分	土曜	6.7
10月9日	FNS 番組対抗！名珍場面傑作 NG 大賞	フジテレビ	19時—20時54分	日曜	24.4
10月10日	所さんのＴＶ夢じょうず	フジテレビ	16時—16時35分	月曜	不明
10月10日	歌のトップテンスペシャル	日本テレビ	19時30分—20時54分	月曜	11.1

番組内容	テレビ欄
ファンからもらった「グリコアーモンドチョコレート」を乃生、木野と食べながらリムジンで会場入り	24人の美の代表が華麗に競う▽浅野ゆう子司会に初挑戦　田原俊彦　浅香唯　ジュディ・オング　宝田明ほか
	大絶叫明菜▽女子大生お色気取材に田原ドキッ！▽車解体に幾三怒り爆発▽ファンろう城に郁恵タジタジ▽静香生放送でウソ地獄▽コロッケ ひかるの爆笑ものまね寝起き▽恐怖の人質に知美号泣
10位	「ようこそ…世界のアイドル・ティファニー登場」近藤真彦　工藤静香　男闘呼組　チャチャ　田原俊彦ほか
1話	「兄貴には、困ったもんです！」田原俊彦　浅香唯　中村繁之　田中美佐子　伊武雅刀　前田吟ほか
オープニングメドレーで五木ひろしが「抱きしめてTONIGHT」。ご対面ゲスト・前田吟、麻布十番商店街の女将さん5人	「感動の嵐！さよならシブがき隊」久保田ライブ完全燃焼▽兄妹共演！田原＆唯▽光ゲンジ特技初公開▽おめでとう！五木▽アルフィーの謎▽熱唱 美里・沢田・伊代▽14年ぶりエルトン登場！
2話	「男、涙の父兄参観」田原俊彦　浅香唯　中村繁之　田中美佐子　前田吟　島崎俊郎　伊武雅刀ほか
	▽和田アキ子結婚㊙話▽告白！トシの理想の女性▽沢口靖子はどんな花嫁さん!?▽井森の結婚相手は!?
3話	「妹よオレを信じろ」田原俊彦　浅香唯　中村繁之　田中美佐子　島崎俊郎　前田吟　伊武雅刀ほか
	本木の明菜に本人赤面▽薬丸の暴露写真にマッチ爆笑▽伊代・優・秀美イタズラ大作戦▽布川活躍！火災地獄から大脱出▽懐かし仙八大集合▽感動のフィナーレ　田原俊彦ほか
4話	「つらいのはお前だけじゃネェ！」田原俊彦　浅香唯　田中美佐子　中村繁之　前田吟　伊武雅刀ほか
5話	「あんたが母親か！」 田原俊彦　浅香唯　中村繁之　伊武雅刀　田中美佐子　范文雀　前田吟ほか
南野陽子の「コンピュータ恋人選び」で1位に該当したため、朝4時30分のロスから電話出演	「20年前夜祭復活黄金の名物企画」明菜・小泉幻のピンク 南野・チェッカーズのピンキラ▽千春ライブ▽光ゲンジ＆少年隊が初合体▽㊙恋人選び▽芳村・前武歌謡ドラマ▽懐メロ！西城・由紀
6話	「妹よ！オレの胸で泣け」田原俊彦　浅香唯　中村繁之　田中美佐子　伊武雅刀　范文雀　前田吟ほか
	「新妻和由布子との新婚生活アツアツ報告 今夜！田園調布の新居から独占生中継!!」▽五木・和愛の初デュエット！熱唱ヒット曲▽田原・中井・津川・西川続々夜の訪問者！

日付	番組タイトル	放送局	時間帯	曜日	視聴率
10月13日	決定！ '89ミス・ユニバース日本代表	テレビ朝日	21時—22時24分	木曜	12.8
10月14日	スターどっきり㊙報告スペシャル	フジテレビ	19時—20時54分	金曜	19.3
10月17日	歌のトップテン	日本テレビ	20時—20時54分	月曜	14.5
10月20日	金太十番勝負！	フジテレビ	20時—20時54分	木曜	16.9
10月26日	夜のヒットスタジオ DELUXE	フジテレビ	21時2分—22時52分	水曜	12.3
10月27日	金太十番勝負！	フジテレビ	20時—20時54分	木曜	16.3
10月28日	結婚バトルロイヤル100vs.100!! 男女200人クイズでお見合い	フジテレビ	19時30分—20時54分	金曜	9.4
11月3日	金太十番勝負！	フジテレビ	20時—20時54分	木曜	19.0
11月5日	今夜見おさめ！これが最後のシブがき隊!!	日本テレビ	19時—20時54分	土曜	11.3
11月10日	金太十番勝負！	フジテレビ	20時—20時54分	木曜	15.6
11月17日	金太十番勝負！	フジテレビ	20時—20時54分	木曜	15.7
11月23日	夜のヒットスタジオ DELUXE	フジテレビ	21時2分—22時52分	水曜	20.4
11月24日	金太十番勝負！	フジテレビ	20時—20時54分	木曜	14.2
11月29日	五木ひろしスペシャル！	テレビ朝日	20時—21時48分	火曜	12.8

番組内容	テレビ欄
7話	「ケンジ、男になれ」 田原俊彦　浅香唯　中村繁之　田中美佐子　島崎俊郎　前田吟　伊武雅刀ほか
VTRでコメント	「今夜大賞決定!!」チョー・ヨンピル　中森明菜　瀬川瑛子　ケイ・ウンスク　加藤登紀子　テレサ・テン　近藤真彦　堀内孝雄　伍代夏子　大和さくら　香西かおり　清水綾子　カヨコほか　司会・愛川欽也　紺野美沙子
8話	「さよなら…ケンジ」 田原俊彦　浅香唯　中村繁之　田中美佐子　前田吟　斉藤慶子　伊武雅刀ほか
『紅白歌合戦』辞退についてコメント	「郷ひろみ＆五木！父になる心境」ＦＮＳ大賞受賞！栄冠獲得の感動シーン再現▽明菜・美穂歌姫熱唱▽師弟対決！武田鉄矢 vs. 田原▽荻野目20歳の出会いライブ▽人気者 チャチャ　長山洋子ほか
9話	「本当の妹だから、許さネェ…」田原俊彦　浅香唯　中村繁之　田中美佐子　前田吟　伊武雅刀ほか
新曲「愛しすぎて」歌唱も、字幕スーパーには「愛しすぎて悲劇」と誤ったタイトルが。そのためか、『ミュージックステーション』の公式ウェブサイトでは、「愛しすぎて悲劇」を歌ったと記録されている（※2018年6月10日現在）	美穂 vs. 静香ミスマッチ▽光ゲンジ企画発表▽田原・男闘呼組 話題対決▽杏子Xマス
最終回	「妹よ！幸せになれ」 田原俊彦　浅香唯　中村繁之　田中美佐子　前田吟　島崎俊郎　伊武雅刀ほか
	大特集！年間爆笑名場面▽スターの'89を占う　田原俊彦 光ゲンジ　浅香唯　中山美穂　松本伊代
	「'88総決算！美穂・唯 明菜・静香×光ゲンジ 男闘呼組・田原熱唱」▽南野が24歳結婚宣言
パネラーとしてクイズなどに参加	「何がおこるか？３時間超ナマ放送！」▽一年分まとめて見せますテレホンの輪！▽曜日対抗楽器は最高スペシャル▽話題のMrレディーの輪全員集合に私達も挑戦▽拡大版ウリふたつ▽いい男さんと珍ファッションショー▽江戸川寒中花火大会　タモリ　明石家さんま　片岡鶴太郎　笑福亭鶴瓶　所ジョージ　渡辺正行　関根勤　野沢直子
「抱きしめて TONIGHT」年間1位。白のタキシードで登場。「一生懸命いつもやってるんだけど、うまくいくときもあれば、波に乗れないときもある。そんな感じじゃないですかね」とコメント	10大ニュース・トップテン▽スター名場面・珍場面…まとめてトップテン▽今年の歌の王座はだれに…年間トップテン発表　光ゲンジ 田原俊彦　工藤静香　少年隊　中山美穂　さだまさし　浅香唯　男闘呼組ほか

日付	番組タイトル	放送局	時間帯	曜日	視聴率
12月1日	金太十番勝負！	フジテレビ	20時—20時54分	木曜	14.5
12月2日	発表 !! 第21回日本有線大賞 !!	TBS	19時—20時51分	金曜	17.2
12月8日	金太十番勝負！	フジテレビ	20時—20時54分	木曜	17.0
12月14日	夜のヒットスタジオ DELUXE	フジテレビ	21時2分—22時52分	水曜	17.0
12月15日	金太十番勝負！	フジテレビ	20時—20時54分	木曜	15.0
12月16日	ミュージックステーション	テレビ朝日	20時—20時54分	金曜	10.1
12月22日	金太十番勝負！	フジテレビ	20時—20時54分	木曜	18.1
12月25日	スーパー JOCKEY スペシャル	日本テレビ	13時—14時50分	日曜	8.9
12月25日	歌え！ヒット・ヒット	テレビ東京	19時—19時54分	日曜	5.0
12月26日	’88笑っていいとも！特大号	フジテレビ	19時—21時48分	月曜	28.6
12月26日	アッコ・紳助の ’88歌のトップテン年末大特集	日本テレビ	19時—20時54分	月曜	8.3

番組内容	テレビ欄
	どっきり大賞は誰だ！▽大粒涙！明菜・美穂 唯▽田原ラブレターにドキ▽マッチ・ダンプ ノリピー激怒▽志村・五木大失敗▽青春全開 森田・京本▽プッツン 阪神・堀内・吉▽山瀬 完全失神！▽危機一髪 染之助＆シロー▽島崎 渡辺大爆笑▽絶好調！田代の寝起きコロッケ 静香・瀬川ほか
	「'88総決算!! 今夜実現夢企画！美里＆ドッグ 米米＆プリプリ・静香＆アルフィー・杏里＆ＴＭ」歌い納め！田原 近藤等則が応援▽明菜10大ニュース▽帰国前夜郷ひろみ▽男闘呼組燃える▽ボン・ジョビ vs. レッド日米対決
「抱きしめて TONIGHT」年間1位。黒のタキシードで登場。北方謙三、ジャンボ尾崎からお祝いメッセージ。かぜを押しての出演だった	▽発表年間ベストテン常勝光ゲンジか長渕か歌謡界一新の大波乱！▽思い出の名迷場面集 セクシー集・聖子ア然 男闘呼組ドラマ・代表 南野陽子歌手醜態各種ＮＧ集・豪州プッツン中継・やっぱり今年も黒柳失態・松下失礼集▽夢の企画・結婚デュエット明菜と諸星密着▽最終ランク発表！美穂少年隊新ネタ一瞬芸▽突撃ヘリ夜の大中継
司会は愛川欽也、寺田理恵子	すべて見せます！最新版・新春かくし芸・なるほどザ・ワールドから教師びんびんまでグランプリＮＧ集▽二度と見られない！トシ、美穂、W浅野、南野、静香、由貴、陣内、とんねるずの傑作ＮＧ
	ジョイナーとブルックの振りそでコント▽コロッケのあぶない警部▽田原のビンビン教師が唯に恋▽俵孝太郎が愛の告白　ビートたけし　丹波哲郎

日付	番組タイトル	放送局	時間帯	曜日	視聴率
12月28日	’88年忘れスターどっきり㊙報告爆笑大傑作集	フジテレビ	19時—21時24分	水曜	22.8
12月28日	夜のヒットスタジオ・スーパーDELUXE	フジテレビ	21時33分—23時52分	水曜	20.3
12月29日	さよなら1988ザ・ベストテン豪華版	TBS	19時—21時48分	木曜	16.1
12月29日	’88総決算！ＦＮＳ番組対抗ＮＧ大賞名珍場面スペシャル	フジテレビ	19時2分—20時54分	木曜	24.1
12月30日	トシ＆邦子の夢気分・恋気分	日本テレビ	18時30分—20時	金曜	11.8

※8：メモ欄は当時のVTRや木野正人の証言などをもとに作成
※9：『ザ・ベストテン』『歌のトップテン』で順位だけ記載の部分は、前回出演時の曲に準じる
※10：当時の新聞常用漢字表記のため、「長渕」は「長淵」などと書かれている場合あり
※11：10月6日『SPびんびん物語』のテレビ欄「竜之助」表記は誤り。実際は「龍之介」だが、新聞表記に従えば「竜之介」。テレビ欄下の番組紹介では「竜之介」と書かれている。テレビ欄で一文字だけの「N」はニュース記号

名場面、思い出のシーンなど
9月4日、1位。視聴者から「松田聖子さんとの仲は本当はどうなんでしょう。心配で夜も眠れないんです」という質問が殺到。番組の分析によれば、①いろんな番組で2人が仲よく共演している、②11月19日に結婚する山口百恵と三浦友和がペアで出演した「グリコアーモンドチョコレート」のCMを2人が務めている、③『ザ・ベストテン』で2人並んで写真を撮っている、④新聞のテレビ欄で2人の名前が並んでいる、という理由が考えられたという。田原は「僕、いまその問題ばっかりでいつもね、悩んでいるんだけど、べつにそんなことはないですから、みなさん心配しないでください」とやや笑みを浮かべて答える。聖子は困惑した表情で「私も田原くんがいま言ったとおりにそれだけで。困ってるんですけども……」と話した
10月16日、3位。歌前のトークで黒柳徹子が作ってきたチョコレートケーキを食べ、オレンジジュースを飲んでセットに向かう。10月23日、1位。登場すると、くす玉が割られ、クラッカーが鳴り響く。「「哀愁でいと」に続いてね、「ハッとして！Good」も1位になっちゃって本当に幸せです」とコメント。“ザ・ベストテン第1位記念”と書かれた田原の顔写真入りのトレーナー、尾頭つきの鯛、紅白饅頭、徹子の手作りチョコレートケーキがプレゼントされる。10月30日、1位。田原が歌う後ろで、フランスの新印象派画家ジョルジュ・スーラの絵画『グランド・ジャット島の日曜日の午後』をエキストラが再現
1月22日、10位。1980年7月10日の初登場から25週連続ランクインも、81年はこの日が初出演。徹子から「『ベストテン』2回抜けたとき、どんな気持ちでした？」と聞かれ、「合宿所でね、見てて、すごく悔しかったですね。早く出たいなあ〜ってね。（街でファンに会ったときに）「今日、『ベストテン』行かないの？」とか言われると、グサッときますよね」と答える。久米宏の曲紹介〈今年はとにかく常時『ザ・ベストテン』に出ていたい。そして、ライバルはあの近藤真彦さんだとハッキリおっしゃってました。今週第10位、初登場「恋=Do！」〉。3月19日、6位。桜島でのたのきんコンサートを控えて合宿中の鹿児島指宿温泉・指宿観光ホテルから中継。近藤真彦と野村義男に神輿のように担がれる。すでに東京から雑誌17社、テレビ4局、ラジオ2局の取材陣が訪れていた。曲の出だし、音が聞こえずに戸惑う場面も。21日におこなわれる予定だったコンサートは台風の影響で中止になってしまった
6月11日、5位「渚のラブレター」の沢田研二とともに6位で登場。尊敬する沢田について、「ジュリーさんね、デビューして10年以上ね、いまの人気をずっと維持してきてね、30歳になってもね、みなさんのアイドルっていうのはね、素晴らしく、僕も見習いたいところでね、やっぱり、僕のいまの人気はね、どこまで続くのかとても不安です。怖いですね」と話す
8月13日、3位「ブルージーンズメモリー」の近藤真彦とともに2位で登場して腕相撲対決。勝利を収め、「男・田原俊彦です」と一言。2位の歌ではスケートボードに乗って登場し、マッチとバトンタッチ。歌唱中にセットのトーストから「ウキウキ」「スキスキ」と文字が書いてあるパンが出てくる
9月17日、3位。歌い終わって雨が降りだすと、2位の松田聖子が傘をもって登場。「白いパラソル」を歌いだす。この日、レギュラー音楽番組として歴代最高視聴率となる41.9%を記録（1977年9月6日以降に放送された番組）。11月5日には10位で、8位の「グッドラックLOVE」とともに2曲同時ランクインを果たす
11月26日、3位。山口県防府天満宮から中継。スッポン生血のおみき割りを出される。右手の握りこぶしを胸に当てて、一気に飲み干す。徹子に「おいしい？」と聞かれ、苦しそうな顔をしながら「おいしいです」とコメント。20トンのクレーンに乗り、空中で歌う。下にいるファンが大騒ぎ。1982年1月7日、8位。ファンが編んでくれた「TOSHI」と刺繍の入った赤いセーターと白いレッグウォーマー姿で登場。1月2日はオフをとれたのでため撮りしていた自分のVTRを見て過ごし、3日は取材を兼ねて帰省。滞在時間は2時間ほどだったという。バックに木々が並び、下に枯れ葉が置かれ、突風が吹き、カミナリも鳴るという設定で歌う。曲の終盤には雨が降り、無数の銀のテープが落ちてくる

巻末資料3　田原俊彦の『ザ・ベストテン』ランクイン曲と回数、視聴率　※視聴率は%

発売日	曲名	作詞	作曲	最高位	回数	1位回数	最高視聴率
1980年6月21日	哀愁でいと	小林和子（日本語詞）	DI TARANTO ANDREW JOSEPH、HEMRIC GUY	1	14	3	31.9
1980年9月21日	ハッとして！ Good	宮下智	宮下智	1	12	4	33.0
1981年1月12日	恋 =Do ！	小林和子	小田裕一郎	1	11	2	37.1
1981年4月5日	ブギ浮ぎ I LOVE YOU	宮下智	宮下智	2	10	0	37.3
1981年7月1日	キミに決定！	宮下智	宮下智	2	8	0	34.1
1981年9月2日	悲しみ2ヤング	網倉一也	網倉一也	2	8	0	41.9
1981年10月16日	グッドラック LOVE	小林和子	小田裕一郎	3	10	0	37.4

名場面、思い出のシーンなど
3月25日、4位。「バラ作りの神様」の異名をとる外国人が登場して、田原にバラをプレゼント。アメリカのローズインク、日本ばら切花協会の協力を得て、約2,200本のバラに囲まれて歌う。歌唱前には、加賀温泉駅のホームで歌い終わったマッチとのやりとりも
6月10日、1年4カ月ぶりに1位に。5位「“おまえにチェックイン”」の沢田研二が「手ごわいライバルだと思ってます」と話した。7月15日、7位。美川憲一や小林幸子が1990年代に『NHK紅白歌合戦』で着たような巨大ドレスをまとって歌う。実は、この日のデザイナーである千地泰弘は、のちに2人の『紅白』衣装を制作している
9月30日、3位の松田聖子が「小麦色のマーメイド」を歌いながら迷路を抜け出して、2位の田原にバトンタッチするという演出も、聖子は迷ってしまう。何とか曲前にマイクを渡すことに成功。田原の歌唱中、パンダなど多数のぬいぐるみが登場
11月18日、2位。『CBC'82 飛びだせフレッシュ歌謡まつり』を終え、SBS静岡放送へ移動も車が道に迷い、間に合わず。エンドロールが流れるなか、徹子が「ちょっとだけでも、お姿を、お顔を、お手を、お声を」と連呼。番組終了後に到着すると、集まったファンのために熱唱。翌週、その模様が流れる。7位の「少女A」中森明菜は生放送中に同所で歌った。12月2日、ファンが贈った手編みのセーター約15枚が田原の周辺をメリーゴーランドのように回るというセットのなかで歌う。歌唱前に「ホントね、手編みの心のこもったプレゼントどうもありがとう」と感謝
1983年1月6日、5位。名古屋厚生年金ホールのコンサートを終え、弁天桃巌寺へ。住職に竹刀で肩を叩かれながら、座禅を組む。1月13日、黒いタキシードのトシちゃんと赤いジャケットに白いズボンのトシちゃんの2人が同じ振り付けで歌う演出。最後は向き合って、互いに拍手。片方は合成映像
3月24日、3位「秘密の花園」の松田聖子とともに2位で登場。お互いに白い衣装だった。久米宏が「2人をくっつけないことを気にすることをやめようという終結宣言を出そうと思っています」と述べ、2人が握手。久米に促され、握手したままセットに向かう
6月23日、2位「天国のキッス」の松田聖子とともに3位で登場。聖子が映画『プルメリアの伝説 天国のキッス』(監督：河崎義祐) でキスシーンを演じて話題になり、「相手がトシちゃんだったらよかったのに」というハガキが多数届いたと久米が説明。「あははは！　それはちょっと相手が違うんじゃないかなと」と笑った。7月7日、7位。曲中のコーラスは「SHAKE IT BOOM BOOM BOOM」と歌っていると説明
9月15日、1位。神戸市須磨海浜公園から中継。作曲者であるポール・アンカからVTRコメント。彼のツアージャケットを着て歌唱。9月22日、2週連続1位。北海道厚田村のフロンティア乗馬クラブから中継。トーク中に、イクラが苦手と判明
12月1日、7位「挑発∞ (MUGENDAI)」のシブがき隊とともに6位で登場。映画主題歌のためか、久米が太い眉毛をつけ、黒縁の丸メガネをかけて、淀川長治のものまねをしながら曲紹介。3人の女性ダンサーを従えて、縦と横に敷かれた映画フィルムをイメージしたセットの上で歌う。12月1日、5位「細雪」の五木ひろしとともに4位で登場。「五木さんをどう見ているか？」と聞かれ、「口なんか聞いてくれないだろうな、すごい人なんだろうなと思ったらね、そんなこと全然ないんですよね。すごい気さくだしね、優しいし、人気ありますよ、若い人のなかでも。ほとんどヨイショですけど、なんて。ははははは！」と仲むつまじいところを見せる。1984年1月19日、9位。受験生からの「がんばってくれよと言ってくれませんか？」という要望に「キヨミちゃん、高校入試、合格するように祈っています。がんばってください」と励ましてから歌い始めた

発売日	曲名	作詞	作曲	最高位	回数	1位回数	最高視聴率
1982年1月27日	君に薔薇薔薇…という感じ	三浦徳子	筒美京平	3	11	0	35.5
1982年5月8日	原宿キッス	宮下智	筒美京平	1	9	1	32.3
1982年8月6日	NINJIN 娘	宮下智	宮下智	1	9	3	30.3
1982年10月15日	誘惑スレスレ	宮下智	網倉一也	1	10	1	28.2
1982年12月18日	ラブ・シュプール	三浦徳子	筒美京平	2	4	0	26.4
1983年2月17日	ピエロ	来生えつこ	網倉一也	1	10	1	31.7
1983年5月18日	シャワーな気分	三浦徳子	筒美京平	3	7	0	28.2
1983年8月12日	さらば・・夏	岩谷時子	ポール・アンカ	1	8	2	28.5
1983年11月18日	エル・オー・ヴィ・愛・N・G	売野雅勇	小田裕一郎	2	8	0	39.7

名場面、思い出のシーンなど
2月16日、6位。休暇中の久米に代わり、おすぎとピーコが暴走ぎみに司会を務める。エンディングで徹子が「今日は50分のあいだに314通の苦情、励まし、質問をいただきました」とチクリ。2月23日、5位。ドラマ『燃えて散る炎の剣士 沖田総司』（日本テレビ系）の撮影現場である成城・三船プロダクションから中継。追っかけマンの松宮一彦アナがほかの武士に斬られ、倒れながら「第…5位…チャールストンにはまだ早い…」と紹介。3月15日、8位「北ウイング」の中森明菜とともに7位で登場。間奏で4回転ターンを決める。3月22日、6位。ダンスのすごさを数字で現そうと試みる。歌い終わったときのカロリー消費量は69.6、脈拍は181。立ち会いの医学工学博士が「100メートルを走りながら歌ってる感じです」と説明。ちなみに、田原の普通のときの脈拍数は75、階段を1分間上り下りしたときは140、なわとびを1分間したときは145だった
6月14日、2位。沖縄・万座ビーチホテルから中継。「来週6月21日、僕のね、5周年記念日なので、ぜひ1等賞獲りたいですね」と言うと、追っかけマンのRBCの箕田和男アナが「そう思いましてね、来週1位を獲っていただこうということでスタミナジュースをもってきたんですよ」と沖縄名物の苦瓜ジュースを飲ませる。「おいしいです」と言いながらも、苦しそうな顔。6月21日、チェッカーズの「哀しくてジェラシー」に阻まれて2位。5周年ということで、電飾が灯されたゲートから登場。7月12日、8位。ロサンゼルスオリンピックの聖火ランナーとして走ることが決まっていた田原に、番組が赤いナイキのシューズの横と裏に『ザ・ベストテン』という印が付いた靴を贈呈
8月23日、ドイツにいる久米・黒柳と中継。9位「東京SugarTown」の堀ちえみとともに7位で登場し、ドイツ語を披露。9月13日、4位。『全日本オールスター選抜大運動会』（日本テレビ系）の体育館から中継。カメラマンがトランポリンで跳ねながら田原を映す演出を試みるも、揺れが激しく見にくい映像に。ハガキリクエストに答えて、曲中で「時間よ止まれ」と言ったあと、「Hey,Hey,Hey」と歌いだすまでの時間を計ると、3.71秒だった
12月6日、5位「飾りじゃないのよ涙は」の中森明菜とともに6位で登場。幼稚園の頃に撮ったお気に入りの写真を持参。12月13日、東宝の忘年会を終えた松田聖子（4位「ハートのイヤリング」）と腕を組みながら5位で登場。「僕は忘年会では歌いません。照れくさいんですよね」とコメント。12月20日、8位。コンサートのゲネプロをおこなう神奈川県綾瀬市文化会館から中継。このツアーでは8回もの衣装替えをおこなったという。12月27日、10位。初のコンサート会場（北海道・旭川市民会館）からの中継。この日、1984年の番組最高視聴率34.4％を記録
2月28日、6位。両国国技館の外から中継。雨のなか、クレーンで地上数十メートルの高さまで吊り上げられる。安全ベルトを腰に巻いているものの、つま先がはみ出るほどの小さなスペースのなかで歌うという難儀に挑戦。徹子に「24歳のお誕生日でどんなお気持ち？」と聞かれるも、イントロが流れだして歌に。エンディングで「年男ですけど、マイペースで今年もがんばります」と答える。この後、かぜを引く羽目に。あまり取り上げられないが、『ザ・ベストテン』演出史上に残る名シーン。3月7日、10位。『カックラキン大放送』（日本テレビ系）の収録現場から中継。トーク後、イントロが流れるもヘッドホンから音が聞こえず、歌は後回しに
6月27日、5位。ブルガリアにいる徹子と中継。映像は届いていないが、音声は聞こえる現地のファッションモデル6人が田原の歌声を聞いて、以下の7人の顔写真のなかから誰が歌っているかを当てるクイズを実施。①五木ひろし、②高田みづえ、③若島津、④吉幾三、⑤田原俊彦、⑥TBS松下賢次アナ、⑦歌舞伎役者（説明がないため人物不明）が選択肢として挙げられた。6人中3人が正解

発売日	曲名	作詞	作曲	最高位	回数	1位回数	最高視聴率
1984年2月3日	チャールストンにはまだ早い	宮下智	宮下智	4	8	0	33.5
1984年5月23日	騎士道	阿久悠	つのだ☆ひろ	2	6	0	28.3
1984年8月8日	顔に書いた恋愛小説	三浦徳子	網倉一也	3	6	0	28.0
1984年11月14日	ラストシーンは腕の中で	小林和子（日本語詞）	GALLEY BERNARD WAYNE、PIKE JAMES RUSSELL	4	5	0	34.4
1985年2月1日	銀河の神話	吉田美奈子	呉田軽穂	6	4	0	27.9
1985年5月16日	堕ちないでマドンナ	佐藤ありす	佐藤健	2	5	0	21.0

名場面、思い出のシーンなど
8月8日、10位。大阪・フェスティバルホールの田原と山梨・河口湖スタジオの研ナオコをつないでデュエット。しかし、1フレーズで音が途切れるハプニングでやり直し。2度目は成功。9月5日、2位。デュエット相手の研ナオコと唯一の2人そろってのスタジオ出演。2人が歌唱する前で、お座敷の上で着物の女性が犬にエサをやるという謎の演出。10月3日、5位。この日から男性司会者がコニタンこと小西博之に。『カックラキン大放送』収録中の合間に日本テレビから中継。歌唱中に堺正章がトランペットを吹くマネをする。当時、『ザ・トップテン』（日本テレビ系）の司会を務めていた堺が『ザ・ベストテン』に顔を出すのは異例中の異例
8月29日、9位。舞台『夢泥棒』の稽古場である東映大泉撮影所から中継。イントロが流れると出演者やスタッフとハイタッチをしてから歌唱。9月5日、4位「SAND BEIGE」の中森明菜とともに、3位でミラーゲートをくぐる。徹子が「トシちゃんがますます男っぽくなって、大人っぽくなってきたというハガキをいただく」と聞くと、「最近ね、よく言われるんですけど、僕自身はそんな気にしてないんですけど、自然に任せてね」と答えた
ラップを取り入れた曲。12月19日、4位。小泉今日子（3位「なんてったってアイドル」）のオススメである納豆茶漬けを食べる。12月26日、4位。コンサートのリハーサルをおこなう東京・麻布十番のつづきスタジオから中継。追っかけマンの松下賢次アナがまさかの遅刻。曲終わりに登場し、やきいもを差し入れる
3月20日、8位。成田空港からファンとのニューヨークツアーに出発する模様をVTRで流す。参加者は18歳から60歳くらいまでの女性、男性も1人いたという。3月27日、10位。曲に合わせてニューヨークのブロードウェイや地下鉄を歩く姿をVTRで紹介。『ザ・ベストテン』で唯一、生で歌う機会がなかった曲
木野正人によれば、同曲の衣装である黒い革ジャンはコセガワ・マニ（当時「明星」の表紙も担当していた）作。右肩のあたりにカラフルなダイヤが埋め込まれていた。7月3日、4位。約半年ぶりのスタジオ出演。ミラーゲートから登場した黒い革ジャン姿の田原を見て、徹子が「ずいぶん、ますます男っぽくなりましたねえ」とつぶやく。ファンからはこんなハガキが届いていた。〈トシちゃんのファン、7年間してきたけれど、それはもうそろそろピリオドなんです。結婚するんです。トシちゃんと結婚したかったけど。でも、トシちゃんは一生、心の王子様です。苦しいとき、悲しいときがあったら、トシのことを思い出すようにします。一生、心の恋人でいてください〉。これに対して、「僕も7周年迎えたんですけど、ファンの方もやはり、中学生だった人もきっと20歳超えてね、もう適齢期だと思うからね、こういう人がこれから多くなってくるから、とってもしんどいですね。でも、ライブにはぜひ駆け付けてほしいなと思います」とコメント。エンディングでは、中森明菜やチェッカーズらとともに流しそうめんを食べる。7月10日、8位。写真集撮影のため、沖縄のヴィラ・オクマ・リゾートから中継。歌唱前、砂浜に作った急造グリーンにバンカーショットを放つ
10月16日、5位でスタジオ初登場。映画『瀬戸内少年野球団・青春篇 最後の楽園』（監督：三村晴彦）の打ち上げ後だった。歌唱後、ソファーに座っていた近藤真彦と握手して着席。この日は久しぶりに会ったようで、マッチは「僕が帰っても、（田原は合宿所で）寝てますので、いつも」と話した。10月23日、10位にランクインも映画撮影で延びていたレコーディングが入り、欠席。徹子が「まあ、残念ですこと。先週はマッチもきてくださって、トシちゃんもきてくださって、実に『ベストテン』らしいという感じがしてたんですけども」と早口でまくしたてる
2月5日、4位。北海道で雪がふぶくなかで歌い終わると、「寒いですよぉ～」と一言。2月19日、8位。いつもとは違うファンファーレで登場。赤い絨毯が敷かれ、「マイウエイ」が流れる。松田聖子の201回を抜き、202回で最多ランクイン歌手に躍り出た瞬間だった。「持続させるのはいちばん大変だと思うから、励みになります」と語った

発売日	曲名	作詞	作曲	最高位	回数	1位回数	最高視聴率
1985年7月21日	夏ざかりほの字組	阿久悠	筒美京平	2	9	0	23.3
1985年8月14日	華麗なる賭け	吉元由美	久保田利伸	4	4	0	23.3
1985年11月28日	It's BAD	松本一起	久保田利伸	4	4	0	29.3
1986年3月5日	Hard にやさしく	阿久悠	林哲司	8	2	0	22.3
1986年6月19日	ベルエポックによろしく	阿久悠	宇崎竜童	4	2	0	22.1
1986年9月21日	あッ	阿久悠	宇崎竜童	4	4	0	17.6
1987年1月21日	KID	阿久悠	井上ヨシマサ	4	3	0	24.0

名場面、思い出のシーンなど
7月2日、5位。曲紹介の際に司会の松下賢次アナが女性ファンからのリクエストハガキを読み上げた。〈トシちゃんを見続けて8年もたってしまったのですが、私も今年結婚することにいたしました。トシちゃんとさよならして、私の新しい生活が始まります。「さようならからはじめよう」、トシちゃんからの最後のプレゼントです〉。当時は「結婚したらアイドルのファンを卒業する」という風潮があったと読み取れる
9月24日、2位。舞台『夢泥棒』の稽古場から駆け付ける。クシを取り出して髪を整えるしぐさをしたあと、玉乗りを披露。徹子の「白いご飯を何で食べるのがいいの？」という質問には「ふりかけがいいですね。カリメロのふりかけ」と答える。徹子は「なに、コマーシャルやっているわけ？　あなた」と反応。同曲の仮タイトルは「ジュ・テーム…僕を」だった
2月4日、6位で出演200回目を飾る。前日に『夜ヒット』の収録できていたロンドンから中継。テムズ川に架かるロンドンブリッジを背に船の上で歌う。チャールズ皇太子、ダイアナ妃、マーガレット・サッチャー首相のそっくりさんも登場。2月11日、7位。最多出演の青い椅子に初めて座る。1日2回も田原のコンサートを見た経験がある坂本冬美が「今週のスポットライト」に出演。徹子が「どこがよかったですか、トシちゃんの」と聞くと、坂本はうつむきながら恥ずかしそうに「横顔がよかったと思います」と答えた。2月25日の「月間ベストテン」では5位（2月4週の順位は6位、7位、6位、14位)。司会の松下、黒柳、光GENJI、浅香唯というスタジオ出演者全員で番組テレホンカード用の写真を撮影
5月26日、週間ベストテン2位、月間ベストテン3位。野村宏伸がゲストにきたこの日の曲紹介は歌とまったく関係がなかった。〈野村宏伸さんが初めて田原さんに会ったとき、「スケベそうな人」と思ったが、一緒に仕事をしていくと「やっぱりスケベな人だった」とおっしゃっていました。今月は、5位、4位、1位、2位で、5月月間ベストテン第3位。田原俊彦さん、『抱きしめて TONIGHT』〉
最後の間奏で、田原には珍しく、片足の爪先を軸足の膝にもっていく「パッセ」というターンを取り入れた曲。9月15日、6位。ドラマ『金太十番勝負』（フジテレビ系）の撮影で喉を酷使していたため、かすれ声での歌唱に。9月22日、4位「セシル」の浅香唯とともに6位で登場。ゴルフのドライバーを渡され、ショットを放つ。徹子はなぜかソファーの上に避難。10月6日の『ザ・ベストテン大移動・鹿児島編』では10位ランクインも、裏番組で『SP びんびん物語』（フジテレビ系）放送のため出演せず
1月26日、初登場5位。この時点でランクイン回数34曲、出演回数220回とも『ザ・ベストテン』史上1位という記録に触れられると、「ただ単にタイムリーだったっていうか、長いんですよね」と謙虚に話す。2月16日、視聴者からの「芸能界に入るんじゃなかったなどの後悔は？」というハガキに、「後悔はないですね、全然。自由に動けないというプライベートな面では多少あるかもしれないけど、それは僕らの宿命でもありますからね」と答えた
6月1日、2位で同曲初のスタジオ出演。前日結婚式で、この日スポットライトで登場の五木ひろしに花束を渡す。この日のスタジオ出演は五木、田原、中森明菜、工藤静香の4人だけ。6月8日、5位。コンサートがあった金沢にある北陸放送の庭園から中継。田原からプレゼントされた花柄のジャケットを着た木野正人がこの日限定の振り付けで、乃生佳之とともにバックで踊った。7月13日、6位。鹿児島・ジャングルパーク遊園地からジーパン姿で登場。『ザ・ベストテン』最後の出演

発売日	曲名	作詞	作曲	最高位	回数	1位回数	最高視聴率
1987年6月21日	さようならからはじめよう	宮下智	筒美京平	5	2	0	18.9
1987年9月11日	どうする？	橋本淳	筒美京平	2	3	0	21.6
1988年1月21日	夢であいましょう	麻生圭子	筒美京平	6	3	0	25.3
1988年4月21日	抱きしめて TONIGHT	森浩美	筒美京平	1	14	4	22.0
1988年8月17日	かっこつかないね	松井五郎	筒美京平	6	7	0	20.7
1989年1月11日	愛しすぎて	松井五郎	都志見隆	5	4	0	12.0
1989年4月19日	ごめんよ涙	松井五郎	都志見隆	1	12	4	13.8

※最高視聴率は対象曲のランクイン時のもの

巻末資料4　『ザ・ベストテン』歌手別ランクイン総数ベスト50

『ザ・ベストテン』／年		1978	1979	1980	1981	1982	1983	1984	1985	1986	1987	1988	1989	計
年間最高視聴率（%）		30.6	35.8	36.3	41.9	36.5	39.7	34.4	31.9	28.4	26.7	26.0	18.6	
年間最低視聴率（%）		16.8	23.3	19.6	27.9	15.6	18.5	16.7	13.9	15.3	12.9	8.6	6.9	
ランクキング発表週数		50	51	51	51	52	52	52	51	51	51	52	39	603
1	田原俊彦			26	45	41	34	28	16	9	8	24	16	247
2	松田聖子			21	40	40	46	37	17		11	12		224
3	中森明菜					16	40	37	40	27	24	28	11	223
4	近藤真彦			1	48	53	31	22	17	8	18	9	4	211
5	チェッカーズ							47	38	21	18	18	15	157
6	西城秀樹	45	42	30	18	13	3	1	3					155
7	沢田研二	49	21	26	16	27								139
8	山口百恵	45	42	35										122
9	サザンオールスターズ	11	35	1		25	10	8	18			8	4	120
9	小泉今日子					1	19	29	19	18	23	9	2	120
11	郷ひろみ	21	19	35	20	10								105
12	中山美穂									28	26	27	23	104
13	五木ひろし		5	40	4		11	21	9		5	1		96
14	河合奈保子			1	15	24	25	14	10	5				94
14	ALFEE（THE ALFEE）						10	31	14	11	18	8	2	94
16	シブがき隊					21	26	21	15	5	2	3		93
17	少年隊								1	22	30	26	10	89
18	光 GENJI										14	45	21	80
19	安全地帯							19	36	15	6	3		79

『ザ・ベストテン』／年		1978	1979	1980	1981	1982	1983	1984	1985	1986	1987	1988	1989	計
20	世良公則＆ツイスト（ツイスト）	35	33	4										72
21	ピンク・レディー	47	24											71
22	長渕剛			13			7				9	26	15	70
23	アリス	27	20	13										60
23	南野陽子									3	23	23	11	60
25	松山千春	9	18	11	20		1							59
25	吉川晃司							21	25	9	1	3		59
27	荻野目洋子									23	17	13	4	57
28	ゴダイゴ	2	52	2										56
28	柏原よしえ（柏原芳恵）				4	17	18	13	4					56
30	薬師丸ひろ子				2	9	13	12	12	1		1	5	55
30	C-C-B								28	16	11			55
32	シャネルズ（ラッツ＆スター）			18	23		12							53
32	菊池桃子							6	22	14	11			53
34	工藤静香										7	20	23	50
35	斉藤由貴								15	15	7		12	49
36	八神純子	7	18	16	3									44
36	とんねるず								9	15	18	2		44
36	浅香唯										7	29	8	44
39	野口五郎	22	10	4			5							41
40	Wink												39	39
41	TM ネットワーク										7	20	10	37
42	杉山清貴									12	9	15		36

『ザ・ベストテン』／年		1978	1979	1980	1981	1982	1983	1984	1985	1986	1987	1988	1989	計
43	さだまさし		26	9										35
43	岩崎宏美		6		9	14	6							35
45	TUBE									11	12	7	4	34
46	渡辺真知子	22		11										33
47	杉山清貴＆オメガトライブ						2	3	25	2				32
48	寺尾聡				31									31
48	渡辺美里									13	3	14	1	31
48	男闘呼組											10	21	31

参考：『ザ・ベストテン200回記念』(東京放送、1981年)、『ザ・ベストテン』(東京放送、1989年)、『ザ・ベストテン――蘇る！80's ポップスHIT ヒストリー』(〔カドカワムック〕、角川インタラクティブ・メディア、2004年)、『ザ・ベストテン』(山田修爾、ソニー・マガジンズ、2008年)

※1：1978年1月12日の『ザ・ベストテン前夜祭』、89年10月5日の『さよならザ・ベストテン』を除く、78年1月19日から89年9月28日まで全603回のランキングを対象

※2：ランクインを1カウント。つまり、1週に2曲ランクインしていれば2カウント。そのため、1982年の近藤真彦は53回を記録している

※3：ユニットや別名義でのランクインは、個人に組み込まない。例＝郷ひろみの1978年郷ひろみ・樹木希林、沢田研二の82年タイガース、田原俊彦の85年 Toshi & Naoko、チェッカーズの87年 Cute Beat Club Band など

※4：山田修爾著『ザ・ベストテン』記載の81年1月8日の順位は80年12月25日と全く同じで、VTR や他の文献を見る限り、誤植と思われる

［著者略歴］
岡野 誠（おかの・まこと）
1978年生まれ
早稲田大学政治経済学部卒業
テレビ番組制作会社を経てライターに。その後、「FLASH」（光文社）、「週刊ポスト」（小学館）の記者を務め、2017年フリーに。研究分野は視聴率、プロ野球選手名鑑、松木安太郎、生島ヒロシなど

田原俊彦論《たはらとしひころん》　芸能界アイドル戦記1979－2018

発行――2018年6月25日　第1刷
定価――2000円＋税
著者――岡野 誠
発行者――矢野恵二
発行所――株式会社青弓社
〒101-0061 東京都千代田区神田三崎町3-3-4
電話 03-3265-8548（代）
http://www.seikyusha.co.jp
印刷所――三松堂
製本所――三松堂

ISBN978-4-7872-7403-8　C0073

太田省一

中居正広という生き方

国民的な人気を誇る中居正広。アイドル・アーティスト・MC など多面的な表情をもち、「一流の素人でありたい」という中居正広の奥深い魅力に、笑い、野球、結婚といった視点から迫り、真摯な生き方を描き出す。定価1400円＋税

太田省一

木村拓哉という生き方

アイドル、俳優、アーティスト……時代のトップランナーとして輝き続ける木村拓哉の魅力の源泉はどこにあるのか。出演ドラマや映画、バラエティー番組、ラジオなどを読み込み、彼が体現してきたスター像を照らす。定価1600円＋税

さくら 真

福山雅治という生き方

器用に見えて不器用、クールに見えて熱い、飄々とした佇まいの裏にある葛藤と努力の姿──。ミュージシャン、俳優、ラジオパーソナリティーなど、活動全般の軌跡を追い、表現者としての福山雅治の生き方に迫る。定価1600円＋税

落合真司

小田和正という生き方

円熟期を迎えてなお精神の若さをみなぎらせてファンの心をはなさない小田の人間性、音楽観、歌うことの責任感、ファンへの思い、高音が冴え渡る歌声。従来とはひと味違う新しい視点でつづる熱烈ラブレター。　定価1600円＋税

太田省一

社会は笑う・増補版

ボケとツッコミの人間関係

マンザイブーム以降のテレビ的笑いの変遷をたどり、条件反射的な笑いと瞬間的で冷静な評価という両面性をもったボケとツッコミの応酬状況を考察し、独特のコミュニケーションが成立する社会性をさぐる。　定価1600円＋税